北方工业大学
法学优势建设学科精品文库

SHANGFA
JICHU LILUN YU
ZHUANTI YANJIU

商法基础理论与专题研究

王 瑞◎著

中国政法大学出版社

2017·北京

图书在版编目（ＣＩＰ）数据

商法基础理论与专题研究/王瑞著. —北京：中国政法大学出版社,2017.3
ISBN 978-7-5620-7397-0

Ⅰ.①商… Ⅱ.①王… Ⅲ.①商法－研究－中国 Ⅳ.①D923.994

中国版本图书馆CIP数据核字(2017)第052120号

出 版 者	中国政法大学出版社
地　　址	北京市海淀区西土城路 25 号
邮寄地址	北京 100088 信箱 8034 分箱　邮编 100088
网　　址	http://www.cuplpress.com（网络实名：中国政法大学出版社）
电　　话	010-58908586(编辑部)　58908334(邮购部)
编辑邮箱	zhengfadch@126.com
承　　印	固安华明印业有限公司
开　　本	720mm×960mm　1/16
印　　张	25.25
字　　数	410 千字
版　　次	2017 年 3 月第 1 版
印　　次	2017 年 3 月第 1 次印刷
定　　价	59.00 元

　　这本论文集是我 2000 年至 2017 年发表的商法基础理论、公司法、保险法领域的学术论文的总结。

　　2003 年，我从清华大学法学院民商法专业博士毕业后，有幸来到美丽的北方工业大学，任教于法律系民商法教研室，主要从事商法教学和科研工作。时光荏苒，转眼间 14 年过去了，这期间除了担任本科生的"商法总论"课程的教学任务外，还担任民商法专业硕士研究生的"商法基础理论""商法学专题研究"等课程的教学任务，特别是在给研究生授课以及指导研究生毕业论文的时候，发现缺少一些特别系统和有针对性的教学参考书。所以，我便萌生了将自己的学术论文结集出版的想法，学生通过对我论文集的阅读，一方面，可以系统了解导师学术观点和学术成果；另一方面，可以系统了解商法领域这些年来导师关注的一部分学术前沿问题，对我们北方工业大学民商法专业研究生的培养，是一个非常好的事情。这一想法得到了法律系领导的大力支持，在我的两名研究生以及中国政法大学出版社的大力协助下，梦想终于就要实现了。

　　2000 年考取清华大学法学院民商法博士研究生，应该是我学术生涯的开始。17 年来，我一直专注于商法的研究，从未改变。所以，我发表的学术论文绝大多数集中于商法领域，尤其是在北方工业大学担任商法课程的主讲教师的 14 年来，结合商法教学的需要，写出了一些自己还算比较满意的学术论文。说实在话，这些学术论文中有些的确是多年研究成果的结晶，有些则是为了应付学校考核，不得已而拿来凑数的，学术水平不高，如今结集出版，感到诚惶诚恐。人都说：家丑不可外扬，我最后决定还是拿出来给大家扬一扬，知耻而后勇。对于那些拿来凑数的论文，对我自己来说，经常翻看用以自省，不断提醒自己做学问要认真；对其他读者来说，要引以为戒，不要像我一样应付差事。并且，我真心希望学界同仁，指出我尚未察觉到的问题和不足，非常欢迎大家批评指正。

在本书正式出版之际，我还要特别感谢同事王海桥老师，我的两位研究生：杨晓江、刘洋，以及中国政法大学出版社的丁春晖主任，感谢他们在本书的编辑出版过程中给予我的大力支持和帮助。

王 瑞

2017 年 3 月 4 日于北方工业大学翰学楼 609 室

公司法专题

保险法专题

商法基础理论

商法学课程体系建设的改革与完善

摘要：商法学课程体系的完善是保障学生毕业后更好地处理商事法律问题的基础，本文认为，对于法律系本科生课程，应该充实完善"商法总论"的内容，并尽可能运用多种教学手段对公司法、证券法、保险法等商法分论内容进行系统介绍；对于法律系研究生课程，应该充实并更新"商法基础理论"课程的内容，并结合典型案例分析重点对公司法、证券法、保险法等进行更深入的专题研究。

关键词：商法学　商法总论　商法分论

在我国大学法学本科生和硕士研究生的商法教学中，普遍存在课程体系设置不合理的现象。"在课程体系方面，当翻开不同的商法教科书，会发现不同的组成部分"，"相比民法、刑法、行政法和诉讼法等法律部门的教科书内容之固定性和统一性，（商法教科书内容的差异性）已经损害了商法体系的完整，损害了学生学习商法的积极性和效果"。[1]商法课程体系不完整的表现主要是缺少或不重视"商法总论"课程，处理不好商法课程与民法课程、经济法课程的关系等问题，使商法教学处于支离破碎的不系统状态，损害了商法体系的完整性，影响了商法学科的建设和学生学习商法的积极性。因此，要在科学理论的指导下，对我国的商法学课程体系建设进行改革与完善。

---

〔1〕　姜雯："论商法的重要性与商法学教学改革"，载《中国集体经济》2007 年第 8 期，第 131 ~ 132。

一、作为法学专业本科生必修课的"商法总论"课程内容的补充与完善

目前国内对法学本科生商法教学实践中，在课程设置上主要有三种模式：①商法总论独立作为必修课，分论则开设公司法、证券法、保险法、票据法、海商法等主要的课程；②商法课讲授总论与部分分论，再有选择性地开设 2 个~3 个分论课程作为专业选修课；③商法一体化教学，将总论与分论的全部内容均在商法课中讲授。[1] 其中很多高等院校（包括清华大学法学院、北京大学法学院等名牌高校）的商法课程设置均采取的是第二或第三种模式。笔者认为，应该采取第一种模式，以商法总论课程统率和指导其后的各门商法分论课程，这样才能使商法课程体系具有系统性、统一性。首先，将"商法总论"课程作为法学专业本科生的一门必修课程进行独立开设，然后，对商法总论的内容进行补充和完善。

（一）将"商法总论"课程作为法学专业本科生的一门必修课程进行独立开设

"商法总论"课程是商法课程群的核心与基础，应以讲授商法基本理论、基本原则和基本制度为主，传授学生正确的商法学科观念，训练其基本的商法学思维。如同民法、刑法和经济法等课程群的设置当中，都有一个总论课程的设置一样，商法课程体系中也应该将"商法总论"课程作为一门法学专业必修课独立出来，使其成为以后开设的商法分论课程（公司法、证券法、保险法、票据法、海商法等）的总领和指导。

考虑到商法总论课所承载的内容，应以每周 2 学时，每学期 32 学时为宜。而在分论课程中，也应根据课程的内容和性质分别设为必修课和专业选修课。而且，在坚持商法总论课和商法分论各课程分别独立开设的大前提下，各学校还可以针对各自的特殊情况做出一些灵活性的调整。比如，笔者所在的北方工业大学法律系，在近两年的商法课程教学改革中，曾经按照上述的第一种模式，分别开设了商法总论课（专业必修课）和公司法、证券法、保险法、票据法、海商法课程（专业选修课）。但是，实行了一段时间后，我们发现，由于学生选修课非常多以及学生不感兴趣等原因，商法分论课程中的

---

[1] 李支："商法课程群教学体系改革探析"，载《广州职业教育论坛》（第 11 卷）2012 年第 1 期，第 32 页。

"票据法"课程没有学生选或者选课的学生很少，导致该课程根本开设不起来，这给我们带来了很大的困扰。后来，经系务会反复研究，我们采取了一个变通的方法，决定将票据法的基本内容纳入到专业必修课"商法总论"中来，将票据法作为商法总论的一个附属内容来讲，同时，增加"商法总论"课程的课时量，从原来的 32 课时增加到现在的 48 课时。这样，在保证商法课程体系的完整性的同时，很好地解决了商法课程与其他课程的冲突问题。

（二）"商法总论"中基础理论内容的创新

目前，由于受商法是民法特别法理论观点的影响，商法总论课程中商法基础理论的内容过分地依赖民法的基础理论，导致由于民法课上已经将商法的基本理论问题都已经讲过了，因此，商法的基础理论也就没什么新东西可讲了！这也是商法总论课程在有些院校难以独立开设的主要原因。因此，商法基础理论应该摆脱民法的束缚，创造出一些与民法不同的特别的理论内容来。

商事法独立存在的价值在于它有独特的调节机制——营利性调节机制，这是商法区别于民法的一个重要标志。商事法维护投资者和企业的营利是其恒久不变的重要宗旨。因此，商事法具有其他部门法所没有的营利性调节机制。如我国允许设立企业形态的多样化（独资、普通合伙、有限责任合伙、有限合伙等），公司法对公司设立条件的放宽，对禁止和限制经营商品的减少……这些规定的目的都是在鼓励人们去投资创业，充分利用票据、股票、债券、保险等手段，以达到营利的目的。但是，商事法的这一营利性调节机制，并不是保证让每一个人都获利，而只是给那些守法经营的人提供了一个公平的机会和条件，只有具备这些条件，人们才能具有营利的可能性。显然，这一机制是市场经济发展的必然要求。[1]

商法还有不同于民法的特别的理论基础。商法的重心曾经由传统的交易法转移到企业法，随着市场经济的发展，商法的重心又从企业法转移到了金融法与企业法并重的局面。[2]为了适应社会化大生产的需要，商法重心的这种转变必然要求商法基础理论的相应改变。

商法的基础理论由注重经营活动的平等自由、合同自由、诚实信用，转

---

[1]　王保树：《中国商事法》，人民法院出版社 2001 年版，第 12～13 页。

[2]　陈醇：《商法原理重述》，法律出版社 2010 年版，前言第 1 页。

变为企业维持、保护交易的高效、安全等。有学者进一步提出了商法的十大基础理论：①商事权利理论。包括集权理论、分权理论和财产计量理论。财产权的集中是金融的本质，权利的集中使财产由"死"变"活"，由量变到质变，由"权利"转化为"权力"；公司内部权力的三权分立，可以提高公司经营的效率与安全；财产计量是会计法、金融法和企业法关注财产增值的必然要求。②商行为理论。包括决议理论、商行为程序理论和商行为计量理论。决议理论强调建立与合同制度并行的团体决议制度，是旨在为企业补充团体生活的基本行为规则；商行为程序理论通过全面认识意思表示、程序、行为三者的相互关系，说明程序在商行为理论中的地位和作用，以便提高商行为的效率，保障商行为的安全；商行为计量理论对商行为进行定量研究，为金融法与企业法服务。③商事责任理论。包括商事责任预防理论、决议责任理论。④责任主体理论。包括人资区分理论、商事治理理论。[1]

（三）"商法总论"应该增加对中外商法进行系统介绍的内容

"商法总论"课程应该侧重于对商法基本概念、基本知识的介绍，使学生通过学习，对国内外商法的发展和现状，以及商法的基本知识结构有一个系统的了解，对商法有一个感性的认识。在对中外商法的内容和历史发展情况进行系统介绍的时候，不仅要对国外商法进行系统介绍，而且，也要对我国大陆地区以及台、港、澳地区的商事法进行系统介绍，弥补现有商法教材只注重介绍大陆地区商事法，而忽视对中国其他三个不可分割之组成部分的商事法介绍的不足。[2]

第一，增加国外主要发达资本主义国家商法的立法背景、历史沿革和主要内容的介绍。

商法是一个外来词汇，其产生于西方资本主义国家，所以，学习商法必然要了解国外商法，要对法国、德国、西班牙、瑞士、日本、美国等国家的商事立法进行简要介绍。这对于帮助学生深入了解商法，以及完善我国未来的商事立法，有着重要的参考价值。国外商法典的发展大体经过以下三个发展阶段：①资本主义初期发展阶段的商法典，以1807年《法国商法典》为代表；②资本主义中期发展阶段的商法典，以《德国商法典》和《日本商法

---

〔1〕 参见陈醇：《商法原理重述》，法律出版社2010年版，前言第1~9页。
〔2〕 王瑞主编：《商法总论》，法律出版社2010年版，教材编写说明部分。

典》为代表;③适应资本主义现代社会化大生产需要的商法典,以《美国统一商法典》为代表。正如伯尔曼所言:商业革命有助于造就商法,商法也有助于造就商业革命。[1]以上商法发展的三个阶段进一步说明了本文第二部分所述商法重心的转变:第一阶段是商行为法阶段,主要是以民法交易理论为重心;第二阶段是商主体法阶段,主要以企业法的基本理论为重心;第三阶段是企业法与金融法并重的阶段。这一部分内容与商法基础理论创新的内容相呼应。[2]

第二,增加对我国大陆地区以及台湾、香港和澳门地区商事法的介绍。

作为一个中国人,对中国商法全然不知或知之不全,总归有些说不过去。中国商事立法在历史上并非完全空白,而且,中国商法不仅仅是指中国内地商法,还包括我国台湾、香港和澳门地区商法。[3]

"两岸四地"的法律制度本来是同宗同源,到了清末,港、澳地区开始走向不同的发展道路。1949年以后,我国大陆、台湾两个地区又各自走向了不同的发展道路。导致目前中国商事法呈现出了"两岸四地"相对独立的共同发展格局。从"两岸四地"商事立法各自的发展情况来看,我国大陆地区与台湾地区商事立法模式大体相同,即没有形式意义上的商法典,但有实质意义上的商事法,在民法典之外,制定各个特别商事单行法;我国澳门地区商事立法模式承继了葡萄牙的传统,实行的是民商分立的立法模式,在民法典之外,制定有形式意义上的商法典;我国香港地区商事立法模式承继了英国判例法的传统,商事法散见于成文法与判例法当中,没有形式意义上的商法典。

从中国商事立法的总体发展情况来看,"两岸四地"的商事立法表现出了一个共同特点:基本上都是成文立法。我国大陆、台湾地区和澳门特别行政区的商事法规虽然在表现形式上略有差异(商事单行法与商法典的差异),但是,其商事立法均为成文法,而非判例法;香港特别行政区的商事法,除了陆上保险与海商法的一小部分内容表现为商事惯例和判例法外,其他绝大部分内容也均为成文法。[4]

---

〔1〕 [美]哈罗德·J.伯尔曼:《法律与革命——西方法律传统的形成》,贺卫方等译,中国大百科全书出版社1993年版,第409页。

〔2〕 王瑞主编:《商法总论》,法律出版社2010年版,第84~85页。

〔3〕 王瑞主编:《商法总论》,法律出版社2010年版,第86页。

〔4〕 王瑞:《中国内地、台港澳商事法比较与统一》,法律出版社2009年版,第70页。

二、硕士研究生阶段商法课程体系的改革与完善

以上课程是对法学本科生商法课程体系的安排，另外，我们还应该对硕士研究生阶段的商法课程体系做出相应的调整。其中包括对法学硕士研究生、在职法律硕士研究生、全日制法律硕士研究生的商法课程体系的安排与调整。

（一）对法学硕士研究生的商法课程体系的安排与调整

法学硕士研究生在校学习时间比较短，一般是三年时间，有的院校（如：清华大学法学院、北京大学法学院）已经改为二年时间，因此，相对于上述法学本科生阶段，法学硕士研究生的课程不可能那么多，商法课程同时也要压缩。以笔者所在的北方工业大学法律系为例，我们在法学硕士研究生阶段开设的商法课程主要有四门：商法基础理论、商法专题研究、公司法专题研究、海商法专题研究，每门课均安排 8 个教学周，每周 4 个课时，共 32 课时。

"商法基础理论"课主要是对本科生阶段商法总论内容的进一步深化，增加讲授不同学者的学术观点，让学生辨别思考。从 2013 年春季学期开始，我对"商法基础理论"课程内容进行了重大改革，在介绍过去传统商法老旧理论的基础上，增加了更多新的内容：第一是陈醇老师主编的《商法原理重述》一书中的十个全新的商法基础理论：集权理论解释了商法中财产权集中现象下因财产质变而具有了增殖功能的原理；分权理论是对权力的微观研究，其阐述了企业分权对于企业安全和效率的影响；财产权计量理论开创了财产权的定量分析，通过运用会计账簿对财产权进行研究分析；决议理论是内部决策制度，决议理论的建立可以消除团体活动中的专制和程序不公；商行为程序理论注重意思和程序的并重以期达到主客观参数相辅相成的效果；商行为计量理论通过意思计量和程序计量来对商行为进行分析，从而有利于商行为的精确化；商事责任预防理论主张建立事前的预防措施，以弥补传统民事责任的不足；决议责任理论要求对违反有效决议的行为进行追究，并据此建立完整的商事责任处理制度；人资区分理论可以防范企业损害人类社会的利益，强调企业的社会责任；商事治理理论以企业管理为典型以期完善商主体的自我管理和控制。第二是要求学生再进一步阅读以下图书：陈醇主编的《商行为程序研究》、袁天鹏翻译的《罗伯特议事规则》《初级会计学》或《会计学原理》等。在学生充分阅读理解上述商法新旧理论的基础上，给每个同学分配三家上市公司，运用商法基础理论对这些上市公司的财产权集中情况、财

产管理情况（主要是财务分析）、公司治理情况等进行深入分析，以求做到学以致用。

"商法专题研究"课主要是对商法学的内容（主要是总论、商业银行法、证券法、保险法等）以专题的形式进行更深入的专门研究。该课程不是以教师讲授为主，而是在教师的指导下，以学生自主进行专题研究为主，充分发挥学生自主学习、研究的积极性和主动性，主要锻炼研究生的口头语言表达能力和科研能力。"商法专题研究"课程在开课前，将预先设计好的四个商法总论专题和十个商法分论专题（比如商业银行业相关法律问题、证券业相关法律问题、保险业相关法律问题、广告业相关法律问题、旅游业相关法律问题等）发给学生，学生根据自己的爱好每人选择一个专题，确定选题后先查找相关资料并进行调查研究，在此基础上，做成 PPT 课件。每位同学用一节课时间将自己的专题研究成果向全班同学讲解，每位同学讲解完成后由任课教师点评，指出优点与不足。最终在课程结束后，每位同学在其自主选择的专题范围内，再选择其中一个小问题进行深入研究，最后形成一篇比较规范的学术论文。

"公司法专题研究"课和"海商法专题研究"课则是针对公司法和海商法的内容进行深入的专题研究，其授课方式可参照商法专题研究课程。

（二）对在职法律硕士研究生的商法课程体系的安排与调整

在职法律硕士研究生的学习时间更少，他们都是平时上班，利用周末休息时间来学校上课，因此，他们的课程安排需要再压缩，只开设两门商法课：商法学专题、企业法专题。而且，他们都是非法学本科生，以前没有法学基础，所以，对课程的内容不可能讲得太深，应该在讲授基本概念和基本原理的基础上，结合他们各自工作的特点，多结合一些实际案例，注重理论知识的实际应用，而不是像法学硕士研究生那样注重法学理论知识的讲授。

"商法学专题"课安排 32 课时，8 个教学周，每周 4 个课时，利用前两周的时间，以本科生商法总论的内容为基础，简要介绍商法的基本概念和基本原理，接下来用 4 周的时间结合案例讲授证券法，然后，再用最后 2 周的时间结合案例讲授保险法。

"企业法专题"课也是安排 32 课时，8 个教学周，每周 4 个课时，主要结合案例讲授公司法、个人独资企业法、合伙企业法等。

（三）对全日制法律硕士研究生的商法课程体系的安排与调整

全日制法律硕士研究生一般在校学习期限只有两年，因此，他们的课程还要进一步压缩，甚至需要在专业必修课中将商法课排除。因此，我们学校全日制法律硕士研究生没有开设商法方面的必修课，只开设了一门公司法专题课，为弥补这一缺陷，我们学校安排了针对"商事法务"方向的学生开设的选修课"商事法务实训"。

"商事法务实训"课安排了64课时，我们利用前20课时，讲授商法总论的内容，然后，利用22课时讲授证券法的内容，22课时讲授保险法的内容，同时，针对法务实训的特点，讲授证券法和保险法时结合相关典型案例，包括安排学生到法院旁听相关案件的审判。

"公司法专题"课安排了32课时，主要是结合案例讲授公司法的内容。

三、以大量与商法相关的多媒体教学资料来充实商法教学的内容

商法规则是以商事活动为调整对象的，商事活动与民事活动不同，民事活动往往就是我们日常生活的一部分，学生们基本上都会有一些亲身体会和经验，结合这些亲身体会和经验来讲民法规则，学生们就会比较容易理解。而商事活动，尤其是一些专业性的商事活动，如开办公司、买卖股票、使用票据、经营保险、船舶运营等，绝大多数学生都没有亲身体验过，没有一个感性的认识，如果在这样一个缺乏感性认识的基础上，我们给学生们讲授商法规则，学生们肯定会难以理解。

针对以上问题，笔者在近十年的教学实践当中，注意收集和运用与商法相关的多媒体教学资料，通过对这些多媒体教学资料的合理运用，达到使学生间接取得对商事活动感性认识的目的。在此基础上，帮助学生更深刻地理解和掌握相关商法规则，同时还提高了学生学习商法的兴趣，收到了良好效果。与商法相关的多媒体教学资料的收集和运用，主要体现在以下三个方面：

（一）教学图片的收集和应用

1. 股票和债券图片的收集和应用

在讲授到"商法分论·证券法"当中股票和债券的概念和特征的时候，给学生展示股票和债券的相关图片，让学生知道股票和债券是什么样的。

2. 货币、票据图片的收集和应用

在讲授到"商法分论·票据法"当中票据上必要记载事项和背书的时候，

给学生展示相关票据图片，让学生知道汇票、本票和支票是什么样的，具体的记载事项应该在什么位置。

3. 船舶图片的收集和应用

在讲授到"商法分论·海商法"当中船舶的概念和特征的时候，给学生展示船舶图片，让学生知道船舶是什么样的。

（二）电视专题片的收集和应用

1. 九集系列历史文化纪录片《中国钱币史话》

《中国钱币史话》由武汉电视台和中国钱币博物馆于2005年联合录制，以钱币的发展阶段为脉络进行叙述：天然海贝是中国最早的货币。天然海贝产在海滨，距中原路途遥远，运输困难，不易获取。但贝以其坚固美观和便于使用等优点，被选为货币应在情理之中。贝以"朋"为单位，十贝一朋，一直沿用到战国。随着商品经济的发展和货币流通的需要，天然海贝货币逐渐被人工仿贝和金属铸贝所代替。后来又发展为纸币，甚至电子货币。

在讲授"商法总论"课程中商行为的分类的时候，播放《中国钱币史话》片断，让学生通过观看货币产生的过程，了解货币的参与对于商品交换的重大意义。

2. 央视国际电视总公司拍摄的20集大型电视纪录片《中国商人》

《中国商人》是央视国际电视总公司拍摄的一部大型高清数字电视纪录片。《中国商人》弘扬中国历代商人创业精神，展示中国商业文化。中国商业开端虽早，但几千年恪守"农本"主义，坚持"重'农'抑商"政策，商为末业，维计艰难，商人甚至成了社会讥讽和鄙视的对象。即便如此，中国商人一如既往，仍然对中国社会文明发展做出了不可磨灭的贡献。

在讲授"商法总论"课中国商法的发展历史的时候，播放《中国商人》片断，让学生了解中国商业文明起源和中国传统商业精神。中国古代没有独立的民商法典，商品经济仍然有很大的发展，其依靠的是商人的自律规则，但是，正是因为没有民商法典的保护，中国古代的商品经济一直不能得到持续稳定的发展。

3. 中央电视台经济频道2010年拍摄的电视专题片《华尔街》

十集大型纪录片《华尔街》，是中央电视台首次采用高清格式倾力制作的金融类特别节目，是中央电视台首次全面深入世界各大金融中心，采用以大量纪实为主的拍摄手法，充分体现电视本体语言的全新创作。影片以华尔街金融危机为契机，以证券市场为中心，梳理两百多年来，现代金融的来龙去脉，探寻、发现资本市场兴衰与经济起伏的规律，为决策者提供依据，为资本市场的实践者提供镜鉴，为大众提供关于资本市场的启示。同时，也为中国人全面理解华尔街，全面理解美国，甚至全面理解现代金融与一个国家崛起的关系，提供最有益的帮助。

在讲授"商法总论"课商法的发展历史的时候，播放《华尔街》片断，让学生了解，随着市场经济的发展，商法的重心从企业法转移到金融法的真正历史背景。

4. 中央电视台经济频道 2010 年拍摄的电视专题片《公司的力量》

《公司的力量》是中国第一部深刻探讨公司制度的电视纪录片。它以世界现代化进程为背景，梳理公司起源、发展、演变、创新的历史，讨论公司组织与经济制度、思想文化、科技创造、社会生活等诸多层面之间的相互推动和影响，旨在以公司为载体观察市场经济的演进，探寻成长中的中国公司的发展道路。

在讲授"商法分论·公司法"课当中股份公司的产生和发展的历史背景的时候，播放电视专题片《公司的力量》片断，让学生了解公司产生的条件、公司的三个基本特征、人类历史上第一部公司法——1862 年英国的《股份公司条例》产生的历史背景等。

5. 中央电视台经济频道 2001 年拍摄的电视专题片《资本市场》

《资本市场》是中央电视二台为纪念中国资本市场发展十周年而特别制作的电视专题纪录片。中央电视台历时两年走遍全球多个国家，以全新的视角，超长的时空跨度，邀请多位政府高官、国内外数十位著名经济学家及业内资深人士参与其中，遍访全球发达资本市场，结合全球资本并购成败的典型案例及国内经济形式深入剖析了国际国内资本市场的发展趋势。

在讲授"商法分论·证券法"课当中证券和证券市场产生和发展、证券法产生的历史背景的时候，播放《资本市场》让学生了解证券市场和证券法产生的历史过程。

6. 中央电视台财经频道 2011 年拍摄的电视专题片《大市中国》

《大市中国》是央视财经频道首部全景式记载中国资本市场 20 年发展过

程的 8 集大型电视纪录片，该片收集了近万张图片、几十件珍贵的实物，录制了 100 多位当事人、亲历者长达 200 小时的珍贵资料，采访了 20 多家上市公司，是一次对中国资本市场 20 年的全面梳理。

在讲授"商法分论·证券法"课当中中国证券市场产生和发展的历史背景的时候，播放《大市中国》片断，让学生了解中国证券市场和证券法产生的历史过程。

7. 中央电视台科教频道拍摄的电视专题片《追逐太阳的航程》

在讲授"商法分论·海商法"课当中船舶的概念和特征的时候，结合相关船舶图片的展示，给学生播放电视专题片《追逐太阳的航程》片断，让学生通过观看瑞典商船哥德堡号的建造过程来了解船舶的构造。

（三）电影故事片的收集和应用

1. 奥利弗·斯通导演的美国电影《华尔街》（*Wall Street*）

奥利弗·斯通导演的美国电影《华尔街》（第一部），是以发生在美国 20 世纪 80 年代的第四次企业并购浪潮为背景的，在讲到"商法分论·证券法"课的上市公司收购一章的时候，给学生播放该影片的片断，可以使学生了解第四次企业并购的情况，并且还可以使让学生了解什么是内幕交易、操纵市场以及收购和反收购措施（如影片中提到了反收购措施之一：白衣骑士；另外还有大量的内幕交易的场景）。

2. 美国电影《漂亮女人》（*Pretty Woman*）

在讲授到"商法分论·证券法"课当中上市公司收购和反收购的时候，给学生播放美国电影《漂亮女人》片断，让学生了解什么是恶意收购和善意收购，恶意收购方"爱德华"和被收购方"摩斯工业"是如何较量，后来又是如何和解的。

3. 美国电影《造雨人》（*Rain Maker*）

在讲授到"商法分论·保险法"课中对保险行业的监督管理的时候，给学生播放美国电影《造雨人》片断，让学生明白为什么要对保险公司进行监督管理。

综上所述，笔者通过十多年的商法课程的教学实践，不断总结经验，对笔者所在的北方工业大学法律系的商法课程按照以上思路进行了改革和完善，并编写了三部相关教材：一部《商法总论》教材，由法律出版社 2010 年出版，成为高等教育核心教材；一部《企业法》教材，由法律出版社出版；一部研究生教材《中国企业法律制度研究》，由上海立信会计出版社 2013 年出版，是国家"十二五"重点出版图书。我校商法教学改革的实践证明，以上对商法课程体系改革和完善的思路是正确和可行的。

（该论文发表在《教育教学论坛》2014 年第 31 期，第 39~42 页。

本书所引法律条文以发表时间为准，下同）

论"商法总论"课程内容的补充与完善

摘要： 本文针对我国大学法学本科生和硕士研究生的商法教学的特点，提出应该注重商法基础理论的教学，将"商法总论"作为一门法学专业必修课独立开设，对商法总论中商法基础理论的内容进行创新，并增加对中外商法进行系统介绍的内容，尤其是应该对我国港澳台商事法进行必要的介绍。

关键词： 商法课程　商法基础理论　商法总论

在我国大学法学本科生和硕士研究生的商法教学中，普遍存在不重视商法基础理论教学的现象。"在课程体系方面，当翻开不同的商法教科书，会发现不同的组成部分"，"相比民法、刑法、行政法和诉讼法等法律部门的教科书内容之固定性和统一性，（商法教科书内容的差异性）已经损害了商法体系的完整，损害了学生学习商法的积极性和效果"。[1]商法课程体系不完整的一个突出表现就是缺少或不重视"商法总论"课程，使商法教学处于支离破碎的不系统状态，损害了商法体系的完整性，影响了商法学科的建设和学生学习商法的积极性。没有科学的理论，就没有科学的实践。因此，要加强商法基础理论的研究和教学实践，同时，补充和完善"商法总论"课程的内容。

一、将"商法总论"作为一门法学专业必修课独立出来

目前，国内商法教学实践中在课程设置上主要有三种模式：①商法总论

---

〔1〕 姜雯："论商法的重要性与商法学教学改革"，载《中国集体经济》2007年第8期，第131～132页。

独立作为必修课，分论则开设公司法、证券法、保险法、票据法、海商法等主要的课程；②商法课讲授总论与部分分论，再有选择性地开设 2 个~3 个分论课程作为专业选修课；③商法一体化教学，将总论与分论的全部内容均在商法课中讲授。[1]其中很多高等院校（包括清华大学法学院、北京大学法学院等名牌高校）的商法课程设置均采取的是第二或第三种模式。笔者认为，应该采取第一种模式。

"商法总论"课程是商法课程群的核心与基础，应以讲授商法基本理论、基本原则和基本制度为主，传授学生正确的商法学科观念，训练其基本的商法学思维。如同民法、刑法和经济法等课程群的设置当中，都有一个总论课程的设置一样，商法课程体系中也应该将"商法总论"课程作为一门法学专业必修课独立出来，使其成为以后开设的商法分论课程（公司法、证券法、保险法、票据法、海商法等）的总领和指导。

考虑到商法总论课所承载的内容，应以每周 2 学时，每学期 32 学时为宜。而分论课程中，也应根据课程的内容和性质分别设为必修课或专业选修课。而且，在坚持商法总论课和商法分论各课程分别独立开设的大前提下，各学校还可以针对各自的特殊情况做出一些灵活性的调整。比如，笔者所在的北方工业大学法律系，在近两年的商法课程教学改革中，曾经按照上述的第一种模式，分别开设了商法总论课（专业必修课）和公司法、证券法、保险法、票据法、海商法课程（专业选修课）。但是，实行了一段时间后，我们发现，由于学生选修课非常多以及学生不感兴趣等原因，商法分论课程中的"票据法"课程没有学生选或者选课的学生很少，导致该课程根本开设不起来，这给我们带来了很大的困扰。后来，经系务会反复研究，我们采取了一个变通的方法，决定将票据法的基本内容纳入到专业必修课"商法总论"中来，将票据法作为商法总论的一个附属内容来讲，同时，增加"商法总论"课程的课时量，从原来的 32 课时增加到现在的 48 课时。这样，在保证商法课程体系的完整性的同时，又很好地解决了商法课程与其他课程的冲突问题。

以上是对法学本科生商法课程体系的安排，另外，我们还应该对法学硕士研究生的商法课程体系做出相应的调整。由于法学硕士研究生的课程更少，

---

[1] 李支："商法课程群教学体系改革探析"，载《广州职业教育论坛》（第 11 卷）2012 年第 1 期，第 32 页。

因此，不可能像本科生那样开设那么多的选修课，所以，我们北方工业大学法律系在法学硕士研究生阶段开设的商法课程主要有四门：商法基础理论、商法专题研究、公司法专题研究、海商法专题研究。商法基础理论主要是对本科生阶段商法总论内容的进一步深化，增加讲授不同学者的学术观点，让学生辨别思考；商法专题研究主要是对商法学的内容（主要是总论、商业银行法、证券法、保险法等）以专题的形式进行更深入的专门研究，该阶段不是以教师讲授为主，而是在教师的指导下，以学生自主进行专题研究为主，充分发挥学生自主学习、研究的积极性和主动性，主要锻炼研究生的口头语言表达能力和科研能力；公司法专题研究、海商法专题研究则是针对公司法和海商法的内容进行深入的专题研究，其授课方式可参照商法专题研究课程。

二、"商法总论"中的基础理论应该有所创新

目前，由于受商法是民法特别法理论观点的影响，商法总论课程中商法基础理论的内容过分地依赖民法的基础理论，导致由于民法课上已经将商法的基本理论问题都讲过了，因此，商法的基础理论也就没什么新东西可讲了！这也是商法总论课程在有些院校难以独立开设的主要原因，因此，商法基础理论应该摆脱民法的束缚，创造出一些与民法不同的特别的理论内容来。

第一，商法是一个不同于民法的独立的法律部门。商法有自己独立的调整对象——商事法律关系，而商事法律关系有不同于民事法律关系的独有特点。而且，商事法作为成文法，在国外已经有了三百多年历史，这是不可否认的事实。商事法独立存在的价值还在于它有独特的调节机制——营利性调节机制。商事法维护投资者和企业的营利是其恒久不变的重要宗旨。因此，商事法具有其他部门法所没有的营利性调节机制。如，我国允许设立企业形态的多样化（独资、普通合伙、有限责任合伙、有限合伙等），公司法对公司设立条件的放宽，对禁止和限制经营商品的减少……这些规定目的都是在鼓励人们去投资创业，充分利用票据、股票、债券、保险等手段，以达到营利的目的。但是，商事法的这一营利性调节机制，并不是保证让每一个人都获利，而只是给那些守法经营的人提供了一个公平的机会和条件，只有具备这些条件，人们才具有营利的可能性。显然，这一机制是市场经济发展的必然

要求。[1]商法是一个独立的法律部门，而且是一个区别于其他法律部门的特殊法律部门。[2]

第二，商法有着不同于民法的特别的理论基础。商法的重心曾经由传统的交易法转移到企业法，随着市场经济的发展，商法的重心又从企业法转移到了金融法与企业法并重的局面。[3]为了适应社会化大生产的需要，商法重心的这种转变必然要求商法基础理论的相应改变。

商法的基础理论由注重经营活动的平等自由、合同自由、诚实信用，转变为企业维持、保护交易的高效、安全等。有学者进一步提出了商法的十大基础理论：①商事权利理论。包括集权理论、分权理论和财产计量理论。财产权的集中是金融的本质，权利的集中使财产由"死"变"活"，由量变到质变，由"权利"转化为"权力"；公司内部权力的三权分立，可以提高公司经营的效率与安全；财产计量是会计法、金融法和企业法关注财产增值的必然要求。②商行为理论。包括决议理论、商行为程序理论和商行为计量理论。决议理论强调建立与合同制度并行的团体决议制度，是旨在为企业补充团体生活的基本行为规则；商行为程序理论通过全面认识意思表示、程序、行为三者的相互关系，说明程序在商行为理论中的地位和作用，以便提高商行为的效率、保障商行为的安全；商行为计量理论对商行为进行定量研究，为金融法与企业法服务。③商事责任理论。包括商事责任预防理论、决议责任理论。④责任主体理论。包括人资区分理论、商事治理理论。[4]

三、"商法总论"应该增加对中外商法进行系统介绍的内容

"商法总论"课程应该侧重于对商法基本概念、基本知识的介绍，使学生通过学习，对国内外商法的发展和现状，以及商法的基本知识结构有一个系统的了解，对商法有一个感性的认识。在对中外商法的内容和历史发展情况进行系统介绍的时候，不仅要对国外商法进行系统介绍，而且，也要对我国大陆以及台、港、澳地区的商事法进行系统介绍，弥补现有商法教材只注重介绍我国大陆地区商事法，而忽视对我国其他三个不可分割之组成部分的商

---

[1] 王保树：《中国商事法》，人民法院出版社 2001 年版，第 12~13 页。
[2] 王瑞主编：《商法总论》，法律出版社 2009 年版，第 12 页。
[3] 陈醇：《商法原理重述》，法律出版社 2010 年版，前言第 1 页。
[4] 参见陈醇：《商法原理重述》，法律出版社 2010 年版，前言第 1~9 页。

事法介绍的不足。[1]

第一，增加国外主要发达资本主义国家商法的立法背景、历史沿革和主要内容的介绍。商法是一个外来词汇，其产生于西方资本主义国家，所以，学习商法必然要了解国外商法，要对法国、德国、西班牙、瑞士、日本、美国等国家的商事立法进行简要介绍。这对于帮助学生深入了解商法，以及如何完善我国未来的商事立法，有着重要的参考价值。国外商法典的发展大体经过了以下三个发展阶段：①资本主义初期发展阶段的商法典，以 1807 年《法国商法典》为代表；②资本主义中期发展阶段的商法典，以《德国商法典》和《日本商法典》为代表；③适应资本主义现代社会化大生产需要的商法典，以《美国统一商法典》为代表。正如伯尔曼所言：商业革命有助于造就商法，商法也有助于造就商业革命。[2]以上商法发展的三个阶段进一步说明了本文第二部分所述商法重心的转变：第一阶段是商行为法阶段，主要是以民法交易理论为重心；第二阶段是商主体法阶段，主要以企业法的基本理论为重心；第三阶段是企业法与金融法并重的阶段。这一部分内容与商法基础理论创新的内容相呼应。

商法在国外的发展已经有几百年的历史，学习和了解国外商事法律制度的发展过程，可以使我们更清醒地认识世界和自我。国外商法典经过了三个由低到高的发展阶段，那么，我国将来应该制定一部什么样的商法典呢？[3]

第二，增加对我国大陆地区以及台湾、香港和澳门地区商事法的介绍。作为一个中国人，对中国商法全然不知或知之不全，总归有些说不过去。中国商事立法在历史上并非完全空白，而且，中国商法不仅仅是指中国内地商法，还包括我国台湾、香港和澳门地区商法。[4]

"两岸四地"的法律制度本来是同宗同源，到了清末，港、澳地区开始走向不同的发展道路，1949 年以后，大陆、台湾两个地区又各自走向了不同的发展道路。导致目前中国商事法呈现出"两岸四地"相对独立的共同发展格局。商事法规则的不同，不利于"两岸四地"统一国内大市场的形成，也不

---

[1] 王瑞主编：《商法总论》，法律出版社 2010 年版，教材编写说明部分。

[2] [美] 哈罗德·J. 伯尔曼：《法律与革命——西方法律传统的形成》，贺卫方等译，中国大百科全书出版社 1993 年版，第 409 页。

[3] 王瑞主编：《商法总论》，法律出版社 2010 年版，第 84~85 页。

[4] 王瑞主编：《商法总论》，法律出版社 2010 年版，第 86 页。

可能落实"完善市场交易的法律制度"。[1]

从"两岸四地"商事立法各自发展情况来看，中国大陆地区与台湾地区商事立法模式大体相同，即没有形式意义上的商法典，但有实质意义上的商事法，在民法典之外，制定各个特别商事单行法；中国澳门地区商事立法模式承继了葡萄牙的传统，实行的是民商分立的立法模式，在民法典之外，制定有形式意义上的商法典；中国香港地区商事立法模式承继了英国判例法的传统，商事法散见于成文法与判例法当中，没有形式意义上的商法典。

从中国商事立法的总体发展情况来看，"两岸四地"的商事立法表现出了一个共同特点：基本上都是成文立法。我国大陆、台湾地区和澳门特别行政区的商事法规虽然表现形式略有差异（商事单行法与商法典的差异），但是，其商事立法均为成文法，而非判例法；香港特别行政区的商事法，除了陆上保险与海商法的一小部分内容表现为商事惯例和判例法外，其他绝大部分内容也均为成文法。"两岸四地"商事规则成文法的共同特点，为今后实现商事成文法的统一打下坚实的基础。[2]

笔者所在的北方工业大学法律系的商法课程已经按照以上思路进行了改革，并编写了一部《商法总论》教材，由法律出版社出版，并成为高等教育核心教材。我校商法教学改革的实践证明，以上商法教学改革的思路是正确和可行的。

（该论文发表在《教育教学论坛》2013 年第 2 期，第 247~248 页）

---

[1] 《中共中央关于完善社会主义市场经济体制若干问题的决定》，人民出版社 2003 年版，第 33 页。

[2] 王瑞：《中国内地、台港澳商事法比较与统一》，法律出版社 2009 年版，第 70 页。

民商法律文化的基本理念*

摘要：民商法律文化的基本理念在我国有需要特别加以明确的必要，是保障我国市场经济健康发展的必备的文化基础，这些基本理念包括：自由、平等、诚实信用、安全效率和私法自治。

关键词：法律文化　民商法律文化　基本理念

文化对社会发展的作用是非常重大的。在欧洲，先有文艺复兴，后有产业革命；在日本，经济的腾飞与灿烂的企业文化结下不解之缘；在我国，无论是先秦时期诸子百家的学术争鸣，还是五四运动以来新文化运动的多次冲击，都对我国政治经济的发展都产生过巨大影响。经济的竞争背后实际上是文化的竞争。[1]今天，人们已愈来愈认识到一个国家经济的振兴，离不开文化的催生。

民商法律文化是法律文化的一个有机组成部分，法律文化又是社会文化大系统当中的一个子系统。文化、法律文化、民商法律文化之间的关系是一个大、中、小概念之间的关系。

从中文字面意思来看，文化一词指"文而化之""文明教化"，即通过文明教育使之"郁郁乎文"之意。从英文来看，"culture"（文化）一词，原意为"耕耘、耕作"，即开拓、改造世界之意。[2]《辞海》中对文化的定义是物质文明和精神文明的总和，这个定义很模糊。明确的定义应该是：特定人

---

* 本文是王瑞与徐冲合著。徐冲（1980 年~）男，汉族，安徽安庆人，北京市丰台区人民法院法官。

〔1〕　曹世潮："下一轮全球竞争是文化的竞争"，载《南方周末》2004 年 1 月 8 日。

〔2〕　赵震江、付子堂：《现代法理学》，北京大学出版社 1999 年版，第 247 页。

群普遍自觉的观念和规则系统。[1]英国著名人类学家泰勒进一步解释为：文化是一个复杂的整体，包括知识、信仰、艺术、道德、法律、风俗以及人们作为社会成员一分子所获得的任何技巧与习惯，乃为后天所习得而非生而具有的东西。[2]简而言之，文化，乃是一个民族在其长期社会生活中所形成的生存方式及思维方式，也称意识形态。因此，文化必定对社会生活予以一定的回应。当法律作为一种人类组织化、群体化生存状态的方式出现之时，文化必定与之相互碰撞与回应，法律文化由此而生。

法律文化从广义来讲，是以与法律有关的文化现象作为研究对象的，包括了与法律有关的历史、传统、习惯、制度、学理以及相关的物质存在。[3]根据法律规范的不同性质，我们将其划分为两类：调整不平等主体之间法律关系的公法和调整平等主体之间法律关系的私法。与私法相对应的法律文化中的那部分内容就是私法文化，也就是民商法律文化。

从历史上看，中国长期保持着封建宗法伦理性的法律文化，其重农抑商，重公权轻私权，重刑事轻民事，所以，中国缺乏民商法律文化的传统。即使是在民商事立法不断完善的今天，在广大人民群众的法律意识当中，对民商法律文化的基本理念仍然不是十分清楚。

民商法律文化的基本理念乃是指民商法律文化之中包含的最为基本的价值取向和社会意蕴，是在民商法发展过程中一以贯之的、具有指导性和原则性的东西。它反映了民商法的内在追求和品质，也反映了人类对各种普遍价值的追求。民商法律文化的基本理念应该包括以下五个方面的内容：

一、崇尚自由的理念

自由是人类追求的理想境界，按照马克思主义基本理论，人类的理想社会就是共产主义的自由王国。从必然王国向自由王国的飞跃是一个极其漫长的历史过程，这是全人类世代追求的崇高的价值目标和理想境界。人类就是在这漫长过程的不懈追求中逐步完善和提高，从而一步步地朝着这一远大目

---

〔1〕 曹世潮："下一轮全球竞争是文化的竞争"，载《南方周末》2004 年 1 月 8 日。

〔2〕 赵震江、付子堂：《现代法理学》，北京大学出版社 1999 年版，第 249 页。

〔3〕 关于历史传统比较好理解，但关于物质存在却有不同看法。有人认为文化的东西应该为精神层面上的而不应该涉及物质，但也有人认为，一切反映制度、习惯等文化的载体本身就是一种文化。参见梁治平：《法律的文化解释》，生活·读书·新知三联书店 1994 年版，第 2~5 页。

标靠近的。自由是对社会历史主体人的存在状态的揭示。一般而言，自由标志着人们在实践活动中摆脱了外在限制时的无拘束状态；自由王国是指人们摆脱了盲目必然性的奴役，成为自己社会关系，因此也成为自然界的自觉主人这样一种社会状态。共产主义社会就是这样的自由王国。人类只有在共产主义的自由王国里才获得了彻底解放，成为真正的自由人，人类劳动才成为自觉的、自由的劳动，成为"自主活动"。共产主义的自由王国既是社会进步的理想目标，也是人类解放的必然归宿。

民商法正是通过对民商事主体的权利的保护，来保障民商事主体的行为自由的，民商法的本质在于最大限度地保护这种自由，而不是对这种自由加以限制。当然，在现有社会条件下，上文所提到的那种理想状态的自由王国还不可能完全实现，民商事主体的行为自由还会受到一些必要的限制，尤其是在社会影响较大的商事活动领域，自由贸易和自由竞争作为市场经济的根本规则被各国法律奉为圭臬。但随着民族统一运动的发展和国际竞争的激烈，尤其是在二战以后，自由经济思想开始面临极大的挑战。各国纷纷制定限制贸易、放松垄断管制但却加强经济统制的各种法律。中央银行利用信用工具限制生产者规模和能力；环保机构出台各种产品指标旨在加强非关税壁垒，限制进口；甚至中央政府和地方政府也以宏观调控为由直接用行政力量封停企业、抑制投资、分割市场。客观而言，这对保护公共利益、促进经济增长和保护弱势群体利益起到了一定的作用。但在根本上这却是一种本末倒置的做法，违背了市场经济的根本精神，也不符合民商法的精神与宗旨。对此，无论是古典自由主义还是凯恩斯之后的新自由主义都有过精到的论证。从商法传统来看，商法中虽涉及商事监管，但其主体部分或者说其基础前提仍在于坚持平等自治；且商法起源于习惯，且以习惯方式长期存在，不能不说是坚持平等自治与自由主义的结果之一。反观中国市场经济制度，由政府主导而导致的种种弊端非常明显。解决问题的方案绝非由政府一律统一指挥，而应该在极大程度上发展自由竞争、提高企业自治与自律意识。这种意识的培养虽然需要一个过程，但如前所言，却是建立商法制度最为有效的方式，也无疑是减少制度成本和保护民权的最有效方式。

二、维护当事人之间法律地位平等的理念

民商法调整平等主体之间的发生的财产关系和人身关系。平等主体之间的财产关系是建立在自愿的基础上的，这是平等主体间的经济关系与因行政隶属关系而发生的经济关系的重要区别。马克思指出：在商品交换过程中，"一方只有符合另一方的意志，就是说每一方只有通过双方共同一致的意志行为，才能让渡自己的商品，占有别人的商品"。这是因为商品交换的双方处于平等地位，一方不能命令或强迫他方，只有彼此自愿，自由让渡，才能达到商品交换的目的。民法调整的经济关系就具有这种特征，它是基于平等主体之间的横向的经济关系。人身关系，是指与人身不可分离，而以特定精神利益为内容的社会关系，它包括生命健康、姓名、肖像、荣誉等权利在取得过程中所发生的社会关系。以上这些人身关系的主体必须是平等的，彼此处于平等的法律地位，应当平等相待、相互尊重、互不干涉、互不侵犯。由于人身关系反映着人之精神上的利益，这种精神利益因自然与其人身不可分离而具有专属性，从而决定了人身关系具有与其主体不可分离的特点。民法根据人身关系的这种客观要求，从而在法律上确定了各种人身权，并要求除权利主体之外的不特定的任何人，均负有尊重和不得侵犯的义务。

平等观念是民商法与公法在理念上的根本区别，平等作为理性的要求是自罗马法到现代市民法一脉相承的理念和不灭的向往。在奴隶社会和封建社会，人们生来就有高低贵贱之分，然而随着奴隶社会经济和封建社会的自然经济的瓦解以及商品交换和市场的出现，经济发展越来越要求市场主体之间身份的平等，身份逐渐为契约所取代。资产阶级革命从原则上否定了封建奴役和教会奴役，实现了市民关于身份的理想。但这个过程却是漫长的，直到战后，国外民法典中关于家庭成员不平等的条文才最终被废止。

平等是指人与人之间在政治、经济、文化等各方面处于同等的地位，享有同等的权利。平等观念是历史的产物，资产阶级的平等观念是反封建的产物，资产阶级思想家宣称"平等"是不可剥夺的"天赋人权"。这种观念有一定的历史进步作用，但资本主义社会的平等只是形式上的平等，是在保留剥削关系和政治上、财产上不平等的条件下的平等。那么，首先产生权利平等观念的为什么是西方文明国家，而不是东方文明国家呢？这是由这些民族生存和繁衍的社会条件决定的。西方国家生活方式多样灵活，农业、渔猎和

商业文明交叉互补，几乎没有形成过高度中央集权的农业国家。东方文明则不同，例如中国，属于内陆农业文明，几千年的生产方式都是小农经济加中央集权，由于生产方式主要以农业为主，水利是农业的命脉，而抗旱、排涝都需要一个强大的中央集权政府统一调度全国的人、财、物，因此具有典型的专政制度的形式。这种政治权力的建成必然会按照自身规律对经济基础发挥独立的作用，从而阻碍生产力的发展。而西方建立在社会理想基础上的法律制度，由于贯彻了自由平等原则，保证了私人法律地位的平等，从而促进了商品所有者的自由生产和贸易，促进了商品交换的深度和广度的发展，促进了经济和社会的不断进步。因此说民商法律文化的平等理念是社会经济发展的产物，是市场经济发展的前提，更是人类文明与进步的标志。

三、倡导诚实守信的理念

诚实、守信、不欺、互助这些品格是任何民族在其早期发展过程中所形成的一种普遍道德规则，是为了在残酷的自然条件下生存下来而相互容忍与合作的客观需要。这在农业乡土社会（熟人社会）由古至今都是显而易见的。但随着商品经济的发展和城市陌生人社会的形成，怎样维系商业交往的长久、有序和有效率的进行，则经历了一个自然选择的过程。在商品交往和合伙事业中，诚信道德被逐渐重新发现和提倡。尤其是在信用经济出现以后，各种货币、票据流通，保险的经营，乃至最早的康美达组织和陆上合伙，缺少交易各方相互信任和某种共同信奉，是不可能会有长足发展的。[1]因此，诚实不欺、互助互利开始成为民商法律文化的一个最基本的价值理念，并由最初的道德信仰上升为法律精神。是商品经济推动了这一法律精神的产生。故而有论断称："诚实信用原则只有在商法中才能将其作用发挥到极致。"[2]

从民商法律文化上的角度来看，商法通过对道德规则的认可，不仅表明其本身是其道德文化的一部分，更在于将这种诚实守信的善良风俗以法律的方式予以传承和鼓励，以功利的方式将抽象意义的道德予以具体化与现实化，成为现代人类生活中不仅口头称赞而且内心真实信奉的价值。而反过来，这

---

〔1〕 ［美］哈罗德·J. 伯尔曼：《法律与革命——西方法律传统的形成》，贺卫方等译，大百科全书出版社1996年版，第427、439页。

〔2〕 参见徐学鹿、梁鹏："商法中之诚实信用原则研究"，载《法学评论》2002年第3期。

种信奉更进一步推动了商法文化深入人心。

四、保障交易安全与效率的理念

交易安全是商法的一项基本要求。其在各个制度中均有所体现：公司法中公司登记的强制主义和公示主义；证券法中，各种金融衍生工具，固然有投机的可能，但它所起到的套期保值、分散风险的功能却是更主要的；票据法中，票据本身就是为减少交易现金风险而出现的，此外，票据还有信用担保的作用，例如信用证，通过用银行信用取代企业信用，使异地交易尤其是国际贸易可能出现的货款不能及时支付的可能性极大减小；保险法更是为分散企业的财产风险和个人的人身、财产风险而设立，其安全意义不言自明；至于海商法，无论是共同海损的分摊制度，还是海上救助与海上保险制度都是为减轻船舶在大海航行所可能出现的各种危险而设，安全保护目的也非常明显。因此，安全是商法一大内核，没有交易安全便没有交易的健康发展，也就不可能有商法的健康发展。从文化角度上说，安全体现在以下意义上：安全本身乃是对一切人身财产权利进行保护的基本要求，因而也是人类生存并健康发展以及社会繁荣之根本前提。安全的保有，不仅要求社会成员之间的互助互利，更需要制度安排的合理公正，对安全的保护其实质就是对基本人权的保护与尊重，也是对人类一切有意义的活动的尊重与保护。因此，这一意义对人类影响深远。

效率价值乃是对安全价值的补充，也是商事活动本身的一项基本要求，交易的效率便捷体现在商法对交易的简便性、定型化交易规则、短期时效主义的规定等各个方面。在西方商人法时代，集市法院的审判要求在商人脚上的尘土掉落之前完结，因此又称"泥足法院"；海事法院的审判应该在"潮汐之间"完结，因此又称"潮汐法院"。[1]因此效率价值带给我们的不仅是商品交易的迅速及时，而且是要求在我们社会生活的各个领域都应始终追求执着、努力与认真的精神，提高政府效能，减少拖沓的程序，形成务实、快捷之风。

---

〔1〕〔美〕哈罗德·J. 伯尔曼：《法律与革命——西方法律传统的形成》，贺卫方等译，大百科全书出版社1996年版，第423页。

五、提倡私法自治的理念

私法自治的理念在商法领域表现得尤其明显。自治是商人法的一个重要特征："商法最初的发展在很大程度上——虽不是全部——是由商人自身完成的：他们组织国际集市和国际市场，组建商事法院，并且雨后春笋般地出现于整个西欧的新的城市社区中建立商业事务所。"[1]

商人法的自律性源于商人法和教会法的互助。商人作为独立的阶层出现的时候受到了教会的敌视和抵制。为了在封建势力与宗教势力的夹缝中求生存，商人们致力于创设并自觉遵循商业惯例，这一活动与教会"拯救世界"的目标相吻合。"商人应该组成行会，这种行会将具有宗教功能，并在商业交易中维持道德标准。"[2]商人的自律在实践中得到了很好的遵守。商人们并不相信个人有权随意地发财致富，而应该服从公平价格的原则，服从反高利贷法，防止压迫性协议或不道德协议等。

可以看出，自律与自治的精神实质上是独立、团结、自我发展的精神，这对于在像我国这样一个民族工业刚刚起步，商业竞争大浪淘沙的形势之下，企业如何找到自身的发展途径具有指导作用。只有加强发展的勇气和信心，同时开阔视野，"风物长宜放远量"，不去搞害人终害己的不正当竞争行为，而是团结共进，相互帮助，不断开拓国际市场，才是最终之道。此外，自律与自治是信用的具体表现，在我国当前信用普遍不彰，市场秩序紊乱，假冒伪劣盛行的形式之下，这种精神应该得到极大提倡。一方面，应通过民商经济法贬抑不正当竞争行为，弘扬优良的商业道德，提高商人和企业的素质；另一方面，应当大力发展会员制的行业协会、交易所等自律性组织及通过其规范政权和民间两极的力量，来实现市场经济的规范有序。例如，证券行业的自律与自治就是一个很好的尝试。

以上是笔者对民商法律文化的基本理念的简要论述，最后需要特别说明的是：民商法律文化的基本理念，通过立法活动，体现在法律条文当中，也许在短时间内可以办到，但是，要想使其真正深入人心，真正成为广大人民

---

〔1〕［美］哈罗德·J. 伯尔曼：《法律与革命——西方法律传统的形成》，贺卫方等译，大百科全书出版社1996年版，第422页。

〔2〕［美］哈罗德·J. 伯尔曼：《法律与革命——西方法律传统的形成》，贺卫方等译，大百科全书出版社1996年版，第412页。

群众所共同遵守的、活生生的法律文化意识，则需要通过长期的艰苦努力才能达到。这就是所谓的"二元法律文化"的冲突，也就是制度性法律文化与观念性法律文化的冲突。只有尽快解决这一矛盾和冲突，我们的社会主义市场经济才能在安全高效的轨道上健康发展。

（该论文发表在《法学杂志》2007年第6期，第4~6页）

民商法在中国古代法中的地位和发展历程

摘要： 本文认为，中国古代存在规范意义上的民商法，中国古代民商法是在以刑为主、诸法合体的封建保守法律体系中得以存在和发展的，其在中国古代法律体系中一直处于从属与次要的地位，民商法典始终没有从刑法典中独立出来，并且，民法与商法规范也是不加区分地混在一起。中国古代民商法律规范经历了一个从少到多，从简单到复杂，从民刑不分到民刑有分，从相对分散到相对集中的发展历程。

关键词： 民商法 中国古代法

中国自从进入阶级社会，揭开法制文明的历史起，刑法就成了中国古代法的主要表现形式，所谓"刑，常也，法也"[1]。上至夏代的《禹刑》、商代的《汤刑》、周代的《九刑》和《吕刑》、春秋战国时期的《法经》，下至唐代的《永徽律》、宋代的《宋刑统》、明代的《大明律》、清代的《大清律例》，都是以刑为主、诸法合体的体例。中国古代民商法不发达，这已经成为学界的共识，甚至有学者（如著名古代法史学家梅因）更进一步说："中国古代只有刑法，没有民法。"

那么，民商法在中国古代的法律体系中到底是否存在呢？通过研读法史学者的相关论著，本文认为，在中国古代，虽然作为法典意义上的民商法是不存在的，但是，作为法律规范意义上的民商法是存在的，而且在某些法典当中是"民刑有分"，并非完全是"民刑不分"。到了明、清时期，民商法甚至还出现了体系化、独立化的趋势。所以，应该正确认识民商法在中国古代

---

[1] 参见《尔雅·释诂》《易》。

法律体系中的地位，这也是本文写作的主要目的。

一、秦以及先秦时期的民商法：萌芽阶段

先秦时期，随着私有财产的形成，以及财产的流转和商品交换的进行，民商事法律逐渐萌芽，有些还被刻在铜器上，被称为"金文民商法"。这一时期的民商法受宗法制度的影响很大，周天子是周族的大宗，有权授民、授疆土和仲裁诸侯间的民商事纠纷。根据宗法原则而确立的父权家长制度，以及嫡长子继承制，都对后世婚姻与继承法有着深远的影响。[1]因此，西周的礼法制度实际上起到了当时民商法的作用。

到了公元前5世纪，魏文侯重用李悝为相，实行变法改革。李悝总结了春秋末期以来各诸侯国立法、司法的经验，结合魏国的具体情况，制定了中国封建社会第一部系统的成文法典——《法经》，这是一部诸法合体、以刑为主的法典，分为"盗法""贼法""囚法""捕法""杂法"和"具法"六篇，其中"盗法"是涉及公、私财产受到侵犯的法律；"贼法"是有关危及政权稳定和人身安全的法律，这两篇中关于保护个人财产和人身安全的法律，应该属于广义的民商法规范。

公元前356年，商鞅在秦国开始变法，根据秦国的具体情况及改革的需要，在《法经》的基础上扩充了新的内容：一是改法为律，二是制定新的法律。随着封建法律的建立和完善以及新兴地主阶级法制建设经验的积累，人们已经不满足于法的公平，而要求把法普遍适用且有法必行放在更重要的地位。律正是体现了人们的这种要求。用"均布"的律，代替"平如水"的法，其强调的是法律规范在适用上的普遍性和必行性。《法经》只有六篇，它的内容是有限的。为了调整新的社会关系，商鞅必须充实法律内容。奴隶制的法一般是同刑联系在一起的，主要是刑事法律。随着封建制度的逐步形成，出现了许多新的、非刑事的社会关系需要用法律加以调整，这就导致了非刑事法律的大量出现。

律是秦国法律的主体，是经过一定立法程序制定的系统的规范性文件。

---

[1] 张晋藩：《中国法律的传统与近代转型》，法律出版社2009年版，第264页。

商鞅改法为律，确定了这种法律形式的名称。在出土的云梦秦简〔1〕《秦律十八种》中，律名有"田律""厩苑律""仓律""金布律""工律""徭律""置吏律""军爵律""传食律"等。除律以外，法律形式还有法律答问等其他形式。

秦律中开始出现大量的民商事法律规范，如《秦律十八种》中的"田律""金布律""关市律""均工律""徭律"。《法律答问》中也不乏这类规范，如《法律答问》："百姓有债，勿敢擅强质，擅强质及受质者，皆赀二甲"。意思是：百姓间有债务，不准擅自强行索取人质，若强行索取人质以及双方同意的，均罚二甲。这表明秦律禁止私人之间以人身作为债务质押。而且，从大量关于对自然资源的保护，对山林牧畜饲养及畜牧生产管理等方面的经济、商事法律的立法来看，秦统治者重视科学管理、重视生产技术的精神。如"田律"规定，早春二月，不准砍伐山林；不到夏天，不准捕捉幼鸟、幼兽和毒杀鱼鳖等。而且商法领域所广泛推行的统一的度、量、衡，标准精确，使用便捷，体现了平等交易的商法思想。据云梦秦简《出子·流产》现场勘察笔录记载，在"出子"一案人身检查中，除了具体记述了流产的情况与检验的过程外，还反映出了检查妇女身体须由女性承担的原则。这从另一个方面有力地证明了秦律对妇女在民法中的性别和人格权的尊重。〔2〕

二、汉唐时期的民商法：初步发展阶段

汉朝建立后，参照《秦律》，作律九章。《九章律》是在《法经》六篇的基础上增加了"户律""兴律""厩律"三章，合为九章，成为汉律的骨干与核心。《九章律》的前六篇大体与《秦律》相同，为刑罚方面的规定，源于战国李悝所著《法经》，后三篇较多地包容了民商事方面的法规，故又称"事律"，内容涉及户籍、赋税、徭役、兴造、畜产、仓库、驿传等规定。如汉统治者通过制定"田律""田令"和"田租税律"等法律，对公私土地所有权

---

〔1〕 1975 年 12 月在湖北云梦城关睡虎地十一号秦墓的发掘中，出土了大量记载秦法律令的竹简。云梦秦简共 1155 枚，内容极其丰富。其中有关法律的部分，大致可分为以下四类：第一类属于秦律，包括《秦律十八种》《效律》《秦律杂抄》三种，其中所律律名的法规有三十多种；第二类是《法律答问》，它是对秦律某些术语及律文的立法意图、诉讼程序中的某些具体问题的解释和说明，它可以作为下级官吏办理法律事务的根据；第三类是《封诊式》是一些治狱案例的汇集，其中涉及办案的程序和要求，提供了诉讼文书的格式；第四类是《为吏之道》，是官吏应遵守的一些原则要求。

〔2〕 参见丁新正："秦律民法理念久远的人文精神"，载《江汉论坛》2008 年第 4 期。

严加保护；对其它财产，汉有"盗律"予以保护。

汉代吕后二年，即公元前 186 年前后，在这一时期适用的是修改后的《汉律》，我们称之为《二年律令》。〔1〕《二年律令》中与民事立法关系较为密切者，主要有"户律""置后律"以及"傅律"。"户律"的规定大体为户籍、田宅、析产、赡养几类；"置后律"基本上是继承制度的规定；"傅律"规定的是民事主体为国家服役的权利与义务。〔2〕

汉代以后，中国经历了三国、两晋、南北朝多年的分裂动荡时期，终于迎来了隋的再一次统一。公元 581 年，隋开皇元年，隋文帝命高颎、郑译、杨素、常明等人制定新律，以《北齐律》为蓝本，去重就轻、删繁为简，颁行天下，史称《开皇律》，共 12 篇，500 条。隋炀帝即位后，颁行天下为《大业律》。《大业律》在条目上仍为 500 条，在篇目上为 18 篇，从内容上对《开皇律》改动不大。

《开皇律》共分为 12 篇："名例""卫禁""职制""户婚""厩库""擅兴""盗贼""斗讼""诈伪""杂律""捕亡""断狱"。其中"户婚律""杂律"主要是关于民商事的规定。代表着中国古代最高立法水平的《唐律疏议》在体例、篇目、条目等方面，基本承袭隋《开皇律》。

唐初的统治者认真总结并吸收了暴政亡隋的历史教训，得出了封建政权生死存亡的关键在于人心向背的结论。《唐律疏议·名例》说："德礼为政教之本，刑罚为政教之用，犹昏晓阳秋相须而成者也。"以礼义教化作为治理国家的基本方法，而以刑罚制裁作为治理国家的辅助手段。唐律共 12 篇："名例""卫禁""职制""户婚""厩库""擅兴""贼盗""斗讼""作伪""杂""捕亡""断狱"，共 500 条。

"户婚律"的内容是两部分：户籍和婚姻。唐代的户籍制度很严格，生了孩子要报户口，到了成年要进丁，到了老年免课役，这在户籍上都要如实反映出来。弄虚作假是不许可的，脱漏户口更是悬为厉禁。脱户是指整个一户在户籍簿上没有登记；漏户是指登记的不全，比如说应该记 5 人记成 4 人。登记情况不实，如增减年龄、谎报健康状况以逃避兵役税赋，都要受到惩罚。

---

〔1〕 1983 年，在湖北省江陵张家山 247 号墓出土的二年律令竹简，共见律令名 28 种，即律 27 种，令 1 种。

〔2〕 徐世虹："对汉代民法渊源的新认识"，载《郑州大学学报（哲社版）》2002 年第 3 期，第12~13 页。

唐代实行均田制，把土地分给老百姓，土地规定有一定数量标准，超过规定的数量叫作占田过限，这是不允许的。盗耕、盗卖、侵夺别人的田地也不允许。地方官吏负有土地、农业方面的管理职责；如遇到灾年要报灾，平时要督促农民耕田种地，要分派差科赋役，要征收租庸，该收田的应把田收回，成丁了要分田等等，不按规定办事都算犯罪。

唐律中的婚姻是典型的封建婚姻制度。首先一条是同姓不婚，辈分不同也不许结婚，良贱不许通婚。不许重婚，但允许男方娶妾。妻妾的法律地位不同，以妻为妾或以妾为妻都是不许可的。父母死，居丧期间不许嫁娶。不许娶逃亡妇女为妻妾，地方官不许娶民为妾，妻妾不许擅自离开丈夫，诸如此类的规定很多。

"杂律"的内容十分丰富，也很重要。其中一部分是维持交通秩序的规定，如在街巷里不许走马车；在城里不能随便放弹、投瓦石，街巷不能侵占。另一些是关于市场交易的规定，如出卖东西、器皿不许行滥短狭，度量衡要经官家校过才准在市场使用，参市榷固是禁止的，买卖奴婢、马、牛、骡、驴要立市券，立券之后发现有病，允许悔约，等等。唐代在城市实行宵禁，城分成许多坊，每个坊都有门，晚上打鼓，各坊都要把门关上，天亮打鼓才可开门。闭门鼓后、开门鼓前，在街上行走，叫作犯夜，要笞二十，但有紧急原因，如生急病请医生，临时也可放行。坊正不按规定开闭坊门，也要受惩罚。欠钱到期不偿，或债主不经官府强取财物抵债，"杂律"里都有规定。唐代不许老百姓私自铸钱，也不允许把钱磨薄小，取铜求利，偷运出境。唐律禁赌，对赌徒和窝家都要杖一百，但赌饮食的不算。此外，还有许多关于民商事的相关规定。

三、宋元时期的民商法：快速发展阶段

宋代在中国封建社会发展史上，处于承前启后、新旧交替的历史转折时期，科学技术的提高、文化教育的兴盛、思想观念的更新，使宋代法制文明依然居于世界的前列；宋代商品经济的高度发展，需要相关法律规范的调整，使得宋代的民商事法律规范的数量大幅度增加，这些法律规范在《宋刑统》及其他一些单行法当中有集中的体现。

《宋刑统》是《宋建隆重评定刑统》的简称，它是我国宋代第一部刑事法典，也是我国第一部刊版印行的封建法典。所谓"刑统"，是按照新的体例

编纂的刑书，一般以刑律为主，而将其他刑事性质的敕、令、格、式分载在律文各条之后，依律目分门别类地加以汇编。由于在宋朝和唐朝之间有了一个混乱的五代十国时期，所以宋朝继承的法律名称没有沿用唐律，而是沿用了后周的"刑统"名称，结果就有了特殊的《宋刑统》。《宋刑统》篇目，共12篇、502条，不过在每篇下设有"门"，合计213门。

《宋刑统》中有关调整民事法律关系的条款较之《唐律》有了显著的增多。可以说这是《宋刑统》变化最突出的地方，也是最能反映宋代法律时代特征的重要方面。其"户婚律"中首创的"户绝资产"门，"死商钱物"门，"典卖指当论竞物业"门、"婚田入务"门等，都是以前历代法典中所没有的民商事法条。这些新的法律条文详细规定了户绝财产的继承原则，确立了女子的财产继承权。对死商财物的处理，对卑幼私自典卖田宅、质举财物，对交易中的先买权及欺阁亲邻，重叠倚当，对婚田争讼及诉讼时限等，都做了严格的规定，对违法行为，亦规定了处罚方法。在"卑幼私用财"门中，亦增加了兄弟分家析产的原则及别宅子财产继承权的确定原则。在"杂律"中，对质举财物的取息标准，契约的法律效力，对取得官私遗失物的处理等，也比《唐律》规定得更加详备。这些新增法条，是据"丧葬令""主客式"及"杂令"增入的，皆系《唐律》中所无。从新增法条的内容可以看出，《宋刑统》中维护私有权及私有权转移的法条明显多于《唐律》。这不仅反映了宋初私有制的发展和私有权观念的深化，也表现出了宋代调整商品经济关系的民事立法的本质特征。[1]另外，宋代的民商法律规范还表现为以下几个方面：

（1）编敕。宋代历朝君主都展开频繁的编敕活动，宋代编敕是对皇帝的诏敕进行系统编集，使之上升为具有普遍约束力的法律规范的一种立法形式。据《宋史·艺文志》记载多达八十余部，主要包括《建隆编敕》《太平兴国编敕》《淳化编敕》《咸平编敕》《大中祥符编敕》《天圣编敕》《庆历编敕》《嘉祐编敕》《熙宁编敕》等等。"宋代编敕调整范围遍及社会生活的各个领域，特别是有关经济方面的编敕明显增多，这一变化充分反映了宋代封建经济高度发展的要求及宋代统治者运用法律手段调整经济关系，维护统治阶级经济利益的深化，使其更突出地表现出编敕的时代特色。"[2]凡此种种充分

---

[1] 郭东旭："《宋刑统》的制定及其变化"，载《河北学刊》1991年第4期，第88页。

[2] 郭东旭：《宋代法制研究》，河北大学出版社2000年版，第30~31页。

说明了宋代编敕适应其商品经济高度繁荣的时代发展变化，有关商业法律规范已构成编敕的重要组成部分。

（2）编例。编例是指汇编典型案例、特旨和指挥等使之上升为具有法律效力、用以指导司法实践、补充律典不足的一种立法活动。宋代编例"数量之多，使用范围之广，法律地位之高，都超过了唐代，对以后元明清'例'的发展，也产生了深刻的影响"。[1]具体来说，宋代编例主要包括断例、特旨和指挥。指挥成例，在元丰时仅江、湖、淮、浙路盐法。并元丰修书后来应于茶盐续降指挥达8730件之多，至南宋，指挥更是迅速发展。秦桧上《盐法续降指挥》达130卷，《茶法续降指挥》共88卷。[2]可见，宋代指挥成例主要以规范盐铁专卖为主要内容，从而构成了商业立法的重要形式，编例也由此成了宋代商业立法的另一重要法律渊源。[3]

（3）编定市舶条法。宋朝的海外贸易十分活跃。为了有效地管理外贸活动，宋朝在京师设立了中国历史上最早的专业性外贸管理机构——榷易院。地方上先后在广州、杭州等八大港口设立了市舶司或市舶务，作为招徕互市、管理舶商、征收舶税、收买舶货的专门机构。市舶司设市舶使、市舶司判官，负责办理一切出海贸易及外船进来以后的抽解等事。为了体现对海外贸易的重视，宋代的历朝皇帝都颁布了大量旨在加强海外贸易活动的单行敕令，因此汇编市舶敕令，使之成为调整海外贸易活动具有普遍法律效力的专门法规，构成宋代重要的商业立法。神宗元丰年间又据"中书门下言给事中集贤殿修撰程师孟乞罢杭、明州市舶司，只就广州一处抽解"的建议，下诏"命师孟三司同其详议利害以闻"，从而制定了"广州市舶条法"或"元丰法"。[4]

此外，宋朝时期形成了以城市为中心，以城市、镇市、墟市组成的多层次市场，政府对贸易时间和地域不但不加限制，而且加以鼓励，其"市易法"更是宋朝时期最完备、最有成效的商事立法。现存的南宋名公法判牍《名公书判清明集》中也含有大量有关商业法律的历史记载，民商事案例占大多数，其中尤以官府科买扰商问题关注最密、着墨最多。[5]现存的宋代法典文

---

〔1〕《曲洧旧闻》卷二。

〔2〕《宋会要·刑法》一之四二。

〔3〕郑颖慧："宋代商业立法略论"，载《江西科技师范学院学报》2009年第5期，第3页。

〔4〕《宋会要·职官》四四之六。

〔5〕郑颖慧："宋代商业立法略论"，载《江西科技师范学院学报》2009年第5期，第5页。

献及浩如烟海的宋代历史文献均有力地说明了其商业立法已达到空前完备的发展程度，在此基础上形成了日益完善的商业法律制度。

元代是中国历史上第一个完全统一中国大地的少数民族王朝，在它的领域内，各民族的社会习惯很不相同，因此，与其它封建王朝相比，元代很难制定、实际上也始终没有制定出统一的法典。该法典是指传统中国封建社会中以刑法为中心的诸法合体的法典。元代的民商事法律上呈现出明显的多元性。由于在处理民商事务中实行"各依本俗"的治国策略，各民族的法律和习惯都得以承认。由于各民族风俗不同，在司法上只好允许各民族在自犯时用本民族法，各民族在互犯时通过约会处理。本管头人和约会审理的案件，在元代主要是民事案件。因为在元代各管领头人和约会审理的案件往往是有不同法律和习惯的。民事案件归不同的机构审查，使得民事法律表现出了显著的多元性的特点。元朝建立后，由于儒家礼教价值取向的儒士官员大量加入到统治集团中，同时统治中心转移到中国传统文化最浓的地区，使中国自汉以来形成的法律观开始渗透到元代民法制度中。元中后期后，在中国传统价值取向的渗透下，元代的民法从以前的多元鼎立走向了以中国传统价值取向为主流兼存众多民法成分。[1]同时，我们也可以在元代颁布的有关立法文件中，找到许多民商法的相关规定，如《元典章》《通制条格》《至元新格》《大元通制》等。[2]

四、明清时期的民商法：相对完备阶段

洪武元年（1368 年）的《大明律》，按《唐律》取舍编定，依《元典章》体例按六部顺序确定。洪武六年（1373 年）《大明律》仿《唐律》12 篇体例，"名例律"放在最后，内容繁于《唐律》。洪武二十二年（1389 年）《大明律》一改唐、宋旧律的传统体例，形成了以"名例""吏""户""礼""兵""刑""工"等七篇为构架的格局。

《大明律》中，民商法规范的独立地位与范围明显扩大。"民刑不分"是在此之前历代法典的一个突出特点，但《大明律》似乎超脱了这一定式。在《大明律》中，民法与刑法是彼此独立、互不相涉的。《大明律》有律文 460

---

〔1〕 参见胡兴东："元代民法研究"，云南大学 2000 年硕士学位论文。
〔2〕 参见胡兴东："元代民法研究"，云南大学 2000 年硕士学位论文。

条，代表民法的"户律"占95条，代表刑法的"刑律"占171条。作为调整平民之间权利与义务关系的民商事法律条文占了整个《大明律》的1/5。随着明代社会经济的发展和平民社会地位的提高，为适应这种变化，《大明律》的民商法部分不仅在条文上增多不少，而且调整范围也扩大起来。在《唐律》中，有关民商事的条文只有"户婚""杂律"两篇，所调整的范围只有户口、家庭、田产、婚姻等方面，在整个《唐律》中只占1/10左右的篇幅。到了《大明律》，民事立法的范围一下子"天高地阔"起来，不仅篇目大增，而且调整范围几乎波及现代民法的所有领域，其着重点由户口、婚姻、田产扩大到了钱债、财政、税收、工商诸方面。既扩大了《唐律》中的"户婚"的范围，又将其"厩库"中的大部分内容搜罗其中并扩大之，细分为户役、田宅、婚姻、仓库、课程、钱债、市厘，共7门95条，其中课程和钱债两门是为适应当时经济发展和调整民事经济关系的需要而特设。从实践上讲，当时的社会经济发展已由农耕自然经济发展到部分地出现了工商契约经济现象的阶段。大量史料表明，明初社会经济由复苏转向高速发展以后，只要有关赋税、工商方面的经济关系和经济纠纷大量出现，作为调整民事权利义务关系的民法势必介入到这些新的经济领域，以协调社会经济的发展。[1]

清承明制，其法律制度直接渊源于明朝，其内容和体系与明基本相同。从宏观上看，中国传统法律制度的基本精神、主要内容在清朝法制体系中均得到了全面的继承。

《大清律例》是以《大明律》为蓝本制定的，《大清律例》的篇目结构与明律相同，仍分名"例律""吏律""户律""礼律""兵律""刑律""工律"等七篇，法典前附有"六脏""纳赎""五刑""狱具""丧服"等图。全律共分30门，律文436条，附例1049条。为了满足社会发展带来的法律需求，编例成了清朝中后期的主要立法形式。其中有一定数量的民商事方面的法律规定，但清朝早期的商事立法主要还是限制民间工商业的发展，实行闭关锁国政策，严重束缚了民间资本的手脚，阻塞了海内外商品流通的渠道，沉重打击了民间对外贸易和沿海工商业。

中国古代民商法的发展直到1840年鸦片战争结束，经过了长达几千年的漫长过程。虽然古代中国家族内部也同样存在严格的等级关系，这使得人们

---

〔1〕 徐晓庄："《大明律》之特点琐谈"，载《天中学刊》2005年第1期，第34页。

关于古代中国契约自由与平等是否存在持怀疑态度。但是，由于只有家长才具有独立的契约主体资格，家长与家长之间是平等的，没有等级而言，家长之间得自由订立契约，不存在因等级关系而产生的意志强迫问题。正如古罗马在家父制度下能够萌生契约自由思想一样，在古代中国家族一体观念浓厚的情形之下，契约自由与平等也同样是存在的。[1]可见，"古代中国虽采取的是等级的社会与国家的结构方式，但政治等级上的君臣、官吏、官民之分，社会等级上的良贱之别，家族家庭内部等级上的亲疏、尊卑、长幼之异，并没能消灭经济生活中的契约平等，缘在政治生活、社会生活、家庭伦理生活与经济生活不同，在朝、在家、在外不同，古代的中国也是一个契约社会，契约本身也是人们的一种生活方式"。[2]

既然存在契约关系，那么，中国古代法中必然会存在调整这种契约关系的民商法律规范，这是中国古代法中存在民商法的根本原因。那么，民商法为什么仅以规范的形式存在，而没有独立成为民商法典呢？史尚宽先生指出："儒家并非不言法，只是法非以刑为限；在刑以外，更有禁于未然的法，那就是'礼'。礼乐不兴，则刑罚不中；化之而弗变，德之而弗从，出乎礼者入乎刑。就是以礼为本，以刑为辅。"[3]此观点认为：礼本身调整的关系中包括民事关系，就是实质私法，因而为古代中国民法。[4]因此，我们应该从更广阔的社会调整机制中去寻找原因。事实上，法有多种表现形式，在国家法之外、之下，还有各种各样其他类型的"法"，在每个社会大系统中都需要有各种不同的规范模式，以满足诸如家庭、民族、宗族、社区这样一些社会单元的需要。这些规范模式在不同程度上利用着法律的记号和功效，它们同样是一种"法"或一种"准法"。民间法就是这样一种非国家形态的"法"，它虽然未经国家制定或认可，但却活生生地存在着，与国家法一起指导、影响和

---

[1] 张姗姗："中国古代契约主体资格的限制及其文化分析"，载《河北法学》2010 年第 10 期，第 87 页。

[2] 霍存福："中国古代契约精神的内涵及其现代价值——敬畏契约、尊重契约与对契约的制度性安排之理解"，载《吉林大学社会科学学报》2008 年第 5 期，第 57 页。

[3] 陈顾远："儒家法学义务观"，载陈顾远：《陈顾远法律论文集》，联经出版事业公司 1982 年版，第 180 页。

[4] 刘秋根："宋代民法史研究的拓展与期冀"，载《河北法学》2008 年第 6 期，第 197 页。

调整着人们的日常社会生活。〔1〕中国古代"礼法"就是这样一种"民间私法"。正是有了这些可以说是非常完备的封建"礼法"的补充调整，就没有必要再在刑法典之外，制定民商法典了，而是对"礼法"不能及的一些特别问题。在刑法典中补一下缺漏即可。但是，随着经济的发展，社会生活中出现了特别多"礼法"不能及的新问题，因此，民商法的规则在国家制定法中越来越多，从而出现了从相对分散到相对集中，从民刑不分到民刑有分的现象。

综上所述，中国古代民商法在中国古代法律体系中一直处于从属与次要的地位，中国古代民商法是在以刑为主、诸法合体的封建保守法律体系中得以存在和发展的，民商法典始终没有从刑法典中独立出来，并且，民法与商法规范也是不加区分地混在一起。但是，中国古代民商法还是在这种极其不利的环境中，随着社会经济的发展，不断得以充实和完善。中国古代民商法经历了一个从少到多，从简单到复杂，从民刑不分到民刑有分，从相对分散到相对集中的发展历程。并且，在近代初期，中国民商法还出现了独立化的倾向，甚至有学者认为，即使没有 1840 年的鸦片战争，中国的法制也会冲破祖宗的成法，走上现代化的道路。〔2〕

[该论文发表在《河北法学》（第 30 卷）2012 年第 6 期，
第 99~105 页]

---

〔1〕 陈敬刚："国家法与民间法二元建构及其互动之思考"，载《河北法学》2000 年第 4 期，第 15 页。

〔2〕 张晋藩：《中国法律的传统与近代转型》，法律出版社 2009 年版，第 277 页。其理由是：宋以后封建经济的发展，将民事立法推向了一个新的阶段，如果由宋迄清将民事法律加以汇编，将是一部具有中国特色的封建民法典，何况流行的家法族规中也有许多民事习惯。所以，从历史发展的观点看，即使没有 19 世纪中叶外来因素的刺激，中国的民事立法也将走向独立的发展轨道。——见同书第 272 页。

现代商人法溯源

摘要： 本文通过对现代商人法进行追根溯源，认为现代商人法的概念是由英国的著名国际贸易法教授施米托夫最早提出来的，现代商人法起源于欧洲旧的商人习惯法，它的渊源来自商事惯例与国际立法。

关键字： 现代商人法　起源　渊源

商人法是由商人们在商品交换过程中创造的，用来调整商人之间商事关系的习惯和惯例的总称。商人法产生于公元 12 世纪~13 世纪的欧洲，持续至公元 16 世纪，作为调整跨国性商事交易关系的支柱力量，商人法一直被广泛使用。但到中世纪末，商人法开始被大量兴起的民族主权国家纳入到本国法之中，开始出现衰落。

第二次世界大战以后，随着国际经济一体化趋势不断加强，世界市场开始出现统一化的趋势，而世界各国的法律仍存在着不小的差异，这就阻碍了贸易关系的发展，因此，在客观上，就要求以一种新的法律秩序来代替旧的法律秩序，从而维护国际贸易关系的正常运转。正是这种现实的需要使国际商事法领域发生了历史性变革。一方面，表现为以世界贸易组织为核心的世界多边贸易法律体制或法律框架的创立；另一方面，表现为商人法（Lex Mercatoria, Law Merchant）的复兴与迅速发展。这种复兴的商人法被称为"新商人法"（New Law Merchant）或"现代商人法"（Modern Lex Mercatoria）。

目前，"现代商人法"已成为国际贸易法领域一个非常重要的概念，那么，如此重要的一个概念最早是由谁提出来的？它的起源是怎样的？法律渊源有哪些？对于这些问题，在国际贸易快速发展的形势下，很有予以明确的必要，下面笔者试对现代商人法进行追根溯源，以求得对这些问题的回答。

一、现代商人法最早的提出者和研究者：施米托夫

施米托夫（Clive M. Schmitthoff）（1903~1991 年）出生于德国，英国当代著名法学家，国际贸易法学的主要创始人之一，曾任联合国法律顾问和联合国国际贸易法委员会主席，是世界上许多国家著名大学的名誉教授和客座教授。施米托夫教授特殊的学习工作经历和学术研究背景，使他有充分的资格和能力成为现代商人习惯法的最早提出者和研究者。施米托夫教授的一生，可分为以下三个时期：

（一）第一个时期：1903~1933 年

1903 年 3 月 24 日，施米托夫出生于德国柏林的一个著名律师家庭，1921年高中毕业后去柏林大学和布雷斯高（Breisgau）的弗赖堡大学读书，并于1929 年通过了德国律师资格考试。当他还在柏林大学学习时，就被沃尔夫（Martin Wolf）教授看中。沃尔夫教授是当时最著名的法学教授之一。他收施米托夫攻读博士学位。施米托夫于 1927 年获得民法和教会法博士学位，他的毕业论文是有关公司法中的公开招股有限公司经营中的控股权问题。

1929 年，他被接纳为柏林上诉法院的辩护律师，他在很短的时间内即在法院实践中锋芒毕露。1933 年纳粹掌权后，德国的政治形势使施米托夫不能追求他所喜爱的并打算倾注全部身心的学术生涯，于是他离开德国前往英国定居。[1]

施米托夫在他人生的前 30 年，受到了良好的德国式教育，掌握了传统大陆法系国家的法学知识体系，为今后的学术研究打下了坚实的基础。

（二）第二个时期：1933~1966 年

施米托夫于 1933 年在英国定居后，开始学习英国法，被录取为格雷律师学院和伦敦大学伦敦经济学院的学生，并取得了英国国籍。1936 年取得英国律师资格和伦敦大学法学硕士学位，该大学还在 1953 年向他授予了法学博士学位。获得律师资格后，他曾作为财政部二级顾问的霍姆斯（Valentine Holmes）的学生参与了英国出庭大律师的培训，并成为霍姆斯顾问室的成员。1948 年，施米托夫被聘为伦敦城市学院（即起初的伦敦城市理工学院）的法

---

〔1〕［英］施米托夫：《国际贸易法文选》，赵秀文译，中国大百科全书出版社 1993 年版，"作者简历"第 1 页。

学讲师，1958 年成为高级讲师，1963 年晋升为主讲。

1957 年，施米托夫在伦敦创办并出版了《商法杂志》，并出任该杂志的主编。他还是《跨国经济法研究》编委会的编委，其他编委还有德国比勒费尔得大学的霍恩（Norbert Horn）教授和美国加利福尼亚大学伯克利分校的鲍克斯鲍姆（Richard M. Buxbaum）教授。他也是《共同市场法学评论》、美国《海商法和商业杂志》、加拿大《国际商法评论》、澳大利亚《澳大利亚商法评论》以及其他一些杂志的编委会顾问。[1]

施米托夫在他人生的中间 30 年间，进一步接受了英国式的法学教育，在掌握了传统大陆法系国家的法学知识体系基础上，又具备了英美法系国家的法学知识，知识结构跨越两大法系，并在 1948 年开始了法学教学和研究工作，成为多家法学杂志的主编和编委顾问，在学术界取得了一定的学术地位。现代商人法的理论观点也正是在这一时期被提出来的。

1957 年，施米托夫在赫尔辛基大学讲演时就指出："我们正在开始重新发现商法的国际性，"国际法—国内法—国际法"这个发展圈子已经完成。各地商法的发展总趋势是摆脱国内法的限制，朝着国际贸易法这个普遍性和国际性的概念发展。"[2]他继而在 1961 年指出："作为政治和经济领域中国际主义概念的恢复的补充，法学领域中则恢复了国际性的商人法的概念，出现了旨在发展为国际商业自治法的新的商业习惯法即现代商人法。"

（三）第三个时期：1966～1991 年

1966 年，施米托夫教授受聘为联合国法律顾问，并以此身份起草了建议设立联合国国际贸易法委员会的报告。该委员会于 1968 年正式成立并开始工作，施米托夫教授还兼任该委员会主席。

1971 年，施米托夫教授自城市理工学院退休后，受聘为英国坎特伯雷的肯特大学和伦敦城市大学的法学和国际商法访问教授。1976 年～1986 年间，他担任格雷汉姆（Gresham）法学教授，并被聘为许多大学的访问教授，施米托夫还是英国法学教师协会、曼斯菲尔得法学俱乐部和出口贸易协会副主席；

---

〔1〕［英］施米托夫：《国际贸易法文选》，赵秀文译，中国大百科全书出版社 1993 年版，"作者简历"第 1～3 页。

〔2〕［英］施米托夫："英国商法中的现代化趋势"，在赫尔辛基大学的演讲，载 Tidskirft, Utgiven av Juridiska Foreningen in Finland, 1957 年，第 354 页，转引自［英］施米托夫：《国际贸易法文选》，赵秀文译，中国大百科全书出版社 1993 年版，第 12 页。

伦敦大学玛丽皇后学院商法研究中心的副主席之一。[1]由此可见,在这一时期,他在学术界的影响更为广泛,成了有国际影响力的学术带头人。施米托夫教学工作和著述具有以下三个特点:他从历史、经济和社会角度来看待现代法律问题;能够抓住要害问题;用最清晰的语言阐明最复杂的法律问题。施米托夫坚信,现代世界必须开展国际合作,法律必须顾及这一点,由他创立的来自不同国家的具有国际精神的学者们组成的学派,将继续从事他所开创的事业。

施米托夫在他人生的后 30 年,开始进入联合国,真正站在全世界的高度,对世界贸易问题进行研究,并通过自己的努力,影响并推动了国际贸易法委员会的建立,亲自担任了国际贸易法委员会的主席,为现代商人法的统一和完善做出了巨大贡献。如果说 1957 年施米托夫提出现代商人法的理论观点更多带有一定的预见性的话,那么,在他进入联合国,担任国际贸易法委员会主席以后,他更是以实际行动影响并推动了现代商人法的形成和发展。

二、现代商人法的起源:中世纪旧的商人习惯法

中世纪商法属于商人习惯法,是商人们自律性的商业交易习惯或行业行为规范。商人法产生于中世纪的欧洲,确切地说,商人法产生于欧洲中世纪的中后期(约公元 10 世纪~公元 16 世纪)。正是在 11 世纪晚期和 12 世纪这个时期,在欧洲农业生产迅速发展的基础上,城市化的速度和规模急剧加快和扩大,在商业繁荣的城市当中,出现了一个新的、有能力从事大规模商品交易的职业商人阶级。商人阶级的出现是新商法发展的一个必要前提。可以说,没有商人阶级的出现,就不会有新商人法。这个新的商人阶级为了自己发展的需要,在商品交换过程中自发形成了一种新的商法体系。由商人发展起来的商法规则在当时博学的罗马法学家的推动下,得以汇集和传播。欧洲近代商法的基本概念和制度得以形成,商法在西方才第一次逐渐被人们看作是一种独立的法律体系,看作是一种完整的、不断发展的体系,并在以后的 12 世纪~16 世纪得到了丰富和完善。当时这一时期的商人法的形成和发展基本上是沿着两条路线并行的,尽管有时(甚至在相当长时间里)不同步。这

---

〔1〕 [英] 施米托夫:《国际贸易法文选》,赵秀文译,中国大百科全书出版社 1993 年版,"作者简历"第 2~3 页。

两条线就是：支配海上贸易的海商法和支配陆上贸易的陆商法。

第一条线：海商法。支配海上贸易的海商法的历史渊源，最早可以追溯到古代。如公元前 2 世纪~公元前 3 世纪产生于地中海的《罗得海法》。但是，海商法的大规模的编纂和传播还是中世纪中后期的事。公元 11 世纪，伴随着十字军东征、东西方贸易的繁荣，欧洲商品经济出现了飞跃式的发展。首先发生在地中海的商业文明，逐渐向北传递，使地中海的商业文明扩展成为北海商业文明、波罗的海商业文明乃至整个欧洲的商业文明。为了维护商业贸易秩序，也为了公平解决商人之间因为商业往来而产生的冲突，随着海上贸易的日趋频繁，商人们开始把罗马习惯法中的一些可资利用的不成文习惯运用于港口的商业贸易活动中，同时根据一些海事习惯处理海事纠纷。其中，不少港口城市都制定了海商法典或汇编了海商习惯法。如意大利的特拉尼港、比萨城和威尼斯还分别制定了《特拉尼法典》《比萨法典》和《威尼斯航海条例》。法国大港蒙特皮列和马赛分别制定了《蒙特皮列习惯法》和《马赛习惯法》。西班牙的巴塞罗那制定了《巴塞罗那海上习惯法》。该法依据的主要是西班牙巴塞罗那领事法庭所遵行的海事习惯，后来逐渐在地中海的各商业中心被接受为支配性法律。大约 1150 年前后，法国大西洋沿岸岛港奥莱龙制定了著名的《奥莱龙法（或案卷）》。1230 年左右，在吕贝克的领导下，波罗的海的新兴城市结成了一个同盟，北海诸港迅速加入，这就是有名的"汉萨同盟"（Hanseatic League）。为了加强城市联盟的秩序和有效性，他们制定了《汉萨海上规则》。另外，其成员之一——位于波罗的海果特兰岛上的一个港口城市维斯比还制定了《维斯比法》，该法于 1350 年被采用，在周围的波罗的海国家中取得了广泛的权威。所有上述汇集涉及的全是海商法，包括各种海上货物运输契约。[1]

第二条线：陆商法。支配陆上贸易的陆商法也出现在商业发展水平达到一定程度的欧洲中世纪的中后期。虽然陆上的集市贸易很早以来就存在，但规模较小，只是到了十一二世纪，才发展到了高度发达的程度。当时，欧洲的许多城市和城镇中都出现了定期举办的规模巨大的国际集市，而在海港城镇中就更是如此了。这些集市和市场具有复杂的组织形态，因而随着教会法体系和世俗法体系的发展，也形成了特定的商法概念。这种商法包括集市和

---

〔1〕 参见何勤华、魏琼：《西方商法史》，北京大学出版社 2007 年版，第 236~241 页。

市场的习惯法，还包括城市和城镇本身的商法。因而，商法支配着在特定地方（集市、市场和海港）的特定的一群人（商人），它也支配城市和城镇中的各种商业关系。[1]由于中世纪意大利商业最先发展，并长期保持着欧洲甚至世界商业中心的地位，陆上商人法首先在意大利形成。法国、德国、西班牙等国虽然也发展本身的商人法，但都受意大利商人法的影响。他们把意大利商人法中适合本国情况的内容收集起来，加以汇编适用，因此，意大利商人法又被称为中世纪商人法的"母法"。在频繁的商业交往中形成的陆商法规则非常广泛。其中包括：涉及集市交易日期和周期、集市管理组织、交易程序、货币流通、度量衡标准、商人安全、契约、集市法院和税收等方面的陆商法规则。这些商事规则随着商人的流动，进而传播到整个欧洲，极大地影响并促进了商人法的发展[2]。到了公元13世纪左右，陆上商人法逐渐从地方性的商人法发展成为世界性的商人法，并在欧洲大陆开始成为调整跨国性商事交易关系的最主要的法律规范。

以海商法与陆商法为主要内容的中世纪商人法发展到了中世纪末期，开始出现了衰落。正如本文开篇第一段所说的，其衰落的主要原因是：随着近代资本主义的发展，统一的民族国家纷纷成立，商人阶层的保护者开始名正言顺地被强有力的民族国家所取代，中世纪的商人法开始被纳入到国内法律体系当中，商人法在国内法律地位的这种提升，反而使其丧失了原有的"国际统一性""公平""便捷"和"灵活"的特点。

第二次世界大战以后，随着科学技术的迅猛发展，人类社会生产力大幅度提高，促进了国际贸易的开展，导致国际商事法律关系越来越复杂，从而使国内法律体制难以应付。于是，那种曾经存在过的公平、灵活和便捷的商人法规则又开始从国内法中走了出来，以适应建立和完善一种新的国际商事法律秩序的客观需要，从而保障从事国际商事交易的商人们的合法利益，维护国际贸易活动的正常秩序。基于这样的社会历史背景，国际性或地区性（如欧盟）商事团体或机构就呼吁、提倡并通过自己的商事实践来推动一种带有"自治"性质的新法律的产生。[3]这种新产生于国际商事领域的法律不论

---

[1]　[美]哈罗德·J.伯尔曼：《法律与革命——西方法律传统的形成》，贺卫方等译，中国大百科全书出版社1993年版，第408~409页。

[2]　参见何勤华、魏琼：《西方商法史》，北京大学出版社2007年版，第245~247页。

[3]　See Schmitthoff, "The Unification of the Law of International Trade", J. Bus. L. 105, 1968, p. 106.

在渊源、性质和特征上，还是在形式上都根源于中世纪的商人法。[1]从某种角度来看，这种新产生的法律可以说就是中世纪商人法的复苏或再现。[2]任何新生事物的产生都要经历一个对旧事物的否定之否定、螺旋式的上升发展过程，现代商人法的产生也是这样。正是从这种意义上来讲，我们将这种新产生的法律称为"新商人法"或"现代商人法"。

现代商人法是为不同国家商人之间的国际商事活动服务的，作为调整国际商事关系的相对独立的法律部门或法律体系，它是国际商事机构或团体根据贸易的需要而创造的，用以协调商人之间的贸易关系，保证国际商事交易活动的顺利进行。而且，商人们完全可以在各自国内商事习惯法之外，按国际的习惯做法来协商一致，而完全不受国内习惯法的阻碍。并且，这种通过协商一致而确立的当事人之间的权利义务内容是具有法律约束力的，从而成为当事人调整国际商事关系、解决国际商事争议和促进国际商事关系发展的重要的法律工具。从这个意义上来讲，国际商事领域的这一"法律"统一的唯一驱动力就是当事人之间的协商一致。[3]正如前文所述，中世纪商人法的产生和发展，也是通过这种商人们的自治力量，通过当事人之间的协商一致来实现的。现代国际贸易发展的事实已经证明：在现代国际商事关系蓬勃发展的今天，这种当事人之间协商一致的力量同样会成为现代商人法产生和发展的主要驱动力量。

总之，中世纪商人法的回归——现代商人法的出现，是国际贸易法领域的重大变革，这一变革已经引起了广泛关注。而在国际贸易法之父——施米托夫教授——的推动和影响之下，1966 年联合国国际贸易法委员会的设立，不仅反映了现代国际贸易发展的大趋势，而且，其积极的立法活动还大大地促进和加快了国际贸易惯例的编纂与现代商人法的统一化进程。确实，"尽管

---

[1] Burdick, "Contributions of the Law Merchant to the Common Law", in 3 *Select Essays in Anglo-American Legal History*, 1909; Brodhurst, "The Merchants of the Staple", in 3 *Select Essays in Anglo-American Legal History*, 1909, p. 16.

[2] 有些学者认为，"新"商人法不是"旧"商人法的复活，因为商人法从来就没有完全消失过，它只不过因时代的不同而在性质上有所变化而已。See Schmitthoff, "The Unification of the Law of International Trade", J. Bus. L. 105, 1968, p. 106.

[3] Leon E. Trakman, *The Law Merchant: The Evolution of Commercial Law*, Fred B. Rothman & I Co., 1983, p. 44. 哥尔德斯坦教授系原南斯拉夫人，国际贸易法领域的著名教授，在施米托夫教授提出现代商人法的理论后，撰文表示支持和赞同，从而与施米拖夫教授一起，成为现代商人法的早期研究者之一。

世界各国的政治、经济和法律制度不同，新的商人法却在国际贸易领域迅速发展着。现在是承认独立于国内法制度的商人自治法的存在的时候了"。[1]

三、现代商人法的渊源：商事惯例和国际立法

随着时代的发展，全球统一大市场的初步形成，那些在民族国家独立统一过程中形成的各国旧有的商法典显然不能满足国际贸易全球化的需要，因此，各国都在对其进行改革。到目前为止，那些近代产生的旧有商法典（包括法国、德国、日本等国的商法典）已经变得面目全非，如何制定一部新的适应社会发展要求的商法典，已经成为人们的迫切需要。无疑，国际统一化的现代商人法的出现是解决这一问题的有效方式之一。

随着全球化时代的到来，国际商事活动正融入全球化趋势，商法的趋同化趋势亦日益加强，并构成了"法律全球化"实践中最突出的一部分。全球统一大市场的初步形成，促进了现代商人法的产生，现代商人法产生之初，主要是以商事惯例为渊源，后来在此基础上，国际商事立法作为现代商人法的另一个渊源开始大量出现。因此，如果从广义上来理解，现代商人法应该包括以下两个大的方面：

（一）现代商人法的统一实体规则

现代商人法的统一实体规则主要渊源是国际商事条约和国际商事惯例。在全球化的推动下，国际层面的立法不断扩大其调整范围，产生了全球相对统一的法律制度，同时，也加快和促进了国际商事惯例的形成和发展。

（1）国际商事条约。国际商事条约是国家间所缔结的书面协定，包括双边协定和多边协定。双边商事条约主要有：两个国家间签订的通商航海条约、贸易协定、贸易议定书、相互保护和促进投资协定、避免双重征税和防止偷税漏税的协定等；多边商事条约是两个以上国家间签订的书面协议。其中，双边商事条约内容丰富，不胜枚举。从实际运用情况看，上述多边商事条约已被国际社会普遍接受的主要有：调整国际货物买卖的 1980 年《联合国国际货物销售合同公约》、联合国国际贸易法委员会的 1974 年《国际货物销售时效期限公约》；调整国际海上货物运输的《海牙规则》《海牙——维斯比规则》《汉堡规则》及 1978 年《联合国海上货物运输公约》；调整国际航空运

---

[1] A. Goldstain, "The New Mercatoria", J. Bus. L., 1961, p.12.

输的《华沙公约》；调整国际铁路货物运输的《国际货约》《国际货协》；调整国际多式联运的《联合国国际货物多式联运公约》（联合国贸发会议 1980年制定）；调整国际票据法律关系的《关于本票、汇票的日内瓦公约》《关于支票的日内瓦公约》；关于国际投资的《解决一国与他国国民投资争议的公约》（又称《华盛顿公约》）、《多边投资担保机构公约》；关于知识产权的《保护工业产权巴黎公约》《商标注册马德里公约》等；另外，还有《国际货物销售代理公约》《国际金融租赁公约》和《国际保付代理公约》等。

（2）示范法与国际标准合同。示范法与国际标准合同虽然不是现代商人法的直接渊源，但是，这一活动往往是国际商事立法与惯例形成的前奏。因此，我们在此也将其列为现代商人法的渊源，暂且称其为间接渊源。这一类间接渊源主要有：《电子商务示范法》（联合国国际贸易法委员会 1996 年制定）、《国际商事合同通则》（国际统一私法协会 1994 年制定）、《国际代理示范合同》（国际商会制定）、《标准经销合同》（国际商会制定）、《代理标准合同（评论）》（国际商会制定）、《国际销售示范合同》（国际商会 1997 年制定）等等。示范法可有效地补充国际商事合同规则在某些领域的空白，并对国际商事统一立法起到引导和示范作用，同时，国际商业界制定标准合同的活动最终会导致国际商事惯例的形成。

（3）国际商事惯例。国际商事惯例是指国际商事主体间因多年来重复类似的行为而上升为对其有拘束力的规范。一种商业习惯最终形成惯例，一般要经过一个漫长的逐渐形成的过程，因此，被称为国际贸易"世界通用语言"的国际商事惯例来之不易，应该重视并予以遵守。国际商会、国际法协会与国际海事委员会制定的贸易惯例具有适用普遍、影响广泛的特点。其中，国际商会的《国际贸易术语解释通则》被认为是目前国际上应用最广、影响最大的国际贸易惯例，《商业跟单信用证统一惯例》也已为至少 175 个国家的银行采用。[1]

（二）现代商人法的统一程序规则

由于在国际贸易当中，商人解决商事纠纷的方式首选是仲裁，因此，现代商人法的统一程序规则主要体现在商事仲裁领域，以国际公约为主要渊源。

---

〔1〕 参见单文华："国际贸易惯例基本理论问题研究"，载梁慧星主编：《民商法论丛》（第7卷），法律出版社 1997 年版，第 607~609 页。

国际商事仲裁程序方面的国际公约主要是由联合国于 1958 年制定的《关于承认及执行外国仲裁裁决公约》（简称《纽约公约》）。与其前身《日内瓦公约》相比，《纽约公约》扩大了适用范围，放宽了执行限制条件，简化了请求执行的程序，取消了"互惠"条件，使国际社会得以普遍接受。现有将近 150 个国家和地区加入该公约，因此，有学者指出，就承认及执行外国仲裁裁决这方面的法律而言，世界各国的统一基本实现了。[1]另外，这方面还有一个示范法，是由联合国贸易法委员会于 1985 年制定的《国际商事仲裁示范法》。《国际商事仲裁示范法》虽然不是正式的立法文件，但对各国仲裁立法起着很大的指引和示范作用，有些国家或地区（如澳大利亚、加拿大、印度、新加坡以及中国香港和澳门特别行政区）直接采纳了这一示范法，有些国家（如英国、德国、瑞典和我国大陆地区）则参考示范法的规定制定或修改了本国的仲裁法。由此可见，这一示范法在统一各国仲裁法中的巨大作用。

综上所述，现代商人法是一个内涵非常丰富的概念，以上只列举了其中一部分，由于篇幅所限，不能一一列出。同时，现代商人法还处于不断的完善和发展过程中，随着国际贸易的发展，相信以后还会不断有新的现代商人法的出现，让我们拭目以待！

[该论文发表在《北方工业大学学报》（第 22 卷）2010 年第 4 期，第 16~21 页]

---

〔1〕 参见陈建："'法律全球化'小议"，载陈安主编：《国际经济法论丛》（第 4 卷），法律出版社 2001 年版，第 45 页。

民法与商法基本原则的比较研究*

摘要： 商法的基本原则与民法的基本原则相比，商法的基本原则要多于民法的基本原则。民法与商法共同适用的基本原则，在具体适用过程中，是存在一些差异的。

关键词： 基本原则　民法　商法

原则，是指"说话或行事所依据的法则或标准"。[1]但"原则"一词在法律中有其特殊的含义。根据英国《科林法律词典》，"原则"是指"基本点或一般规则"；[2]美国《布莱克法律词典》将"原则"解释为"法律的基本性的公理或原理；为其他（指法律）构成基础或根源的全面的规则或原理"[3]。因此，"法律原则"是指构成法律基础和根源的总的或根本性的规则或原理。

法律大多具有滞后性。所谓法律的滞后性，是指社会生活是发展的，新的法律关系会不断涌现，而法律总是会落后于社会关系的发展，尤其是在民商事领域，现有的民商事立法难以囊括各种民商事法律关系。在这种情况下，特别是在实行成文法的国家，就要靠民商法的基本原则，因为在没有法律规范的情况下，只有民商法的基本原则才是评价和判断当事人行为的准则，有

---

　* 本文作者是王瑞、王斐民、李丹宁。基金项目：本论文是作者承担的北京市科研课题"民商法基本原则比较研究"的成果之一，课题编号：SM200710009001。

　〔1〕 中国社会科学院语言研究所词典编辑室编：《现代汉语词典》（修订第3版），商务印书馆1996年版，第1549页。
　〔2〕 *Dictionary of Law* (2nd ed.), by Peter Collin Publishing Ltd, 1992, p. 428: "basic point or general rule."
　〔3〕 *Black's Law Dictionary* (Fifth Edition), by Henry Campbell Black, M. A., 1979, p. 462: "a fundamental truth or doctrine, as of law; a comprehensive rule or doctrine which furnish a basis or origin for others."

关规定民商法基本原则的法律条文完全可以作为司法和仲裁机构裁判的法律依据。此时的民商法基本原则便起到了填补法律漏洞的作用。

民商法的基本原则，是指贯穿于民商事法律规范的根本规则和原理，民法的基本原则已经明确规定在我国《民法通则》当中，但是，由于我国还没有商法典，所以，商法的基本原则还不是很明确。根据商法是民法的特别法的理论观点，一方面，商法与民法的联系非常密切，民法的基本原则同样也可以作为商法的基本原则；另一方面，商法与民法又有所区别，有他一定的特殊性，这就决定了民法基本原则在商法中适用的时候，其侧重点会有些不同，而且，商法当中必然会存在一些特殊的基本原则，这些特殊的基本原则在民法当中是无法普遍适用的。

一、《民法通则》明文规定的基本原则的比较

（一）平等原则

所谓平等原则，也被称为法律地位平等原则。我国《民法通则》第3条明文规定："当事人在民事活动中的地位平等。"平等原则集中反映了民事法律关系的本质特征，是民事法律关系区别于其他法律关系的主要标志。它是指民事主体享有独立、平等的法律人格，其中平等以独立为前提，独立以平等为归宿。在具体的民事法律关系中，民事主体互不隶属，各自能独立地表达自己的意志，其合法权益平等地受到法律的保护。

平等原则是市场经济的本质特征和内在要求，这一内在要求不仅体现在民法上，更是体现在商法领域，是民法和商法最基础、最根本的一项原则。现代社会，随着在生活、生产领域保护消费者和劳动者的呼声日高，平等原则的内涵正经历从单纯谋求民事主体抽象的法律人格的平等，到兼顾在特定类型的民事活动中，谋求当事人具体法律地位平等的转变。我国民法明文规定了这一原则，强调在民事活动中一切当事人的法律地位平等，任何一方不得把自己的意志强加给对方，意在以我国特殊的历史条件为背景，突出强调民法应反映社会主义市场经济的本质要求。

民法上所体现的平等原则与商法上所体现的平等原则虽然本质上相同，但在具体内容和要求方面是有所差异的：民法上所体现的平等原则主要强调的是民事主体（非营利性的自然人）之间法律地位的平等；商法上所体现的平等原则主要强调的是商事主体（营利性的企业）之间法律地位的平等。

（二）自愿原则

自愿原则，是指法律确认民商事主体可以自由地、基于其意志去进行民商事活动的基本准则。我国《民法通则》第4条规定，民事活动应当遵循自愿原则。自愿原则的存在和实现，以平等原则的存在和实现为前提。只有在地位独立、平等的基础上，才能保障当事人从事民事活动时的意志自由。

自愿原则同样也是市场经济对法律所提出的要求。只有市场经济的参与人才是其自身利益的最佳判断者，因此，民商事主体自愿进行的各项自由选择，应当受到法律的保障，并排除国家和他人的非法干预。

自愿原则的核心是合同自由原则。有商品经济就有合同自由的观念，合同自由原则是民商法所确立的又一个重要的基本原则。当然，合同自由从来都不是绝对的、无限制的自由。在某种意义上，一部合同自由的历史，就是合同如何受到限制，经由醇化，从而促进实践合同正义的记录。我国实行社会主义市场经济，强调社会公平，注重社会公德，维护国家利益和社会公共利益，对合同的自由有诸多限制。例如在我国的邮政、电信、供用电、水、气、热力、交通运输、医疗等领域所存在的强制缔约，在保险、运输等许多领域盛行的定式合同，都是对合同自由的限制。

自愿原则在商法领域的集中体现就是：经营自由原则，又称为"商业自由原则"。[1]经营自由可以说是资产阶级革命取得的重要胜利果实之一，资产阶级取得国家政权后，为了更好地保护自己的利益，他们把经营自由确立为商法的一项基本原则，甚至把经营自由上升为一项宪法原则。[2]不管是大陆法系国家的商法典、商事单行法，还是英美法系国家的商事判例法，都集中体现了这一基本原则。

（三）公平原则

公平原则，是指民商事主体应依据社会公认的公平观念从事民商事活动，以维持当事人之间的利益均衡。我国《民法通则》第4条规定，民事活动应当遵循公平的原则。公平原则是进步和正义的道德观在法律上的体现。它对民商事主体从事民商事活动和国家处理民商事纠纷起着指导作用，特别是在立法尚不健全的领域赋予审判机关一定的自由裁量权，对于弥补法律规定的

---

〔1〕〔法〕伊夫·居荣：《法国商法》，罗结珍等译，法律出版社2004年版，第20页。

〔2〕〔法〕伊夫·居荣：《法国商法》，罗结珍等译，法律出版社2004年版，第20页。

不足和纠正贯彻自愿原则过程中可能出现的一些弊端,有着重要意义。

公平原则在民法上主要是针对当事人间的合同关系提出的要求,是当事人缔结合同关系,尤其是所确定合同内容时,所应遵循的指导性原则。它具体化为合同法上的基本原则就是合同正义原则。合同正义系属平均正义,要求维系合同双方当事人之间的利益均衡。作为自愿原则的有益补充,公平原则在市场交易中,为诚实信用原则和显失公平规则树立了判断的基准。

公平主要应包括四个层次的含义:一是当事人面临平等的社会外部条件和平等的法律地位。这种公平可被称为"前提条件的公平";二是社会对其所有成员都一视同仁,它"要求平等地分配基本的权利和义务",每一个社会成员都能从社会那里获得同等的与其付出相对应的对待。这种公平可被称为"分配的公平";三是在交换过程中当事人的权利义务应做到基本对等和合理。这种公平可被称为"交换的公平";四是当出现权利义务关系失衡时,法律应当依据正义原则和人类理性对这种失衡结果进行矫正。这种公平可被称为"矫正的公平"。[1]

公平原则既体现了民法的任务、性质和特征,也反映了民法的追求目的,是民事立法的宗旨、执法的准绳和行为人守法的指南,是民法的活的灵魂。不仅如此,公平原则又与一切具体的民法原则不同,它具有对一切市民社会普遍适用的效力,且贯穿于整个民法的立法、执法和守法过程的始终。值得注意的是,民法中所讲的公平主要强调的是前提条件的公平,即强调"任何人都处于同一起跑线上"的起点的公平和机会的公平,[2]而不是结果的公平。

公平原则当中,包含了《民法通则》第4条规定的另外一个基本原则:等价有偿原则。但是,未来的民事立法,不应该再将等价有偿作为民法的一项基本原则加以规定。因为,民法所调整的社会关系中并非都要求等价有偿,其中有相当一部分,如婚姻关系、亲属关系等,是没办法适用等价有偿原则的。因此,建议把等价有偿原则作为民法所调整的商事活动应该遵循的一项基本原则。[3]

---

〔1〕 赵万一:"民法公平原则的论理分析",载 http://www. studa. net/2004/10-26/132325. html,访问日期:2008 年 2 月 12 日。

〔2〕 赵万一:"民法公平原则的论理分析",载 http://www. studa. net/2004/10-26/132325. html,访问日期:2008 年 2 月 12 日。

〔3〕 王利明:《民法》,中国人民大学出版社 2005 年版,第 44 页。

（四）诚实信用原则

诚实信用是做人的基本道德标准，人类社会的健康发展需要这样一个基本道德准则。正所谓"车无辕不行；人无信不立；家无信不睦；业无信不兴；政无信必颓；国无信不宁"。诚信乃立身之本，是古往今来的自然法则。如果一个人没有或者欠缺诚实信用，则意味着这个人无信无义，意味着对这个人人格的否定和贬斥，他也就无法在社会上立足。何谓诚？"诚者，言成也。"说到做到，完成说过的话，即为诚。何谓信？"信者，人言也。"远古时没有纸，经验技能均靠言传身教。那时的人纯真朴素，没有那么多花花肠子，故而真实可靠。别人用生命或鲜血换来的对周围世界的认识，不信是要吃亏的。以此估计，信者，实为人类之言，是人类从普遍经验中总结出来的东西，当然是不会骗人的。"诚实"要求人们在进行民事活动时实事求是，对他人以诚相待，不为欺诈行为；"信用"要求人们在进行民事活动时要讲究信誉，恪守诺言，严格履行自己承担的义务，不得擅自毁约。

在民法上，诚实信用原则，是指民事主体进行民事活动必须意图诚实、善意，行使权利不侵害他人与社会的利益，履行义务信守承诺和遵守法律规定，最终达到所有获取民事利益的活动，不仅应使当事人之间的利益得到平衡，而且也必须使当事人与社会之间的利益得到平衡的基本原则。我国《民法通则》第4条规定，民事活动应当遵循诚实信用原则。诚实信用原则是市场伦理道德准则在民法上的反映。我国《民法通则》将诚实信用原则规定为民法的一项基本原则，不难看出，诚实信用原则在我国法上有适用于全部民法领域的效力。诚实信用原则常被奉为"帝王条款"，有"君临法域"的效力。作为一般条款，该原则一方面对当事人的民事活动起着指导作用，确立了当事人以善意方式行使权利、履行义务的行为规则，要求当事人在进行民事活动时遵循基本的交易道德，以平衡当事人之间的各种利益冲突和矛盾，以及当事人的利益与社会利益之间的冲突和矛盾；另一方面，该原则具有填补法律漏洞的功能。当人民法院在司法审判实践中遇到立法当时未预见的新情况、新问题时，可直接依据诚实信用原则行使公平裁量权，调整当事人之间的权利义务关系。因此，诚信原则意味着承认司法活动的创造性与能动性。

近代以来，作为诚实信用原则的延伸，各个国家和地区的民法上，又普遍承认了禁止权利滥用原则。该原则要求一切民事权利的行使，不能超过其正当界限，一旦超过，即构成滥用。这个正当界限，就是诚实信用原则。

诚实信用原则与商法更是息息相关。一方面，商法需要一条强制性的法律原则规范交易主体和交易行为，因为道德上要求的诚实信用不足以制止交易中的不诚信；另一方面，无论是商事主体的内部行为还是商事主体的外部行为，都不能离开真诚守信的理论规范。只有较大规模的商业信用，才是诚实信用原则栖身的"理想国"，诚实信用原则只有在商法中才能发挥到极致。[1]诚实信用原则在适用于商事主体的时候要求标准比一般的民事主体要高，因为商人是从事经营活动的特殊主体，他们要比一般的民事主体承担更多的注意义务。同时，在商法的特殊领域，比如在保险法领域，法律对交易双方诚实信用要求的程度更高，也就是所谓的"最大诚信原则"。

二、《民法通则》未明文规定的基本原则的比较

按照民法学的基本理论，民法的基本原则，除了以上《民法通则》当中有明确规定的4个基本原则外，还有2个基本原则：公序良俗原则和禁止权利滥用原则。各国立法对禁止权利滥用原则大多做出了明确的规定。[2]而考察我国的情况，我国的立法虽未在法律中明确使用权利滥用的概念，但是，有的学者认为我国《民法通则》第7条所规定的"民事活动应当尊重社会公德，不得损害社会公共利益，扰乱社会经济秩序"就是我国现行民事立法关于禁止权利滥用的规定。[3]当然，从中更容易推导出公序良俗原则。

（一）公序良俗原则

公序良俗是公共秩序和善良风俗的合称。公序良俗原则是现代民商法一项重要的法律原则，是指一切民商事活动应当遵守公共秩序及善良风俗。在现代市场经济社会，它有维护国家社会一般利益及一般道德观念的重要功能。

按照法国学者的看法，公序可分为古典政治公序和现代经济公序两种存在形态。现代经济的公序，是指为了调整当事人间的契约关系，而对经济自由予以限制的公序。经济的公序分为指导的公序和保护的公序两类。指导型公序是与统制经济相联系的概念，以贯彻一定的国家经济政策为目的，将个

---

〔1〕 徐学鹿、梁鹏："商法中之诚实信用原则研究"，载《法学评论》2002年第3期，第33页。

〔2〕 各国民法典大都有明文规定。如《德国民法典》第226条规定："权利的行使，不得以损害他人为目的。"《瑞士民法典》第2条规定："任何人在行使权利或履行义务时都必须遵守诚实信用原则，权利的明显滥用，不受法律保护。"

〔3〕 陈华彬：《物权法原理》，国家行政学院出版社1998年版，第222页。

人契约有条件地纳入国家的宏观经济政策之内。典型的例子就是价格规制公序。保护型公序是为了对劳动者、赁借人、消费者、高利贷债务人进行保护的公序。[1] 市场经济条件下，指导的公序地位趋微，保护的公序逐渐占据了重要位置。与保护劳动者、消费者、承租人和接受高利贷的债务人等现代市场经济中的弱者相关的保护性公序，成为目前各个国家和地区判例学说上的讨论和研究的焦点。现代经济公序主要适用于营利性的商事活动。

良俗，即善良风俗，是指为社会、国家的存在和发展所必要的一般道德，是特定社会所尊重的起码的伦理要求。不难看出，善良风俗是以道德要求为核心的。为了将公序良俗原则与诚实信用原则区别开来，应将善良风俗概念限定在非交易道德的范围内，从而与作为市场交易的道德准则的诚实信用原则各司其职。因此，善良风俗原则主要适用于非营利性的民事活动。

（二）禁止权利滥用原则

禁止权利滥用原则，是指民事主体在民事活动中必须正确行使民事权利，不得损害他人和社会公共利益。权利滥用，就其本质而言，是私权行使对利益之平衡的破坏。禁止权利滥用原则，实际上是对权利行使的一种限制。

任何权利的实现，不仅关系到权利人的个人利益，而且涉及义务人的利益、第三人的利益以及社会的利益。因此，各国的立法无不对权利的滥用规定了种种限制。然而这种对权利行使的限制性规定并非一开始就伴随着权利滥用的概念的产生而出现。它最初只是作为一种基本观念而存在，随后，在"个人本位"观发展为"社会本位"观的历史环境下，在法权观念出现变迁的过程中，禁止权利滥用的观念才得以发展，最终在19世纪末20世纪初才正式成为成文法上的一项重要原则。1896年德国在制定民法典时，其第三次草案中出现了对所有权滥用的禁止性规定，国会审议时，将其扩及一切权利，即法典第266条："权利的行使，不得以损害他人为目的"。这一规定将禁止权利滥用理论首次上升为法律。1907年《瑞士民法典》第2条第2项规定："任何人在行使权利或履行义务时都必须遵守诚实信用原则，权利的明显滥用，不受法律保护"。此为第一次在法律中明确规定了权利滥用的概念。1922年《苏俄民法典》第1条规定："民事权利之行使违背社会经济之使命者，不受法律保护。"随后各国民法典纷纷效仿，除少数国家不承认禁止权利滥用原

---

〔1〕 ［日］椿寿夫伊藤进编：《公序良俗违反的研究》，日本评论社1995年版，第156~157页。

则以外，绝大多数国家都效仿德国或瑞士的立法例，在民法典中确立了禁止权利滥用原则。

这里的权利滥用，应该包括：民事权利的滥用和商事权利的滥用两种情况，前者适用于民事活动，后者适用于商事活动。

三、商法当中特有的基本原则

商法当中特有的基本原则是只能适用于商事活动的基本原则，而不能适用于一般的民事活动，这是由商事活动的特殊性所决定的。因此，商法的基本原则与民法的基本原则相比，要多出以下三个基本原则：

（一）商事主体法定原则

商事主体即传统商法中所谓的商人，也称商主体。是指具备商法上的资格或能力，经主管机关登记，以自己的名义持续地从事某种营利性行为，并以此为职业或营业，独立享有商法上的权利，承担商法上的义务和责任的组织和个人。

商事主体是不同于一般民事主体的特殊主体，具有特殊的权利能力和行为能力，何种组织和个人能够作为商事主体参加商事活动，并在其中享有权利、承担义务，是由商事法律、法规直接确认和赋予的。商法是个人和组织具有商事主体资格的法律依据。早期的商事主体主要以行业习惯法为行为依据，有很大的行业自律性；现代商事主体已成为市场经济的主要主体，具有重要的经济和社会意义，因而各国均以商法典或单行法的方式对商事主体资格的取得与丧失、权利与义务、主体的名称及类别、行为的范围及效果等作出详细而严格的规定。因此，商事主体的第一特征就表现为其法定性。现代各国一般都以强行性法规对商事主体的资格予以严格控制，称之为商事主体的法定化。商主体法定化也有学者称为市场主体的法定化。[1]

商事主体法定是指商事主体类型、资格和程序均须明确规定，符合规定的主体得以实施以商人身份进行交易行为的市场准入制度。商事主体类型分为商自然人、商合伙和商法人，应由法律严格规定，不得任意创设。为确保适法的商事主体作为健全组织体得以存续、发展，确保主体优化，现代各国一般都制定有大量的强行性法规对商事主体资格予以严格控制，形成了商事

---

〔1〕 徐学鹿：《商法学》，中国财政经济出版社 1998 年版，第 66 页。

主体严格法定原则。它主要包括商事主体的类型法定、内容法定和公示法定三个方面：[1]

商事主体类型法定，是指在确保商事主体形态多样性的基础上，对可以从事商事经营活动的商事主体在组织形式上由法律以强行法予以明确设定和控制，非经法律设定者不得享有商事主体资格，投资者不得任意创设或自行变更法定类型之外的非典型或所谓"过渡型"的商主体形式，禁止不符合法律要求的商事主体存在。这就意味着，当事人关于创设或者变更商事主体，仅具有在法定范围内自由选择的可能性。如果超出了法律规定的商事主体的类型，则不会得到法律的承认和市场准入。

商事主体内容法定，是指商法对于各种类型的商事组织的财产关系、活动规则、责任形式等加以强行法规范，并禁止当事人创设非规范性的商事法律关系。按照世界各国的商事法规定，同一类型的商事主体经合法形成后，依法将具有相同性质的财产归属关系、利润分配关系、注册资产规模、商业税收标准以及内部组织关系等。任何商事主体在欲改变其主体内部关系性质时，非经过变更登记不产生效力。[2]投资者只有在完全符合法定的实体要件时才得以成立相对应的商事主体，不得在不完全具备法定的实质性要件下任意创设、变更具有非规范性财产关系和组织关系的商事主体。

商事主体公示法定，是指商法对于商事组织的公示方式和公示内容加以强行法规制，并禁止当事人作引人误解的表示。即商事主体设立、变更、注销等事项必须依法定程序向有关机关登记，以登记为法定公示方式，以便交易第三人知晓。例如，《德国商法典》规定：对于商业登记簿中的登记，法院应以联邦公报以及至少一种其他公报予以公告。并应对登记的全部内容予以公告，以法律无其他规定为限。多数大陆法和英美法国家的法律均要求，商事主体依法登记注册的事项及其文件不仅应设置于登记机关，而且应设置于其注册营业所，以备交易当事人查阅。还有不少国家对商事组织所使用的名称作了严格的规定。如《日本商法典》规定：公司的商号，应按照其种类，使用无限公司、两合公司或股份公司等字样；非公司者不得在其商号中使用标示公司的字样，虽受让公司营业者亦同；任何人不得以不正当目的，使用

---

[1] 毕颖：《新编商法学教程》，中国民主法制出版社 2006 年版，第 11 页。

[2] 郑玉波："商事法之基本理论"，载刁荣华：《中国法学论著选集》，北京汉林出版社 1976 年版，第 464~465 页。

使人误认为他人营业的商号。

（二）等价有偿原则

等价有偿原则的核心内容就是：等价交换。价值规律的基本内容是：商品的价值量是由生产商品的社会必要劳动时间决定的，商品交换要以价值量为基础，实行等价交换。可见等价有偿原则的核心内容与价值规律的基本要求是完全一致的。价值规律是商品经济的基本规律，它的存在和发生作用是客观的，不以人们的意志为转移。

所谓等价，不能机械地理解为双方交换价值的完全相等，因为在商法上就一方给付与对方的对待给付之间是否公平，是否具有等值性，其判断依据采主观等值原则，即当事人主观上愿以此给付换取对待给付，即为公平合理，至于客观上是否等值，在所不问。所以，等价有偿原则的具体运用，必须以自愿原则的具体运用作为基础和前提，如果当事人之间利益关系的不均衡，系自主自愿的产物，就不能谓为有违公平。

所谓有偿，是指为换取等价物而做出某事或给予某物。一般情况下，有偿是无偿的对称，我们平时所说的有偿合同中的有偿就是这个意思。但是，当"等价"与"有偿"并列在一起同时出现的情况下，"有偿"还是这个意思吗？如果说是，那么，等价交换当中已经包含了有偿的意思，并且不是一般的有偿，而是等价的有偿。在等价的后面再加上个有偿，的确有同义反复之嫌。

笔者认为，"等价有偿"当中的"有偿"，是专门针对商品的生产者和经营者来说的，商品的购买者在购买生产者、经营者所提供的商品或服务的时候，除了给予卖方相应的成本价格之外，还要给予卖方适当的利润，以使他们能继续生存和发展。这里的利润就是有偿的内容，是对商品生产者、经营者所付出劳动的合理补偿。如果只进行等价交换，不给予其合理补偿，那么，这些生产者、经营者最多只能做到不赔不赚，不可能积累起继续发展的后备基金，这样的蠢事是所有精明的商人都不愿意做的。因此，这里的有偿就是特指给予商人经营性劳动的补偿。

（三）保障交易快速、安全原则

商事交易，重在简便、贵在迅捷。为了适应商事交易这一客观要求，商法就应确定促使交易简便、迅捷这一基本原则。该原则主要体现在以下两个方面：一是交易方式和交易客体的定型化。交易方式的定型化就是指商法将交易的方式预先规定为若干类型，使任何商事主体，无论何时交易，都可以获得同样的效果。交易客体的定型化就是指商法对交易客体的商品化与证券化。交易的客体，若是有形物品，使之商品化，予以划一的规格或特定的商标，确保大量交易迅速成交。交易的客体，若是无形的权利，由于不便流通，商法使之证券化，如股票、公司债券、支票、汇票、本票、保险单、运输单、提单、仓单等证券，商法均规定了一定的内容和格式，使之定型化，便于使用和流通。二是短期时效主义。所谓短期时效主义，就是将交易行为所产生的请求权的时效期间予以缩短，而从速确定其行为效力的立法规定。

保障交易安全原则。保障交易安全主要是为了减少和消除商事交易活动中的不安全因素，确保交易行为的法律效用和法律后果的可预见性。现代商法采用了要式主义、公示主义、外观主义和严格责任主义，以保障交易之安全。第一是要式主义。所谓要式主义，是指商法对公司章程、招股说明书、票据、保险合同、提单、仓单等重要的商事文书，大都规定了法定必要记载事项和相应的格式，以避免当事人在重大问题上的疏漏。第二是公示主义。所谓公示主义，是指商法要求交易当事人对涉及利害关系人利益的客观事实必须公告周知，以便利害关系人有所了解，免受损害。第三是外观主义。所谓外观主义，是指商法以交易当事人的行为外观为标准而认定其行为的法律效果。按照外观主义，交易当事人的真实意思与意思表示不一致时，以意思表示为准，意思表示一经成立即发生法律效力。假若允许当事人以外观表示与真意不符而撤销商事行为，则显然不利于交易关系之稳固，从而造成交易的不安全性。第四是严格责任主义。所谓严格责任主义，是指商法对商事交易的当事人规定了严格的义务和责任。商事公司之行为，多依赖于公司之负责人，其负责人之责任，若不予以严格的规定，势必妨害交易之安全。

总之，商事活动与民事活动相比较的特殊性，决定了商事规则的特殊性：主体法定，效率优先（保障交易快速原则），兼顾公平（等价有偿原则），保障安全。同时也决定了商事活动和民事活动在共同适用民法基本原则的时候，会存在着一定的差异性。

［该文发表在《北方工业大学学报》（第 20 卷）2008 年第 4 期，第 26~32 页］

论转型期政府诚信的重塑*

摘要： 当前中国社会处于剧烈的社会转型期，政府诚信缺失现象比较严重，严重制约了整个社会信用体系的建设。本文结合商鞅变法徙木立信的启示，总结并分析了当前政府失信的表现和原因，阐述了现代政府诚信的要义，最后提出了转型期政府诚信重塑的途径，希望能对整个社会信用体系的建设有所裨益。

关键词： 政府　诚信

诚信是中华民族的传统美德之一，有着深厚的历史文化渊源。诚信不仅是一项基本的人际交往的伦理准则，更是一项重要的治理国家的政治和法律原则。[1] 古人常言：“夫诚者，君子之所守也，而政事之本也。”“信，国之宝也，民之所庇也。”“政令信者强，政令不信者弱。”这些都说明了诚信是立国之本，为政之基，治国之要。

在当代社会，政府诚信不仅是市场经济的内在要求，同时，也是构建法治国家与和谐社会的基础。政府作为社会的管理中心，政府诚信则成为社会诚信体系的核心，是社会诚信体系的支撑。政府行为会对公众产生深远影响。

＊ 本文为王瑞和刘彦合写。

〔1〕 我国明确规定诚实信用原则的法律有：我国《民法通则》第4条规定：“民事活动应当遵循自愿、公平、等价有偿、诚实信用的原则。”《合同法》第6条规定：“当事人行使权利、履行义务应当遵循诚实信用原则。”《劳动合同法》第3条规定：“订立劳动合同，应当遵循合法、公平、平等自愿、协商一致、诚实信用的原则。”《证券法》第4条规定：“证券发行、交易活动的当事人具有平等的法律地位，应当遵守自愿、有偿、诚实信用的原则。”《票据法》第10条规定：“票据的签发、取得和转让，应当遵循诚实信用的原则，具有真实的交易关系和债权债务关系。”《保险法》第5条规定：“保险活动当事人行使权利、履行义务应当遵循诚实信用原则。”

正如美国学者道格拉斯·互克斯勒所讲的那样："政府是一个感染力极强的以身示教的教师，不论教好教坏，它总是在以自己的楷模行为教育整个民族。"[1]如果政府失信，那么，必然会对整个社会的信用体系产生恶劣的传导作用，从而危及整个社会信用体系的建设。因此，要建立社会信用体系首先要树立政府诚信。那么，如何树立政府诚信呢？让我们先从古代商鞅变法"徙木立信"的故事谈起。

一、商鞅变法徙木立信的启示

战国时期，秦国在立国之初并非诸侯强国，秦孝公即位后，决心励精图治，任用商鞅开始变法图强。为了确保变法尽快取得成效，如何取信于民就成了摆在商鞅面前的当务之急。为了彰显政府诚信，商鞅选择了被后人称道的"徙木立信"。商鞅制定好变法图强的法令之后，害怕百姓不信任，就没有先公布。为了树立政府诚信，商鞅在国都市场南门立下一根三丈长的木杆，招募百姓，说有能够搬到北门的就赏给十镒黄金。刚开始百姓对此感到惊讶，没有人敢去搬木杆。见此情形，商鞅就又宣布命令，说有能够搬过去的就赏给五十镒黄金。有个人抱着试试的心态，把木杆搬到北门，商鞅立即赏给他五十镒黄金，以表明没有欺诈。"徙木立信"彰显了秦国的政府诚信，奠定了良好的民意基础，营造了变法的舆论氛围，确保了变法政策的顺利推行。

对于一个国家来说，诚信是一种重要的社会资源，但是，仅仅树立政府诚信的形象是不够的，还应该在此基础上充分挖掘和发展诚信资源，才可以较低的社会成本获得更大的社会效益，取得更大的发展空间，拥有更强的竞争力。为此，商鞅还在制度层面确保诚信资源的发掘，主要体现在重视和推崇法制，废除贵族特权，加强官吏的管理等方面。为了做到赏罚公正、取信于民，商鞅甚至得罪了太子，对太子的师傅也上了刑，"刑其傅公子虔，黥其师公孙贾"。通过一系列法令措施的推行，秦国法律完备，政府诚信形象深入民心，取得了良好的效果。变法十年，"秦人大说，道不拾遗，山无盗贼，民勇于公战，怯于私斗，乡邑大治。"[2]

对于商鞅变法徙木立信，后世人给予了很高的评价。宋代改革家王安石

---

〔1〕 参见宋宇："法治视域下的政府诚信之重塑"，黑龙江大学 2006 年硕士学位论文。

〔2〕 （西汉）司马迁：《史记》卷六八，中华书局 1959 年版，第 2231 页。

《商鞅》诗云："自古驱民在信诚，一言为重百金轻。今人未可非商鞅，商鞅能令政必行。"商鞅变法，先立信，而且上下结合，处处示信，见效显著，而后令行禁止，权威由此而生。诚信是立国治国之本，不讲诚信靠欺骗手段治理国家，只能以失败告终。无论哪个时代的政府，诚信都是第一位的，这是关系民心所向，社稷安危的大事情。

二、政府失信行为的表现

如同春秋战国那个大变革时代一样，当今的中国也正处于一个剧烈的转型期。由于社会诚信制度建设滞后于经济发展，当前社会诚信缺失几乎成了可怕的"败血症"。近年来，"毒奶粉""瘦肉精""地沟油""染色馒头"等问题屡屡曝出，社会各个领域几乎都出现了诚信危机。2011年6月，《人民日报》和"人民网"就诚信相关话题展开网络调查，共有4449人参与调查。调查结果显示，九成多的人经历了不诚信事件，而且不诚信的事件涉及食品、教育、医疗、建筑、商务等几乎所有社会领域。[1]作为社会诚信的倡导者、维护者和管理者，政府更应该树立诚信的形象，承担起维护社会诚信的责任，但是，从我国当前社会来看，政府诚信恰恰成了社会诚信的信用短板，成了制约社会诚信建设的"瓶颈"，出现了大量政府诚信缺失的现象。其中，最有名的事件当属于陕西省的"华南虎事件"。

2007年10月，陕西农民周正龙声称拍得或已绝种的华南虎的照片，陕西省林业厅在缺乏证据的情况下，坚持声称有关华南虎照片是真的。华南虎据信已绝种几十年，若有关照片属实，确实是一项惊人发现。但是，多位专家已作出鉴定，他们认为陕西省林业厅所确认的华南虎照片属造假。华南虎照片的真伪，对陕西省的利益十分重要：若然照片属实，他们可能获得中央更多的保育资金，且地方的旅游也多了一个重要卖点。既然有可疑的动机，公众一再要求林业局澄清真相，实属合理。可是，面对公众的质疑，林业局一直回避问题，不肯就照片真伪表态，这让林业局陷入了诚信危机。该事件在国家林业局和司法力量的介入下，最终以陕西省林业厅道歉以及周正龙诈骗获刑而告终。

---

〔1〕 "调查指九成人经历不诚信事件诚信缺失如何根治"，载 http://www.people.com.cn/h/2011/0614/c25408-1468606329.html，访问日期：2012年2月26日。

可以说，陕西华南虎事件是当代政府诚信缺失的标志性事件，严重影响了政府在公众心中的公信力，甚至贡献了"正龙拍虎"这一表示社会公信力缺失的现代成语，专指"某人或某集团为利益所驱动而做假，被揭穿后还抵死不认"。非常讽刺的是，华南虎事件和商鞅变法"徙木立信"的故事，均是发生在陕西这片土地之上，同样是发生在社会转型的时代，然而透露出来的诚信信息，却是截然相反的，这不能不令人深思。

当然，目前政府失信的表现不止一个"华南虎"事件，总结一下，政府诚信缺失集中表现为以下几个方面：

1. 弄虚作假，诚信意识淡薄

诚信应该是政府的施政理念，为政之道，执政之基，但是有的地方政府诚信意识淡薄，不察实情，不讲真话，弄虚作假现象严重。一些官员为了追求政绩，满足被上级提拔的政治需要，不顾当地社会经济发展的实际，大做表面文章，大搞形象工程。由于统计数字仍是政绩考核的一个重要方面，受利益驱动，统计数据会被某些官员层层注水，级级加码，不断出现统计数据造假的现象，从根本上冲击了政府诚信和社会公正的底线。政府公信力也在公众的"被就业""被小康""被代表""被幸福"的哀叹声中急剧流失。

2. 某些公务人员贪污腐败，影响政府形象

目前，我国公务人员贪污腐败现象严重，不断有政府高官腐败落马，而且，随着社会的发展，官员腐败还出现了群体化、巨额化、期权化、国际化、潜规则化等新特点。官员腐败已成为社会公害，严重地影响了政府的公信力，腐蚀着党的执政地位合法性，是公众对政府丧失信心的重要原因之一，已经成为政府诚信建设的大敌。

3. 朝令夕改，政策缺乏稳定

一些政府部门在制定公共政策时，为追求眼前效益，部门利益，会出现朝令夕改的现象。不少地方政府为了招商引资，盲目许诺优惠政策，而在实际操作中却借各种理由加以限制，结果难以兑现，以至于使中国政府在外商中失信。有的地方政府受利益驱动，对上级政府规定，大玩"上有政策、下有对策"的政策博弈，曲解政策进行选择性执行，象征性执行，或者替换性执行。这些都严重影响了政府的诚信形象。

4. 暗箱操作，决策缺乏科学性

一些地方政府出于政绩的考虑，大搞暗箱操作，做出短期行为。政府决策缺乏公正性，透明度不够，暗箱操作，一方面，堵塞了公众利益表达的正常渠道，很容易导致决策失误；另一方面，很容易造成了公众对政策的不解和误解，增加了政策执行的难度和成本，从而失信于民，严重伤害了人民群众对地方政府的信任感。

5. 官僚主义，服务态度恶劣

尽管服务型政府的口号喊了很多年，但是，某些政府公务人员的服务态度并不乐观，服务意识不强，服务质量不高，依旧存在"门难进、脸难看、话难听、事难办"和"拖办、缓办、不办"的现象，严重影响了政府的诚信形象。当前，政府机构普遍存在着不按规章办事，长官意志压倒一切，变化的随意性很大的不良现象，这必然导致机构庞大、官僚主义严重、行政效率低下，从而使得获得服务的成本极为高昂，群众也由政府的主人变为政府的附庸。此外，有些干部认为事干得越多，出错的概率越大，还不如少干些事、少背些责任，正所谓"干多干少一个样，干好干坏一个样"，因而，行政不作为现象比较普遍。

三、政府失信的原因分析

造成以上政府失信行为的原因，应该是多方面的，有外部原因，也有内部原因；有思想观念方面的原因，也有制度缺失方面的原因……笔者认为，主要有以下两个方面：

（一）根本原因在于社会的变迁

当前，我国社会正面临着深刻的社会转型，由此所导致新旧两种社会利益结构和价值观念同时存在的现象，使人们无所适从，是诱发政府诚信危机的根本原因。商鞅变法"徙木立信"就是发生在春秋战国这个中国社会的大变革时代。当时的社会诚信状况也不好，用孔子的话说是"礼崩乐坏"，旧有的社会规范"周礼"无法再约束人们的行为，这为作为法家代表人物的商鞅登上历史舞台提供了契机。法家重视法制，但要确立法律的权威，达到令行禁止的目的，必先要取信于民，于是便发生了"徙木立信"的故事。

正是由于社会处于转型期，旧的政治经济制度被打破，新的政治经济制度尚未完全确立，人们处于一种无所适从的茫然状态，这就给一些落后的旧观念甚至是错误的观念创造了占领人们思想阵地的可乘之机，具体有以下两点：

1. 政府经济人理论〔1〕

"经济人"假设是经济学的重要理论，〔2〕作为公共权力的掌握者和公共利益的维护者，政府的行为不应当以追求自身利益作为目标。但是现实中，不少政府机构争管理权、争审批权、争收费权、争处罚权等，事实上默认了自身特殊经济利益的存在，此时的政府已经忘记了自己公共利益维护者的角色，完全堕落成为自私自利的"经济人"，采取种种不诚信的方式与民争利，背离了自己应负的职责，最终导致政府失信行为的发生。

政府的角色的错位，会导致公务人员的行政行为目标发生偏转，从公共利益的维护者变为追求个体利益最大化的"经济人"。根据公共选择理论，当政府不诚信行政能换取自身利益最大化，官员不诚信能换取升迁时，不诚信行政就会成为必然选择。政府的这种自利性膨胀会使政府威信下降，形象受损，使人民对政府的信任发生危机。同时，在我国现行政治体制下，政府公务人员存在着对党委、政府组织、民众等负责的义务，但是在行政实践中，当对上级负责与回应民众之间发生矛盾时，多数人会更倾向于选择前者而忽略后者。这就是为什么会有政府高官说出"你是准备替党说话，还是准备替老百姓说话"的雷人言论的原因所在。

2. 负面行政传统〔3〕

由于两千多年的封建社会乃至计划经济时期，都是以人治代替法治，并且，这种人治观念和权力本位思想在当代政府行为中依旧不同程度地存在。所以，在我国，人治观念根深蒂固，"官本位"作为一种社会心理始终存在，人们习惯于按领导的意志办事。尽管 20 世纪 80 年代我国就对政府提出了"依法行政"的要求，但是时至今日，许多官员的法治意识、规则意识、依法行政意识依旧淡漠，依旧是一切从领导意志出发，领导意志高于法律规定，领导者随意改变规则，越权行事的情况时有发生，有法不依、执法不严、违

---

〔1〕 参见见邓增强："'经济人'理念下中国政府诚信问题分析"，西北大学 2006 年硕士学位论文。

〔2〕 "经济人"理论的基本内涵是经济人、是自私和理性的，每个经济人在有限理性的范围内，根据自己掌握的信息，运用"成本–收益"的分析方法，追求自身利益的最大化。

〔3〕 参见邓杨睿："当代中国政府诚信建设研究"，南昌大学 2008 年硕士学位论文。

法不究的现象屡见不鲜。这严重损害了法律的尊严，降低了民众对政府的信任感。

此外，受小农经济所滋生的政治集权化观念和习惯影响，公民的政治参与性不高，习惯于依赖政府。在传统的行政文化中，老百姓被排斥在权力结构和政治生活之外，缺乏政治自主意识和权利，处于完全服从地位。对象征权力的皇位或君主顶礼膜拜。君权至上使人们崇尚和迷信权力，以权力信仰代替法律信仰。新中国成立后，阶级性的观念渗透到了意识形态的各个领域，唯阶级论、唯政治论动摇了人们多年形成的基本诚信观，加上"大跃进"的浮夸，尤其是"文化大革命"破坏了人们的基本价值观，导致社会诚信的全面缺失。

（二）政府诚信制度滞后是造成政府失信的制度原因

良好的信用意识来自有效的责任机制和监督制约机制。当前的政府失信表现，从表面看是道德缺失，实际上是政府诚信制度建设滞后造成的。行政管理体制的权责分离、责任模糊等现象的存在提高了政府失信行为发生的概率，而政府失信监督和惩罚机制的不健全则降低了政府失信的成本，这些制度缺陷导致了政府失信行为难以得到有效制止和及时更正。

行政管理体制不规范。受封建文化和计划经济体制的深刻影响，我国政府管理职能高度集中。随着市场经济体制的建立，政府管理职能虽进行了相应调整，但由于政治体制改革的滞后，政府管理职能并没有较大转变。这为政府干预社会事务和微观经济活动提供了机会，严重损害了企业和社会组织的权益。这种许多不属于政府管（其实政府也管不好）的事政府却要横加干预，而许多诸如医疗、教育、交通、环境等属于政府该管的事却没有办或办不成，该管的不管，不该管的乱管，自然会引起公众对政府的不信任。

行政监督制度不完善，导致对政府权力的监督不力；行政责任追究赔偿制度不健全，致使失信追究和惩罚机制短缺或效力不够，造成对失信行为的惩罚不严或者根本不追究，失信的成本很低或根本没有成本，无法从根本上遏制政府失信行为的发生。

四、政府诚信的重塑

现代意义上的政府诚信，是指以政府及其工作人员为主体的诚信，政府及其工作人员在实现政府的社会管理职能和社会服务职能的过程中，应该做到诚实不欺，信守诺言，在自己的行为中体现对公众的忠诚，而且这种行为还要得到公众的认可。具体而言，政府诚信的具体内容和要求包括以下三个方面：第一，从内在方面看，诚信意味着政府须对公众怀有善良之动机。政府行为的目的是确定的，即一切行为都是为公众服务，对公众怀有善良之动机就是现代民主政府一项基础性的道德推论，是政府诚信的首要表现。[1] 第二，从外在方面看，诚信意味着政府须对公众有忠诚之行动。只有言行一致的政府才是一个诚信的政府。第三，政府对违背诚信的行为应当承担责任。诚信不仅是政府的一项道德义务，还是政府的一项法律义务。诚信是人类社会的"基本而必要的道德正义原则"，为了保证诚信在全社会的遵守，诚信开始从"道德观念转化为法律规定"。[2] 这个转化在私法领域表现得淋漓尽致，诚信原则被奉为私法中的"帝王条款"。现在的民主政府同人民之间的关系不再是统治与被统治的关系，而更多地带有类似于私人契约的性质。因此，当政府出现违背诚信的行为时，应该承担相应的责任，不仅仅是道德上的谴责，政治上的处理，还要包括法律上的惩罚。通过追究政府及其工作人员的责任，可以有效地提高政府失信的成本，迫使相关责任人在行政活动中慎言笃行，增强责任意识，这样可以保证政府不变质，有效维护公众利益。

政府诚信在现代社会诚信体系中居于核心的地位。加强政府的诚信建设，提高政府公信力，是建立和完善整个社会诚信体系的重中之重。要想推进全社会诚信体系建设，首先应该搞好的是政府的诚信建设，这对于完善社会主义市场经济体制，带动中国特色的信用体系建立，意义重大。但是，要在现代社会树立政府诚信则远比古代秦国"徙木立信"要复杂得多，如何在转型期的我国重塑政府诚信呢？笔者认为，应该从道德教育和法制建设两方面入手，具体来讲包括以下五个方面：

1. 对公务人员加强以道德为支撑的诚信施政理念教育

政府必须代表最广大人民群众的根本利益，政府应以民为本，以服务公众为最高宗旨，要公平和公正地对待每一个人，这是建设诚信政府的目标。民本政府意味着首先要做到对社会、对公众讲诚信，要讲实话、讲真话，不弄虚作假，不欺上瞒下。

---

〔1〕 刘松山："论政府诚信"，载《中国法学》2003 年第 3 期，第 37 页。

〔2〕 汤俪瑾："论政府诚信"，载《安徽电气工程职业技术学院学报》2008 年第 4 期，第 70~71 页。

应该抛弃以往封建社会和资本主义社会的旧观念，真正确立为人民服务和人民当家做主的新理念。政府公务人员不仅要做到对人民诚信，而且还要对人民的合理要求作出及时、高效的回应，不得无故拖延，在必要时还应当主动地向公众征求意见，回答他们提出的相关问题，向他们耐心解释政府的相关政策和法律规定，为公众参与政府公共管理提供方便的途径，增进公众与政府之间的良性互动，进而提升政府诚信。

2. 规范行政管理体制，强化依法行政的观念

政府的权力不是无限的，而是有限的，这个限度就是应该通过宪法和法律的明确授权，而且，必须严格依法行使。建立有限政府是构筑政府诚信的关键，对于政府依法应该管的事情，一定要管好；对于政府不应该管的事情，要坚决不要乱加干涉，因为一个权力无限、权力滥用的政府本身就是对诚信的践踏。政府职能应该主要限于社会管理，主要是维护社会公正和市场秩序，不能与民争利，任意侵犯私人领域。另外，政府的规模也应该是有限的。现代政府应当以精简、高效为基本理念，要严格控制政府公务人员的数量，防止人浮于事，多头管理的情况发生，做到以岗定编，以编定人，推行岗位责任制，把责任落实到个人。

政府的行政行为必须以法律为准绳，要做到依法行政。依法行政是提高政府形象，提高工作效率，取信于民的重要保证。依法行政，是指国家机关及其工作人员依据宪法和法律赋予的职责权限，在法律规定的职权范围内，对国家的政治、经济、文化、教育、科技等各项社会事务，依法进行管理的活动。依法行政的本质是有效制约和合理运用行政权力，它要求一切国家行政机关和工作人员都必须严格按照法律的规定，在法定职权范围内，充分行使管理国家和社会事务的行政职能，做到既不失职，又不越权，更不能非法侵犯公民的合法权益。政府如果能做到严格执法，坚持依法行政，严格按照行政程序办事，就是政府践诺、政府诚信的体现。依法行政的基本价值取向应该是重在治权、治官，而不是重在治民。依法行政的基本要求应该是合法行政、合理行政、程序正当、高效便民、诚实守信、权责统一。

3. 加强政府信息公开

通过健全政府信息公开制度，完善各类公开办事制度，不断提高政府工作透明度和公信力，使政府权力在阳光下运行。政府掌握的公共信息，除依

法不能公开的信息（例如：涉及国家秘密、商业秘密、个人隐私等的信息）外，应该向社会公开。要充分保障公众的知情权，政府机关有义务将相关信息在规定的时间、地点公布于众。另外，还应该对政府运作过程进行公开。具体包括政务公开、警务及司法公开、官员信息任前公示、政府信息网络发布等内容。

只有建立打破政府对社会公共信息的垄断和封锁，才能保障公民知情权和监督权的实现，社会公众才能参与国家决策，提出意见和建议。另外，通过政府信息公开，能够使公众获得更加完备的信息，避免信息不对称带来的政府失信。

4. 完善行政监督制度，加强对政府权力的监督制约

英国历史学家约翰·阿克顿指出"绝对的权力必然导致绝对的腐败"，而且，绝对的没有制约的权力还必然导致权力被滥用。因此，应该加强对政府权力的内部和外部两方面的有效监督和制约：

第一，在内部监督方面，在搞好上级政府对下级政府监督的同时，也应强化下级政府对上级政府的监督；通过完善立法，强化专门的行政监察机关和审计机关的独立监督权，保障其行政监督职能的充分发挥。

第二，在外部监督方面，通过完善相关立法，使权力机关的监督权更具可操作性，使其真正发挥应有的监督作用；通过完善司法制度，使我国法院、检察院的财权、人权、物权彻底摆脱同级政府的约束，真正实现司法独立；通过完善新闻立法，加强社会监督。

5. 健全行政责任追究赔偿制度，加强对失信行为的惩罚和追究

通过建立行政责任追究赔偿制度，对失信行为的惩罚和责任追究，提高失信成本，从根本上遏制政府失信行为的发生。要通过制定"国家公务员公务失信行为责任追究条例"明确行政失信行为的法律边界以及处罚形式，通过选举、质询、罢免等程序明确政府及其工作人员的政治责任。

各级行政机关的国家公务员在实施行政许可，实行办事公开、服务承诺制度和在依法行政过程中因故意或过失或不正确履行规定的职责，影响行政秩序和行政效率，损害行政管理相对人的合法权益，给行政机关造成不良影响和后果的，应该依法追究其相应的行政责任和赔偿责任。责任追究的方式为：批评教育或责令作出书面检查；通报批评；取消当年评优评先资格；扣

发年度岗位责任制考核奖；调离工作岗位或停职离岗培训；给予行政纪律处分；责令辞职或辞退等。另外，因公务失信行为侵犯了公民、法人和其他组织的合法权益，造成损害的，还应该依照《中华人民共和国国家赔偿法》的有关规定追究责任人的损害赔偿责任。

总之，在当前社会大变革时期，我们的政府只有尽快真正实现从无限、封闭、官本位的人治政府，到有限、公开、民本位的法治政府的转变，以负责的承诺和行为取信于民，才能引导整个社会的价值导向，才能带动整个社会信用体系的建设，从根本上改变当前社会诚信缺失，道德滑坡的局面。

（该论文发表在《马克思主义与现实》2012 年第 5 期，第 196~200 页）

对等价有偿原则的重新认识与定位[*]

摘要： 本文通过对等价有偿原则产生的历史背景和内容的分析，说明了等价有偿原则不适合再作为民法的基本原则，它是商品经济价值规律在法律上的表现形式，应该作为商法的一个基本原则。

关键词： 等价　有偿　基本原则

等价有偿是我国民法的一项基本原则，它规定在我国《民法通则》第 4 条当中："民事活动应当遵循自愿、公平、等价有偿、诚实信用的原则。"

等价有偿，是指除法律另有规定或当事人另有约定外，对取得他人财产利益或得到他人提供的劳务者，应当向对方给付相应对价的要求。等价有偿原则包括在公平原则之中，是公平的当然内容。[1]

目前，学界普遍认为，民法的其他三个基本原则：自愿、公平、诚实信用原则，继续作为民法的基本原则，是没什么争议的。但是，关于等价有偿原则是否可以作为民法的基本原则，学界存在争议。有些学者认为，等价有偿原则不是民法的基本原则。[2]那么，到底等价有偿能否继续作为民法的一个基本原则，在我国今后制定的民法典中予以保留呢？这就需要我们对其进行重新认识与定位。

---

* 本文作者是王瑞、王斐民、李丹宁。

〔1〕 徐国栋：《民法基本原则解释》，中国政法大学出版社 1992 年版，第 65 页。

〔2〕 参见马俊驹：《民法原论》（第 2 版），法律出版社 2005 年版，第 34 页；王利明：《民法》，中国人民大学出版社 2005 年版，第 44 页；郭明瑞：《民法》，高等教育出版社 2003 年版，第 17 页。

一、等价有偿原则的提出有其特定的历史背景

就世界各国的近现代立法实践来看，将等价有偿作为一项基本原则，明确写入法律条文当中的，并不多见，因为，公平原则完全可以涵盖等价有偿原则的内容。[1]那么，我国为什么在制定《民法通则》的过程中，非要把等价有偿原则加进去呢？这是由我国当时所处的特定历史条件所决定的。

从新中国成立后，到改革开放前，这一段历史时期，我国的民事立法几乎没有，[2]更不必谈什么民法的基本原则了。1954 年至 1957 年，曾两次起草民法典，都半途而废，根本没有提上立法日程。有两方面的原因：第一，经济方面的原因。从 1953 年以后，我们向苏联学习，建立起了高度集中的计划经济体制。公有制主导的计划经济导致了对商品经济的彻底否定。民法主要是适应商品经济的要求，当商品经济被否定后，民法亦无用武之地。产品的交换完全由计划调配，不用市场调节；企业不可能成为独立的法人，企业之间的往来不是建立在协议基础上；个体的利益被否定。因此，计划经济体制下不需要更多的民事立法。第二，政治方面的原因。新中国成立以后法治遭受破坏，尤其是法律虚无主义盛行，导致对民法的否定。1954 年至 1957年，两次对民法典的起草流产，直接的原因是主要领导人的观念认为，根据我国的实际情况，已没有必要制订民法。1957 年以后，我们政治运动不断，一直延续至"文化大革命"结束，此间民法亦没有存在的政治基础。

改革开放以来，民事立法取得了巨大的成就，不仅民商法的颁布越来越多，而且不同的领域都有了立法，私法的观念逐步得到了确立。为什么改革以后，民事立法会有如此发展趋势呢？从经济上看，相当长时间无法确定改革的目标，但从二十多年的改革看，发展商品经济应当是一条主线。商品经济的发展为民事立法的恢复和发展创造了必要的条件。企业逐渐成为独立的商品生产者和所有者，企业的独立人格得到了确认；私有财产权的观念逐渐

---

〔1〕 徐国栋：《民法基本原则解释》，中国政法大学出版社 1992 年版，第 65~66 页。

〔2〕 有学者认为这一时期，我国只有一部半的民事法律，这一部半法律是指：在 1950 年颁布的《婚姻法》和《土地改革法》。作为独立的法律是《婚姻法》，是对调整婚姻家庭关系起了很重要的法律，是一部完整的法律。《土地改革法》是半部法律，仅适用于土地改革运动中，土改完成后，这部法律就没有意义了。从 1953 年开始，我们通过社会主义改造，引导农民走集体化道路，使农民私有土地变为国家所有或集体所有，因此该法律没有适用的余地，所以是半部法律。

得到了宪法的确认，个体的利益也相应得到了确立。商品经济发展了，为民事立法创造了条件。政治上，"文化大革命"后，对法律有了正确的认识。1978 年十一届三中全会明确了民主和法制的关系：为了保障人民民主，必须加强社会主义法制。自此使得法律制度不因领导人看法和注意力的改变而改变。因此，我国开始集中力量制订民法、刑法、诉讼法等必要的法律。贯彻有法可依，有法必依，执法必严，违法必究，依法治国的观念开始深入人心，于是我们又进行了第三轮的民法典的起草。为民事立法奠定了必要的政治条件。

改革开放以来，我国的民事立法大致经过了以下三个阶段：

第一个阶段：改革之初（1978~1984 年）。1979 年，开始组织民法典起草，先后完成了四稿，包括对 1950 年的《婚姻法》进行了修订，制定了《经济合同法》《专利法》和《商标法》。1981 年制定的《经济合同法》最典型地反映了这个时期我们的社会经济条件，当时很多事情不能明确，在体制上总体来说对计划经济持肯定的意见。所以，当时商品经济的发展很有限。因此，这一部《经济合同法》，与其说是民法，不如说是一部政府管理法，具有很强的行政法的特点。

第二个阶段：有计划的商品经济（1984~1992 年）。1984 年，中共十二届三中全会召开，通过了关于经济体制改革的决定。这个决定中明确了经济体制改革的目标：建立有计划的商品经济。这是我们国家第一次给商品经济以应有的名分和地位。有计划的商品经济确立后，民事立法有了进一步发展。1985 年颁布了《继承法》《涉外经济合同法》，1986 年颁布了《民法通则》，1987 年颁布了的《技术合同法》，1988 年颁布了《全民所有制工业企业法》。在民商事立法上取得了一定的成就。《民法通则》的制定，对整个民事立法的推动有很大的作用，标志着我国的民事立法开始以《民法通则》为核心，包括众多的单行法的民法体系的开始形成。当时我们制订民法典不成熟，所以制订《民法通则》，既不是民法典也不是民法典的总则。《民法通则》是第一次以民事权利为核心构建的法律，体现权利本位，这个观念的转变是重大的。

第三个阶段：市场经济体制确立（1992 年至今）。1992 年，邓小平同志的南行讲话，明确了市场与计划的关系：市场经济是发达的商品经济。这为中国确立市场经济的体制扫清了道路。十四届三中全会通过了《关于建立社会主义市场经济体制若干问题的决定》，为民商立法创造了优越的条件。1993
年《公司法》颁布后，我国又陆续颁布了《担保法》《票据法》《保险法》
《合伙企业法》《信托法》《海商法》等。其中1999年通过《合同法》，取代
了原来的三部合同法。这个时期的民商事立法非常活跃，其中两部法律是标
志性的，一部是《公司法》，一部是《合同法》。因为公司法的颁布，标志着
以所有制为标准的立法，转变为以企业的组织形式为标准的立法。

从以上历史分析可以看出：《民法通则》是在改革开放的第二个阶段制定
的，这一时期的特点是改革开放已经进行到一定程度，但建立市场经济体制
的目标仍然没有最后确立。所以，在当时的学术争论过程中，佟柔先生明确
指出，商品经济是人类经济发展中不可逾越的阶段，而民法是调整社会商品
经济关系的基本法律规范。[1]民法是为特定历史时期的商品经济服务的，因
此，将《民法通则》定位为调整我国商品经济关系的基本法。而商品经济关
系的一个突出的特征就是等价有偿，民法通则特别规定等价有偿这一基本原
则，强调"不允许巧取豪夺，不允许用超经济的办法取得利益，不允许无偿
平调，不允许凭借优势地位强迫对方接受不等价的交换"。[2]在当时的历史
条件下，意义重大。从法律角度来说：这一原则的确立，标志着一个计划经
济旧时代的结束，一个社会主义商品经济新时代的开始。

二、等价有偿原则是对价值规律的法律确认

等价有偿原则的核心内容就是：等价交换。价值规律的基本内容是：商
品的价值量是由生产商品的社会必要劳动时间决定的，商品交换要以价值量
为基础，实行等价交换。可见，等价有偿原则的核心内容与价值规律的基本
要求是完全一致的。价值规律是商品经济的基本规律，它的存在和发生作用
是客观的，不以人们的意志为转移。《民法通则》对等价有偿原则的规定，实
则是对价值规律的法律确认，说明了我们对价值规律的尊重和服从。

在社会主义初级阶段条件下，还存在多种经济成分，存在不同的财产所
有者或物质利益不同的经营者，存在着不同企业的独立经济核算。因此，不

---

〔1〕 参见王利明："新中国民法学的奠基人"，载《佟柔文集》编辑委员会编：《佟柔文集》，中国
政法大学出版社1996年版。

〔2〕 王家福："民法基本原则"，载顾昂然等：《中华人民共和国民法通则讲座》，中国法制出版社
2000年版。

同民事主体之间的财产流转只能以商品交换的形式进行，交换须建立在法律地位平等、各自都能取得一定经济利益的基础上，所以，不同利益主体之间的商品交换，必然会体现价值规律的要求。

等价交换也是商品生产者生存的基本条件。交换关系的内容如果不是等价有偿的，长此以往，商品生产者将不仅得不到利润，而且将不能回收其已经在生产过程中耗费的成本，简单再生产和扩大再生产都无法进行，只能面临毁灭的命运；而对于交换的另一方却等到了不正当的利益，这是不公正的。不等价交换的另一个恶果就是：价值规律调节生产要素的配置、刺激生产力的发展、淘汰落后的作用，将无从发挥，等价交换的规则就有可能被"丛林法则"所取代，那时的竞争将不再是生产效率的竞争，而是强力的竞争；获胜利者将不会是先进的生产者，而是强力的拥有者；生产要素将不会流向最有使用价值之所，而是流向强力之所；被刺激的将不是生产力的发展，而是强力的发展。可见，等价交换不仅是价值规律的基本要求，也是价值规律发挥作用的一个前提条件。[1]

等价交换是按一定的规则和表现形式进行的。在商品生产中，商品的价值由生产商品的社会必要劳动时间决定。社会必要劳动时间决定商品价值具有双重含义：一方面，对于同一生产部门中生产的同类商品来说，该类商品中的每一单位商品的价值量都由社会必要劳动时间决定；另一方面，对于整个社会中不同类商品来说，每一类商品所耗费的劳动量都必须与社会对该类商品的需求量相适应，只有耗费在符合社会需求量的商品上的劳动时间，才是社会必要劳动时间。前者反映的是某一部门内部的劳动联系条件，后者反映的则是整个社会内部的劳动联系条件，它们共同构成社会必要劳动时间决定商品价值的内容。在商品交换中，价值规律要求不同种类的商品，必须按照等价交换的原则进行交换。货币出现以后，商品的价值用货币来表示，表现为商品价格。因此，等价交换的原则就表现为商品价格关系。不同商品价格之间的比例以商品价值量为基础。只有按等价交换的原则进行交换，商品交换才是公平的，才能持久地进行下去。

价值规律的基本内容和客观要求表明：各个生产者在生产同一种商品时，由于生产条件、技术水平、劳动熟练程度和劳动强度不尽相同，各自耗费的

---

〔1〕 徐国栋：《民法基本原则解释》，中国政法大学出版社1992年版，第67页。

个别劳动时间也不尽相同，这种千差万别的个别劳动时间不能决定商品的价值量。只有由社会必要劳动时间决定商品价值，并按等价原则进行交换，才能使各个生产者在经济利益平等的基础上相互交换商品。各个商品生产者的个别劳动时间是低于还是高于社会必要劳动时间，对他们来说是生命攸关的大事。如果生产某个商品的个别劳动时间等于社会必要劳动时间，那么，生产这个商品耗费的劳动就能完全得到补偿；如果个别劳动时间高于社会必要劳动时间，那么，生产这个商品耗费的劳动就不能全部得到补偿，在竞争中就会处于不利地位；如果个别劳动时间低于社会必要劳动时间，那么，生产这个商品的劳动耗费不仅能全部得到补偿，而且还可以得到额外收入，在竞争中处于有利地位。由于商品的价值量由社会必要劳动时间决定，商品的交换必然按等价原则进行，每个商品生产者必须不断改进技术，改善经营管理，提高劳动生产率，使自己生产商品的个别劳动时间低于社会必要劳动时间，由此而促进整个社会生产力的迅速发展。

等价交换中的"等价"在多数情况下只能是"大体相等"或"约等于"，其中，双方当事人的主观认识是很重要的。对于等价的概念，我们切不可作片面的绝对化的理解，因为，每一次的交换不可能都是绝对等价的，价值规律的作用通过价格围绕价值上下波动的形式得到实现。商品价格的波动要受供求关系的影响，当商品供过于求时，生产者为了卖出自己手中的商品，不得不降低商品的价格，从而使价格偏离到价值以下；当商品供不应求时，购买者为了获得自己所需要的商品，不得不在市场上抬价收购，从而价格又会偏离到价值之上。同时，商品的价格还会受到竞争者的多少、交易双方的谈判能力、国家政策的变化、汇率的波动等因素的影响。随着以上因素的不断变动，商品价格不断围绕价值这个中心发生上下偏离。但是，在绝大多数情况下，这种偏离的数值不会与商品的真正价值相差太大，而且，从商品交换的长期趋势来看，这种偏离部分可以互相抵消，商品的平均价格和价值基本是一致的。

三、等价有偿原则是适用于商事领域的基本原则

以上是对等价有偿原则的前半部分"等价交换"进行的解释，下面我们将对后半部分"有偿"的含义加以说明。

所谓有偿，是指为换取等价物而做出某事或给予某物。一般情况下，有

偿是无偿的对称，我们平时所说的有偿合同中的有偿就是这个意思。但是，当"等价"与"有偿"并列在一起同时出现的情况下，"有偿"还是这个意思吗？如果说是，那么，等价交换当中已经包含了有偿的意思，并且不是一般的有偿，而是等价的有偿。在等价的后面再加上个有偿，的确有同义反复之嫌。

笔者认为，"等价有偿"当中的"有偿"，是专门针对商品的生产者和经营者来说的，商品的购买者在购买生产者、经营者所提供的商品或服务的时候，除了给予卖方相应的成本价格之外，还要给予卖方适当的利润，以使他们能继续生存和发展，这里的利润就是有偿的内容，是对商品生产者、经营者所付出劳动的合理补偿。如果只进行等价交换，不给予其合理补偿，那么，这些生产者、经营者最多只能做到不赔不赚，不可能积累起继续发展的后备基金，这样的蠢事是所有精明的商人都不愿意做的。因此，这里的有偿就是特指给予商人经营性劳动的补偿。

根据以上对等价有偿原则的重新认识，笔者赞同王利明教授和郭明瑞教授对等价有偿原则的重新定位：未来的民事立法，不应该再将等价有偿作为民法的一项基本原则加以规定。因为，民法所调整的社会关系中并非都要求等价有偿，其中有相当一部分（如婚姻关系、亲属关系等）是没办法适用等价有偿原则的。因此，建议把等价有偿原则作为民法所调整的商事活动应该遵循的一项基本原则。[1]

等价有偿原则既然是商事活动应该遵循的基本原则，那么，调整商事活动的法律规则就形成了一些不同于民法规则的特定属性，这些具备特定属性的法律规则加在一起就是商法，学术研究领域又称之为"商事法"。我们在上文第一个问题——历史背景——当中，分析了改革开放后我国民事立法的三个阶段。在第一和第二个阶段当中，我国还没有商法的概念，更不知道商法是做什么用的。因此，调整商事活动的基本原则只能规定在《民法通则》当中。但是，在历史进入第三个阶段后，商法的概念开始进入我国，徐学鹿教授、董安生教授、王保树教授、赵中孚教授等一批学者开始对商法进行专门

---

〔1〕 王利明：《民法》，中国人民大学出版社 2005 年版，第 44 页。

研究，并陆续出版了一批有影响的商法教材和专著，[1]商法的理念也开始深入人心。1999年，教育部对高等学校的学科专业设置进行了一次大的调整，法学本科只设置一个专业。教育部法学学科教学指导委员会据此拟定了法学专业必修的十四门主干课，商法学名列其中。这标志着商法作为一门独立的法学学科终于得到了国家的正式确认。

根据现有对商法学的研究成果：商法，是调整商事关系的法律规范的总称。商法可以分为形式意义上的商法和实质意义上的商法。[2]形式意义上的商法着眼于规范的表现形式和法律的编纂结构，它最终表现为一个成文的法律文件——商法典。在大陆法系国家中，德国、法国、日本、比利时、意大利、西班牙、葡萄牙等国家制定有专门的商法典。据统计，迄今为止，世界上大致有四十多个国家制定了独立于民法典之外的商法典。[3]我国大陆地区没有形式意义上的商法，只有实质意义上的商法。主要表现为《公司法》《票据法》《证券法》《海商法》《保险法》《破产法》等一系列商事单行法。我国澳门地区有形式意义的商法——《澳门商法典》。

商法的一个最重要的特点就是营利性，营利乃是"商"的本质，系以经营活动谋利之意。商事主体从事商事活动，其直接和主要目的就在于营利，这是被各国商法所确认的。从这一角度而言，商法也可被称为"营利法"。

商人要实现营利目的，必然通过等价有偿的商品交换才能达到。营利性是目的，等价有偿是手段，一个目的，一个手段，两者相辅相成，共同构成了商法的两个基本理念，因此，等价有偿原则应该是商法的一个基本原则。

四、等价有偿原则在商法当中的具体表现

等价有偿原则适用于商事活动，那么，等价有偿原则必然会在规范商事活动的商法规则当中表现出来。前者谓之里；后者谓之表，等价有偿原则的表现与适用正所谓"表里如一"。

最典型的商事活动就是买卖，买卖行为是一种典型的商行为，按照商法

---

〔1〕 徐学鹿：《商法系列丛书》，人民法院出版社1999年版；董安生：《中国商法总论》，吉林人民出版社1994年版；王保树：《中国商事法》，人民法院出版社1996年版；赵中孚：《商法总论》，中国人民大学出版社1999年版。

〔2〕 王保树：《中国商事法》（新编本），人民法院出版社2001年版，第3~5页。

〔3〕 参见郭锋："民商分立与民商合一的理论评析"，载《中国法学》1996年第5期。

基本理论对商行为的分类，买卖行为大体可以归入绝对商行为、基本商行为和固有商行为当中。[1]等价有偿原则主要表现在规范商行为的商行为法当中，而在买卖法当中表现得最集中、最彻底。

买卖法又可以分为一般买卖法和特殊买卖法，特殊买卖主要包括：分期付款的买卖、凭样品的买卖、试用买卖、招标投标的买卖、拍卖等。下面我们就选择以下三个方面来简要说明等价有偿原则的表现：

（一）在买卖合同法（《合同法》的第九章）当中的表现

《合同法》第 130 条规定了买卖合同的概念："买卖合同是出卖人转移标的物的所有权于买受人，买受人支付价款的合同。"接下来的条款，主要是针对买卖双方当事人权利义务的规定，平衡双方当事人的利益关系，通过等价有偿的交换，来保障买方最后能得到自己所需要的货物，卖方能顺利得到相应的货款。

第 134 条规定，当事人可以在买卖合同中约定买受人未履行支付价款或者其他义务的，标的物的所有权属于出卖人。意思就是说买受人只有在完全履行支付价款或者其他义务的情况下，标的物的所有权才能转让给买受人。

第 135 条规定，出卖人应当履行向买受人交付标的物或者交付提取标的物的单证，并转移标的物所有权的义务。

第 148 条的规定，因标的物质量不符合质量要求，致使不能实现合同目的的，买受人可以拒绝接受标的物或者解除合同。买受人拒绝接受标的物或者解除合同的，标的物毁损、灭失的风险由出卖人承担。

第 152 条规定，买受人有确切证据证明第三人可能就标的物主张权利的，可以中止支付相应的价款，但出卖人提供适当担保的除外。

第 153 条规定，出卖人应当按照约定的质量要求交付标的物。出卖人提供有关标的物质量说明的，交付的标的物应当符合该说明的质量要求。

第 155 条规定，出卖人交付的标的物不符合质量要求的，买受人可以要求出卖人承担违约责任。

第 159、160、161 条规定，买受人应当按照约定的数额、约定的时间、地点支付价款。

第 162 条规定，出卖人多交标的物的，买受人可以接收或者拒绝接收多

---

[1] 王保树：《中国商事法》（新编本），人民法院出版社 2001 年版，第 54~57 页。

交的部分。买受人接收多交部分的，按照合同的价格支付价款；买受人拒绝接收多交部分的，应当及时通知出卖人。

第165条规定，标的物为数物，其中一物不符合约定的，买受人可以就该物解除，但该物与他物分离使标的物的价值显受损害的，当事人可以就数物解除合同。

第166条规定，出卖人分批交付标的物的，出卖人对其中一批标的物不交付或者交付不符合约定，致使该批标的物不能实现合同目的的，买受人可以就该批标的物解除。出卖人不交付其中一批标的物或者交付不符合约定，致使今后其他各批标的物的交付不能实现合同目的的，买受人可以就该批以及今后其他各批标的物解除。买受人如果就其中一批标的物解除，该批标的物与其他各批标的物相互依存的，可以就已经交付和未交付的各批标的物解除。

（二）在拍卖法中的表现

拍卖是一种特殊的买卖方式，《拍卖法》第3条规定了拍卖概念，即拍卖是指以公开竞价的形式，将特定物品或者财产权利转让给最高应价者的买卖方式。以下的条文主要是针对买受人、委托人和拍卖人权利义务的规定，以此来平衡三方当事人之间的利益关系，从而体现了等价有偿的基本原则。

第38、39条规定，买受人是指以最高应价购得拍卖标的的竞买人。买受人应当按照约定支付拍卖标的的价款，未按照约定支付价款的，应当承担违约责任，或者由拍卖人征得委托人的同意，将拍卖标的再行拍卖。拍卖标的再行拍卖的，原买受人应当支付第一次拍卖中本人及委托人应当支付的佣金。再行拍卖的价款低于原拍卖价款的，原买受人应当补足差额。

第40条规定，买受人未能按照约定取得拍卖标的的，有权要求拍卖人或者委托人承担违约责任。买受人未按照约定受领拍卖标的的，应当支付由此产生的保管费用。

第51、52条规定，竞买人的最高应价经拍卖师落槌或者以其他公开表示买定的方式确认后，拍卖成交。拍卖成交后，买受人和拍卖人应当签署成交确认书。

第55条规定，拍卖标的需要依法办理证照变更、产权过户手续的，委托人、买受人应当持拍卖人出具的成交证明和有关材料，向有关行政管理机关办理手续。

第 56 条规定，委托人、买受人可以与拍卖人约定佣金的比例。委托人、买受人与拍卖人对佣金比例未作约定，拍卖成交的，拍卖人可以向委托人、买受人各收取不超过拍卖成交价 5% 的佣金。收取佣金的比例按照同拍卖成交价成反比的原则确定。拍卖未成交的，拍卖人可以向委托人收取约定的费用；未作约定的，可以向委托人收取为拍卖支出的合理费用。

（三）在合同法违约责任方面的表现

违约责任制度，是在当事人一方不履行合同义务或者履行合同义务不符合约定的特殊情况下，使当事人之间利益失衡，出现或将要出现非等价交换的情形，通过强制违约方承担违约责任，来弥补这种利益的失衡，从反面体现出等价有偿的基本原则。以下条文均来自《合同法》。

第 107 条规定，当事人一方不履行合同义务或者履行合同义务不符合约定的，应当承担继续履行、采取补救措施或者赔偿损失等违约责任。

第 108 条规定，当事人一方明确表示或者以自己的行为表明不履行合同义务的，对方可以在履行期限届满之前要求其承担违约责任。

第 109 条规定，当事人一方未支付价款或者报酬的，对方可以要求其支付价款或者报酬。

第 111 条规定，质量不符合约定的，应当按照当事人的约定承担违约责任。对违约责任没有约定或者约定不明确，依照《合同法》第 61 条的规定仍不能确定的，受损害方根据标的的性质以及损失的大小，可以合理选择要求对方承担修理、更换、重作、退货、减少价款或者报酬等违约责任。

第 112 条规定，当事人一方不履行合同义务或者履行合同义务不符合约定的，在履行义务或者采取补救措施后，对方还有其他损失的，应当赔偿损失。

第 113 条规定，当事人一方不履行合同义务或者履行合同义务不符合约定，给对方造成损失的，损失赔偿额应当相当于因违约所造成的损失，包括合同履行后可以获得的利益，但不得超过违反合同一方订立合同时预见到或者应当预见到的因违反合同可能造成的损失。

第 114 条规定，当事人可以约定一方违约时应当根据违约情况向对方支付一定数额的违约金，也可以约定因违约产生的损失赔偿额的计算方法。约定的违约金低于造成的损失的，当事人可以请求人民法院或者仲裁机构予以增加；约定的违约金过分高于造成的损失的，当事人可以请求人民法院或者仲裁机构予以适当减少。当事人就迟延履行约定违约金的，违约方支付违约金后，还应当履行债务。

第119条规定，当事人一方违约后，对方应当采取适当措施防止损失的扩大；没有采取适当措施致使损失扩大的，不得就扩大的损失要求赔偿。当事人因防止损失扩大而支出的合理费用，由违约方承担。

第120条规定，当事人双方都违反合同的，应当各自承担相应的责任。

［该论文发表在《法学杂志》（第29卷）2008年

总第178期，第36~40页］

企业维持原则在解散公司之诉中的体现

——以《新公司法司法解释二》为视角[*]

摘要： 通过对《新公司法司法解释二》中股东请求解散公司诉讼具体规定的分析，揭示企业维持原则在股东请求解散公司之诉的立法和法律适用中的体现，继而在对企业维持原则更深层次理解之基础上分析这种指导思想得以贯彻的原因。可以说，企业维持原则已成为股东和利益之间维持利益平衡的一个支点。

关键词： 企业维持原则　解散公司之诉

引　言

企业维持原则，是现代两大法系国家商法所贯彻的重要原则。根据企业维持的理念，企业一旦依照法律法规的规定成立，除非在运营的过程中违反了法律的强制性规定，一般不被轻易解散。企业的解散不仅会影响到企业本身和企业内部个人之切身利益，而且可能会给企业外部的债权人甚至社会稳定带来一系列问题。对此，美国学者汉密尔顿有这样的评价，通常"在公司成立以后，保留一个运营的公司比解散一个公司要好。一个公司的经营资产包括无形的商誉，作为一个整体的价值通常要比分拆后高"。[1]

《公司法》第 183 条规定："公司经营管理发生严重困难，继续存续会使股东利益受到重大损失，通过其他途径不能解决的，持有公司全部股东表决

＊ 本文作者为王瑞、丛奔。
〔1〕 [美] 罗伯特·W. 汉密尔顿：《公司法概要》，李存捧译，中国社会科学出版社 1998 年版，第 213 页。

权百分之十以上的股东，可以请求人民法院解散公司。"这是我国首次规定股东请求解散公司制度，该制度的确立为公司受损股东权益的保护提供了一条新的司法救济途径，对解决我国公司，尤其是相对封闭的有限责任公司股东之间的僵局问题有其积极的法律意义。[1]解散公司对僵局而言无疑是最彻底的解决方案，但对那些经营状况良好或者正处于上升阶段的公司，因为其内部决策和管理机制的暂时失灵即判决解散公司，显然成本过高。[2]事实上，不少公司僵局能够内部消化解决，股东在利润最大化的驱动力之下，出于经济利益的衡量，往往会选择某种程度上的妥协。而立法和司法机关面对这种状况所体现的不能由司法轻易解散公司的理念正是企业维持原则的体现。

《公司法》第 183 条中"严重困难""重大损失""通过其他途径不能解决"等对股东请求公司解散之诉解散事由的限定都是企业维持原则的立法体现，但《公司法》对该制度规定得较为原则，在司法实践中对究竟应当如何适用该制度存在较大的争议。而随着《最高人民法院关于适用〈中华人民共和国公司法〉若干问题的规定（二）》（以下简称《新公司法司法解释二》）于 2008 年 5 月 19 日对外公布并生效实施，在公司司法解散制度之适用得以具体和细化的同时，企业维持的司法理念也清晰地体现了出来，主要体现在以下六个方面：

一、司法解散的当事人问题

股东请求解散公司之诉当事人问题的主要争议点在于被告和第三人的认定。对于被告的认定在《新公司法司法解释二》出台之前有不同的观点，即把公司列为被告、把其他全体股东列为被告或者把公司和其他全体股东列为共同被告。把其他全体股东列为被告的观点认为司法解散解除的是股东之间设立公司的协议。而我们看到，股东之间设立公司的协议在公司成立后已经履行完毕，已不涉及解除的问题了。而股东请求解散公司之诉，请求的系消灭其与公司之间的出资与被出资的法律关系，系有关公司组织的诉讼，对这

---

〔1〕刘敏："关于股东请求解散公司之诉若干问题的思考"，载王保树主编：《21 世纪商法论坛——实践中的公司法》，社会科学文献出版社 2008 年版，第 628 页。

〔2〕范启其："浅析公司僵局纠纷案件之审理"，载王保树主编：《21 世纪商法论坛——实践中的公司法》，社会科学文献出版社 2008 年版，第 649 页。

类诉讼，被告均应为公司。[1]《新公司法司法解释二》采用了这种观点。把公司列为被告有这样一个好处，即公司可以作为一个独立的当事人参与到诉讼中来，增大了公司作为一个诉讼主体的发言权，这样对公司维护自身权利更为有利，也无疑使公司自身的存续性得以在最大限度内地得到维护。

《新公司法司法解释二》第4条第2款和第3款又规定："原告以其他股东为被告一并提起诉讼的，人民法院应当告知原告将其他股东变更为第三人；原告坚持不予变更的，人民法院应当驳回原告对其他股东的起诉。""其他股东或者有关利害关系人申请以共同原告或者第三人身份参加诉讼的，人民法院应予准许。"将公司的其他股东甚至有关利害关系人列为案件的第三人的原因应是因为考虑到解散公司对公司造成的毁灭性的打击与公司永久存续性特点的冲突，以及提起解散公司诉请的股东和公司、公司其他股东以及利害关系人之间的利益平衡问题。这样，在调解程序中[2]，各利益群体更容易达成调解协议，可以最大限度地避免公司和公司的其他股东遭受公司解散的不利益，同时又能解决股东之间的僵局。如此，既体现了企业维持原则之司法意图，又有增强诉讼效率，减少无必要之诉讼拖累之利。

二、股东请求解散公司诉讼和公司清算案件的分离问题

从性质上看，股东请求解散公司之诉从性质上看是一种诉，按照一般的审判程序进行，有原被告之分且可以上诉；而公司清算案件是一种非讼案件，它并不是按照一般的审判程序进行的，性质上属于裁定，只有申请人和被申请人之分，无上诉和非上诉之说。所以，二者在适用程序上截然不同，无法合并审理。此外，根据民事诉讼法原理，诉根据诉讼请求的不同可以分为确认之诉、给付之诉和变更之诉。股东请求解散公司之诉与解除合同的诉讼请求类似，只不过公司解散所解除的不是某一个法律关系，而是与公司组织体相关的全部法律关系。所以，解散公司的诉讼既不是确认之诉，也不是给付之诉，应是变更之诉。[3]变更之诉是不具备强制执行的效力的，故解散公司

---

[1] 刘敏："关于股东请求解散公司之诉若干问题的思考"，载王保树主编：《21世纪商法论坛——实践中的公司法》，社会科学文献出版社2008年版，第629页。

[2] 根据《新公司法司法解释二》第5条的规定，调解程序为必经程序，下文详述。

[3] 赵旭东："论公司僵局之救济"，载赵旭东：《企业与公司法纵论》，法律出版社2003年版，第305页。

判决生效后，其法律后果仅仅是导致公司出现了解散事由，与《公司法》第181条规定的其他四项解散事由并列。根据《公司法》第184条规定，应当在解散事由出现之日起15日内成立清算组，开始清算。逾期不成立清算组进行清算的，债权人可以申请人民法院指定有关人员组成清算组进行清算。

故《新公司法司法解释二》第2条规定："股东提起解散公司诉讼，同时又申请人民法院对公司进行清算的，人民法院对其提出的清算申请不予受理。人民法院可以告知原告，在人民法院判决解散公司后，依据公司法第一百八十三条和本规定第七条的规定，自行组织清算或者另行申请人民法院对公司进行清算。"由此，股东请求解散公司诉讼和公司清算案件不能合并审理，即只有在人民法院作出的解散判决生效后，公司不想或不能自行组成清算组进行清算时，债权人才可以另行向人民法院申请启动强制清算程序，当然，这项权利也在此被赋予了原告股东。另外，我们从实际运作上看，在人民法院对是否判决解散公司做出生效判决前，公司是否解散尚无定论，且即使判决解散后，公司是否能够自行清算亦无定论，所以人民法院是无法将两个程序合并的。

这样，两个程序分离开来，得出的效果是这样的：即使公司被判决解散，也不当然进入清算程序，仍有存续之可能。我们设想，当一个公司在被判决解散之后，公司和起诉股东之间又达成了协议，各方利益得到平衡。于是公司没有在判决生效后15日内成立清算组，股东也不向人民法院申请指定有关人员组成清算组进行清算。由于根据《公司法》第184条规定可以看出，法院没有主动为公司成立清算组进行清算的权力，于是在这种情况下公司有得以存续之可能。但解散是清算的前提，清算应是解散的结果，法院判决支持原告股东解散公司的诉讼请求，公司应当进入清算程序，未经清算，其法人资格并未终止，仅仅是公司经营资格的停止。但对于此时判决的既判力如何撤销，继而使公司恢复到判决前的初始状态，如何应对相关利益群体的信赖利益等问题，理论和实务上都没有一个明确的解释。笔者认为可以比照《公司法》第182条通过修改公司章程使公司存续，因为根据企业维持的指导思想，法律不应把一个有继续经营希望的公司"赶尽杀绝"。还有一种更加现实而有效的使公司存续的方法，就是在公司和起诉股东达成和解之后，公司在应自行组成清算组的15日内提起上诉，在二审程序中达成调解协议；或者逾期后申请再审，当然，此种情况应限于《民事诉讼法》第178条第1项"有新的证据，足以推翻原判决、裁定的"的情况。我们无意也无法去探究股东请求解散公司诉讼和公司清算案件分离的最为确切的立法意图，但两程序分离的规定的的确确使公司有了继续经营下去的可能，这至少间接地体现了企业维持原则。

三、关于请求解散之事由

《新公司法司法解释二》第 1 条规定了四项请求解散的具体事由，而且对不适用之情况做了列举性的排除，这些实际上是《公司法》第 183 条"公司经营管理发生严重困难，继续存续会使股东利益受到重大损失，通过其他途径不能解决"的具体细化。如此详尽的规定使企业维持原则得到了最为充分而又完全的体现。

其中第 1 项和第 2 项"公司持续两年以上无法召开股东会或者股东大会，公司经营管理发生严重困难的"和"股东表决时无法达到法定或者公司章程规定的比例，持续两年以上不能做出有效的股东会或者股东大会决议，公司经营管理发生严重困难的"实际上是股东僵局的体现，即公司的权力机构陷于瘫痪。公司运作的过程中可能由于股东（尤其是大股东）之间的矛盾和利益冲突而导致公司股东会或股东大会无法顺利召集；或者虽勉强召集，但由于股东表决时无法达到法定或者公司章程规定的比例，致使股东会或股东大会决议无法有效作出。结果是导致公司经营管理发生严重困难，继续存续会使股东利益受到重大损失，只能通过解散公司的方式将损失减为最小。这里有一个"两年以上"的时间限制，根据最高人民法院刘敏法官的解释，在该司法解释起草的过程中曾用过"长期"作为僵局时间的限制，而修改为两年使得可操作性增强，但最终的价值取向依然是不能由司法轻易解散公司，可以说这是企业维持原则的直接体现。

第 3 项是对董事僵局的规定，董事僵局原则上可以通过股东会决议更换董事解决，但董事僵局往往体现为其背后的股东僵局，这种情况下可以诉诸股东请求公司解散之诉。第 4 项是一个兜底条款，但一定要归结为经营管理发生其他严重困难，公司继续存续会使股东利益受到重大损失，即体现为公司瘫痪，无法正常运转，公司自治机关严重失灵。显然，要证明公司无法正常运转，门槛还是很高的。

《新公司法司法解释二》第 1 条第 2 款还对"通过其他途径不能解决"这

一限定进行了深化。即"股东以知情权、利润分配请求权等权益受到损害，或者公司亏损、财产不足以偿还全部债务，以及公司被吊销企业法人营业执照未进行清算等为由，提起解散公司诉讼的，人民法院不予受理"。这里必须强调的是"经营管理"出现严重困难。若仅仅是生产经营出现严重亏损，或者公司运营正常，仅仅是股东的有关权益如股东资产收益权、知情权等权利无法有效实现等，并不当然导致"公司经营管理严重困难"的后果，即不能以此作为判决解散公司的理由。[1]

对《公司法》第 183 条股东请求公司解散之诉限制条件的严格坚持不仅仅是司法解释解释范围的要求，更重要的是对人大立法时企业维持价值取向的承接。我们可以看到，对解散事由细化的过程中无处不渗透着这样的精神。首先，解散公司之诉的解散事由要达到一定的标准，包括经营管理发生严重困难、继续存续会使股东利益受到重大损失、持续两年以上等限定，达到一定的门槛才能提请解散公司。其次，要穷尽其他救济途径。矛盾要尽可能地通过公司内部协商解决，比如可以提议召开临时股东大会或者可以请求公司收购其股权，无法解决时要尽可能诉诸其他诉讼方式，比如提起知情权诉讼抑或提起破产程序等。显然，解散公司是最后的救济方式，而且法院、公司，甚至提起诉讼的股东都明白公司的解散并不一定是实现诉讼各方利益平衡和满足的唯一途径。尽量减少司法对公司内部事务的干预，使公司继续存续是法院处理司法解散诉讼总的指导原则，加上法律近乎苛刻的适用要求，无疑会使公司得以存续的概率大大增大。

四、调解的适用

我国法院的调解被誉为"东方经验"，它对维护当事人双方的利益有显著作用，因为法院调解的公信力可以让双方权衡利弊寻求更为合适的解决办法。从经济的角度分析，强制解散公司虽可使受害股东摆脱出资长期被锁定的困境，但它将损害公司的营运价值。通过调解化解股东之间的矛盾，既实现了各股东的利益又维持了公司的生存，同时保护了相关者的利益，维护了社会秩序，所以调解对于处理此类纠纷均具有独特的价值。[2]另外，原告股东诉

---

〔1〕 刘敏："关于股东请求解散公司之诉若干问题的思考"，载王保树主编：《21 世纪商法论坛——实践中的公司法》，社会科学文献出版社 2008 年版，第 630 页。

〔2〕 参见林晓镍："股东请求解散公司纠纷案件的调解思路"，载《法学》2006 年第 6 期。

请解散公司的动机并不是一定要求彻底推翻旧公司而是维护自己的权利，美国的海列林顿和多利两位教授研究发现股东通过诉讼是希望给其他股东施加压力迫使他们或公司以合理的价格收购自己的股份或者迫使其他股东买下他们手中的公司股份，或者迫使其他人在商业安排或正式的权利分配上作出改变。以收买股权的方式解决纠纷，《美国示范商业公司法》，《德国公司法》都有规定，其中德国规定只有在公司、股东或第三人都不能或不愿购买退出或被除名股东的股份时公司才必须解散。[1]

《新公司法司法解释二》明确规定了调解是股东请求解散公司之诉的必经程序。其第 5 条第 1 款规定："人民法院审理解散公司诉讼案件，应当注重调解。当事人协商同意由公司或者股东收购股份，或者以减资等方式使公司存续，且不违反法律、行政法规强制性规定的，人民法院应予支持。当事人不能协商一致使公司存续的，人民法院应当及时判决。"将调解设为司法解散之诉的必经程序主要基于以下方面考虑：首先，法院的调解与普通的调解相比具有更高的公信力，可以在一定程度上减少不公平行为的发生。如果是达成了转让股份的协议，提起诉讼的股东就可以退出公司，法院可以直接结束解散公司的审理。其次，即使在调解过程中当事人不能达成和解协议或者股份转让的协议，法院在调解过程中也可以权衡替代性救济措施的可行性问题，例如对收购价格可行性的分析。最后，也是最关键的一点，还是为了维护公司的永久存续性，更为确切地讲就是尽可能采用"股东离散而非公司解散"的方式解决公司的僵局问题，通过股权转让实现个别股东的利益，起到双赢的结果。

调解的方式有多种。首先是通过股东之间收购的方式，这时有两个方向：其他股东收购起诉股东的股份或者起诉股东收购其他股东的股份，这两种情况在实际案例中都有发生。其次就是请求公司收购起诉股东的股份。我们可以看到，这种情形突破了《公司法》第 75 条对于公司收购股权的限制，但是该规定已经得到了人大法工委的批准。最后一种方式就是公司依法减资。这样，通过各种途径的调解，公司存续的可能性又有加大，调解对本类案件的处理是有其独特的价值的，而宁使股东离散也不使公司解散的指导思想是企

---

[1] 何鸣、刘炳荣："解散公司诉讼的几点思考"，载王保树主编：《21 世纪商法论坛——实践中的公司法》，社会科学文献出版社 2008 年版，第 652 页。

业维持原则之细化。

五、财产保全和证据保全问题

根据《民事诉讼法》第 92 条的规定："人民法院对于可能因当事人一方的行为或者其他原因，使判决难以执行的案件，可以根据对方当事人的申请，作出财产保全的裁定；当事人没有提出申请的，人民法院在必要时也可以裁定采取财产保全措施。"《新公司法司法解释二》第 3 条对财产保全和证据保全问题做出了规定："股东提起解散公司诉讼时，向人民法院申请财产保全或者证据保全的，在股东提供担保且不影响公司正常经营的情形下，人民法院可予以保全。"

由于在诉讼前和诉讼中公司有隐匿、篡改证据的可能性，比如对公司账册的恶意修改，故股东解散公司之诉适用证据保全制度应毋庸置疑。但解散公司诉讼不是给付之诉，是变更之诉，只是判决是否解散公司、是否结束股东和公司的关系，并无实质的财产给付内容，按这种逻辑不需要财产保全。但股东解散公司之诉财产保全的适用有如下考虑：

首先是考虑提起诉讼股东的利益。这时主要是为了将来的清算着想，解散公司之诉将来很可能进入到清算程序，特别是强制清算程序。而股东提起诉讼的事由往往是由于股东间矛盾无法调和，这种情况下，虽然说理论上公司在被判决宣告解散后有自行清算的可能，但已近于奢望，最终还要走强制清算程序。这时公司或者公司其他股东很可能会转移财产，从而影响到将来清算的顺利进行和股东利益的实现。

其次是对公司利益的考虑。这主要体现在为防止恶意诉讼，要求起诉股东提供担保方面。显然，对股东提起财产保全和证据保全的要求要高于普通的民事诉讼。首先，提供担保是股东提起公司解散之诉财产保全和证据保全的必要条件，而在民事诉讼法中原告提供担保只是诉前财产保全的必要条件；其次，提起财产保全和证据保全的前提是"不影响公司正常经营"，这也显然是为了防止股东提起恶意诉讼而损害公司和其他股东权益；最后，法院在此类诉讼中没有主动提起财产保全和证据保全的权力，必须依提起诉讼股东的申请，而且即使起诉股东提出保全申请，法院还要对提起的理由进行审查，以确定是否进行保全。如此，既维护了私法的自治性，又更大限度地减少了公司受到损害的可能性。

《新公司法司法解释二》对财产保全和证据保全提起条件的限定体现了这样一个指导思想，即既维护起诉股东的利益又维护公司的利益，以至达到利益的相对平衡，将损失减到最小。而从《新公司法司法解释二》和《民事诉讼法》财产保全和证据保全提起要件的对比上看，《新公司法司法解释二》的侧重点在于股东提供担保的必要性和不能影响公司正常经营的前置条件。我们可以看到公司受到恶意诉讼后的损失往往不可估量且无法挽救，公司的资产、声誉，其他股东的利益，甚至社会利益都有可能受到重大损害。这时既要给予起诉股东提起财产保全和证据保全的权利，又要对提起的条件加以种种限定，对公司的利益给予最大限度的保护。

六、对再次提起公司解散之诉的限制

《新公司法司法解释二》第6条第2款对股东再次提起解散公司诉讼的条件进行了限制："人民法院判决驳回解散公司诉讼请求后，提起该诉讼的股东或者其他股东又以同一事实和理由提起解散公司诉讼的，人民法院不予受理。""同一事实和理由"实际上是《民事诉讼法》"一事不再理"原则的体现。这里强调"一事"而非"一类"。比如一个公司持续一年半无法召开股东会或者股东大会，公司经营管理发生严重困难的，某股东提起解散公司之诉而由于未持续两年被法院驳回，半年后又以同样事由提起，这时法院应予以受理，因为已不是"一事"。

但有所不同的是，《新公司法司法解释二》强调了对"提起该诉讼的股东或者其他股东"提起本诉讼的限制。将提起主体扩大到其他股东显然是出于对公司利益和其他股东利益保护的考虑。我们设想如果给予公司其他股东再次提起解散公司诉讼的权利，那么很可能产生个别股东为了私利联合对公司轮番发起恶意诉讼的可能，这样不仅会造成滥诉，也会扰乱公司经营，损害其他股东利益，甚至会导致公司的瓦解。所以本条规定也有企业维持原则之体现。

结　语

通过对《新公司法司法解释二》中股东解散公司诉讼方面规定的分析，笔者得到了很多启发。从法律规则层面上讲，首先，《新公司法司法解释二》的规定还是较为详尽的，特别体现在对股东提起解散公司之诉的事由的细化以及调解的适用方面；其次，很多条文的规定带有强烈的实践性和摸索性，

这在对解散事由的持续时间要求的规定上可见一斑。当然，某些规定仍值得讨论，比如本诉讼对股份有限公司适用的合理性问题，诉讼程序与清算程序的衔接问题等。

而如果我们对法条的理解只停留在法律规则的层面上，这样的理解是片面的。法律原则的作用之一是为法律规则和概念提供基础和出发点，对法律的制定具有指导意义，对理解法律规则也有指导意义。[1]而对法律原则的理解要与法律规则相结合，法律规则背后的法律原则又可以从立法原则和司法原则两个角度理解。于是我们看到，司法解释条文所渗透出来的指导思想可以说是这两个角度的融合，这对我们对法条全面的理解十分有利。如此，通过这样方法的分析，我们可以看到，股东请求解散公司之诉背后的法律原则抑或称指导思想有很多，比如股东诉讼利益正当性原则、企业维持原则、穷尽公司内部救济原则，甚至还有成本比较原则。而本文对企业维持原则的特别研究是有原因的。首先，企业维持原则对其他几种原则具有包容性，其他几种原则某种层面上看是企业维持原则的细化；其次是企业维持原则本身的重要性，这是更为重要的一点。公司的维持对公司内部主体的利益自不待言，而从外部层面上看，一个公司的解散往往会带来巨大的社会影响，"解散公司是对社会震荡最大的一种玉石俱焚的退出方法"[2]。而且如果公司会轻易被解散，人们建立公司的信心会大打折扣，这样也会对整个社会的经济发展有所限制。

当代公司法立法和司法的侧重点是强调对股东（特别是中小股东）利益的保护以及对公司营业的维持。公司的存续和继续经营从长远上看是符合大多数股东利益的，而随着股东退出机制的完善，企业维持原则逐渐成了股东利益和公司利益之间利益平衡的一个支点。但要达到这两者的平衡无疑需要大量的理论和实践的探索。而股东请求解散公司之诉正是这个支点的支点，如此，《新公司法司法解释二》对本问题的探索无疑有着深刻的意义。

（该论文发表在《法学杂志》2012年第2期，第81~86页）

---

〔1〕 张文显：《法理学》，高等教育出版社、北京大学出版社1999年版，第74页。

〔2〕 蒋大兴、金剑锋："论公司的私法品格——检视司法的立场"，载《南京大学学报》2005年第1期，第19页。

论美国企业救助中的白芝浩法则 *

摘要： 最后贷款人理论作为维护金融体系稳定的安全阀，是政府为解决市场失灵而提供的一种特殊公共产品。桑顿是论述最后贷款人理论的第一人，白芝浩在桑顿基础上进行了完善，使得最后贷款人理论体系最终完成并形成白芝浩法则。白芝浩法则也作为一种金融手段被一直应用至今。理论上，本文主要研究白芝浩法则产生的理论背景及意义；实践中，以 2008 年金融危机之时，雷曼兄弟破产原因以及美国国际集团被政府救助两个案例为主，对白芝浩法则进行深入研究与探讨。

关键词： 金融危机　白芝浩法则　雷曼兄弟

引　言

经济全球化的今天，爆发金融危机在所难免，危机在很大程度上只能控制在一定程度上不发生或者发生后减轻危害，并不能完全避免。2007 年 4 月，美国次贷危机爆发，雷曼兄弟集团处于风暴的中心，濒临破产之时美国政府却并未施以援手，随之而来的是世界性的金融危机迅速蔓延至全球；而就在雷曼兄弟请求破产保护之后的第三天，美国政府却出手 850 亿美元接管美国国际集团，帮助其渡过难关。如果依据"大而不能倒"理论，美国政府没有理由拒绝救助有百年基业的雷曼兄弟，也许金融危机也就不会那么快席卷全球。美国政府这样做的原因到底是什么呢？美国政府对其未救助雷曼兄弟行为，解释为是在遵循白芝浩法则。那么，何为白芝浩法则？在金融危机来临

---

* 本文作者为王瑞、王文惠。

时，政府是否应该救助？应该如何救助？通过研究白芝浩法则，也许能给我们一些启示。

一、白芝浩简介

沃尔特·白芝浩（Walter Bagehot）（又译为：沃尔特·巴杰特），生于1826年，卒于1877年。他出身于英国萨默特郡（Somerset）长港镇（Langport）的一个中产阶级的小康之家。1848年，22岁的白芝浩毕业于伦敦大学，获硕士学位；此后他又专修了四年的法律，于1852年获得律师执业资格，但是却并没有当一名律师，而是进入了他家族的银行业。1857年，他结识了曾是英国财政大臣且是后来闻名世界的《经济学家》杂志创办人的詹姆斯·威尔逊（James Wilson），并开始为《经济学人》撰稿，1858年与威尔逊的长女结婚；两年后也即1860年，威尔逊去世，他接管了《经济学家》，担任主编直到1877年他辞世。

白芝浩博学多才，个人禀赋加上诸多方面的家族智识渊源使他在诸多领域都有建树，是影响至今的法学家、金融学家、道德哲学家和政治专栏作家。1867年，他将他陆续发表于一家期刊上的论及英国政治体制中内阁、君主、贵族院、平民院以及英国宪法的历史的系列宪政文章结集出版，于是就有了我们现在所见的《英国宪法》（The English Constitution）。在英国，长久以来，皇室、政治家、法学家们一直咀嚼着此书的精义。戴雪说："（白芝浩）……最能阐发英吉利政治的奥义，使无余韵。他的《英吉利宪法》（即上文《英国宪法》）不但富有创造力，而且饶有趣味，足以引人入胜。"当代英国公法学家马丁·洛克林称白芝浩为"十九世纪宪法最敏锐的分析者"。普通读者则津津乐道着此书中随处可见的培根式的警句。白芝浩的贡献使他在英国享有"最伟大的维多利亚时代人"的称誉。自问世以来，这部著作在英语世界就发生了持续性影响。它的影响已经跨越了三个世纪，2001年《牛津世界经典丛书》仍在刊行此书。在美国，白芝浩《英国宪法》的影响丝毫不亚于其在英国的影响。[1]

---

〔1〕 "白芝浩原则"，载 http://baike.baidu.com/view/10791142.htm？fr=aladdin，访问日期：2014年11月4日。

二、最后贷款人理论

"最后贷款人"一词最早出现在弗朗西斯·巴林爵士（SIR Francis Baring）的著作《英格兰银行成立之研究》中。在书中，他首次阐述了"最后贷款"这个概念，即英格兰银行向陷入危机中的其他银行提供流动性贷款，而英格兰银行就成为"最后贷款人"（Lender of Last Resort，简称 LLR）。后来经过亨利·桑顿（Henry Thomton，1802）与瓦尔特·白芝浩（Walter Bagehot，1873）两个杰出代表人物的不断发展，最后贷款人理论不断完善。桑顿在其著作《大不列颠纸币信用的本质和效用观察》中首次系统性地论证了最后贷款人的概念和方法。而白芝浩在桑顿的理论基础上，对最后贷款人理论进行了全面系统地阐述，进而提出了著名的白芝浩法则。

（一）最后贷款人理论的产生背景

一般来说，所谓最后贷款人制度是指中央银行在其他金融机构陷入流动性危机时为了避免系统性风险的产生，对危机金融机构进行紧急救助处置的一项制度。[1]最后贷款人制度最初来自于银行系统。

1. 制度基础

银行体系的部分储备制度、政府高度垄断的法币发行制度，为最后贷款人的存在提供了制度基础。

第一，银行业的部分储备制度。我们知道，银行业主要运作方式是：从存款人角度讲，是存款人向银行存入富余存款，银行帮忙储存；但从银行角度讲，其相当于从存款人那里借入资金，把这些资金贷款给需要资金的贷款人。银行的主要收益也就是靠贷款利息减掉存储利息所得。

不过，据统计，信息不对称是银行危机频发的主要原因。银行的信息不对称主要包括银行和贷款人之间的信息不对称；银行和存款人之间的信息不对称；还有银行和监管者之间的信息不对称。因为银行为了增加收益，就会增加贷款和投资的数量，而减少现金储备的数量。但存款人是活期储蓄，即使定期其也可以随时提取现金，银行贷款出去的资金归还却是有期限的，往往不会提前归还。这样的信息不对称就会使得银行出现流动性不足的情况，如果再碰上存款人同时取款，银行就有破产的风险。因此，银行本身还会保

---

〔1〕 杨晓君："最后贷款人法律制度探究"，西南政法大学 2010 年硕士学位论文，第 3 页。

留一部分现金，以备存款人的提取要求或新增贷款要求，而不会把其吸收的资本和自身储备的都贷出去。这也就是现代的中央银行存款准备金制度。

这种部分储备制度，主要就是防范银行经营中隐含的被挤兑风险。如果最后存款人的取款要求超过了银行的现金储备数量，则银行只能变现其现有的贷款或投资的资产。如果这样还不能渡过难关的话，这家银行也就面临倒闭的风险了。一家银行的倒闭也许就会引发银行业的集体恐慌，这时就需要最后贷款人出面帮助困难银行，也帮助银行业。

第二，法币发行制度。现代金融体系的另外一个重要特征是，一国所有的法币均由中央银行（或者类似中央银行的机构）发行。各国中央银行发行的纸币为各国的法定支付手段，中央银行是高能货币的最终来源。[1]如果法币不交由中央银行单独发行，最后贷款人也就没有存在的意义了。虽然有很多银行业者认为应该取消中央银行，由商业银行自有发行货币，但经验证明，商业银行发行的货币在日常生活中也许能够代替法币发挥作用，但一旦出现银行挤兑现象和金融危机，其还是无法代替法币。这也说明，政府垄断的法币发行还是优于自由市场发行的货币。

2. 理论和实践基础

理论和实践基础主要就是英国爆发的金融危机及其"金块争论"和"通货争论"。17世纪是英国金融体系的分水岭，17世纪以前，英国金融体系并不发达；17世纪以后，英国的银行体系逐渐建立并发展起来，到18、19世纪得到飞速发展，期间影响较大的是于1694年诞生了日后的英国中央银行—英格兰银行，但也是在这期间英国也发生了12次大型金融危机。每次金融危机后，英国都在寻求解决办法，也就形成了两次大的争论："金块争论"和"通货争论"。在不断的危机和争论中，最后贷款人理论逐渐形成。

第一，"金块争论"（Bullion Controversies）。1797年英国爆发金融危机后，开始采取停止兑付黄金铸币的措施，但这也导致了银行券日益贬值，黄金价格猛涨，物价上涨的结果。到了1809年，纸币和黄金的差值越来越大，这也成了英国迫切需要解决的问题。因此1810年英国议会专门成立"金块委员会"对此进行了讨论。最终讨论的结果是为了挽救英国现状，要迅速恢复兑现。但这一建议，一部分人也即"金块论者"，支持纸币兑换黄金铸币，他

---

〔1〕 郭建伟："最后贷款人——公共产品角度的研究"，复旦大学2006年硕士学位论文，第5页。

们认为纸币之所以与黄金铸币的价值差距越来越大，就是因为纸币发行量过多再加上银行停止了兑现；另一部分人也即"反金块论者"，反对纸币与黄金的兑现，因为他们认为通货是按社会的需要发行的，银行券即使不兑现，也不会导致发行过多。这就形成了两种截然不同的观点，也就引起了英国金融史上著名的"金块争论"。英国最终还是采取了支持纸币兑现黄金的建议，于1819年通过了《银行恢复兑付法》，于1821年5月1日起，银行照旧平价无条件兑现。

第二，"通货争论"。采取纸币兑付黄金的政策后，英国的金融业并未好转，1825年和1836年又两度爆发金融危机，使得银行券兑付政策面临严峻考验。为彻底解决问题，英国于1840年成立"众议院发行银行特别委员会"，研究银行券发行制度的改革措施。这时，又出现了两种针锋相对的不同观点："通货学派"和"银行学派"。

"通货学派"的主张与"金块论者"相似。通货学派支持纸币兑付黄金，也认为这极为重要，但兑换本身并不能避免危机发生，兑换后也还是会出现纸币过度发行的现象。因此，他们认为应该对纸币发行进行改革，实行百分之百的黄金准备，同时英格兰银行垄断纸币发行权。[1]这样一来，就不会出现纸币的过度发行，自然就能避免金融危机和经济扰动。由此可以看出，"通货学派"认为他们的做法能完全避免金融危机，英格兰银行也就没有作为最后贷款人的必要，其应该和其他普通银行一样，以自身营利为目标。

"银行学派"与"通货学派"观点相反，而与"反金块论者"基本类似。尽管银行学派也支持货币兑付，但他们不同意"通货学派"认为的英格兰银行不必履行最后贷款人职责的观点。他们认为英格兰银行应该具有特殊的责任，也应该随时准备大量的储备金。在金融危机之时，社会需要英格兰银行肩负起最后贷款人的职责，保证银行业顺利度过金融危机。

"通货争论"的结果是英国支持了通货学派的主张，颁布了《银行特许法》（《皮尔法案》）。这一法案给予了英格兰银行货币发行的垄断地位，但也剥夺了最后贷款人的权力。法案虽然通过了，但却并没有取得预期的效果，随后的1847年、1857年、1866年三次严重金融危机，使人们不得不重新审视《银行特许法》。危机发生后，英国政府不得不重新让英格兰银行承担起最

---

〔1〕 郭建伟："最后贷款人——公共产品角度的研究"，复旦大学2006年博士学位论文，第5页。

后贷款人的重任。这些英国发展中的实践性的惨痛教训证明，最后贷款人的存在有其必要性。而自英国确立最后贷款人的地位后，直到第一次世界大战之前，英国几乎都没有发生金融危机，这也充分证明了最后贷款人理论的成功。

（二）桑顿的理论核心

桑顿是论述最后贷款人理论的第一人，他也是 18 世纪杰出的银行家和议会代表。桑顿理论的提出受到了 1793 年与 1797 年英国发生的金融危机的重要影响。他于 1802 年对英格兰银行的终止兑付银行券的行为进行了考察，并在他的代表作《大不列颠纸币信用的本质和效用观察》中对最后贷款人的概念和方法等进行了系统性的阐述。

桑顿关于最后贷款人的主要观点有：

1. 最后贷款人理论形成主要是因为银行的部分储备制度和中央银行的法币发行垄断制度

前面已经论述了关于部分储备制度和法币发行制度，这两种制度是最后贷款人理论产生的基础，也为桑顿所认可。部分储备的银行体系产生了货币供给体系的乘数效应。在危机中货币乘数会因现金需求的增加而减小，货币存量的收缩将直接作用于实体经济，产生负面效应，由此便出现了对最后贷款人的需要。[1]而英格兰银行作为英国的法币和银行券的发行者，也是现金的出处，毋庸置疑肩负了最后贷款人的职责。

2. 最后贷款人责任与中央银行的货币发行与控制不冲突

有些银行专家认为，中央银行的主要职责是要维持汇率的稳定性，要防止浮动汇率导致的国内通货膨胀，这也就需要中央银行要对发行银行券的速度进行控制，这样才能使货币增长量稳定提升。不过，在金融危机发生时，中央银行在履行最后贷款人职责时，其货币发行量就必须舍弃那些限制，不能和普通时期一样。因此，他们说中央银行的货币政策和其最后贷款人职责是矛盾的。

但在桑顿看来，最后贷款人职责的履行可能会影响货币发行量的稳定增长，使其路径产生偏离。不过，这些都是短暂且微小的，只要危机恐慌一结束，资金就会逆转。因为，最后贷款人在履行职责时所发行的紧急货币只是

---

[1] 严琴："最后贷款人安排与金融危机"，北京邮电大学 2010 年硕士学位论文，第 3 页。

为了抵消下降的货币乘数，并不会影响货币存量。而且，最后贷款人的救助行为会在货币增长偏离正常路径前制止恐慌，及时进行纠正。

3. 最后贷款人的主要职责是防止货币紧缩、金融传染

金融危机之时，存款人对市场信心下降，会有大量的存款人要求现金兑付，这也就造成了货币需求量的增加。同时，银行也就需要现金储备的增加，造成货币乘数下降，很容易出现货币紧缩。有的银行可能无法同时大量应付存款人的挤兑，就有破产风险。如果最后贷款人不出手救助一些濒临破产的银行，就有可能造成整个金融业的危机。这并不是要求最后贷款人为每一个银行的破产负责，但它要做的，就是满足危机之时银行对货币的需求量，在金融危机破产时能阻止危机的扩散，防止货币紧缩，避免对实体经济造成影响。

4. 最后贷款人的职责是宏观性地维护金融业稳定，并不针对单个银行

由上述第三点可以得出，最后贷款人的出现是一项宏观政策，为的是整个金融业的安全，而不是为了某一个银行的安危。桑顿认为，最后贷款人不会救助那些因自身原因、经营不善而面临破产的银行，即使是那些"大而不能倒"的银行，它要做的只是采取措施防止危机的蔓延。如果任何银行都施以援手，会使某些银行不顾一切地进行高风险投资，从而出现道德风险。

三、最后贷款人理论与白芝浩法则

白芝浩对于最后贷款人理论的发展功不可没。虽然桑顿已经对最后贷款人理论进行了透彻的分析，但白芝浩在其基础上进行了完善，给了最后贷款人理论以重生，也使得最后贷款人理论体系最终完成。在其1873年的著作《伦巴第街：货币市场描述》中，继承了桑顿的许多重要观点，也全面阐述了最后贷款人理论，提出了许多新的观点，形成了著名的白芝浩法则。

白芝浩主要继承了桑顿的以下观点：①英格兰银行应作为中央银行，持有最终的现金储备。只有这样，在金融危机来临时，才有能力进行放贷，维护金融市场稳定。而且也应该有大量黄金储备，以应付黄金流失对货币供给造成影响。②在金融危机来临时，中央银行跳出正常利率的限制，实行更高的利率的做法是正确的。③与桑顿观点相同，白芝浩也认为最后贷款人的救助不应该是持续不断的，而只应该是作为应急手段，在银行业出现危机时使用。其也不应该是为了救助每一个濒临破产的银行，而应该以整个金融市场为考量单位，进行宏观掌控，防范金融传染。

白芝浩不仅继承了桑顿的核心观点，同时也超越了桑顿的理论，提出了自己独特的观点，发展了最后贷款人理论。

1. 中央银行应事先对外公布最后贷款人政策

白芝浩认为，事先重申在金融危机之时中央银行能够对符合条件的银行提供救助，利于银行体系的自我管理与面临危机之时的冷静处理，也利于消除公众在金融危机来临时的恐惧心理。

2. 提供贷款必须满足一定的条件，只能提供给有良好偿债和抵押能力的银行

对于什么人应该得到最好贷款人的救助的问题，白芝浩认为，只要有良好的证券抵押品，最后贷款人都应该无条件地为其提供贷款。但这也说明了得到贷款的前提条件是满足最后贷款人所列出的条件，并不是无条件的盲目救助，而是要能够拿出让最后贷款人信任的、证明其有能力在救助后重新崛起的良好的抵押品。抵押品在危机之时价值下降是正常的，只要其在正常时期是良好的即可。这一方面是为了维护当时英格兰银行的声誉，同时也是对银行经营管理的一种激励措施。

3. 为银行提供贷款要收取惩罚性高利率

这应该算是白芝浩提出的最重要的一个观点。虽然申请人能够提供合格的抵押品，但最后贷款人收取高昂的利率也是必要的。原因主要有以下几点：①这能够打消某些并不是迫切需要救助的金融机构的贷款要求，而把贷款给那些真正需要贷款的机构，也可以防止道德风险的出现；②保护黄金储备，使其不会快速下降；③高利率也可以促使贷款行尽快归还欠款，保持货币的稳定增长；④高利率也不会让银行在遇到困难时，就立刻想到最后贷款人的帮助，而是在迫不得已的情况下，将最后贷款人作为最后的手段进行使用。

4. 只向面临流动性危机的银行提供贷款

从以上几条白芝浩的观点也可以看出，白芝浩认为最后贷款人所救助的对象应该是暂时的面临资金流动性问题，其自身管理和清偿能力应该是没有太大问题的银行，而不是那些不具有清偿能力的、除了破产无法挽救的银行。

综上所述，白芝浩法则可以总结为：①中央银行最后贷款人是一项货币功能，目的是维护金融体系的货币量不致因金融危机的发生而出现大规模的

收缩；②最后贷款人针对的是银行业整体，而非单个银行机构；③最后贷款人不救助没有清偿能力的银行机构，而救助有清偿能力却出现流动性困难的银行机构；④最后贷款人不是保证每家银行不倒闭，而是防止初始的银行倒闭传染到其它健康的银行体系；⑤最后贷款人对提供合格抵押品的申请人以最快的速度提供信贷，这种信贷额度没有限制但是要收取很高的利率，这样可以防止申请人的道德风险出现。[1]

从本质上讲，最后贷款人理论是政府为弥补市场失灵危机而产生的一种处理机制。一国稳定的金融体系是经济发展的基础，中央银行需要维护金融体系的稳定和安全，其对金融机构进行救助是其履行职能的体现。在化解和防范金融风险上中央银行发挥着不可替代的作用。白芝浩法则是对最后贷款人理论的重申与发展，对当时以及现今的金融体系都有重要意义。

第一，突破"大而不能倒"原则，防范金融系统风险。白芝浩法则只关心危机中的银行是否还有清偿能力、能否提供充足证券抵押品，而不考虑是否为"大而不能倒"的企业。只要是符合最后贷款人救助条件的企业，中央银行都应无条件救助，让市场自身发挥抗风险能力，让不稳定的、自身管理有缺陷的企业——无论是否为"大而不能倒"企业，退出金融市场体系，这就突破了"大而不能倒"的救助原则。这样就有利于破解金融机构临时资金流动性困境，保证金融体系的安全与稳定。

第二，具有惩罚性的救助措施，可有效地降低道德风险。最后贷款人的救助仅限于解决危机机构的流动性不足，并不保证其不被商业性收购、兼并或破产，而且接受紧急贷款救助的金融机构将支付高于普通贷款的利息，机构管理层也可能面临被撤换的惩罚。[2]这也就表明最后贷款人的救助不过是最后手段，金融机构就不会随便用尽自己手中的王牌，谨慎经营，合理求救，从而规避道德风险。

第三，现代的白芝浩法则较之传统认知更广。①为适应市场发展的需求，创新了一系列政策工具，为处置危机开辟新途径，如定期拍卖工具、定期证券借贷工具等。新的政策工具有利于银行部门融资能力的发挥，最后贷款人的资金被直接注入实体经济，为信贷市场恢复活力提供强有力的流动性支持。

---

[1] 孙颖："金融危机政府救助——理论与实践"，辽宁大学2010年硕士学位论文，第6页。

[2] 杨明："美国最后贷款人制度的历史演进研究及对中国的启示"，江西农业大学2012年硕士学位论文，第5页。

②最后贷款人的救助力度加大，实施主体更加具有多元化。除了中央银行的救助，还有其他财政部门等的加入，多方协同救援，增强了救援的力量。

总的来说，白芝浩法则的核心精神就是：在金融危机中，为避免恐慌蔓延以及危及普通公民利益，中央银行应该履行最后贷款人的职责，在金融机构能提供足够的抵押品以及高利率的情况下，及时向那些面临困境的金融机构发放贷款。

最后贷款人理论提出后，学术界与中央银行界关于清偿力与流动性的区分、最后贷款人由谁来担任等问题进行过深入讨论。经过不断发展，目前普遍认同由中央银行担任最后贷款人的角色，即当金融机构出现暂时性支付困难时由中央银行来提供流动性援助。

在 2008 年美国次贷危机之时，美联储以及财政部就是遵照白芝浩法则对濒临破产的企业进行了救助。而也正因为对白芝浩法则的遵循，使得有百年历史的美国第四大投资银行雷曼兄弟破产。

然而雷曼兄弟就如多米诺骨牌的第一张牌，它的崩塌，掀起了全球百年来最大的金融海啸，使得影响全球的美国次贷危机转化为债务危机，影响到全球金融领域。有的经济学家认为，美联储对于包括雷曼兄弟在内的一些大型金融机构的救助政策前后做法不一。因为，雷曼并不是第一个面临破产的华尔街公司，在雷曼兄弟 9 月 15 日申请破产之前，美联储向摩根大通提供担保，将濒临破产的贝尔斯登收购，将其拉出绝境；9 月 17 日，在雷曼申请破产保护的第三天，美国政府出手 850 亿美元接管美国国际集团，使美国国际集团国有化。直到 10 月 6 日国会听证的时候，雷曼兄弟公司首席执行官理查德·富尔德仍然想不通为什么政府会救美国国际集团，却不救雷曼。但美联储也表示，有证据证明雷曼兄弟当时确实是资不抵债，没有足够的抵押品进行担保，而其他公司却有充足合理的抵押品。美联储这样遵循白芝浩法则，却使得金融危机全球化。那么接下来则需要探讨，白芝浩法则中，金融危机时中央银行作为最后贷款人进行救助是否适当？美国在金融危机时遵循白芝浩法则进行政府救助是否妥当？

四、白芝浩法则与企业维持原则的关系

"企业维持"一词的意义可分为广义及狭义两方面。广义上，企业维持是指从企业的成立、企业的经营以及避免企业的解体等一贯的理念，健全商事组

织体并实现其必要存续和发展的原则，它是贯穿整个企业组织法的特色。狭义上，企业维持是指防止现存企业的解体，是企业组织法的其中一项特色。[1]从概念可知，企业维持原则是为了保证企业一旦成立后，尽量避免其解散，除非其违反了某些法律强制性规范。因为企业成立后，其健全与否，不仅会影响企业自身利益，还会影响到社会的安全与稳定。而且，有学者认为，从公司的商誉和社会价值，以及对社会的影响来说，保留一个公司要比解散一个公司好。企业维持原则也就有了其存在的必要价值。

企业维持原则是商法的一项重要原则，贯彻于商法各个方面。公司法中规定的公司瑕疵设立的法律后果和请求解散等制度，还有破产过程中的破产重整制度与和解制度，都是企业维持原则的重要体现。具体表现为：

（1）企业具有独立性。企业的独立性，是指企业与成员分离，即使员工有任何变动，也不会影响到企业；企业与股东财产分离，企业独立承担责任。也就是赋予企业法人格，这就能使企业持续、健康地运作，而不受外界因素的影响。公司的法人制度就是企业维持原则的典型体现。

（2）有限责任制度分散风险。企业经营中经营风险不可避免，业务做得越大，风险也随之增大。有限责任制度，即在公司发生债务时，是以公司全部资产承担而使股东承担有限责任，这样就会避免投资者在投资时要考虑投资失败后的风险负担而踌躇不定，也就会使企业的经营活动处于活跃状态。还有，公司设立时将股份分散于多数人等，都是同有限责任一样，能够维持企业健康、稳定发展。

（3）法律强制性的规定。一般公司法都会规定，无论是有限公司还是股份公司的设立都要符合一定的条件，这就减少了公司无效设立的情形，使公司在后续运行中更顺畅；在公司运营时，规定了公司的合并、分立、转让等问题；在面临破产时，在破产前还可以重整、和解等。这些都是为了能够使企业避免解体而做出的法律规定，使企业即使在最严重的情况——破产边缘也能有更多的机会重生。

从上述分析可以看出，白芝浩法则和企业维持原则之间的不同点主要为：①企业维持原则比白芝浩法则应用更广。白芝浩法则主要是针对银行等金融机构进行救助，而企业维持是一项原则，是在企业制度这一宏观的层面下进

---

〔1〕 邱琇侦："企业维持精神及其运用"，载《商事法论集》2009 年第 2 期。

行的。②二者做法不同。白芝浩法则中，中央银行作为最后贷款人对银行进行救助，主要是在银行面临暂时性的危机之时，为了使其恢复活力，不会破产而提供的暂时性救助。企业维持原则是贯穿于企业整个设立、运营、破产等一系列活动中的持续性的保护。③时间、对象不同。白芝浩法则只是在金融危机之时，对有需要的银行进行救助。而且救助是有选择性的，只有符合条件的、破产会危及整个市场的关键性的银行进行救助，白芝浩法则只是银行的最后手段。企业维持原则是从企业的内部管理到外部环境的根本性的指引，而且无论是在危机时还是普通时期。

虽然二者之间的不同很明显，但是，从宏观角度来看，二者目标是共同的，那就是，都是为了尽量不让企业或金融机构破产解散，都是政府为了稳定市场、稳定社会所采取的措施，只不过国家通过白芝浩法则对那些问题大的企业进行鉴别，在国家财力有限的情况，尽力解救那些财务状况较好的大企业，以提高救助资金使用效率的措施。因此，实质上二者并不矛盾，更不存在冲突。

五、金融危机政府是否应该出手救助？

从理论上讲，亚当·斯密在 1776 年的《国富论》中提出了"看不见的手"和市场机制"引力定律"的理论。亚当·斯密认为，政府应该做好其市场经济"守夜人"的角色，而不应该直接介入和干预市场经济的运行。在这一自由主义市场经济理论的指导下，经济危机周期性发生，尤其是 1929 年~1933 年爆发的经济危机，使得自由主义的市场经济理论的弱点和缺陷充分暴露，彻底粉碎了自由主义的神话，同时也充分说明了市场自身存在内在缺陷。完全的自由主义下，市场自身无法克服，也体现了市场机制自发调节的缺陷。1936 年凯恩斯的著作《就业、利息和货币通论》出版，政府干预开始被理论界所关注。凯恩斯主张国家干预经济，他提出有效需求理论，认为社会就业量取决于有效需求，而在自由主义条件下，有效需求是不足的，市场不能自动实现就业量与有效需求的均衡。这时，就需要政府采取扩张性的经济措施以增加有效需求，从而实现经济增长，增加就业量。凯恩斯的这一理论，标志着宏观经济学的产生，也使得政府从"守夜人"的角色过渡到了"积极的干预者"。

理论和实践是相辅相成的，理论需要实践去验证。实践中，1929~1933

年的世界经济危机打破了自由主义市场机制理论，美国罗斯福新政开创了金融危机政府救助的先河。胡佛政府的错误政策使得美国政府雪上加霜，而罗斯福上任后，实行债务延期、存款保险等措施，恢复人们对金融机构的信心。接着，罗斯福政府说服国会通过七十多项法案，采取一系列政府干预措施，帮助美国走出了经济危机。相反，20世纪80年代晚期的美国储贷危机爆发，严重影响了美国的银行获利和资金流动性，但在危机之初，美国当局没有及时地实施政府救助，只是采取促进储贷金融机构相互兼并的方式，这也使得采取政府救助的最佳时机被延误，致使危机大规模爆发。

这也充分说明了政府救助以及及时充分的救助在金融危机中的重要性。总的来说，从古典经济学、凯恩斯主义，到新自由主义，再到新凯恩斯主义，理论界对政府干预市场的思想从反对干预—主张干预—减少干预—适度干预，呈现出反复争论，逐步融合的态势。目前，经济学家也基本达成共识，市场机制并非万能，经济的周期性波动伴随着失业等不良经济现象时有发生，在市场失灵时，政府应当进行适度干预。[1]

六、次贷危机中的雷曼兄弟和美国国际（AIG）集团

如今，2008年世界金融危机早已成为过去，喧嚣的世界经济也逐渐恢复平静，进入正轨。对于当年雷曼兄弟的破产以及AIG的被救助，疑问声也逐渐平息。那么当年美联储的这一做法，是对是错，时隔6年，让我们对雷曼兄弟、美国国际集团这两家在金融危机中典型的、结果截然相反的公司进行危机前后对比分析，应该能够得到答案。

（一）雷曼兄弟

雷曼兄弟是一家为世界各个国家的公司、机构、政府和投资者的金融需求提供全方位、多元化服务的投资银行。雷曼三兄弟亨利、伊曼纽、麦尔，来自德国的巴伐利亚，在蒙哥马利落脚。1850年三兄弟创立"雷曼兄弟"，"雷曼兄弟（Lehman Brothers）"公司由此而得名，专营贸易与干货买卖。雷曼兄弟这家金融巨擘1868年开始挂牌经营，在将公司从蒙哥马利搬到曼哈顿下城后，不仅成立了纽约棉花交易所，而且还开始进行股票与债券买卖。20世纪初，雷曼兄弟和高盛合作，共同为史都贝克、通用雪茄公司、席尔斯连

---

[1] 孙颖："金融危机政府救助——理论与实践"，辽宁大学2010年硕士学位论文，第6页。

锁百货公司等企业筹措创业资金。雷曼兄弟家族事业横跨四个世代：始于1850 年亚拉巴马州棉花田，一直延续到 1969 年重要掌门人巴比雷曼过世为止，有将近 120 年辉煌的历史。[1]

雷曼兄弟可以说是华尔街历史最悠久的投资银行，其一共走过了 158 年的光辉路程：

1850 年雷曼兄弟在亚拉巴马州蒙哥马利市成立；

1858 年纽约办事处开业；

1870 年雷曼兄弟协助创办了纽约棉花交易所，这是商品期货交易方面的第一次尝试；

1887 年在纽约证券交易所赢得了交易席位；

1889 年第一次承销股票发售；

1905 年管理第一宗日本政府债券发售交易；

1923 年承销 1.5 亿美元的日本政府债券，为关东大地震的善后事宜筹集资金；

1929 年雷曼兄弟创立，该公司为一家著名的封闭式投资公司；

1949 年建立了十大非凡投资价值股票名单；

1964 年协助东京进入美国和欧洲美元市场，为马来西亚和菲律宾政府发行第一笔美元债券；

1970 年香港办事处开业；

1971 年为亚洲开发银行承销第一笔美元债券；

1973 年设立东京和新加坡办事处，提名为印度尼西亚政府顾问；

1975 年收购 Abraham & Co. 投资银行；

1984 年被美国运通公司收购并与 Shears on 公司合并；

1986 年在伦敦证券交易所赢得交易席位；

1988 年在东京证券交易所赢得交易席位；

1989 年曼谷办事处开业；

1990 年汉城（今首尔）办事处开业；

1993 年与 Shearson 公司分立，北京办事处开业，为中国建设银行承销债

---

[1] 任义涛："雷曼兄弟破产的前因后果——基于金融危机背景的分析"，上海师范大学 2011 年硕士学位论文，第 6 页。

券，开创中国公司海外债券私募发行的先河，为中国财政部承销发行海外首笔美元龙债；

1994 年被聘任为华能国际电力首次纽约股票上市的主承销商，经办中国公司在海外的首笔大额融资（6125 亿美元）；

1995 年台北办事处开业；

1997 年承销中国开发银行的扬基债券发行，这是中国政策性银行的首次美元债券发行；

1998 年雷曼兄弟被收入标准普尔 500 指数；雅加达办事处开业；

1999 年与福达投资（Fidelity Investments）建立战略联盟，为零售股民提供投资与调研服务，与东京三菱银行就日本并购事宜建立联盟；

2000 年墨尔本办事处开业，并与澳大利亚和新西兰银行集团（"ANZ"）建立了战略联盟；雷曼兄弟成立 150 周年纪念；

2001 年雷曼兄弟被收入标准普尔 100 指数；成为阿姆斯特丹股票交易所的一员；

2008 年 9 月 15 日，受次贷危机影响，公司出现巨额亏损，申请破产保护。[1]

雷曼兄弟在其走过的 158 年时间里，为美国财富的增长贡献了巨大的力量。其在过去的岁月里，依次经历了 19 世纪铁路公司破产风暴、19 世纪 30 年代美国经济"大萧条"、1994 年信贷危机、1998 年货币危机和 2000 年互联网泡沫、911 恐怖袭击等一系列危机的冲击，仍然屹立不倒，由此，人们将其比喻为"一条有着 19 条命的猫"。

就是这样一个历史悠久、影响巨大的公司却没能躲过 2008 年的次贷危机，外界也一直传言是因为美联储的袖手旁观。然而，从雷曼兄弟破产前的财务状况和破产后的分析报告，我们可以看出这并不是偶然。

一位金融界人士分析说，雷曼原本有机会逃过一劫，然而外部金融体系"食物链"的断裂以及领导者的判断失误，最终决定了它的走向——"死亡"。[2]雷曼兄弟最终的破产其实是持续了 13 个月的信贷危机中的必然性事件。

---

〔1〕 张继德："雷曼兄弟公司破产过程、原因和启示"，载《中国管理信息化》2009 年第 6 期，第 6 页。

〔2〕 胡潇滢："雷曼兄弟五日倒闭真相"，载《证券日报》2008 年 10 月 17 日。

雷曼兄弟持有的主要资产是房地产抵押证券，主要包括：MBS，CDO 以及 CDS 衍生产品（信用违约掉期）。投资银行首先买入次级债券 MBS，然后将其分级成 CDO，通过金融衍生工具创造出 CDS 来对 CDO 进行保险，即把 CDO 卖给对冲基金和保险公司，让保险公司来承担风险。在这一连串的倒卖中，要获得收益必须依靠借款人稳定的还款。一旦借款人出现违约，整个资金链就会断裂。[1]而雷曼兄弟进行的交易又是利用高杠杆进行操作，以 30 倍的财务杠杆率为例，在资产价格上涨情况下，只要 1% 的收益就相当于赚到股本的 30% 的收益，不过高收益也意味着高风险，一旦 CDS 违约，或者价格下跌导致亏损 3.3%，就会带来超乎想象的巨额债务，也即意味着破产。

摩根大通是雷曼兄弟的最大债权人之一，约有 230 亿美元的债权，因此雷曼以大量的证券抵押在摩根大通。但由于次贷危机的不断恶化，抵押品的价值难免缩水，摩根大通为了自保，避免自身情况继续恶化，要求雷曼提供 50 亿美元的额外抵押品。但两家公司最终未达成一致，摩根大通即冻结了雷曼的资金账户。

摩根大通已经令雷曼元气大伤，信用评级机构又发布警告说，如果雷曼筹集不到新的资金，就将下调其债务评级。这一消息在雷曼兄弟公司内部和他的投资者中间，使得本就恐慌的情绪不断加剧。无数的客户打电话要求撤资，这无异于给雷曼致命一击。

而早在 2007 年，雷曼的资产负债表的增长量主要集中在非流动性的不动产上面，增加了 37% 左右，如果这些不动产要出售，只能减值，这势必给雷曼造成损失。"在 2007 年第四个季度和 2008 年第一个季度之间，雷曼的总的资产和净资产分别由 6910 亿美元增加到 7860 亿美元和从 3730 亿美元增加到 3970 亿美元。在 2008 年第一个季度，固定收益部门超过资产负债表限制达到 180 亿美元，并且其中的接近一半是集中在证券化产品和不动产资产。"[2]

再从雷曼兄弟提交破产申请之前对外披露的资产负债表看，雷曼兄弟的资产和负债分别为 6260 亿美元和 5600 亿美元，由此推算，雷曼兄弟当时的净资本为 660 亿美元。3 个月之后，雷曼兄弟的资产负债表收缩了一半，净资

---

[1] 宋超英、崔静静、闫艾丽："迪拜债务危机与雷曼兄弟破产的比较分析"，载《对外经贸实务》2010 年第 1 期，第 93~95 页。

[2] 任义涛："雷曼兄弟破产的前因后果——基于金融危机背景的分析"，上海师范大学 2011 年硕士学位论文，第 6 页。

本也由正转负，为-290 亿美元。资产负债表和净资本的这一变化与雷曼兄弟因无法偿还债务被迫将担保物转移给债权人有关。[1]这也就是说，如果雷曼兄弟向美联储等机构借款而无法偿还，就需要将相应价值的担保物移交给美联储。一方面，雷曼兄弟的债务会随之减少；不过另一方面，衍生品合约的抵押品也就到了交易对手的手里。

雷曼兄弟有两种方法来减少杠杆，一种是出售资产，另一种是募集股权。然而，雷曼兄弟却采取了第三种方法："105 回购"交易计划。这是一种会计手段，也被叫作"回购 105"。它实际上有"回购 105"和"回购 108"两种方式，但一般来说统称为"回购 105"。简单理解，即雷曼用价值 105 美元的固定收益类资产，或者 108 美元的权益类资产，作为抵押向交易对手借入 100 美元的现金，并承诺日后再将这些资产进行回购的做法，简称"回购 105"。这其中，超额抵押的 5 美元或者 8 美元，即相当于支付给交易对手的利息，即利率分别为 5% 和 8%。而"回购 105"的目的是，在定期报告如季报和年报中隐藏债务、降低公司净杠杆率。[2]2010 年美国时间 3 月 11 日，由美国破产法庭委托 Jenner & Block 律师事务所律师、检察官安东·沃卢卡斯（Anton R. Valukas）完成的长达 2200 页的雷曼兄弟破产调查报告问世。报告显示，雷曼兄弟就是用这种会计手段对资产负债表进行粉饰，制造净杠杆率健康的假象的，其实质上是不断拖延雷曼兄弟内部控制早已失效的真相的查明。

调查报告指出，雷曼在 2007 年第四季度做了 386 亿美元的"回购 105"交易，此举令雷曼 2007 年年报中的净杠杆比率（Net leverage ratio）由 17.8 下降 1.7~16.1。雷曼 2007 年年报显示，届时其股本权益仅有 225 亿美元，总负债却达到 6686 亿美元，杠杆比率达 30.7 倍；若加上用"回购 105"所得资金偿还的 386 亿美元债务，总负债更高达 7072 亿美元。接下来的 2008 年第一和第二季度，雷曼加大"回购 105"交易，交易额达 491 亿美元和 503.8 亿美元，分别使净杠杆比率下降 1.9 和 1.8。[3]雷曼兄弟就是利用这种方法，在发布定期报告前的 7 天~10 天前，卖出资产，筹得短期资金，疯

---

〔1〕［美］威廉·克莱因、约瑟夫·加侬："雷曼兄弟已去，白芝浩法则永存——为什么美联储和财政部没有救助雷曼兄弟?"，载《国际经济评论》2014 年第 2 期，第 133~150 页。

〔2〕刘湖源："2200 页报告揭开雷曼破产真相"，载《21 世纪经济报道》2010 年 3 月 17 日。

〔3〕刘湖源："2200 页报告揭开雷曼破产真相"，载《21 世纪经济报道》2010 年 3 月 17 日。

狂融资，偿还资产负债表上的其他债务，暂时将资产负债表上的证券存单转移。报告期过后再迅速回购。这并不是真实的买卖交易，而只是短期的逃避，美化资产负债表，误导公众，而且成本昂贵。

调查报告还显示，自从美国的 SFAS140 法则生效后，雷曼兄弟就请外部审计人员和律师参与进来，共同研究 SFAS140 法则，并早在 2001 就开始了它的"105 回购"交易计划，并在开始后就一发不可收。尤其是每逢季报和年报之前，雷曼的"回购 105"操作就变得愈加疯狂，雷曼也愈来愈依赖此手段。

此报告的问世，震惊了华尔街乃至全世界。雷曼兄弟其实并不是表面看起来的那样风光，一直以来不过是依赖这样一种会计手段，不断美化自身。随着次贷危机的到来，雷曼更是千疮百孔，严重的资不抵债，根本没有办法拿出足够的抵押品请求美联储进行救济。实际上，当时美国政府也一直在为雷曼兄弟寻找买家，但一个严重资不抵债的公司，没有人愿意接手。

（二）美国国际集团（AIG）

对于向美国国际集团伸出援手，而对雷曼兄弟袖手旁观的说法，伯南克后来解释说："我们的评估显示，AIG 拥有大量担保品，来偿还我们的贷款。我们认为这家公司剩余部分是一个价值很高、高效而运行良好的公司。"也就是说，AIG 在金融危机之时，仍拥有价值很高的保险业务，足够让美联储有足够的信心，从而为其提供贷款，拯救其陷入困境的金融产品部门。

美国国际集团主要以保险业为主，同时也经营财产险、人身险、退休金业务、金融服务以及资产管理，是一个进行多元化、跨国经营的金融集团，不同业务均具有独立法人身份。AIG 的历史可以追溯至 1919 年，当时集团的创办人施德（Cornelius Vander Starr）以 300 日元，在中国上海成立了一家提供火险及水险保障的保险代理公司——美亚保险。1921 年，施德成立友邦人寿保险，并在短短十年内把事业扩展至全中国及东南亚。1926 年，AIG 在美国的纽约开设分公司。由于日本侵华战争爆发，施德把公司总部从上海迁往美国，并进而开拓拉丁美洲市场。在中华人民共和国成立后，AIG 撤出了在中国的保险业务。1962 年，由格林伯格（Maurice R. "Hank" Greenberg）掌管美国 AIG 的管理权。格林伯格把公司在美国的业务做得有声有色，公司在美国取得了巨大成功，使格林伯格于 1967 年接替施德成为"掌门人"。1969 年，AIG 重新回到美国上市。经多年发展，美国国际集团成员公司通过保险业内最为庞大的全球化财产保险及人寿保险服务网络，为各商业、机构和个人客户提供服务。[1]AIG 的财产险、人身险等业务延伸到美国各个商业领域，与全球各大银行都有业务交易往来，几乎撑起了美国保险领域的半边天。

但由美国次贷危机引发世界金融市场的动荡，AIG 也没能逃脱。2008 年，AIG 在信用违约掉期上不断受损。其 2008 年第二季度财务报告显示，因房贷相关部门减记价值及减损金额超过 110 亿美元，净损 53.6 亿美元，该公司连续第三季出现亏损。截至 2008 年 6 月底，AIG 信贷违约掉期业务累计亏损达 250 亿美元，其他业务亏损累计达 150 亿美元。[2]次贷危机已经使得 AIG 负债累累，9 月 12 日，AIG 的股价又暴跌了 31%，标准普尔等几大信用评级机构，也相继向 AIG 发出下调降级的警告，这让集团的筹资行动更加困难。当信用评级机构真的一致下调 AIG 的债务信用级别时，会使 AIG 不得不向其交易对手再提供至少 100 亿美元的抵押品，从而使得抵押品总额达到 200 亿~250 亿美元，而 AIG 所需筹集的资金数额已增至 400 亿美元。通过激烈的讨论，维尔伦斯坦德最终决定向美国联邦储备寻求 400 亿美元贷款资金援助。

美联储先是要求高盛集团和摩根大通公司帮助美国国际集团，从而使后者获得了 700 亿~750 亿美元的贷款。而两家公司在评估了 AIG 的流动性需求和私营领域解决方法的可行性后，拒绝了政府的建议。

人们对 AIG 破产的担忧，也导致了 AIG 的股价下跌了 61%，且拖累道琼斯指数下跌超过 500 点。公司财务状况的进一步恶化，使得大多数银行都不敢向 AIG 提供贷款，AIG 股价再跌 31%，在连续 3 个交易日中跌幅达 79%。[3]

在无计可施的情况下，政府将拯救方案交给 AIG 管理层。在经过权衡利弊后，AIG 董事会接受了政府条件。美联储宣布："在美国财政部的全力支持下，遵照《联邦储备法》第 13 条第 3 款，授权纽约联邦储备银行向 AIG 发放 850 亿美元紧急贷款。贷款窗口的有效期为 24 个月，利率为 3 月期 libor 利率再加 850 个基点。为保障纳税人的利益不受损害，贷款将以 AIG 的全部资产

---

〔1〕"美国国际集团"，载 http://baike. baidu. com/view/63329. htm#7，访问日期：2014 年 11 月 5 日。

〔2〕参见陈华、张倩："美国国际集团被政府接管的教训及启示"，载《亚太经济》2009 年第 1 期。

〔3〕［美］威廉·克莱因、约瑟夫·加侬："雷曼兄弟已去，白芝浩法则永存——为什么美联储和财政部没有救助雷曼兄弟？"，载《国际经济评论》2014 年第 2 期，第 133~150 页。

为抵押。作为提供贷款的条件，美国政府将持 AIG 79.9% 的股份，并有权否决普通和优先股股东的派息收益。"这就意味着美国政府全面接管了美国国际集团。

尽管 AIG 在金融危机之时处于资不抵债的边缘，但随着美国政府救助的推动，AIG 在 2009 年就出现了净资本的增长。而且，如果不考虑美联储对其资产的请求权，应该说 AIG 在过去 5 年里一直是有偿债能力的，也能够偿付美联储的救助资金。这不仅符合白芝浩法则，也使得美国政府有救助 AIG 的权限和能力。

2011 年，美联储和财政部将所持股份转为普通股，并计划逐渐退出 AIG。截止到 2012 年年底，美国财政就全部出售了其持有的 AIG 股票。事实证明，AIG 最终偿付的总金额比美联储和财政部的救济资金成本还多出 230 亿美元，这也意味着美国政府通过对 AIG 的救助，最终获得了救助成本至少 3% 的溢价。

结　论

金融危机已过去 6 年，AIG 被美联储救助后存活下来，还清借款后也已开始盈利。笔者认为，通过以上两个典型案例，结合白芝浩法则，即使是资不抵债的金融机构，只要其不是因为自身经营管理问题、净资本不是太大的负数、负债为无担保负债且期限较长，其就有可能提供抵押品，就有机会向银行求助并获得救助。以当时雷曼兄弟的情况，即使美联储进行了救助，结果也不一定如人意。遥想次贷危机之时，美联储运用白芝浩法则，要求有足够的抵押品才能够为之提供贷款的做法，也被证明了是正确的选择。2010 年 9 月 4 日，美联储主席伯南克也表示，其实次贷危机之时，他之所以说美联储和财政部拒绝救助雷曼兄弟而不是说无法救助，是为了不打击当时的市场信心，真相是当时的雷曼兄弟确实无法提供足够的抵押品使得当局能出手进行救助。

安德鲁·索尔金在其著作《大而不能倒》（*Too Big to Fail*）中的主要观点是，当一些规模极大或在产业中具有关键性重要地位的企业濒临破产时，为避免大企业破产后造成连锁反应，对社会造成更大的伤害，政府要全力提供救助。这也就是说，依此理论，美国政府对雷曼兄弟的不救助是错误的。虽然从雷曼兄弟破产后所掀起的世界金融界震荡来看，"大而不能倒"理论有一定依据，但这很容易造成政府救助边界混乱。政府救助的应该是金融市场而不是单个的金融机构，政府的救助应该是有条件的，而不是无条件地见一个救一个。而且"大而不能倒"很容易造成道德风险问题。白芝浩法则的主要观点虽然是简单的要求企业能提供足够的抵押品，但却能在一定程度上，为政府救助划定边界，防范道德风险。

在现代金融市场上，白芝浩法则仍然是中央银行担当最后贷款人角色、维护市场稳定的根本原则。在不久的将来，如果我们能够有序地解决大型金融机构的有序破产问题，我们就能够超越白芝浩法则，也就无需强求那些需要救助的"雷曼兄弟"们提供充足的抵押品了。如果增加白芝浩法则在其他市场主体中的应用可行性，这样使白芝浩法则与企业维持原则就能够结合，企业维持原则满足企业的日常运行，白芝浩法则在危机时期力挽狂澜，二者共同维护经济市场的安全、稳定，也许更有利于金融危机的化解。同时，本文主要讨论的是美国企业救助中的问题，美国的经验，尤其是白芝浩法则在金融企业危机救助中的适用，对我国将来类似问题的处置，也会同样具有一定的借鉴意义。

［该论文发表在张世君编：《首都法学论坛》（第11辑），知识产权出版社2015年版，第110~129页］

论商事主体法定原则[*]

摘要： 商事主体法定是指商事主体类型、资格和程序均须明确规定，符合规定的主体得以实施以商人身份进行交易行为的市场准入制度。现代各国一般都制定有大量的强行性法规对商事主体资格予以严格控制，形成了商事主体严格法定原则。它主要包括商事主体的类型法定、内容法定和公示法定三个方面。

关键词： 商事主体　企业　法定

商事主体即传统商法中所谓的商人，也称商主体，是指具备商法上的资格或能力，经主管机关登记，以自己的名义持续地从事某种营利性行为，并以此为职业或营业，独立享有商法上的权利，承担商法上的义务和责任的组织和个人。

商事主体是不同于一般民事主体的特殊主体，具有特殊的权利能力和行为能力。何种组织和个人能够作为商事主体参加商事活动，并在其中享有权利、承担义务，是由商事法律、法规直接确认和赋予的。商法是个人和组织具有商事主体资格的法律依据。早期的商事主体主要以行业习惯法为行为依据，有很大的行业自律性；现代商事主体已成为市场经济的主要主体，具有重要的经济和社会意义，因而各国均以商法典或单行法的方式对商事主体资格的取得与丧失、权利与义务、主体的名称及类别、行为的范围及效果等作出详细而严格的规定。因此，商事主体的第一特征就表现为其法定性。现代各国一般都以强行性法规对商事主体的资格予以严格控制，被称为商事主体

---

* 此文作者为王瑞、王斐民、李丹宁。

的法定化。商主体法定化也有学者称为市场主体的法定化。[1]

商事主体法定是指商事主体类型、资格和程序均须明确规定，符合规定的主体得以实施以商人身份进行交易行为的市场准入制度。商事主体类型分为商自然人、商合伙和商法人，应由法律严格规定，不得任意创设。为确保适法的商事主体作为健全组织体得以存续、发展，确保主体优化，现代各国一般都制定有大量的强行性法规对商事主体资格予以严格控制，形成了商事主体严格法定原则。它主要包括商事主体的类型法定、内容法定和公示法定三个方面。[2]

一、商事主体类型法定

商事主体类型法定是指在确保商事主体形态多样性的基础上，对可以从事商事经营活动的商事主体在组织形式上由法律以强行法予以明确设定和控制，非经法律设定者不得享有商事主体资格，投资者不得任意创设或自行变更法定类型之外的非典型或所谓"过渡型"的商主体形式，禁止不符合法律要求的商事主体存在。这就意味着，当事人关于创设或者变更商事主体，仅具有在法定范围内自由选择的可能性。如果超出了法律规定的商事主体的类型，则不会得到法律的承认和市场准入。

我国目前的立法实践中，商事主体的类型按照不同的标准划分主要存在以下几类：依组织形式，可分为个体工商户、独资企业、合伙企业和公司等；依所有制，可分为国有企业、集体企业、私营企业、混合所有制企业和个体工商户等类型。因此，我国目前商事主体的类型既包括传统意义上的商自然人、商合伙和商法人，又包括作为我国法定商事主体特定形态的联营、乡村（城镇）集体企业、股份合作制企业、个体工商户、农村经营承包户等从未在西方国家商事主体类型中存在过的概念。

合伙企业还可以进一步划分为：一般合伙、有限责任合伙、有限合伙，我国在 2006 年对旧《合伙企业法》进行修订之前，只有一般合伙，修订后增加了后两种，从而使我国合伙企业的类型更为丰富。

公司还可以被进一步划分为股份公司、有限责任公司、无限公司、两合

---

〔1〕 徐学鹿：《商法学》，中国财政经济出版社 1998 年版，第 66 页。

〔2〕 毕颖：《新编商法学教程》，中国民主法制出版社 2006 年版，第 11 页。

公司、股份两合公司等，我国公司法只规定了前两种公司类型，在西方国家，无限公司、两合公司、股份两合公司都是商事主体。既然我国公司法没有规定后三种类别的公司，那就说明在我国这类经济组织不能成为商事主体。笔者认为，这样规定限制了经营者对公司类型的选择自由，在今后公司法的修订过程中，应该加入这三种类型公司的规定。

二、商事主体内容法定

商事主体内容法定即商事能力法定，或者说实质性标准法定，是指商法对于各种类型的商事组织的财产关系、活动规制、责任形式等加以强行法规范，并禁止当事人创设非规范性的商事法律关系。按照世界各国的商事法规定，同一类型的商事主体经合法形成后，依法将具有相同性质的财产归属关系、利润分配关系、注册资产规模、商业税收标准以及内部组织关系等。任何商事主体欲改变其主体内部关系性质时，非经过变更登记不产生效力。[1]投资者只有在完全符合法定的实体要件时才得以成立相对应的商事主体，不得在不完全具备法定的实质性要件下任意创设、变更具有非规范性财产关系和组织关系的商事主体。其中包括：

（1）法律地位的法定。在各类商事主体基本法律形态中，法律地位的法定具有不同的法定程度。例如，公司企业具有独立的法律人格，具体表现为公司的财产和债务责任与股东的个人财产和责任是完全分开的，企业拥有可以独立支配的财产，并以其所有的全部财产对企业债务承担责任。个人独资企业和合伙企业则属于自然人企业，不具有法人资格，企业财产与企业主或合伙人的个人财产不完全分离，企业的债务要由投资人或合伙人承担无限连带责任。

（2）设立条件的法定。商事主体设立条件的法定是指商法要对商事主体设立的实质条件作出明确规定，投资者只能在完全具备这些实质条件时，才能成立相应的商事主体。如，依我国《公司法》规定，成立有限责任公司须具备《公司法》第19条规定的5个条件，成立股份有限公司须具备《公司法》第73条规定的6个条件。投资者欲成立商事主体必须严格按照这些法定

---

［1］郑玉波："商事法之基本理论"，载刁荣华：《中国法学论著选集》，北京汉林出版社1976年版，第464~465页。

程序和步骤进行。否则，就无法达到预期的法律后果。

另外，在我国设立有限责任公司不仅要具备法定条件，还必须履行设立登记。商业登记制度是商法制度的重要组成部分，商事主体登记则是商业登记最主要的内容。依据各国商事法律规定，商事主体的成立必须向注册登记机构提交规定的申请文件，办理商业登记手续。同时，对涉及国家安全、公共利益和关系到国计民生等特定的行业和项目，法律、行政法规规定需要审批的，还要履行审批程序。如设立股份有限公司，一律在国务院授权的部门或者省级人民政府审查批准后，履行设立登记程序。公司登记机关核准后发给《企业法人营业执照》，《企业法人营业执照》签发之日，即为公司成立日期，公司即取得了生产经营资格和法人资格，从此便可依法进入市场，从事商事活动。故商事主体设立条件的法定要求我们必须强化商事主体登记制度，对各种商事主体进行统一、规范的登记，明确各种商事主体能力的范围，稳定商事交易的基础。

（3）组织机构的法定。即商事主体的组织机构方式由法律明确规定，不得任意创设或变更法律规定以外的组织机构方式。之所以如此，是因为法律对它们作出了不同的规定。例如，有限责任公司、股份有限公司、合伙企业、独资企业、外资企业等不同的商事主体，在组织关系和财产关系方面存在重大差异。如果允许其擅自变更，就可能造成主体形式的混乱，从而影响市场经济秩序。如，对于股份有限公司的组织机构，《公司法》规定必须设立股东会、董事会和监事会。对于没有成立股东会，或者没有设立监事会的股份有限公司则不予以承认。因此，只有在符合法律对其所作的特殊要求下商事主体才能合法成立和存续。

商事主体内容法定导致了两个必然结果：其一，合法存在的商事主体必须在内容上符合法律对其所作出的特定要求；其二，对商事主体内容的不同法律要求，构成了不同类型商事主体彼此之间的根本性差异，形成了不同类型的商事主体自身的特点。商事主体内容法定在确保商事主体的统一性、独立性、稳定性与继续性，为交易相对人提供便利和保护以及维护商事安全秩序等方面都具有非常重要的作用。

我国商事主体内容不够科学合理，即关于商事主体的财产关系和组织结构关系的制度设计应一方面具备一定的灵活性与多样性，能满足人们的各种特殊需求，另一方面又能关注他人交易安全，维持整个社会正常的交易秩序。

如，企业的设立条件应该更加宽松，规范应该合理，不应限制过多；有限责任公司的立法，应立足于其股东间合作信任的人之间的合作性及规模小的特征，允许其股东就公司业务的开展、公司内部机构的权责设计等，进行自由协商安排，但同时须满足资合性要求，建立合理公司结构，公开相关信息等；公司治理结构应规定几种（如，中国的三角制、英美的单层制、德国的双层制），以供公司股东选择。

三、商事主体公示法定

商事主体公示法定，是指商法对于商事组织的公示方式和公示内容加以强行法规制，并禁止当事人作引人误解的表示。即商事主体设立、变更、注销等事项必须依法定程序向有关机关登记，以登记为法定公示方式，以便交易第三人知晓。例如，《德国商法典》规定：对于商业登记簿中的登记，法院应以联邦公报以及至少一种其他公报予以公告。并应对登记的全部内容予以公告，以法律无其他规定为限。多数大陆法和英美法国家的法律都要求，商事主体依法登记注册的事项及其文件不仅应设置于登记机关，而且应设置于其注册营业所，以备交易当事人查阅。还有不少国家对商事组织所使用的名称作了严格的规定。如《日本商法典》规定：公司的商号，应按照其种类，使用"无限公司""两合公司"或"股份公司"等字样；非公司者不得在其商号中使用标示"公司"的字样，虽受让公司营业者亦同；任何人不得以不正当目的，使用使人误认为他人营业的商号。

我国则不仅规定了强制性商事登记制度，还规定应予以公告公示，该公示事项具有对抗第三人的效力，非经法定公示者，不得用以对抗善意第三人。正是商事主体公示法定原则构成了商事登记制度。商事登记作为一种要式法律行为，是利用公权力干预商事活动的行为，它有利于商事主体公示自己的经营身份、经营状况、经营能力，确立商业信誉；有利于商事交易相对人或社会对商事主体及其经营相关的情况有一个清晰了解，从而更明智地选择和决定自己的交易行为，进而保护交易相对人和社会公众的利益；有利于国家及时了解商事主体的经营状态，从而更好地实现对商事主体的法律调整和整个国家商事活动的客观规制，更好地建立商事秩序。

考查我国商事登记制度，笔者认为至少存在以下两个方面的问题：一是立法缺乏统一性，有关商事登记的立法比较凌乱；二是采取分级登记体制，具有浓厚的旧体制色彩。因此，应该对我国商事登记制度进行改革：其一，制定《商事登记法》，统一商事登记制度；其二，废除分级登记制，实行以主营业地为标准的登记制。制定一部统一的商事登记法，可以以统一的登记标准、同样的登记手续规范不同商事主体的登记，有利于形成市场准入的均等机会和条件，有利于形成自由、公平的市场竞争秩序，也有利于商事主体在自由、公平的竞争中实现自己的利益。

商事主体法定原则是传统商事交易行为的自由主义向现代商事活动的国家干预转变的结果，是现代商事管理制度的核心，是商事登记制度的理论基础。[1]但是，我国在今后的立法过程中，应该注意商事主体法定类型、内容等的多样性，给经营者更多自由选择的法定空间。

（该论文发表在《辽宁省社会主义学院学报》2007年
第3期，第60~61页）

---

〔1〕 毕颖：《新编商法学教程》，中国民主法制出版社2006年版，第12页。

论商法的国际性特征

摘要：商法与其他的国内法律部门相比，其国际性特征最为突出：商法在形成之初就带有国际性特征，后来发展为具有国际性的国内商法，现代商法又明显地表现出国际统一性的趋势，从而使商法的发展呈现出一个国际性的回归。

关键字：商法 商人法 国际性

商法是调整商品经济关系的基本法律规范，商品经济不可能仅仅局限于国内，当其发展到一定程度后必然从国内扩展到国外，从而使世界成为一个统一的国际大市场。商品经济的健康发展不仅需要一系列的商事规则，而且更需要这些商事规则具有统一性和普遍适用性，否则就会使商事交易产生不必要的冲突，并增加为解决这些冲突而支出不必要的成本。为了满足商品经济的这种内在的需要，商事规则就应该具有在世界范围内的普遍适用性。这就从根本上决定了商法的国际性特征。

商法的国际性特征应该从以下三个方面来加以理解：

一、商法起源于国际化的商人习惯法

通过对商事规则发展的历史资料的分析，我们认为，商法起源于欧洲中世纪的商人习惯法，中世纪商法（约公元 5 世纪~1640 年）的特点是：国际化的商人习惯法。

伴随西欧诸国自治城市的兴起与商业的发展，在内陆城市中出现了众多的定期集市，其中最著名的是香槟伯爵领地的四大集市。这些定期集市，独立于封闭的领主庄园之外，逐渐发展为不同地区之间进行贸易往来的国际性市场，并形成和发展起了一系列有关集市贸易的商事惯例和商事规则，涉及集市贸易的交易日期、交易程序、集市管理组织与章程、关税征纳、货币流通制度、度量衡标准、集市法院审判权限、集市中的银行法规、商人组织、契约以及治安管理等方面，内容十分广泛。这一时期的商法大都以罗马法为基础，但因各地区情况不一，也存在若干差别，通常由商事法院或通过城市之间订立条约加以协调，并由此形成各城市、各地区普遍承认和适用的国际化商法。

中世纪商法属于习惯法，即商人法，是商人按自己商业交易习惯形成的行业行为规范，具有自律性的形式特征。这一时期商法最具历史意义的进步就是出现了现代企业的雏形——简单的商业联合体。这种商业联营的形式最初被称为康美达，它于 11 世纪晚期在意大利、英格兰和欧洲的其他地方逐渐获得使用。这种经营方式调动的资金一般用于长距离海上贸易，而不常用于陆上贸易。康美达最早的前身可能是穆斯林的一种商业惯例，这种惯例在 8 世纪~10 世纪传播到拜占庭，包括南意大利的港口城市。在北意大利和阿尔卑斯山的那一边，康美达可能是在 11 世纪作为一种借贷契约开始的，但它很快就发展成了一种用于单一经营——通常是来回航行于中东、非洲或西班牙之间——的合伙协议。一方合伙人被称为"stans"，他提供资金但待在家里；另一方合伙人被称为"tractator"，他从事航行。作为完成艰难而危险的航行的报酬，从事航行的合伙人通常获得 1/4 的利润，而冒资金风险的合伙人则获得其余 3/4 的利润。洛佩斯评论道："这种经营方式虽然好像是不公平的，但在 12、13 世纪，生命是廉价的，资金则非常短缺。"为了适应不同形式贸易发展的需要，康美达在后来又出现了两个变种：海上合伙和陆上合伙。

11 世纪晚期和 12 世纪是商法变化的关键时期。正是在那时，近代西方商法——lex mercatoria（即商人法"the law merchant"）——的基本概念和制度才得以形成。更为重要的是，也正是在那时，商法在西方才第一次逐渐被人们看作是一种完整的、不断发展的法律体系。当时，由于农业生产迅速扩展，城市的规模和数量急剧地增大和增加，商业的繁荣促成了一个新的职业商人阶级的出现，他们在乡村和城市从事大规模的商业交易。正是为了满足新的商人阶级的需要，才形成了一种新的商法体系。

商人阶级的出现是新商法发展的一个必要前提。11 世纪以前，商人在西欧处于一种相对隔离的状态。只是偶尔有犹太商人、叙利亚商人和希腊商人通过陆路和水路在东西方之间旅行。西欧本地的商人在很大程度上都是巡回兜售的小贩（"foot-man"），他们奔忙于城镇之间、村庄之间、庄园之间，四处叫卖。从事贸易的也是一些非专业的人。庄园、修道院或村庄总是派代表到欧洲各地去推销它们的商品。

十一二世纪农业的改造为商人阶级的迅速壮大创造了机会也提出了要求。这时有了大量的用于交换的剩余农产品。同时，人口也大幅度增加，更多的人进入商人队伍。然而，封建庄园法的产生使封建领主或庄园成员兼职从事贸易成为非法，因为领主、农民、管家或其他庄园官员已经成为一种专门的、永久性的职业，成了一种身份。然而，农民大规模地离开庄园同样存在着合法或非法的可能性。许多脱离庄园的农民变成了商贩，更多的则涌入正在形成的城市，变成了工匠或商人。另外，小贵族的子孙也开始离开农村，进入城市从事制造业或商业。在意大利和欧洲的其他一些地方，上层贵族有时甚至也会从农业生产转移到商业，尤其是转移到大规模的贸易和金融业。

要确定城市内和城市外商人阶级发展的规模是困难的。然而，我们可以估算，在1050年，西欧大约2000万的总人口中，约有几十万人生活在约几百个城镇中（这些城镇很少有居民超过几千人的），而截止1200年，大约4000万的总人口中，就约有几百万人生活在几千个城镇和城市之中（它们中有许多人口超过2万，有一些城市人口甚至在10万以上）。总之，总人口大致翻了一番，城市人口则从总人口的1%增加到10%。就商人的数量而言，我们可以估算，在1050年，西欧商人阶级数量达几千人，而截止1200年，它的数量竟达几十万人。

在讨论新的商法体系产生的社会经济背景时，我们不仅要把注意力集中于技术因素和人口统计因素，而且当时的政治因素和宗教因素在所谓的"商业革命"中也发挥了重要作用。当然，政治因素和宗教因素与技术因素和人口统计因素紧密相关，它们相互间的关系也同样如此。十字军东征和殖民运动——构成了教皇革命对外的军事计划和经济计划——促进了远距离的海上贸易和陆上贸易。教皇还企图从海上或陆上向东扩展他的权威。同时，教皇党的新神学也强调教会改造和拯救世俗活动的使命。

另外，新的商法体系的产生不仅是社会经济变化的一种结果，而且也是这种变化的一个组成部分。事实上，11世纪晚期和12世纪新的法学为按照秩序和正义的新概念把各种商业关系制度化和系统化提供了一种构架。假如没有诸如流通汇票和有限责任合伙这样一些新的法律设计，没有对已经陈旧过时的以往的商业习惯的改造，没有商事法院和商事立法，那么，要求变化的其他社会经济压力就找不到出路。因此，商业革命有助于造就商法，商法也有助于造就商业革命。实际上，所发生的不仅是商业的革命性转变，而且还是整个社会的变迁。在这种整体变迁中，商法也像其他部门法一样，有它自身的各种渊源，并且像它们一样，从这种变迁中获取了自己的特性。

说近代西方商法的基本概念和制度形成于 11 世纪晚期和 12 世纪，并非是否定这些概念和制度的创造者们得益于反映在新发现的查士丁尼法律文本中的罗马法。罗马法文献包含有适用于达成各种类型契约的一整套高度复杂的规则，这些契约包括金钱借贷、财物借贷、抵押、买卖、租赁、合伙和委任（代理的一种形式）。然而，关于这些契约的规则并没有被自觉地概念化——虽然人们对它们加以分类，但却没有按照一般原则使它们精确地相互联系并对它们进行分析。而且，在商业契约和非商业契约之间没有做出任何自觉的区分，所有的契约都被当作民事契约。古罗马法学家也承认，许多契约不是由市民法支配，而是由包括万民法在内的习惯法所支配。万民法是适用于那些非罗马公民的属于诸民族的习惯法。的确，正是这种万民法支配着罗马帝国范围内绝大多数类型的商业交易，尤其是那些涉及远距离货物运输的商业交易。罗马帝国的商业习惯法通常被认为可以追溯到大约公元前 300 年的《罗德岛海洋法》，以及后来由东地中海商人发展起来的海上贸易习惯。罗马帝国商业习惯法的一些规则和罗马帝国市民法的一些规则独立于查士丁尼的法律文本之外，但它们从 5 世纪~11 世纪一直存留于西方。例如，它们可以在伦巴第法律中发现，也可以在威尼斯——它在这整个时期都是一个兴旺发达的贸易活动中心——的商人习惯中找到。

然而，无论是重新发现的罗马市民法，还是仅仅残存的罗马习惯法，包括万民法，都不足以应付在 11 世纪晚期和 12 世纪出现的各种国内和国际的商业问题。人们可以想象，11 世纪晚期、12 世纪和 13 世纪欧洲各大学中博学的罗马法学家是能够从罗马法的文献中创立出一种新的商法体系的，就像他们从那些文献中创立出一种新的市民法体系一样。然而，作为那个时期的特征，商法最初的发展在很大程度上——虽不是全部——是由商人自身完成的：他们组织国际集市和国际市场，组建商事法院，并如雨后春笋般出现于整个西欧的新的城市社区，建立商业事务所。

　　由商人发展起来的商法规则偶尔也得以汇集和传播。其中最早的例子之一就是大约在第一次十字军东征时（1095 年），由位于第勒尼安海的意大利海岸的阿马尔菲共和国采用的一个海商法汇集，这就是众所周知的《阿马尔菲表》的权威逐渐被意大利所有的城市共和国所承认。大约 1150 年，一个以法国大西洋沿岸岛屿奥莱龙的法院所作的海事判决为内容的汇编，被大西洋和北海的各海港城镇——包括英国的各海港城镇——所采用。维斯比是波罗的海果特兰岛上的一个港口，《维斯比法》于 1350 年被采用。这些法律类似于，并很可能来自于《奥莱龙法（或案卷）》。它们在周围的波罗的海国家中取得了广泛的权威。大约在同一时期，汇集了巴塞罗那领事法庭所遵行的海事习惯的《海事法典》，逐渐在地中海的各商业中心被接受为支配性法律。《海事法典》一部分是建立在更早的汇集的基础上，一部分则是建立在意大利各城市的制定法和法律汇编的基础上。所有上述汇集涉及的全是海商法，包括各种海上货物运输契约。

　　同时，一种支配陆上贸易的庞大的法律体系也得以创立。虽然市场和集市从 7 世纪或 8 世纪以来就存在，但它们的规模比较小，也不具备一种高度发达的法律特性。然而，从十一二世纪开始，在全欧洲的许多城市和城镇中都定期举办规模巨大的国际集市。国际市场也四处可见，尤其在海港城镇中就更是如此。这些集市和市场具有复杂的组织形态，因而随着教会法体系和世俗法体系的发展，也形成了特定的商法概念。这种商法不仅包括集市和市场的习惯法，而且包括有关贸易的海事习惯，最后还包括城市和城镇本身的商法。意大利各城市在制定和系统汇集支配商事活动的习惯法规则方面居于领先地位。因而，商法支配着在特定地方（集市、市场和海港）的特定的一群人（商人），它也支配着城市和城镇中的各种商业关系。[1]

　　由此可见，中世纪的商法虽然还是以商人习惯法为主，但是它已经勇敢地摆脱了民法及其他法律学科的束缚，成了一个独立的法律部门，初步形成了自己的一个完整的理论体系，经过几个世纪的艰苦奋斗，终于走上了独立发展的道路。欧洲大陆（除了斯堪的纳维亚之外）的商人法作为中世纪唯一的职业法，保存至现代，它并非只是历史的残余物。相反，他具有其他法律

---

　　〔1〕〔美〕哈罗德·J. 伯尔曼：《法律与革命——西方法律传统的形成》，贺卫方等译，中国大百科全书出版社 1993 年版，第 407~409 页。

领域难以匹敌的更新能力和应变能力，不断为生活反复充实，进而丰富了整个私法秩序。至少在个人主义的法律时代，商法总在不断扮演一般私法的开拓者和急先锋的角色。[1]中世纪的商法已经充分表现出了一个私法领域独立法律部门的本质特征，虽然它仍以调整自然人间的商事关系为主，但是这时的商事关系已经与家庭关系有所区分，尤其是合伙和有限合伙这种现代企业制度萌芽的出现，预示着一场商法革命的即将到来。

二、商法的成文化是国际商人法发展的延续

近代商法（1640 年至第二次世界大战）是在中世纪商法的基础上发展起来的。虽然从表面上来看，它产生、发展的社会经济背景与中世纪商法有所不同。但是，从本质上来分析，我们可以看出，这一时期各国的成文立法的基本内容大同小异，实际上是中世纪国际商人法在这一时期发展的延续。

以 1640 年英国资产阶级革命为开端，人类历史进入了近代。资本主义战胜了封建专制和封建割据，统一的民族国家纷纷成立。同时，封建时代的自治城市不复存在，商人团体逐渐消亡，资本主义的商品经济关系受到统一的民族独立国家的保护。与此同时，寺院法被废除，商人习惯法具备了向国家成文法过渡的条件。初期，商事立法多采用单行法的形式，而后才逐渐编纂成商法典。并且，因各国国情的不同，各国近代商法的发展走过了各不相同的道路。近代商法的最大特点是成文化、民族化和国家化。

近代商法是国家制定的商法典或单行商事法律。最早由国家制定的商法典是 1807 年的《法国商法典》。该法典编制内容采取客观主义原则，将商人法改为商行为法。该法典包括通则（含公司、商行为和票据）、海商、破产、商事法院，共 4 编 648 条。它是近代商事法的典范，对世界其它国家的商事立法有很大影响。后来，由于经济的发展，该法典被多次修改，并以制定单行法的形式加以补充，如 1867 年的《股份公司法》、1909 年的《商业财产买卖设质法》、1919 年的《商业登记法》等。法国以此开创了法国商法系，世界许多国家均采用这一体例，如卢森堡 1811 年《商法典》、比利时 1811 年《商法典》、葡萄牙 1832 年及 1888 年《商法典》、希腊 1835 年《商法典》、埃及 1875 年《商法典》、阿根廷 1889 年《商法典》、乌拉圭 1865 年《商法典》、

---

〔1〕［德］拉德布鲁赫：《法学导论》，米健等译，中国大百科全书出版社 1997 年版，第 73 页。

墨西哥 1889 的《商法典》、秘鲁 1902 年《商法典》等。

德国以《普鲁士普通法》为基础于 1861 年制定了《普通商法典》，包括总则、商事公司、隐名合伙及共算商事合伙、商行为、海商等 5 编 911 条。它以法国商法典为参考，采用客观主义原则，以商行为观念为立法基础。后来由于社会条件的变化，德国于 1900 年，又颁布施行了新的《德国商法典》，包括商事、商事公司及隐名合伙、商行为、海商等 4 编 905 条，采用主观主义原则，以商人观念为基础。后随着社会经济的发展，已多次进行了修改。同时，还以颁布单行法的方式弥补商法的不足，如 1892 年首创的《有限公司法》、1901 年的《保险业法》、1908 年的《保险契约法》和《支票法》等。德国因采主观主义原则而开创了德国商法体系，奥地利商法和日本商法（也有人认为日本是折衷商法系）匀属于此列。

英美国家虽以商事习惯、判例法为主，但商法的概念历来是清晰的。而且在 18 世纪中叶，为了适应商事活动的需要，开始有了成文商事单行法，如 1720 年的《泡沫公司条例》、1882 年的《票据法》、1885 年的《货运证券法》、1889 年的《行纪法》、1890 年的《合伙法》、1893 年的《商品买卖法》、1894 年的《商船法与破产法》、1906 年的《海上保险法》、1907 年的《有限合伙法》。美国也在各州不同商事立法的基础上，于 1892 年开始谋求各州商事法的统一，如 1896 年的《统一流通证券法》、1906 年的《统一买卖法》和《统一仓库收据法》、1909 年的《统一货运证券法》。

伴随着近代商法的成文化、民族化、国家化，这一时期关于商事主体的立法出现了革命性的变化。由于近代自由资本主义市场经济的飞速发展，18 世纪中期产生了以蒸汽机和纺织机的发明和使用为标志的第一次工业科技革命，出现了社会化的大生产。个体私人资本无力适应社会化大生产的趋势，生产关系由个体资本间的合作发展为个体资本间的合股，便产生了由许多个体资本联合投资的股份资本。19 世纪末 20 世纪初，以电力和电动机的发明使用为主要标志的第二次工业科技革命推动了生产力社会化的进一步发展，股份资本逐步发展为更高级和更复杂的形式，由相同的企业部门向不同经济部门发展，各种工矿企业、贸易公司、运输公司、保险公司、银行和服务性企业资本联合在一起，形成了跨地区、跨行业的股份集团资本，出现了大规模的企业集团和跨国公司。社会化大生产的发展，使得公司企业逐渐取代了个人合伙而成为商事主体的主要形式，为了适应这一变化了的新情况，各国先后出台了各自的《公司法》，如我们在上文提及的法国、德国等的《商法典》中均有关于公司的规定，不仅如此，各国还专门通过了关于公司的单行法（《法国股份公司法》《德国的有限公司法》）。英国1844年的《合股公司法》、1855年的《有限责任法》、1862年的《公司法》都是关于公司企业的成文立法。

综上所述，这一时期商法发展变化的主要特点是：国际商事惯例的国内成文法化。各国的商事规则虽然各不相同，但是却表现出了惊人的相似性，那就是主要围绕商主体和商行为两个方面的商事规则来展开，商事主体方面主要是商事合伙和商事公司，商行为方面主要是围绕货物的买卖行为来展开。并且公司企业不仅成为近代商事主体的主流，而且商事交易过程中的其他法律制度，如买卖、保险、票据、证券、担保等，基本上都是围绕企业这一商事组织形式的活动来规定和实行的。

三、现代商法的发展呈现出国际统一化的趋势

人类经过两次世界大战的洗礼，似乎多了几分理智。现代商法的发展也呈现出了理性的回归，"一个得到各主权国家明示或默示同意的新的商人习惯法已经展现在我们的面前。它冲破国界，具有普遍性"[1]，"我们这个时代的显著特征不是喷气式飞机，也不是原子弹，而是国际意识的重新觉醒"[2]，"法治应通行于全世界"[3]。现代商法是趋向世界统一的新的商人法，从中世纪商人习惯法到近代民族国家的商事法再到现代新的商人习惯法，历经了"国际法—国内法—国际法"的否定之否定，从而使现代商法在一个更高的起点上开始了新生。

现代商法的国际化是社会化大生产进一步扩大的必然要求。随着时代的发展，那些以商法是民法的特别法的陈旧理念为基础制定的商法典显然不能满足这一需要。因此，旧有商法典的"完美"框架不断地被打破。一方面，

---

〔1〕[英]施米托夫：《国际贸易法文选》，赵秀文选译，中国大百科全书出版社1993年版，第179页。

〔2〕[英]施米托夫：《国际贸易法文选》，赵秀文选译，中国大百科全书出版社1993年版，第178页。

〔3〕[英]施米托夫：《国际贸易法文选》，赵秀文选译，中国大百科全书出版社1993年版，第179页。

大陆法各国都在频繁地修改商法典，《法国商法典》648 条，经过多次修改、废除，继续有效的仅有 140 条，其中只有约 30 个条款完整保留了原来的行文；《日本商法典》在第一次世界大战之后，已经进行了 30 余次的修改，其中有的年份不只修改一次，如 1947 年，一年就修改了 3 次。另一方面，各国不断地在出台新的商事单行法，如法国颁布了《商事公司法》《商事代理法》《居间商法》《商业银行法》《证券与期货交易法》《商事租赁法》《海商法》《破产法》等商事法律和法规，其篇幅远远超过了原来的《商法典》。到目前为止，那些近代产生的旧有商法典已经变得面目全非，如何制定一部新的适应社会发展要求的商法典，已经成为人们的迫切需要。

20 世纪 50 年代问世的《美国统一商法典》恰巧为各国提供了一个绝好的典范。该法典分为 10 篇、40 章共 405 条，以企业间的货物买卖为中心对现代市场交易的内容和形式作了较完善的规定。它并不过多地追求什么系统化，而是尽可能地接近商业现实。整个法典以规范企业间货物买卖为形式，以规范企业的资本经营为内容。以规范资本经营为中心，使市场交易成为一个整体。该法典具有开放务实的精神，它并不是包罗万象，而是有所选择、有所取舍。该法典实体部分只涉及了企业间商品销售。其他一系列的法律规定，如流通票据、银行存款与托收、信用证、仓单、提单等所有权凭证、投资证券以及有担保的交易等，都是围绕企业间商品销售来展开的，也是促进以企业为中心的社会化大生产的必要手段。

实际上这些国家商事规则的制定和修改的另一个重要原因就是现代商事规则的全球统一化的趋势。随着全球化时代的到来，全球统一大市场的初步形成，促进了新商人法的产生，国际商事活动"非国内化"现象正融入全球化趋势，商法的趋同化趋势亦日益加强，并构成了"法律全球化"实践中最突出的一部分。

首先，商法统一实体规则的迅速扩张。在全球化的推动下，国际层面的立法不断扩大其调整范围，产生全球相对统一的法律制度。主要有：①国际商事公约。如联合国国际贸易法委员会的 1974 年《国际货物销售时效期限公约》、1978 年《联合国海上货物运输公约》、1980 年《联合国国际货物销售合同公约》、1988 年《联合国国际汇票和国际本票公约》和 1991 年《联合国国际贸易运输港站经营人赔偿责任公约》；联合国贸发会议的 1980 年《联合国国际货物多式联运公约》；国际统一私法协会的 1983 年《国际货物销售代理公约》、1988 年《国际金融租赁公约》和《国际保付代理公约》等。从实际运用情况看，上述统一立法已被国际社会普遍接受。[1]②示范法与国际标准合同。如联合国国际贸易法委员会的 1985 年《商业仲裁示范法》、1996 年《电子商务示范法》；再如国际统一私法协会的 1994 年《国际商事合同通则》；国际商会的《国际代理示范合同》《标准经销合同》《代理标准合同（评论）》、1997 年《国际销售示范合同》；此外还包括联合国欧洲经济委员会制定的谷物买卖、成套设备和耐用消费品等方面的示范合同；等等。示范法有效地补充了国际商事合同规则在某些领域的空白，[2]国际商业界制定标准合同的活动则最终导致国际商业惯例的形成。③国际惯例。国际商会、国际法协会与国际海事委员会制定的贸易惯例具有适用普遍、影响广泛的特点。其中，国际商会的《国际贸易术语解释通则》被认为是目前国际上应用最广、影响最大的国际贸易惯例，《跟单信用证统一惯例》也已为至少 175 个国家的银行采用。[3]

其次，商法统一程序规则的扩张。这主要体现在商事仲裁领域，成功范例是 1958 年的联合国《关于承认及执行外国仲裁裁决公约》（简称《纽约公约》）和 1985 年联合国贸易法委员会制定的《国际商事仲裁示范法》。《纽约公约》将承认与执行外国仲裁裁决方面的仲裁程序法较好地统一起来，与其前身《日内瓦公约》相比，《纽约公约》扩大了适用范围，取消了"互惠"条件，放宽了执行限制条件，简化了请求执行的程序，因而得到了国际社会的普遍接受。目前，已有近 150 个国家或地区加入该公约。有学者指出，就这一部分法律而言，全球化的统一基本实现了。[4]《国际商事仲裁示范法》在统一全球仲裁法方面也取得了世人瞩目的成就。示范法虽然不是立法文件，但在示范、引导各国仲裁立法方面发挥了重要作用，有的国家或地区直接采纳了示范法，如加拿大、澳大利亚、新加坡、印度以及我国的香港和澳门地区，有的国家则参考示范法的规定制定或修改了本国的仲裁法，如英国、德

---

〔1〕 参见李双元编：《中国与国际私法统一化进程》（修订版），武汉大学出版社 1998 年版，第 242 页。

〔2〕 参见赵承璧："当代国际贸易统一法的发展"，载《国际贸易问题》1997 年第 3 期。

〔3〕 参见单文华："国际贸易惯例基本理论问题研究"，载梁慧星主编：《民商法论丛》（第 7 卷），法律出版社 1997 年版，第 607~609 页。

〔4〕 参见陈建："'法律全球化'小议"，载陈安主编：《国际经济法论丛》（第 4 卷），法律出版社 2001 年版，第 45 页。

国、瑞典和我国大陆地区。

总之，商法在它形成和发展的各个时期都是始终围绕国际化这一主题来展开的，所以，我们说商法与其他国内法律部门相比，它的国际性特征更为明显。

（该论文发表在《河北法学》2005 年第 8 期，第 69~73 页）

论商法的行业性特征*

摘要： 商法是规范商品经济的基本法，其必然要反映商品经济发展的特点。商品经济的特点就是行业分工越来越细化，不同的行业有不同的规则，使得商法也具备了行业性的特征。本文主要介绍了规范海上运输行业的《海商法》，规范保险行业的《保险法》，规范银行业的《银行法》，规范证券行业的《证券法》等。并提出应该注重对行业性商法的研究。

关键词： 商法行业性特征

商法是规范商品经济的基本法，商事规则必然要反映商品经济发展的特点。商品经济的产生源于社会分工，"社会分工是商品经济的基础"。[1]"分工的出现必然导向商品生产。"[2]而所谓的社会分工，"其含义应该是各种不同经济职能的经济单位的社会分工，而不是指同一经济职能的经济单位的内部分工，……"[3]"不同经济职能"即各个经济单位从事不同种类的劳动，生产出不同种类的劳动产品，提供不同种类的社会服务的职能，因此，产生了各种行业。社会分工的主要表现形式就是行业分工，不同的行业提供不同的商品和服务；相同的行业提供的商品和服务是相同或类似的。不同的行业就有了不同的行业习惯和规则；相同的行业就会产生相同的或类似的行业习惯和规

---

* 本文作者为王瑞、张航旗。

[1] 《列宁全集》（第3卷），人民出版社1994年版，第17页。

[2] 《列宁全集》（第1卷），人民出版社1994年版，第80页。

[3] 卓炯：《论社会主义商品经济》，广东人民出版社1981年版，第23页。

则，这些行业习惯就是最早的商事规则，后来就成了行业性的商事法。[1]商法也就具备了行业性的特征。

最早的行业性商事法应该是《海商法》，它是专门规范海上运输行业的商事法，后来，又陆续出现了专门规范保险行业的《保险法》，专门规范银行业的《银行法》，专门规范证券行业的《证券法》等。

一、海上运输业的产生、发展与《海商法》

公元前 3 世纪，古希腊人制定的《罗得法》[2]（Lex Rhodes or Rhodes Law），被人们认为是古代海商法的最初形式，为以后的海损和海上保险及其海商信用制度奠定了基础。在公元前 2 世纪到公元 1 世纪，罗马帝国成了西方世界最强大的国家，古代罗马统治着商业和航海高度发达的地区，罗马商业被称为"世界性的商业"，东罗马帝国时期以《罗得法》为基础编纂了《罗马海商法》。

到了中世纪，意大利城市的海上贸易频繁开展，由商人发展起来的商法规则得以汇集和传播。最早的例子大约 1095 年第一次十字军东征时，由位于第勒尼安海的意大利海岸的阿马尔菲共和国采用的一个海商法汇集，即《阿马尔菲表》，其权威逐渐被意大利所有共和国所承认[3]。大约 1150 年奥列隆以海商法庭的判例为内容编纂《奥列隆法典（案卷集）》，该法典深受《罗得法》的影响，反映了欧洲各航海民族的思想和习惯，广泛适用于英国、法国、荷兰及北海、波罗的海沿岸各国，尤其在英国具有特别的权威，而且该法成了十三四世纪汉萨同盟与波罗的海国家建立海商法体系的基础[4]。大约 1340 年，《康索拉多海事法》由西班牙巴塞罗那海事法院编纂，是流行于地中海地区的海事习惯法和法院判决的汇编，成了被普遍承认的海商习惯。1350 年源自《奥列隆法典（案卷集）》的《维斯比法》在波罗的海国家中也

---

[1] 恩格斯曾指出："在法律发展的每个很早阶段，产生了这样一种需要，把每天重复着的生产、分配和交换产品的行为用一个共同的规则概括起来，设法使个人服从生产和交换的一般条件，这个规则首先表现为习惯，后来便成了法律。"参见《马克思恩格斯选集》（第 2 卷），人民出版社 2013 年版，第 538 页。

[2] ［美］孟罗·斯密：《欧陆法律发达史》，姚梅镇译，中国政法大学出版社 1999 年版，第 220 页。

[3] ［美］哈罗德·J. 伯尔曼：《法律与革命——西方法律传统的形成》，贺卫方等译，中国大百科全书出版社 1993 年版，第 420 页。

[4] ［美］汤普逊：《中世纪经济社会史》（下册），耿淡如译，商务印书馆 1984 年版，第 178 页。

取得了广泛的权威。在这一时期包括海商习惯法在内的商人习惯法具有真正的国际性[1]。

中世纪后期，商人习惯法通过国内法的方式被转化为适应国家政治经济的需要。在欧洲大陆，早期各国的商事成文法实质是对中世纪商人习惯法的确认。可以说近代 17 世纪到 19 世纪末，古老的、灵活的和具有世界性的海商法逐步变成了国内成文法。由于各国不同的社会和政治原因，各国的立法具有明显差异，海商法传统的国际性受到限制。1860 年，由英国社会科学促进会发起，并联合欧洲各海运国家的航运、保险和理算等各界人士在英国格拉斯城共同制订了理算海损的统一规则。1877 年，经多次修改的《约克-安特卫普规则》[2]在调整国际共同海损理算方面发挥着重要作用，成了这一领域的主要国际惯例规则。

从 19 世纪末 20 世纪初开始，已经有一些非政府间国际海事组织及行业协会成立，它们制定有大量行业习惯规则或标准合同，例如"金康合同""波尔梯姆合同"。国际海事委员会成立后[3]，于 1987 年制定《船舶碰撞损害赔偿草案》（又称《里斯本规则》）、《电子提单规则》《油污损害赔偿指南》等国际海事规则。1948 年在日内瓦联合国海事会议上通过《建立国际海事组织公约》，1959 年国际海事组织成立，相继制定了 1969 年《国际船舶载重线公约》《国际油污损害民事责任公约》，1971 年《设立油污损害赔偿基金公约》，1980 年《国际货物多式联运公约》等。政府间国际组织和非政府组织进行合作共同制定国际海事规则，从而使各国的海商法逐步趋于一致。

海商法是通过不断吸收海上运输过程中的特有习惯和规则而逐渐形成的。这是一套与其他行业完全不同的法律体系：它有自己特殊的关于船舶买卖、船舶租赁、委托代理、海上货物运输、海上保险法律制度；它还有自己特殊的关于对物诉讼的令状和扣押程序；甚至还有一套自己独立解决争议的海事法院体系，以至于在长期的独立发展过程中，逐渐形成了自己的以成文海商

---

[1] ［美］哈罗德·J. 伯尔曼：《法律与革命》，贺卫方等译，中国大百科全书出版社 1993 年版，第 420~421 页。

[2] 司玉琢：《海商法》，法律出版社 2003 年版，第 308 页。

[3] Http：//www.comitemaritime.org/cmidocs/rules-idx, html, CMI 1897 年成立，专门致力于在全球范围内统一海商法的非政府国际组织。

法或普通海商法为主的商事习惯法。[1]海商法在漫长的历史发展过程中，通过数百年的海事实践形成了许多完全不同于其他行业的独特的海事习惯，这些海事习惯大部分已经被成文法所确认，比如船舶优先权制度、共同海损的分摊制度、海难救助制度、海上保险制度、船舶及船员的配备制度等等。[2]其中，海难救助是海商法中一项特有的、古老的、由海事习惯演化而来的法律制度，其目的在于鼓励人们救助遇险的船舶、货物或人命。但是，在船舶优先权的法律规则中，海难救助的救助款项的给付请求却有着独特的排列顺序。在陆地上的担保权一般是按照担保登记的先后顺序来排列的，而船舶优先权的排列却与此相反，例如，同一顺位中最后发生的项目却最优先。[3]

二、保险业的产生、发展与保险法

保险业和保险法是伴随着海上贸易发展起来的，现代意义的保险法产生于 14 世纪。当时以地中海为中心的海上贸易兴盛发达，促使海上保险迅速发展，为此需要在法律上对海上保险活动加以规范。这导致位于地中海沿岸的各个海上贸易和海上保险发达的城市颁布了有关海上保险的法律。第一个当推 1369 年由热那亚政府颁布的《热那亚法令》；继而出现的 1468 年《威尼斯法令》规定有关保险单格式及防止欺诈的内容；而 1523 年的《佛罗伦萨法令》总结以往海上保险经验而制定标准的保险单格式，明确了保险商与船东及货主之间的权利和义务，并拟定了保险商索赔的程序；而 1435 年西班牙国王雅克一世颁布的《巴塞罗那法令》则规定了海上保险的承保规则和损失赔偿手续以及防止欺诈、禁止赌博等问题，构成了现代意义上的海上保险法规。

随着哥伦布发现新大陆，海上贸易中心逐步从地中海地区转向大西洋沿岸，海上保险业和海上保险法得到进一步发展。1556 年，西班牙颁布法令确立保险经纪人制度，对保险经纪人实施管理；1682 年，法王路易十四颁布《海事条例》[4]，后编入 1807 年的《法国商法典》；1563 年，菲力普二世颁

---

[1] William Tetley, "Mixed Jurisdictions: Common Law vs. Civil Law（Codified and Uncodified）", *Louisiana Law Review*, 60（2000）, 677.

[2] 冯辉："论船舶优先权"，对外经济贸易大学 2006 年博士学位论文。

[3] Jonathan M. Landers, "The Ship-owner Becomes a Bankrupt", *The University of Chicago Law Review*, 39（1972）, 491.

[4] 1681 年《海事条例》首创将海上保险制度列入海商法的立法体例。

布了由航海法令和海上保险两部分内容构成的《安特卫普法典》[1]；1701年德意志汉堡颁布了海损及保险条例。这些都使保险法日益完善。

从1756年到1778年，英国首席法官着手收集整理欧洲各国的海上保险案例及国际惯例，并将商业事务和普通法相结合，编订了《海上保险法（草案）》；1906年英国颁布了《海上保险法》，此后该法成了世界各国海上保险法的蓝本，对海上保险产生了极大影响；1901年德国颁布的《民营保险业法》对当时的保险业产生了重要作用；1862年英国政府颁布《保险公司法》，对于各类保险公司注册登记的内容和程序均予以明确规定；1774年英国政府颁布的《人寿保险法》确定了人身保险行业的经营规则和监督管理制度。

三、银行业的产生、发展与银行法

近代银行起源于中世纪的欧洲，主要出现在当时的世界商业中心的意大利城市。1580年成立的威尼斯银行通常被认为是最早使用"银行"名称经营业务的。英语中银行一词"bank"就是由意大利语的"Banca"演变而来的，原意是交易时用的长凳、椅子。16世纪末，银行逐渐在欧洲其他国家兴起，1609年成立的阿姆斯特丹银行，1619年成立的汉堡银行和1621年成立的纽伦堡银行等都是当时著名的银行。

英国的银行是在金匠业的基础上发展而来的。17世纪中叶，英国的金匠业很发达。他们为客户保管金银货币，签发保管凭证，收取保管费用，还进行金银划拨。后来，随着保管收据逐渐演变为银行券，划拨凭证演变为银行支票，十足准备金转变为部分准备金，金匠业逐渐发展成为从事货币经营业务的银行业。

英国早期的银行规模较小，以私人银行或合伙银行为主，在19世纪40年代，英国颁布了最早的银行法《英格兰银行条例》。到了一战爆发前，具有更强竞争力的股份制银行已经完全垄断了英国的银行业。比较大的股份制商业银行一方面将那些私人银行或合伙银行进行了吞并，另一方面还对那些规模较小的股份制银行进行了兼并，从而使得资本高度集中。二战结束后，这种资本高度集中的情况更加突出，形成了由屈指可数的几家银行绝对垄断的局面。

---

[1] 安特卫普现为比利时港口城市，原为西班牙的殖民地。

随着银行业的发展，英国的商业银行业开始慢慢地向混业经营的模式过渡。1963 年，商业银行被批准可以从事存款证业务，这标志着银行业多元化业务经营的开始；1964 年，英国颁布了《英格兰银行法》，该法对银行业的监管还是非常宽松的；1973 年，商业银行开始从事中长期存贷款、利率互换等一系列业务，银行的中间业务利润占据业务支出的比例开始快速上升。自 1973 年至 1974 年的银行危机之后，这种宽松的监管方式受到挑战，英国政府开始认识到必须对原有的《1964 英格兰银行法》进行修订，因为该法仅规定，英格兰银行可以向金融机构提出劝诫，而"劝诫"又无法律强制力。于是，英国 1979 年 10 月重新颁布了《银行法》，这是英国第一部完整的《银行法》。该法规定，凡在英国经营金融业务的银行都必须受英格兰银行管辖。这部法律使英国金融业的监管走向了法制轨道。从整体上讲，1979 年《银行法》没有从根本上改变传统的监管模式，监管工作在很大程度上受监管官员的支配。1984 年 10 月英国发生了"JBM"事件，即所谓约翰逊·马休银行倒闭事件。[1]此事件暴露出英国银行法的缺陷。为此，1987 年 5 月颁布了《1987 年银行法》，进一步明确了英格兰银行的监管职能。[2]

20 世纪 80 年代以来，英国的分业经营开始发生重大变革，开始进行金融体制自由化改革。1986 年，英国颁布《金融服务法》，它从法律上确定了证券投资局在监管金融市场和金融服务业上的权威性和管理体制的基本框架，提高了金融机构的效率，也推动了英国银行混业经营时代的到来。作为老牌的资本主义国家，英国的银行体系是随着英国客观经济环境的世纪需求以及在世界经济地位上壮大，一步步建立和完善起来的。因此，英国的银行制度呈现出了渐进式的、自然结构式的特点。

四、证券业的产生、发展和证券法

证券市场伴随着资本市场的发展而发展，是资本运动的结果。早期的证券市场与资本主义的兴起有密切关系，证券市场是先进资本主义国家积聚和筹集社会经济资源的重要工具。随着社会经济的发展，证券市场在提供筹资、

---

〔1〕 约翰逊·马休银行倒闭的原因是该行对单个借款人的数额超过了公认的银行资本的 10%。"JBM"的资金只有 100 万英镑，但他向客户的贷款总额却超出了 10 万英镑。而 1979 年《银行法》并未对此作出规定，导致银行破产事件发生。此事件暴露出英国银行法的缺陷。

〔2〕 参见史云英："国银行法与银行监管体制的变革"，载《广东金融》1997 年第 8 期。

投资和资源配置、价格发现等功能方面越来越发挥着其他的金融市场所不能替代的作用，证券市场也就成了各国经济制度中的一个重要部分。据考察，18 世纪以前的荷兰、19 世纪的英国以及 20 世纪的美国，资本的积聚效率与证券市场功能密切相关，大国的崛起必须有强大的证券市场。

17 世纪初期，荷兰阿姆斯特丹设立了世界上最早的证券交易所。19 世纪初，英国诞生了正式的证券交易所。30 年后，伦敦交易市场因政府公债交易及大量铁路、矿山、金融股票的上市而达到鼎盛状态，并取代阿姆斯特丹成为世界证券交易中心。两次世界大战后，英国的经济实力与经济地位下降，伦敦市场开始衰退。

美国的证券市场在国际资本市场上最具有影响力。华尔街是美国的资本市场乃至金融服务业的代名词，以华尔街为代表的美国资本市场的历史长达三百多年，简要概括，可分为三个历史阶段：

第一阶段，从 16 世纪中期到 19 世纪末期，纽约是荷兰的殖民地，当时荷兰形成了包括银行、股票交易、信用、保险、有限责任公司等一套非常完整的金融体系，因此，现代金融业在北美的兴起，与荷兰人的商业精神有很大关系。

独立战争后，汉密尔顿[1]发行大量股票，市场基础扩大，纽约股票委员会出现，该委员会是纽约股票交易所（NYSE）的前身。1776 年，亚当·斯密的《国富论》出版，受亚当·斯密的影响，美国的两位开国元勋汉密尔顿重视对市场监管与调控的思想和杰斐逊轻视证券市场作用的思想一直存在并此消彼长。在这个阶段，美国没有建立国家监管机构，证券市场充满欺诈，于是证券市场自身产生了"经纪人的自发革命"，由市场的"无形之手"促进了美国证券市场的第一次转折。

第二阶段，从 19 世纪末到 20 世纪初，是美国证券市场的成长期。1929年突然出现"黑色星期一"，导致股市崩盘，之后发生的"大萧条"给美国经济带来了沉重打击。在此背景下罗斯福总统实施"新政"，在他的推动下，20 世纪 30 年代和 40 年代初期通过了一系列法律，包括：《1933 年格拉斯-斯蒂格尔法案》《1933 年证券法》《1934 年证券交易法》等一系列法律。其中

---

〔1〕 汉密尔顿是美国联邦政府的第一任财务部长，他是美国早期金融体系的设计者，对纽约能够成为国际金融中心，产生过重大的影响。

依据 1934 年的《证券交易法》，建立了美国的证券市场监管机构——证券交易委员会（SEC）。

第三阶段，从 20 世纪中期到现在，是美国证券市场的成熟期。总体上看，美国证券市场稳定发展，基金业迅速发展，机构投资者成了市场的主体力量。但在安然事件后，美国迅速出台了《萨班尼斯-奥克利法案》。美国市场的实践表明，证券市场的发展就是一个不断完善制度的过程。

综上所述，海上运输业、保险业、银行业、证券业等行业的产生发展的条件、经营范围、行业习惯和规则等的不同，决定了针对各行业专门立法的内容各不相同。因此，商事单行法表现出了行业性的特征。我国改革开放后，也先后颁布了各种行业性的商事单行法，如：《海商法》（1992 年）、《保险法》（1995 年）、《商业银行法》（1995 年）、《证券法》（1998 年）、《信托法》（2001 年）等。随着市场经济的发展，行业分工更加深化、细化，一些新的行业在不断地形成和发展，并产生了新的行业性商事单行法，如针对广告业制定的《广告法》，针对旅游业制定的旅游法等。[1]这进一步说明了商法的行业性特征，并提醒我们商法学界不仅要注重对已有旧行业性商事法的研究，而且更要注重对新兴行业商事规则的研究，以使我国行业性的商事法体系更加科学、合理和完善。

［该文发表在《湖南科技学院学报》（第 36 卷）2015 年第 1 期，
第 139～141 页］

---

〔1〕 我国在 1994 年颁布了规范广告业的《广告法》，在 2013 年又颁布了规范旅游业的《旅游法》。

论中国商帮文化中的自律规则

摘要： 中国商帮文化中的自律规则是一整套严密的民商事规则体系：家规、家训、族规、族训是以家庭为核心的民事行为规则；店规、号规、行规、会规是围绕企业和行业而展开的商事行为规则。其集中体现了中国传统儒家文化中仁爱、忠义、诚信的思想，非常值得我们现代人，尤其是现代商人学习、传承，并且，有义务和责任将其不断发扬光大。

关键词： 商帮文化　自律规则　儒家思想

中国明清时期十大商帮的兴盛，并非偶然，而是与很多条件联系在一起的。其中，中国商人以儒家思想为核心，创立的一系列的自律规则，在其发展过程中应该是起到了非常重要的作用，尤其是在当时缺乏国家外部他律规则保护的条件下，中国商帮文化中的自律规则就显得更为重要了。可以这样断言：没有商帮文化中的自律规则，中国十大商帮的兴起几乎是不可能的。结合当今社会，虽然我国民商事他律规则已经非常完善，但是，有些商人见利忘义，以假冒伪劣商品欺骗、坑害消费者的现象屡屡发生，其主要原因就是当今社会商人道德自律的普遍缺失。因此，充分继承和发扬中国商帮文化中的优良传统，对于建立一个充分竞争、稳定有序、诚实信用的理想商业环境，意义非常重大。

中国商帮文化中的自律规则，不是个别的、零散的，而是在中国传统儒家思想的指导下，通过与中国商人的具体商业实践相结合，逐步建立的一整套严密的自律规则体系，以个人和家庭为起点，从内而外，依次是：家规、家训、族规、族训、店规、号规、行规、会规等。家规、家训、族规、族训是以家庭为核心的民事行为规则；店规、号规、行规、会规是围绕企业和行业而展开的商事行为规则。

一、中国商帮文化中的家规、家训

家规、家训，是同姓家族自己制定，要求所有家庭成员共同遵守的各种行为规范和规章制度的总称，通常是由父祖长辈、族内尊长为后代子孙和族众规定的立身处世、持家治业的原则、规范、训语和禁戒。家规与家训的最早出现，并不是在家谱之中，而是独立的单本形式，只是后来才正式进入家谱当中。总体来说，家训内容出现较早，宋代以前基本成熟。

家规、家训是先辈留给后人的为人处世宝典，是中国传统文化的重要组成部分，也是家谱中的重要组成部分，其家训在许多方面反映和记录了我国的传统美德和民族精神，它在历史上对人们的修身、齐家发挥了重要作用。

家规、家训的表现形式多种多样，自成体系：一是以楹联、题图碑刻、匾额形式表现的格言、警句式的家规、家训；二是正式写入家谱中或以单行本的形式记录传承下来的家规、家训；三是以不成文的方式，口口相传下来的家规、家训。家规、家训一般短小精悍，方便背诵和记忆。

第一种形式的楹联、匾额等在晋商、徽商等家宅院落中最为常见，构成字数非常少，最多两句话，甚至就四个字。例如：体现孝悌友爱的："孝弟传家根本，诗书经世文章"；体现仁义忠厚的："传家有道惟存厚，处世无奇但率真"；体现洁身低调的："清以自修诚以自勉，敬而不怠满而不盈"；告诫儿孙，注重节俭，不要贪图安逸，坐享祖业的："求名求利莫求人，须求己；惜农惜食非惜财，缘惜福"；要求家人积德行善，中正谦和的："为善最乐""懋德务实""履中蹈和"等。

第二种形式的家规、家训，相对来讲，一般比第一种篇幅要长一些，少的几十个字，多的可达四、五百字。最具有代表性的要数晋商乔家的家训："……勤俭持家之本，和顺齐家之本。书，起家之本。忠孝，传家之本。祖宗之泽，吾享者是，当念原来积累之难。兄弟叔侄，分多润寡；长幼内外，宜法肃词严。重资财，薄父母，不成人子。勿挟私仇，勿营小利，勿谋人之财产，勿饮过量之酒，勿妒人之技能，勿淫人之妇女，勿唆人之争讼，勿坏人之名利，勿破人之婚姻，勿倚权势而辱善良，勿恃富豪而欺穷困。……"

第三种形式的家规、家训，我们以乔致庸后人在回忆录中记载的对儿孙的口头告诫为例。他经常这样对乔家第五代传人乔映霞说：经商处事首为

"信"，次为"义"，第三才是"利"。又诫"骄、贪、懒"三个字。唯无私才可讼大公，唯大公才可成大器。"气忌燥，言忌浮，才忌露，学忌满，胆欲大，心欲小，知欲圆，行欲方。"

乔家家规始立于乔氏发家始祖乔贵发，完善于把乔家发展至巅峰的乔致庸，乔家家训主要是乔致庸借用明末清初著名理学家、教育家朱柏庐的《朱子家训》和自古流传民间的修身格言等，择其要作为家训。乔致庸临终前，向后辈口述了"六不准"家规：不准纳妾；不准赌博；不准嫖娼；不准吸毒；不准虐仆；不准酗酒。"六不准"家规虽然只有24个字，却明明白白告诉乔家子孙要杜绝不良习气，做纯正温良之人。乔家的六条家规并没有写在什么地方，而是乔家一辈辈口传心授的。这几条不复杂，但意义深远。这六条家规，都是正心、正身、正人的基本原则。把这六条守住了，你就是端正的人，你才有资格去做事。乔家兴旺延续了两百多年，一是靠家规正人，二是凭家风兴业。

二、中国商帮文化中的族规、族训

族规、族训的适用范围比上述家规、家训的范围要广，不仅适用于一个同姓家庭，而且也适用于同姓的、同一宗族的多个家庭。族规、族训的产生要晚于家规、家训，是在明清时期，随着封建宗法制度的完善而逐步定型的。这也就是说，家训早于族规，同时也多于族规。

族规、族训的核心是"敬宗"和"收族"两大方面。"敬宗"是强调传统的追溯，旨在建立家族血缘关系的尊卑伦序；"收族"则着眼于现实，寻求家族内部长期和平共处、聚而不散的途径。全国各地族谱大多有族规条款，而且这种由同姓家族制定的公约一般会置于卷前，以示重要。民间有"国有国法，族有族规"的说法，就是反映了家族规约对族人的影响力。

我国徽商所在的徽州地区，由于地势比较封闭，中国传统的封建宗族社会的形态保留得非常完整，是一个典型宗族社会。徽州宗族势力促进了徽商的发展，徽商资本反过来也强化了宗族势力。在徽州商人的心灵深处，受强劲的伦理道德的激励，在程朱理学的熏陶下，在提倡"新四民观"的重商思想支配下，坚持以家族为本，以追求光宗耀祖为终极目标的理念，势必转化为驱策徽州商人经商的精神力量。[1] 徽商在政治伦理上是以程朱理学为依归的，坚持"官本位"的价值观；而在经济伦理上，则以王阳明提出的"四民异业而同道""百姓日用即道"（《王阳明全集：节方庵公墓表》），打破传统的以经商为耻的旧有价值观。"徽民寄命于商"而非寄命于农，以商为本而非以农为本。[2] 徽商大族的"家典""族规"是以朱熹制订的《家礼》为蓝本，《家礼》以"三纲五常为大体"，目的是"明君臣父子夫妇之伦，序亲疏贵贱之仪"。《家礼》作为维护宗族统治的思想武器，被推而广之，运用到维持徽商内部的封建秩序上来。最富有或有"德行"的商人被推到"宗主"的地位，领导徽商与外帮势力竞争，这是徽商特别强固有力的重要原因。[3] 笔者在此选取最具代表性的徽商大族胡氏家族的族规（明经胡氏族规：节选），来体会一下其中的丰富历史文化内涵：

> 本族每逢大事，必于祠堂召集本族之丁公议，切不可单断独行。
>
> 父母乃生身之本，为子者内尽其心，外竭其力，奉养无违、方称肖子。如有忤逆之辈，该房长及亲支人，即入祠，严加责惩。
>
> 尊卑之间，次序宜重。长幼之节、规矩当循。尊长者固不可以大压小，卑幼者，尤当戒以下凌上。倘有恃逞强恶、悔慢不逊，凶殴尊长者，旋鸣族房长，入祠责惩。
>
> 婚姻之礼，大典攸关。凡属结姻，必择忠厚之家、贤淑之女。……
>
> 赌博、酗酒、行凶及游手好闲之徒，恃强欺压乡愚，索诈各项，尤为当世所严禁。为父兄者宜时加训诫。倘屡教不改，合族公同惩辩。
>
> 族内口角，无论亲疏，均系一脉，必先经房族长公同照理调处、免伤和气。毋徒逞一时之忿，不顾同宗之义，遽尔辄兴讼端。凡我族之人，各宜遵守。
>
> 本族规条谨严，奖罚有秩。祠设专资，用于嘉勉、捐赠事项。祠设笞一枚一，用于责罚违犯族规者。
>
> 以上乃维系吾族利益之紧要，族内人等，当知恪守遵办。家教严而颓风革，族规森而礼义兴。共相勤勉，于族有厚望焉。

---

〔1〕 唐力行：《徽州文化全书：徽州宗族社会》，安徽人民出版社 2005 年版，第 11 页。

〔2〕 唐力行：《徽州文化全书：徽州宗族社会》，安徽人民出版社 2005 年版，第 9 页。

〔3〕 唐力行：《徽州文化全书：徽州宗族社会》，安徽人民出版社 2005 年版，第 172 页。

另外，明经胡氏家族的祠堂里，还陈列着"列祖列宗族训"，用以教育和警示后世族人：

> 读书，起家之本；勤俭，治家之源；和顺，齐家之风；谨慎，保家之气；忠孝，传家之方。竭忠尽孝，谓之人；治国经邦，谓之学；安危定变，谓之材；经天纬地，谓之度；万物一体，谓之仁。庶民之业唯仕唯尊，贾而崇义，儒而尚仁。

安徽"明经胡氏"族规、族训以仁、义、礼、学传承治家之本，读书、勤俭、和顺、忠孝成为世代子孙的精神引领，保持了传统的人文气息与治家、做人、处事的根本。是中国商帮文化中，族规、族训的代表。

三、中国商帮文化中的店规、号规

中国自古将商人分为"行商"和"坐贾"。坐贾，又叫坐商，一般指有比较固定的经营场所，从外进货或自己造作然后出卖。而行商，多指那些走街串巷的小商小贩们。所谓的店规、号规是指坐商开设了店铺，招收了店员后，为其店铺设立的内部自律性的经营规则，针对店铺的叫"店规"或者"铺章"；针对商号或票号的叫"号规"。"经商之道，首在得人；振兴之道，首在铺章"，由此可见，店规、号规的重要性。店规与号规所规范的对象已经超越了家庭、亲族关系，所以，其针对商事活动的专业性特点更加突出。

电视剧《新安家族》，开剧就是一群小学徒大声朗读《鸿泰商训》："斯商，不以见利为利，以诚为利；斯业，不以富贵为贵，以和为贵；斯买，不以压价为价，以衡为价；斯卖，不以赚赢为赢，以信为赢；斯货，不以奇货为货，以需为货；斯财，不以敛财为财，以均为财；斯诺，不以应答为答，以真为答；斯贷，不以牟取为贷，以义为贷；斯典，不以情念为念，以正为念。"这九条"鸿泰商训"正是"鸿泰钱庄"的店规，学徒们每天都要大声地背诵，直至领会精髓、融于血液、深达灵魂。另外，晋商的乔家也有商训：①准备充足，谨慎从事；审时度势，稳步前进。②人弃我取，薄利多销；锐意经营，出奇制胜。③货真价实，诚待顾客；近悦远来，注意名誉。④小恩小让，不为己甚；遇事忍让，恰到好处。⑤慎始慎终，知人善用；金银往来，认真行事。当年乔家的店铺、商号，应该也像鸿泰钱庄一样，要求学徒朗读、背诵这五条乔家商训。

号规当中，最有代表性的就是山西票号的号规。如：日升昌票号的九条号规："不准在外巨数支使，以致祁无纪律也；不准私自捎物，致累人格也；不准就外厚道，致滋舞弊也；不准私带亲族，影射号中银钱也；不准私行囤积放人名贷款也；不准奢侈滥费，以耗财力也；不准侵蚀号中积蓄也；不准花酒赌博，致堕品行也；不准吸食鸦片，致干禁令也。"大德通1884年号规规定，号内人员应当以"和衷为贵"，在上位者，要宽容爱护下级，但不得偏袒；在下位者也应自知自重，不得放肆。1901年，大德通总号为蜀地分号拟定号规，要求号内人员，"凡事待人以德，必须诚心相交"；"我号谦慎相传，须以谦和勤俭为根本"。大德通票号非常详细地规定了15条用人制度，如：号内职工一律不准携带家眷，更不能嫖妓和纳妾；号内职工一律不准听戏、赌博、抽大烟；赏罚严明。职工做事出色，立即破格提升。如不规矩，到时按所犯错误酌情处理等。

除此之外，乔家在1884年，由大德兴茶庄改大德通票号时，议定号规30条："从新事招牌""账簿格式""经营范围""码头人位，各种禁忌"等都有详细而具体的规定。就具体要求方面，山西票号无论哪帮哪家，对号内成员都规定有不得触犯的禁条。由于篇幅所限，在此不能一一列举。

在徽商当中，胡庆余堂的店规，沉淀的丰富独特的文化，可以说是中国传统商业文化之精华，也是胡庆余堂百年老店经久不衰的法宝之一，其中要数"戒欺"文化最为深入人心。①是乃仁术。它表达了胡庆余堂创办药业是为了济世、广济于人。这四个字出自《孟子·梁惠王上》："医者，是乃仁术也。"更反映了当时就有难能可贵的诚实守信和治病救人的仁义。②真不二价。胡庆余堂制药遵守祖训："采办务真，修制务精"，所生产药品质量上乘，所以在竞争上提倡货真价实，"真不二价"。"真不二价"的横匾至今还悬挂在国药号大厅。③戒欺。胡庆余堂崇尚戒欺经营，著名的"戒欺"匾额系胡雪岩在清光绪四年（1978年）四月亲笔所写店训。它告诫属下："凡百贸易均着不得欺字，药业关系性命，尤为万不可欺。"

四、中国商帮文化中的行规、会规

随着明清时期中国商品经济和早期资本主义萌芽的发展，中国传统社会"官""民"二元的社会结构逐步过渡到"官""民""商"的三元社会结构。作为"官"系统的国家政权不深入县以下，县以下的地方社会基本上是由

"民""商"系统的家族、乡族、乡约、行会、会馆等各种社团进行自我管理，行会、会馆组织也逐渐成为具有同样性质的自治社团，它起到协调商人团体内部关系，维护商帮整体利益以及管理流动人口的重要功能。过去笔者注意到在中国旧秩序下，国家法律制度和司法制度缺乏对财产权和民商事活动的有效保护和规范，会馆组织就弥补了这一缺陷。一方面，会馆通过确立行业规则，提供制度保障和服务，在明晰产权，处理商务纠纷，保证合同契约的顺利执行，反不正当竞争等方面起到了重要作用；另一方面，对于那些治理职能之外的民事和商事纠纷，有的会馆又向政府申请立案，寻求政府的保护，充当了国家与社会交涉的媒介。[1]

行规、会规明显带有行业性的特点，行会的设立、行规的制定大多是按行业进行的，不同的行业成立不同的行会、制定不同的行规，比如：明清时期，北京山西布行商人建立的晋翼会馆（小蒋家胡同），颜料行业商人建立的山西平遥会馆，粮油业商人建立的临襄会馆，宁波药材商人建立的四明会馆，上海的山西票号商人成立的上海汇业公所，等等。行会和会馆设立之后，接下来就是议定行规、会规或章程，当时的每一家行会、会馆都应该制定了自己的行规，但是，由于时代久远，文物保护不利，许多行规都已经失传了，保留下来的并不是很多。

会馆不仅是商人制定行规的场所，而且还是商人公议行规监督执行的场所。晋商会馆的行规也称"规牌"，规定了会员的权利、义务、会费和奖惩办法等。如道光八年（1828 年）的颜料会馆会规就有如下规定："前因行中往来交易，秤砝之说，多有扰古。因此公立行评四秤，俱以交准，彼时来置银砝。后来人心屡有不顾，因而公议，新制银砝四块，每块重五十两分，派四城公用。日后行中交易，银价俱以新置银公砝直兑，决无异说。今因行中前有旧规，相油一事议定。外来之油，诚献行庙香资钱三钱，以备神前供用。立规之后，大家悦均。近来，人心狡猾，广有买卖之油，不以实数报行。倘有无耻之辈，不遵行规，缺价少卖，隐藏篓数，异日诸号查出，甘心受罚，神前献戏一台，酒席全备，不得异说。如若不允，改以狡猾，自有合行公论。倘然稽查不出，愧心乱规，神灵监察不佑。警之，戒之。"行会还明确订立了

---

〔1〕 参见陈炜、史志刚："地域会馆与商帮建构"，载《乐山师范学院学报》（第 18 卷）2003 年第 1 期。

会员处罚办法。如财产处罚、名誉处罚等。[1]

1903年，由北京金银号商会制定的《北京汇兑庄商会章程》规定："商会之设，原所以联络同业情义，广通声息。中华商情向称涣散，不过同业争利而已。殊不知一人智慧无多，纵能争利亦属无几，不务其大者而为之。若能时相聚议，各抒所见，必能得巧机关，以获厚利。即或一人力所不及，彼此信义相孚，不难通力合作，以收集思广益之效。"章程规定执董设置、聚会时间、定期不定期协商讨论，"或有益于商务者，或有病于商务者，即可公平议定，禀请大部核夺执行"。票号行会每月定期聚会一两次，岁始、端午、中秋三节还有定期例会。

河南舞阳北舞渡晋商杂货行于乾隆五十年（1785年）公议杂货行规并在会馆立碑为记。兹将行现摘录部分如下："买货不得论堆，必要逐宗过秤，违者罚银五十两。不得合外分伙计，如违者罚银五十两。不得沿路会客，如违者罚银五十两。落下货本月内不得跌价，违者罚银五十两。不得在门外拦路会客，任客投至，如违者罚银五十两。不得假冒名姓留客，如违者罚银五十两。结账不得私让分文，如违者罚银五十两。不得在人家店内勾引客买货，如违者罚银五十两。不得在栈房门口树立招牌，只写某店栈房，如违者罚银五十两。每年正月十五日演戏各家俱有齐备，如有违者不许开行。有新开行者，必先打出官银五十两到店吃饭，俱要饭钱。大清乾隆五十年岁次乙巳九月十七日，阖镇杂货行同立。"[2]

综上所述，以上选取的这些家训、族规、商训、号规、行规等，是中国商帮文化的代表，也是中国传统的商道精神和文化精神的具体体现，是古代商帮传承中华文明，在艰难、漫长的经商过程中，不断摸索、反复实践而建立起来的传统经营管理理念，睿智的经商之道，以及任人唯贤的选人、用人之道。中国商帮文化中的自律规则是一整套严密的民商事制度体系，家规、家训、族规、族训是以家庭为核心的民事行为规则；店规、号规、行规、会规是以企业和行业为核心的商事行为规则，在当时外部的国家他律规则不足的环境下，商人们自发制定的这些自律规则，替代国家民商事立法，起到了

---

〔1〕 参见杨海："晋商会馆信用制度的法社会学解析"，载《法制与社会》2010年第1期。

〔2〕 "晋商会馆文化"，载 http://www.tydao.com/jinshang/lishi/0218-huiguan.htm，访问日期：2017年1月20日。

对民商事权利的保护和对民商事行为的规范作用。这一完整的自律规则体系集中体现了中国传统儒家文化中仁爱、忠义、诚信的思想，非常值得我们现代人，尤其是现代商人学习、传承，并且，有义务和责任将中国传统的商帮文化不断发扬光大。

（该论文发表在《商业经济研究》2017 年第 9 期）

公司法专题

公司自治与公司法的修改

公司制度作为现代企业制度的一种重要组织形式，天生就是一种"无主管部门的企业"。这也是公司制度与我国传统的国有企业制度之间的显著差别，它完全摒弃了过去那种按行业设置主管部门的行政管理方式取而代之以公司当事人自我管理、自我约束、自我发展的管理方式，这种自我管理在法律上叫作公司自治。

公司自治是私法自治原则在公司制度中的具体表现，民商法的一个核心理念就是私法自治，公司法作为民商法的一个有机组成部分，自然不能例外。所谓私法自治，指平等的民商事主体之间在司法上的法律关系，主要由自然人、法人或其他经济组织在法律规定的范围内以自己的意思自主决定，任何机关或个人不得非法干预。私法自治同时也意味着，社会的经济活动原则上不是通过国家，而是由当事人自由竞争来调节和左右。私法自治的观念不是凭空想象出来的，它所反映的是以市场经济为基础的社会体制对法律的基本要求。而且只有在市场经济体制下，资源的有效配置才主要通过市场主体自愿的交换行为来实现，这样一来，自然经济条件下的人身依附关系就转化为了以交易性、有偿性财产关系为中心的平等自主关系。进入 20 世纪以来，出现了所谓的私法公法化的趋势，虽然国家加强了对经济生活的干预，但这种转变，只是对原来私法自治过于偏激认识的一种纠正，私法追求平等、自由、权利的本性并没有因此而改变。"领域当事人自治的原则并没有被抛弃和否定，西方社会也没有像学者所说的那样，从过去的个体本位转变为社会本位。"[1]

私法自治作为市场经济的一个基本理论，其含义是相当丰富的，主要包

---

[1] 参见张卫平：《诉讼架构与程式》，清华大学出版社 2000 年版，第 77 页。

括以下四个方面：①合同自由；②遗嘱自由；③社团的设立自由；④社团成立之后自主管理之自由。目前，我国法学界对前二者研究较多（尤其是对合同自由）而对后二者则关注较少，这也是笔者撰写此文的原因之一。另外，由于我国历来"重刑轻民"，"重农抑商"，缺乏民商法的传统与底蕴，再加上我国正处于向社会主义市场经济的转型时期，计划经济的阴影仍然存在，尤其是某些国家机关和个人，利用手中的权力非法干预企业经营自主权的现象还时有发生。因此，将公司自治作为一个基本原则提出来加以深入研究显得尤为必要。

党的十四届三中全会提出要建立现代企业制度，使企业成为"自主经营，自负盈亏，自我发展，自我约束"的法人实体和市场竞争主体。笔者认为"四自"的提法，具体落实到公司法领域就是"公司自治"，二者的基本含义是相通的，只不过一个是政策性的提法，一个是法学领域的提法而已。由此可见，提倡公司自治也是建立现代企业制度的需要。如果不能实现真正意义上的公司自治，也就不可能建立现代企业制度。

一、公司自治在公司外部的表现形式就是：公司必须在法律上享有真正意义上的独立人格。这是保障公司的前提和基础

公司人格独立是指公司一经合法成立，其本身就是法律上所认可的"人"。作为法人，它和自然人一样享有广泛的权利能力和行为能力。它可以拥有自己的财产，缔结合同，并以自己的名义起诉或应诉。换言之，公司的财产属于公司而非股东或董事，由公司业务发展所产生的权利和义务，归公司而非股东享有或承担；因公司行为导致的诉讼，公司是诉讼中的原告或被告，以公司的名义控告或辩护，而与股东无关。讨论公司自治问题必须以公司人格独立为出发点；而讨论公司人格独立问题，必须以公司所有权为出发点，如果公司所有权的归属问题不能彻底解决，公司人格独立、公司自治等则无从谈起。目前，一种比较流行的观点就是：公司所有权归股东所有。实际上这种观点"是一个高水平的误导，他常常更多的是模糊了一个十分重要的问题而没有把他们搞清楚"[1]。那就是股东只享有股权，即股份所有权。

---

[1] [美] 玛格丽特·M. 布莱尔：《所有权与控制》，张荣刚译，中国社会科学出版社 1999 年版，第 4 页。

根据马克思主义政治经济学的理解，这种股份所有权只是一种价值形态的所有权，而不是实物形态的或者说使用价值形态的所有权，这是由商品的二重性决定的。资本是一种商品化的资产，股东向公司出资，用转让使用价值形态的所有权换取了价值形态的所有权。而股东得到的这种价值形态的所有权仅仅是凭此对公司进行一定程度的控制的权利而非是对公司的所有权。如果承认股东是公司的所有者，而依公司法理，公司享有由股东投资形成的全部法人财产所有权，那么股东不仅享有股权，而且通过公司，还间接享有公司法人财产所有权，这显然是十分荒谬而且有悖"一物一权"法理的。股东最多只能是剩余所有者，而不是公司存续期间的所有者。实际上，构成实际财产所有权及公司所有权的正常权利，已经通过公司法人这一制度上的设计，由公司法人完全享有，并通过公司法人治理结构将其分解并分配到公司法人治理结构的众多参与者身上。这里就涉及一个核心问题，那就是到底什么是公司？什么是公司法人治理结构？公司法人治理结构的参与者包括哪些人？

借用西方产权经济学家的观点：公司本质上是由一系列的契约构成的，"这些契约可以划分为两大类：一类是正式契约；另一类是非正式契约。这些规范没有在正式的合同中写明从而不具有法律上的可执行性，但实实在在地起作用。正式契约又可分为两类：一类是适用于所有企业的'特殊契约'。前者包括由政府颁布的一整套法律、法规、条例，以及一系列具体的合同"。[1]这一"契约理论"将公司法、破产法、劳动法等法律规定，尤其是将那些非正式的社会文化习惯等统统归结为契约，对于一般人来讲的确有些难以理解。实际上以上这些所谓的"契约"，就是公司法人与社会其他相对人之间的社会关系，这样理解似乎更为确切和全面。因此，笔者在此将"契约理论"（Nexus of contracts）修正为"社会关系理论"（Nexus of social relationships），即公司本质上是一系列社会关系的总和。无论是法律、道德，还是社会文化习惯、合同、契约等，其实质上都是人与人之间的社会关系的不同表现形式而已。由此可见，公司法人这一概念既是具体的又是抽象的，公司法人不像自然人一样，有血有肉，看得见摸得着，它是法律做出的一种制度性安排。我们只

---

　　〔1〕梁能：《公司治理结构：中国的实践与美国的经验》，中国人民大学出版社2000年版，第24页。

能在公司与其他人和社会之间发生的各种权利义务关系之中才能真正体会到公司的真实存在。而且也只有这样的公司才能够真实存在。"如果要从法律上追求公司的'本体'，我们最多只能说它代表着一种特殊的'权利义务归属秩序。'所有的公司活动最终都是那些在公司负有特定职责的自然人的活动按照既定的法律秩序被视为'公司的活动'。当这些人的活动符合这种法律归属秩序时，我们说他们的行为就是公司的行为，当这些人的行为不符合法律归属秩序时，他们的行为后果就不能由公司承担。"〔1〕"这些在公司中富有特定职责的自然人"就是指依法参与到公司法人治理结构（corporate governance）中的那些人。公司法人治理结构狭义上是指股东、董事、监事的权利、义务，股东会、董事会、监事会的功能结构等方面的制度安排；广义上是指有关公司控制权和剩余索取权分配的一整套法律、文化和制度性安排，这些安排决定了公司的目标，解决谁在什么状态下实施控制、如何控制、风险和收益如何在不同企业成员之间分配等这样一些问题。因此，广义的公司治理结构与公司所有权安排几乎是同一个意思，或者更准确地讲，公司治理结构只是公司所有权安排的具体化，公司所有权是公司治理结构的一个抽象概括。从这个意义上讲，我们中的所有人，包括自然人、法人，只要直接或间接与公司发生关系，都有可能主动或被动地参与到这个公司的法人治理结构之中。然而，从狭义上讲，最直接和主动参与公司治理结构的核心人物还是该公司的股东、董事、监事、经理、职工等。

通过以上分析，我们可以这样认为：公司在法律上是一个独立自主的法人实体，除公司本体之外，他不隶属于任何个人、团体，公司的所有权是通过参与公司治理结构的自然人按照法定程序作为一个整体来实现的。

二、公司自治在公司内部的表现形式就是：公司的事务和业务，由公司机关根据公司法和公司章程（the Articles of Association）、内部规则（Bylaws）所确定的规则来管理和决定，而不是靠国家计划、政府主管部门的意志来安排

上文我们曾经提到过公司所有权是通过参与公司治理结构的自然人按照

---

〔1〕 张开平：《公司权利解构》，中国社会科学出版社 1999 年版，第 56 页。

法定程序作为一个整体来实现的。这里的法定程序就是：（以股份有限公司为例）由股东组成股东大会或股东代表大会，由董事组成董事会，由监事组成监事会（英美国家公司无此机关），并按法定职权和议事规则来运行，其中股东大会或股东代表大会的组成职权和议事规则主要由公司法来规定；董事会和监事会的组成、职权和议事规则主要由公司章程来规定。依据公司法的规定，尽管股东们没有直接运作公司的权利，但他们在公司日复一日的管理中拥有强有力的影响。因为法律授予了他们选举董事会、监事会成员的权利。反过来，董事会有权任命和解聘公司的总经理和其他高层管理成员，并负责监控公司的账户、批准公司的战略计划以及其他重要的决策和活动。监事会则主要负责检查监督，其监督范围不仅涉及公司财务，也涉及业务执行，其被监督人员，包括董事会及其成员和经理等管理人员。通过以上一系列分权制衡性质的制度性安排，使公司内部自治得以实现，并体现了一个民主管理、科学决策的管理理念。

正如江平教授所说："在市场经济下，再靠计划和上级主管部门来约束企业的行为就不符合时代的要求了。那么，在市场经济体制下，它靠什么来约束企业的行为呢？有两个法宝，一靠法律；二靠章程。法律就是公司法以及一些配套的法规、规章，它代表的是国家的意志。而章程，他是靠发起人、股东制定并通过的，他体现了发起人和股东的意志。"从历史的发展来看，公司的诞生要先于公司法，历史上最早产生的公司章程也要先于公司法，在未有公司法之前，英国的商人们则是利用信托方式，根据"财产托管证书"（deeds of settlement）设立公司。这种财产托管证书或称"财产托管协议"是后来公司章程的雏形。公司法的诞生标志着公司这一适应市场经济发展要求的商事自治组织得到了国家和社会的广泛认同，公司自治和公司自治章程得到了法律的承认和保护。同时，公司法的诞生也意味着公司这样一种营利性商事主体的运作，并不仅仅是公司股东之间以及公司管理层之间的事情，它同时涉及公司与债权人、公司与社会公众投资者、公司与国家整体、法律秩序之间的协调问题。但公司法并不能够替代公司章程，公司章程规则不得与公司法相冲突，如果发生冲突，则公司章程无效。必须以公司法的规定和程序进行修改。公司法给公司股东通过章程来体现自己的意志设定了"意思自治的空间"，公司法允许并鼓励公司股东根据私法自治的原则制定公司章程，以约束股东之间、股东与其他公司机关之间的行为，维护股东和公司的利益。

公司章程从其性质来讲，是公司这样一种商事主体的自治规章，是公司成员必须遵守的"小宪章"。章程的目的是维护股东、公司的利益。但是说章程必须维护债权人的利益，那就把章程的功能与公司法、合同法的功能混为一谈了。公司章程当然不得侵害债权人的利益，但公司章程绝不是为了保护债权人的利益而定的。在商事交易过程中，公司及股东的利益必须与交易相对人的利益处于此消彼长的冲突之中。此时，公司董事和经理只能维护公司和股东的利益。尽管如此，我们认为，公司章程仍然具有保护交易相对人的功能，但这种功能不是来自于章程本身，而是来自于公司法对公司章程必须公示的强制性规定。我国公司法规定，公司章程为公司申请注册登记的必要文件，公司章程依法进行修改后，还必须向有关机关办理变更登记，交易相对人则可通过查阅公司登记备案的章程内容来了解该公司组织及活动等方面的基本情况。

另外，我们在这里必须重点介绍一下公司内部规则（Bylaws）。公司内部规则在中国公司法与大多数大陆法系公司法中没有规定。但公司法中没有规定，不等于公司在实现内部自我管理过程中这一规则就不存在。事实上，凡是比较正规的公司中，这样一个内部规则都是实际存在的，这也是美国示范公司法中对其加以单独规定的原因。内部规则一般由董事会制定、修改，它规定公司的组织结构中不同的经理人员、职工、利益集团等所拥有的权利和责任，以及公司例会等日常工作的细则；而章程的制定和修改则是由股东大会负责，与内部规则相比较其内容比较广泛，在公司能够做什么问题上施加的限制比较小，而内部规则具体操作性则更强。内部细则也不是公司登记的必备文件，因此，不具有公示性。

通过以上分析我们可以这样认为：公司法、公司章程和内部细则三位一体组合在一起作为一个被认同的综合性规则基础约束着整个公司、公司的管理者、职工、董事以及股东，从而有效地保障公司内部自治目标的顺利实现。但是，公司的有效运行不能仅仅依靠设立这些抽象的机关和规则，更重要的是，这些机关成员能够依照公司法、公司章程以及内部规则，为了公司和全体股东的利益行事。"公司不仅仅是一个独立的法律主体，就行使公司权力的公司各机关的具体成员而言，公司实际上可以说是一种特殊的私法秩序。"[1]

---

〔1〕 张开平：《公司权利解构》，中国社会科学出版社 1999 年版，第 229 页。

三、公司自治需要由法律来保障，而保障公司自治的法律首推公司法。私法自治、公司自治应该作为公司立法的基本理念。公司法的性质是自治组织法，维护公司合法权益是它的首要任务

公司法作为自治法，它首先应该是私法而不是公法。从我国 1994 年 7 月 1 日颁布实施《公司法》的具体规定来看，明显带有计划经济的色彩，几乎可以被称为"国有公司法"，从而给国家继续干预公司自治提供了法律上的依据，如该法第 4 条第 3 款规定："公司中的国有资产所有权，属于国家。"剥夺了公司对国家投入公司中的国有资产的所有权。第 20 条第 2 款及第二章第三节中关于国有独资公司的专门规定，给予国有独资成立有限责任公司的特权。第 75 条第 2 款规定："国有企业改建为股份有限公司的，发起人可以少于五人。"给予国有企业作为发起人可以少于 5 人的特权。第 159 条规定："国有独资公司和两个以上的国有企业或者其他两个以上的国有投资主体投资设立的有限责任公司，为筹集生产经营资金，可以依照本法发行公司债券。"给予国有性质的有限责任公司以发行债券融资的特权。由此可见，当时的公司法已经沦为国有企业改革的一个工具，这是与公司法的本质背道而驰的。公司法作为商事领域的组织法，有其存在的独立价值。从建立现代企业制度的目标来看，公司法应该作为目的而不是手段，否则将来我们依法建立的国有公司仍然摆脱不掉计划经济的旧有管理模式，应将以上这些规定全部从公司法中剥离。那么，对于国有股应该如何处理呢？一方面，考虑应该将国有股从竞争性行业中逐渐退出，上市公司主要是实行国有股减持，非上市公司主要是推进资产重组、员工持股等，实现产权多元化、社会化；另一方面，单独制定国有企业法。此外，应尽量取消那些不必要的行政审批程序，还公司法以私法的本来面目。

公司法更多的是一种自治组织法，而不是像合同法那样是一种自治行为法。合同法主要以任意型的规定为主，强制型的规定为辅，以体现其自治行为法的特点；公司法则主要以授权型规范为主，限制型规范为辅，以体现其自治组织法的特点。有的学者认为，由于公司法中大量的强制型规范的存在，所以"公司法是公法与私法的结合体"。[1]实则不然，作为法律规范，不管

---

〔1〕 徐晓松：《公司法与国有企业改革研究》，法律出版社 2000 年版，第 28 页。

是公法还是私法，普遍具有强制性是其共有特征，区分公法、私法的关键不是它任意型和强制型规范的多少，而是看它授权型、限权型规范的多少。公法主要体现的是公权力对私权利的肯定和保护。简单说就是公法限制，私法自治。以此为标准，笔者试将法律规范划分为授权型和限制型两种，其中前者又包括：强制性、选择性、任意性三种。①强制性授权型规范：指法律强制性地赋予当事人的某种权利（力），当事人不得放弃，如果放弃或怠于行使，便要承担相应的法律责任。正如有些学者所说，这种规范在公司法中大量存在，如关于公司组织机构的设立职权及议事规则的有关规定。②选择性授权型规范：指法律列出两个或两个以上权利（力）当事人必须任选其一，并不得放弃选择。这种规范也有部分存在，如《公司法》第51条关于有限责任公司股东人数较少和规模较小的，可设一名执行董事，不设董事会的规定。③任意性的授权型规范：指法律给予当事人以某一种或一种以上的权利（力），当事人可选择行使，也可选择不行使。这种规范在公司法中也有相当数量的存在，如关于公司可以向其他公司投资及设立子公司、分公司的规定等。由此可见，在我国公司法中以上三类授权型规范的总和完全可以占到全部条文的60%以上，已经超过了限制型规范的数量。我们完全有理由认为，公司法的私法性质没有改变，也不会改变。当然，我们并不是说这种形式的公司立法已经是完美无缺的了，从以上三类规范在我国公司法条文中的分布来看，明显存在着结构不合理的状况，强制性授权型规范较多，选择性、任意性授权型规范较少，今后在修改公司法的过程中，应当考虑适当增加后两种规范的数量。如《公司法》第79条关于公司章程内容的规定，除绝对必要记载事项外，应增列选择性与任意性事项。如果增加对公司内部细则的规定，其内容绝大多数也应该是选择性和任意性的事项。

公司法作为自治法，应该保障公司自治权的顺利实现。一方面，要保障公司自治权在内部的合理分配；另一方面，应积极引导公司治理结构的参与者根据公司本身的股权结构特征和实际需要不断发展和完善自治规则（主要是章程和内部细则）。对于前者，我国现行《公司法》的一个明显失误就是"经理职权的法定化"。既然公司是自治企业，公司经理是由董事会聘任的，那么，他的对内职权就应该由公司的权力机关来安排，而不应由法律直接规定，公司与经理的关系是一种委托与代理的关系，经理对外行使职权的依据是代理权。经理对内行使的公司日常事务管理权也是基于董事会的授权，如果把经理的对内职权法定化，实际上就意味着他拥有了对抗董事会或董事长的职权。为了防止这种对抗的发生，在我国公司治理实践当中，出现了不少董事长和总经理由一人担任的现象。这样一来，公司内部权力失衡，产生了很多负面影响。另外，我国公司法中规定的股东大会的权力过于集中，不适应现代市场快速变化的需要，应适当向董事会倾斜，完成向"董事会中心主义"的转化。对于后者，笔者认为，公司法应该对章程和内部规则加以详细规定，主要是因为在目前公司治理实践当中，许多公司没有对内部自治规则的建设加以重视，使经理人员及其他人员钻了空子，导致公司不必要的损失。但这些规定应该以选择性和任意性规定为主，强制性规定为辅。当然，因为各个公司的情况不同，所以对此不可能整齐划一。

总之，公司自治、司法自治应该成为我国修改公司法的一个指导思想，力争在较短的时间内使我国公司法成为适应我国社会主义市场经济要求并与世界接轨的先进公司法，以更多的吸引外资，推动我国公司企业的蓬勃发展。

（该论文刊登在作者于 2001 年在清华大学法学院读书期间，法学院组织博士生学术活动，最后编辑一本论文集《清华大学法学院学生学术论文集》，第 202~212 页）

有限责任公司制度应该取消

我国《公司法》规定了有限责任公司和股份有限公司两种公司组织形式，《公司法》第3条将前者定义为"股东以其出资额为限对公司承担责任，公司以其全部资产对公司的债务承担责任"的公司；后者定义为"全部资本分为等额股份，股东以其所持股份为限对公司承担责任，公司以其全部资产对公司的债务承担责任"的公司。从立法上看，二者并没有明显的差别，[1]笔者认为，我国将来对《公司法》进行再次修改的时候，应该取消有限责任公司制度，以非上市的股份公司制度取而代之，主要理由有以下三点：

一、有限责任公司制度赖以存在的条件已经消失

公司制度对我国来说是舶来品，其源自德国1892年的《有限责任公司法》，是股份有限公司产生之后的一种试图结合合伙与股份有限公司二者优点的立法创造。[2]但因为缺乏对有限责任公司产生的具体历史背景的描述和分析，单纯地指出其源自德国1892年《有限责任公司法》这一事实，并不能使我们明白立法者为何在19世纪末而不是其他时间作出这一"发明"。有限责任公司的产生晚于股份有限公司，说明它的出现是为了满足通过股份有限公司无法满足的需求，这种需求是什么？为什么会产生这种需求？有限责任公司的制度设计如何满足这种需求？这些问题的回答都需要对有限责任公司的产生作具体的历史考察。

在1871年德意志帝国建立之前，德意志各邦在政治上处于分裂状态，但

---

[1] 王保树："修改公司法的几点意见"，载郭锋、王坚主编：《公司法修改纵横谈》，法律出版社2000年版。

[2] 江平主编：《新编公司法教程》，法律出版社1994年版，第123页。

形成德意志一元化经济圈的要求推动了 1834 年德意志关税联盟的创立，由此迈出了通向法律统一的决定性一步。境内关税的废除，推动了商业贸易的发展，贸易的发展要求商事法律的统一。各邦为满足彼此间商业交易的需要，于 1848 年公布了《德意志普通汇票法》，这是德国第一个统一性商事法规。因关税同盟是财政上的联合，不享有联邦统一立法权，故该法经由各邦分别发布而生效。此后，关税同盟又于 1861 年制定了《德意志普通商法典》，即所谓的旧商法典，其中第二编和第三编分别对当时已存在的公司和合伙作了较为明确的规定。在 1862 年至 1865 年间，该法典相继为各邦采纳。1867 年，北德意志联邦成立，根据联邦宪法享有商法、刑法、诉讼法等方面的统一立法权。北德意志联邦于 1869 年宣布《德意志普通汇票法》和《德意志普通商法典》为联邦法律。1871 年，德意志帝国取代了北德意志联邦，以宪法命令宣布旧商法典为帝国法律。在 1873 年 12 月 20 日宪法修正之前，帝国在民事立法权上仍受到限制，所以旧商法典不仅包括通常理解的商法内容，也包括一些民法的内容，如合同的成立、代理的原则等。1873 年年底的宪法修正案规定帝国对全部民法、刑法以及诉讼法都享有立法权，由此为民法典的起草铺平了道路。随着民法典起草的推进，及议会开始以单行法的形式规范商事公司，对旧商法典的修订也提上了立法日程。1897 年，修订后的《商法典》公布，它与 1896 年公布的《民法典》于 1900 年 1 月 1 日起同时生效。

　　如上所述，德国旧商法典中已包括了关于公司的规定，但公司的成立还受到较多限制，1870 年，德国对涉及公司的部分进行修改，对股份有限公司的设立由特许主义改为准则主义，赋予人们组建股份有限公司的自由。因法律对股份有限公司的规定非常宽松，使得这一公司形式在当时非常普遍。随着时间的推移，这种过于自由的股份有限公司在运行中逐渐暴露出了一些弊端，对股东和债权人的利益造成了侵害。为了保护股东和公司债权人不受欺诈性集资和公司管理不善之害，德国于 1884 年对股份有限公司的规定进行了修改，对公司设立和信息披露严加要求，并使契约自由的适用在这一领域受到极大限制。[1] 根据修改后的法律，成立股份有限公司要求严格，成本较高，不适合不向公众集资的中小企业的要求。该问题在这次修法的讨论中已

---

　　〔1〕〔德〕罗伯特·霍恩等：《德国民商法导论》，楚建译，中国大百科全书出版社 1996 年版，第 6 页。

被提出，即已有的企业组织形式——合伙、有限合伙、股份有限公司、登记合作社、采矿联合公司等——是否能完全涵盖所有的商业结构？是否必须有一种新的形式？因为当时考虑到要对商法典作全面修改，该问题就被搁置下来，但从此，创设一种新的组织形式的可能性成了许多讨论的中心话题。1891 年 12 月，德国司法部长向议会提交了《有限责任公司法（草案）》，仅仅 3 个月后，1892 年 3 月 21 日，议会以绝对的赞成票通过该法，新法于同年 4 月 20 日公布，1892 年 5 月 19 日生效。[1]

《有限责任公司法》未对有限责任公司进行定义，但规定了其法律性质，即可以"自身"享有权利，承担义务，仅以"自身"财产向公司债权人负责，是商法典规定的商事公司。[2]德国直至 19 世纪中叶，国家仍将当时社会中所结成的各种大的社团视为对自己权力的潜在威胁，通过法人设立许可与国家监督的方法对其予以监控，法人资格的授予被视为是国家行使主权。到 19 世纪下半叶，这一立场随自由化的进程而逐渐被抛弃，但对民商事立法仍有影响。在法学理论上，整个 19 世纪对法人本质都在进行激烈的争论，存在所谓"法人拟制说""人格化的目的财产说""法人实在说"三种相互对立的学说。因为上述两方面的原因，立法虽规定有限责任公司"自身"可独立地享有权利，承担义务，却并未明确承认其具有法人资格。[3]与法律对股份有限公司的规定相比，《有限责任公司法》在赋予股东有限责任的同时，对有限责任公司的设立和内部组织结构作了较简单的规定，如必设机关一般只有股东会和管理董事，监事会的设置则由公司章程决定；有限责任公司结构灵活，公司可根据其需要，通过章程的规定，使其结构类似于股份有限公司或合伙；股东的出资额可以转让或继承，但公司章程可以对此规定限制性条件，并规定如果股东转让出资额，应以公证的方式订立合同。[4]这些规定满足了不向公众筹资的股东间关系紧密的中小企业的需要。如果说德国旧商法典是对现实生活中已经存在的公司、合伙等组织形式加以承认、规范的话，其《有限责任公司法》则是对一种被称为"有限责任公司"的新的组织形式的创

---

〔1〕 Marcus Lutter, "Limited Liability Companies and Private Companies", *International Encyclopedia of Comparative Law*, Vol. 13, Ch. 2, 1998, p. 5.

〔2〕 《德国有限责任公司法》第 13 条。

〔3〕 ［德］托马斯·莱赛尔："德国民法中的法人制度"，张双根译，载《中外法学》2001 年第 1 期。

〔4〕 《德国有限责任公司法》第 6、15、45、48、52 条。

设，以满足中小企业的要求，在此之前并没有这样一种组织形式存在。正因为有这样一种重要的不同，调整有限责任公司的法律才独树一帜，特色鲜明。

我国之所以在 1993 年通过的《公司法》中规定有限责任公司制度，与德国当初有限责任公司产生的历史背景相似，根据 2005 年修改之前的旧《公司法》第 77 条的规定，股份有限公司的设立，必须经过国务院授权的部门或者省级人民政府批准。而且，最低注册资本要求 1000 万元人民币。因此，依据旧法设立股份公司可以说是非常困难。因此，有必要在股份公司之外，借鉴德国法，规定另外一种特殊的公司类型——有限责任公司。这种公司的设立原则采取准则主义，原则上可以不经过批准，只要符合法定条件就可设立。并且这些法定条件要求相对较低，最低注册资本可以是 10 万元人民币，股东人数相对较少，2 人以上，50 人以下。有限责任公司的设立相对比较容易，适应了中小企业的需要。

2005 年，我国对《公司法》进行了重大修改，其中一个重要内容就是取消了旧法中对设立股份公司要求批准的规定，对股份公司的设立原则上也实行了准则主义。而且大大降低了最低注册资本的要求，并允许注册资本可以分次分批缴足，从而使股份公司的设立变得比较容易，只要股份公司不去上市，与有限责任公司一样，也是比较封闭的，不需要定期履行信息公开的义务。因此，随着 2005 年我国对《公司法》修改的完成，有限责任公司赖以存在的条件也随之消失，有限责任公司制度完成了其历史使命，该寿终正寝了。

二、有限责任公司与非上市股份公司相比没有本质不同

有限责任公司制度被取消以后，它所留下的制度空白是否会由另外一个相关制度来弥补呢？让我们先从有限责任公司与非上市股份公司的比较开始，看一看两者有没有什么本质的不同，如果没有什么本质的不同，那么，有限责任公司制度就是可以被替代的。

（一）概念上的区别

根据有限责任公司的资本是否应等分，及投资者可认缴的出资份额为一份或数份，关于股东的出资大致有如下三种立法例：一是等分主义，亦称复数主义，即规定有限责任公司的出资应等分，投资者可认缴一份或数份；二是不等分主义，亦称单一出资制，即规定有限责任公司的出资不必等分，投资者只能认缴一份出资，我国公司法对有限责任公司的规定即是如此；三是

等分主义和不等分主义的结合，即每一投资者只能认缴一份出资，每一份出资的数额可以不同，但必须是某一数额的整倍数。如德国《有限责任公司法》第5条第2、3款规定，公司设立时每一股东只能认缴一股，每股的出资数额可以不同，但均需为100德国马克（现为50欧元）的整倍数。

因有限责任公司的法律特征之一是闭锁性，即禁止向公众发行可流通证券来筹集资本，股东转让出资受到来自法律或章程的程序性或实体性限制，与股份有限公司的股份以可流通证券的形式表示，可迅速便利地转让形成对比。所以，不论有限责任公司的资本可否等分，其股东的出资与股份有限公司的股份在流通性上都有实质性的不同，而股份有限公司的全部资本分为等额股份是其股份具有证券性和流通性的必要前提。大陆法系国家一般用不同的术语来表述两种公司股东的出资，以突出二者在流通性上的重要区别，如德国用"Geschäftsanteil"一词指称有限责任公司股东的出资；用"Artie"一词指称股份有限公司股东的出资。日本用"持分"一词指称前者；用"株式"一词指称后者。

从我国《公司法》第3条对有限责任公司和股份公司的定义来看，不管是公司独立的法人地位，还是股东的有限责任，二者都是相同的，唯一不同的就在于公司的资本是否作等额划分。因定义被认为是对事物本质属性的揭示，所以，立法在两种公司的定义中用"出资额""股份"两个不同的称谓表示两种公司股东的出资，影响了学者对两种公司本质属性的认识。两种公司股东的责任虽然都有限度且不直接对公司债权人负责，但在计算方法上却有不同：前者以股东的出资额为限对公司负责；后者以股东所认购的股份对公司负责，故属两种不同的责任——前者为有限责任；后者为股份有限责任。"出资额""股份"这两个不同的称谓成了学者区分两种公司的主要标准之一。这种名称上的区分主要是为了强调两种公司中股东出资在流通性上的不同，而这种不同才是两种公司的主要区别之一，该区别与有限责任公司的资本可否等分无关。因此，这样一个标准的划分明显过于机械，以至于有学者要质疑为什么有限责任公司的投资就叫"出资额"？股份有限公司的就叫"股份"？以此来划分有限责任公司和股份有限公司是否确有必要性？[1]

---

[1] 方流芳："温故知新——谈公司法修改"，载郭锋、王坚主编：《公司法修改纵横谈》，法律出版社2000年版。

股份是划分公司资本的最小单位。股东持有股份的多少决定了其对公司享有权利的大小。根据我国《公司法》第126条的规定，股份有限公司的资本划分为股份，每一股的金额相等。股份完全是人为创造的一个概念，既然股份公司的资本可以被划分为等额的股份，那么，有限责任公司的资本也可以划分为等额的股份。其实，有限责任公司股东的出资额就是其出资占公司总资本的比例或份额，有限责任公司的资本也不可能不进行等额划分，不进行等额划分就没办法确定各个股东的出资比例。由此可见，股份的概念并不是有限责任公司与股份公司的本质区别。

（二）设立条件方面的区别

有限责任公司与非上市公司相比，设立条件基本相同，根据《公司法》第23、77条〔1〕关于有限责任公司与股份公司设立条件的规定，其中关于有公司住所、有公司名称、建立公司组织机构、订立公司章程方面，公司法对两类公司的要求基本相同，不同的要求是：

（1）设立方式。有限责任公司只能采取发起设立的方式；股份有限公司的设立，可以采取发起设立或者募集设立的方式（第78条）。

（2）发起人人数的要求。有限责任公司要求50人以下（第24条）；股份公司要求发起人人数为2人以上200人以下（第79条）。

（3）法定资本最低限额的要求。有限责任公司法定资本最低限额是3万元人民币（第26条）；股份有限公司法定资本最低限额是500万元人民币（第81条）。

以上的区别也是非本质的区别，可以通过修改《公司法》予以协调，具

---

〔1〕 参见《公司法》第23条：设立有限责任公司，应当具备下列条件：

（一）股东符合法定人数；

（二）股东出资达到法定资本最低限额；

（三）股东共同制定公司章程；

（四）有公司名称，建立符合有限责任公司要求的组织机构；

（五）有公司住所。

第77条 设立股份有限公司，应当具备下列条件：

（一）发起人符合法定人数；

（二）发起人认购和募集的股本达到法定资本最低限额；

（三）股份发行、筹办事项符合法律规定；

（四）发起人制订公司章程，采用募集方式设立的经创立大会通过；

（五）有公司名称，建立符合股份有限公司要求的组织机构；

（六）有公司住所。

体内容见下文。

（三）信息披露方面的区别

有学者认为，股份有限公司的主要特征是开放性，即公司可通过向公众发行股票筹集资金，股东可通过股票交易市场随时将其投资变现，法律法规还要求其进行信息披露；有限责任公司则相反，其根本特征之一是闭锁性或称封闭性，即公司被禁止向公众发行股票以筹集资金，股东转让出资受到来自法律或章程的程序性或实体性限制，法律法规并不要求其向社会进行信息披露，有限责任公司的闭锁性特征构成其与股份有限公司的本质区别。

笔者认为，这种观点有以偏概全之嫌，其没有考虑到股份公司中还有大量的非上市股份公司，法律并没有强制非上市股份公司向社会进行信息披露的要求，其股票也不可以在证券交易市场进行买卖。以上所谓"闭锁性与开放性的本质区别"实际上是有限责任公司与上市股份公司的本质区别，而不是有限责任公司与非上市公司的本质区别。法律对有限责任公司与非上市股份公司在这方面的要求基本上也是相同的。

（四）股权转让方面的区别

有限责任公司股东的出资不能以可流通证券的形式表示，自然随之排除了该出资利用证券市场进行迅速简易的转让的可能，此外，股东转让出资更多地受到来自法律或章程的程序性或实体性限制。

《德国有限责任公司法》对有限责任股东出资的转让施加了严格的程序性要求，根据该法第 15 条第 3、4 款的规定，转让出资的协议必须进行公证，如果未经公证转让绝对无效，即不仅对公司和第三人无效，对转让者和受让者本身也无效，这一要求妨碍了出资的迅速转让。除这一程序性要求外，立法对出资转让没有施加其它限制，股东原则上可以自由的根据其意愿转让出资，但立法同时允许公司章程就出资转让规定其它限制，如可规定转让应经公司承认等。[1]

有限责任公司的闭锁性可确保股东的稳定，避免股东不了解或不信任的人加入公司，体现了其所具有的人合性特征。因此，我国《公司法》第 72 条也对有限责任公司股东的股权转让进行了一定的限制："有限责任公司的股东之间可以相互转让其全部或者部分股权。股东向股东以外的人转让股权，应

---

〔1〕 参见《德国有限责任公司法》第 15 条第 1、5 款。

当经其他股东过半数同意。股东应就其股权转让事项书面通知其他股东征求同意，其他股东自接到书面通知之日起满 30 日未答复的，视为同意转让。其他股东半数以上不同意转让的，不同意的股东应当购买该转让的股权；不购买的，视为同意转让。经股东同意转让的股权，在同等条件下，其他股东有优先购买权。两个以上股东主张行使优先购买权的，协商确定各自的购买比例；协商不成的，按照转让时各自的出资比例行使优先购买权。公司章程对股权转让另有规定的，从其规定。"

对于股份公司的股权转让，我国《公司法》则没有以上类似的限制性规定，但是，这一区别还是可以协调的，具体内容见下文。

（五）公司章程的自由与灵活

公司章程是公司的必备法律文件，是公司的组织准则和行为准则，关于公司章程的性质问题是学界讨论的热点，基于章程效力的多样性认为，章程是具有双重性质的法律文件。即其一方面是公司创立者间的合同；另一方面是这些股东对公众作出的单方面决定，这种认识长期以来也得到多数国家法律的承认。章程效力的多样性及其性质的双重性决定了在章程中不能完全适用合同自由原则，必须遵守法律规定的一些强制性要求，由于不同种类的公司牵涉的利害关系人的范围不同，法律的强制性程度也有所不同。有限责任公司不向社会公众筹集资金，所以，法律以保护广大投资者为目标而对股份有限公司进行的一些强制性规定，对有限责任公司来说就是不必要的。有限责任公司的股东在章程设计上享有较大的自治空间，在很大程度上适用合同自由原则。

我国《公司法》给予了有限责任公司一定的自治空间，可以通过公司章程改变《公司法》的特别规定。如第 43 条规定："股东会会议由股东按照出资比例行使表决权；但是，公司章程另有规定的除外。"第 76 条："自然人股东死亡后，其合法继承人可以继承股东资格；但是，公司章程另有规定的除外。"

以上对有限责任公司的这些规定在股份公司的规定中是没有的，但是，这一区别也可以协调，具体内容见下文。

总之，通过比较，笔者认为，有限责任公司与非上市股份公司没有本质区别，完全可以将有限责任公司改变为小型股份公司，取消有限责任公司的类型划分。

三、有限责任公司制度完全可以纳入到非上市股份公司制度当中

有限责任公司制度被取消后，其原有规定可以被纳入到非上市股份公司制度当中，将公司类型划分为非上市股份公司与上市股份公司，非上市股份公司可以被划分为小型股份公司与大型股份公司。我国《公司法》第3条可以简写为：公司是企业法人，有独立的法人财产，享有法人财产权。公司以其全部财产对公司的债务承担责任。公司的股东以其认购的股份为限对公司承担责任。

（一）非上市股份公司

非上市股份公司，是指公司股票不能在国家指定的证券交易所上市交易的股份公司。非上市股份公司可以根据股东人数的多少、设立时最低注册资本额的大小，划分为小型股份公司和大型股份公司：小型股份公司是指股东人数在50人以下，设立时公司最低注册资本在3万元人民币以上，500万元人民币以下的股份公司；大型股份公司是指股东人数在50人以上，设立时公司最低注册资本在500万元人民币以上的股份公司。

1. 小型股份公司

对于小型股份公司，《公司法》中现有对有限责任公司的规定，基本上都可以予以保留。需要协调的内容有：

其一是将《公司法》第二章中的"有限责任公司"改为"小型股份公司"，将"一人有限责任公司"改为"一人小型股份公司"，"国有独资公司"的名称维持不变，仍然将其放在第二章小型股份公司当中。

其二是将《公司法》第32条的规定改为："小型股份公司成立后，应当向股东签发股票或出资证明书。应当载明下列事项：（一）公司名称；（二）公司成立日期；（三）公司注册资本；（四）股东的姓名或者名称、缴纳的出资额和出资日期；（五）编号和核发日期；（六）公司盖章。"

其三是将第三章的标题改为："小型股份公司的股份转让"，其中的"有限责任公司"改为"小型股份公司"，将其中的"股权"改为"股份"，原来对有限责任公司股权转让的限制性规定维持不变。

2. 大型股份公司

对于大型股份公司，《公司法》中现有对股份公司的规定，基本上也可予以保留。需要调整的内容主要是将《公司法》第四章的标题以及第一节至第

四节内容中的"股份公司"改为"大型股份公司",第五章标题中以及其内容中的"股份公司"改为"大型股份公司"。

(二)上市股份公司

上市公司,是指其股票在证券交易所上市交易的大型股份有限公司。《公司法》第四章第五节的内容维持不变。

综上所述,按照以上思路修改后的新《公司法》的篇章结构为:

第一章　总　则
第二章　小型股份有限公司的设立和组织机构
　第一节　设　立
　第二节　组织机构
　第三节　一人小型股份有限责任公司的特别规定
　第四节　国有独资公司的特别规定
第三章　小型股份有限责任公司的股份转让
第四章　大型股份有限公司的设立和组织机构
　第一节　设　立
　第二节　股东大会
　第三节　董事会、经理
　第四节　监事会
　第五节　上市公司组织机构的特别规定
第五章　大型股份有限公司的股份发行和转让
　第一节　股份发行
　第二节　股份转让
第六章　公司董事、监事、高级管理人员的资格和义务
第七章　公司债券
第八章　公司财务、会计
第九章　公司合并、分立、增资、减资
第十章　公司解散和清算
第十一章　外国公司的分支机构
第十二章　法律责任
第十三章　附　则

[该文发表在王保树主编:《商事法论集》(第21卷),法律出版社2012年版]

论股东权的确认标准

股东权是股东基于其股东资格而享有的从公司取得经济利益并参与公司经营管理的权利。[1]股东资格是随着公司的产生而产生的，没有特定的公司，就没有相应的股东权，因此，有学者认为，股东权系股东基于其地位对公司享有一定之权利。[2]也只有形成了特定的公司，股东权的行使才可以找得到相应的对象，否则，股东权就会成为"无源之水，无本之木"。

股东权的确认，是法律赋予的公司权力之一，是公司的内部事务，属于公司自治的范围，根据私法自治原则，股东权的确认标准首先要看公司自己的意思表示。只要不违反法律的强制性规定，公司便可承认这个人是公司的股东，他就可以成为公司的股东，国家不能强行干预，也没必要强行干预，只有在公司自身不能确认的时候，才可由法院来进行确认。但是，公司的意思表示可以通过多种方式来进行表达，如签发出资证明书或股票、记入股东名册、记入公司章程等。那么，到底以哪种意思表示为准呢？在实践当中往往难以确定。过分地强调公司的意思自治就会使本来应该很简单的事情，反而变得更加复杂化了，从而不利于公司经营的稳定。

强调外观主义是商法区别于民法的重要特性之一。公司确认股东权的意思表示必须有一个确定的形式，如果我们在这方面引入外观主义的法理，明确规定一个公司意思表示的具体形式，就可以达到既在一定程度上尊重公司的意思自治，又简化了股东权的确认标准，给投资者一个明确的法律预期，有利于公司的稳定和经济的发展。

外观主义是指以交易当事人行为的外观为准来认定商事交易行为的效果。

---

〔1〕 刘俊海：《股份有限公司股东权的保护》，法律出版社 1997 年版，第 11 页。

〔2〕 王泰铨：《公司法新论》，三民书局 2004 年版，第 369 页。

对此，德国、法国学者称为"外观法理"，日本学者称为"外观主义"，英美法中称为"禁反言"（Stopple）。法律上所保护的安全可以分为静的安全和动的安全。前者着眼于利益之享有，故亦称"享有的安全"或"所有的安全"；后者着眼于行为人在取得新利益时，法律上对于该项取得行为加以保护，不使其归于无效，此种安全之保护，系着眼于利益之取得，故亦称"交易的安全"。法律在保护动的安全与静的安全方面，常常并行不悖，相辅相成，但在有些时候，二者却相互抵触，无法兼顾。此时，法律必须在二者中作出选择。当法律选择保护动的安全时，即确立了交易安全原则。而在交易安全中，凡是能够识别为典型的权利或意思的表现形式，即使其与真实权利或意思的状况不相符合，法律仍通过以权利或意思的表现形式推定权利或意思的基础，从而保护交易安全的做法，即所谓的外观主义。

基于以上考虑，对于股东权的确认，笔者建议采取以下两个标准：对于记名股东，以股东名册的记载作为确认股东权的标准；对于无记名股东，以股东持有的股票作为确认股东权的标准。

股东名册是专门记载公司股东及其有关事项的名册，对公司及记名股东具有十分重要的作用，他是公司内部方便对股权管理，并对记名股东股权进行确认的重要法律文件。

我国《公司法》对股东名册做出了专门的规定。《公司法》第33条对有限责任公司设立股东名册进行了规定："有限责任公司应当置备股东名册，记载下列事项：（一）股东的姓名或者名称及住所；（二）股东的出资额；（三）出资证明书编号。记载于股东名册的股东，可以依股东名册主张行使股东权利。公司应当将股东的姓名或者名称及其出资额向公司登记机关登记；登记事项发生变更的，应当办理变更登记。未经登记或者变更登记的，不得对抗第三人。"《公司法》第131条对股份有限公司设立股东名册进行了规定："公司发行记名股票的，应当置备股东名册，记载下列事项：（一）股东的姓名或者名称及住所；（二）各股东所持股份数；（三）各股东所持股票的编号；（四）各股东取得其股份的日期。发行无记名股票的，公司应当记载其股票数量、编号及发行日期。"

从以上规定可以看出，无论是有限责任公司还是发行记名股票的股份有限公司，置备股东名册都是公司法强制性的要求。那么为什么公司法对这一事项要做出特别的强制性的要求呢？因为这是由股东名册的性质所决定的，股东名册属于法定必备账册，股东名册既不记载公司营业情况，也不会反映公司的财务状态，而是专门记载"人"作为股东这一主体的情况，股东名册是以记载股东为核心内容的法定必备账册，是公司确认股权的依据。股东名册具有以下三个特殊的法律效力：第一，公司对股东发出通知的根据。公司向股东发出通知，仅以股东名册记载的股东及其地址为依据，只要公司依据股东名册的记载发出通知，即使股东没有收到通知，公司也不负未送达的责任。第二，确定股东的依据。由于股东均应记载于股东名册之上，因而记载于股东名册的人，都应该推定为股东。第三，确认出资转让的效力。股东依法转让其出资后，由公司将受让人的姓名、住所以及受让人的出资额记载于股东名册。如股东转让出资后，没有将受让人的姓名或名称、住所记载于股东名册，则不得对抗公司。其中，包括公司不承认其股东会的出席权及表决权，不承认其出资受益权。[1]

对于简化后的股东权的确认标准，突出强调了股东名册的效力，这与学者的观点和现行的立法都是相吻合的，那么，这一标准如何进一步适用呢？笔者考虑可以针对以下三种情况来具体加以运用：

一、对于原始股东，以记入股东名册作为确认股东权的标准

有的学者认为，股东身份的取得以实际缴纳出资为前提，在公司章程上签名盖章且实际履行出资义务的发起人，公司增资后的新股东，可以被认定为股东。[2]公司设立人履行出资义务是其取得股东权的前提和基础。[3]

有的学者认为，如果按照 2006 年以前实行的旧《公司法》所规定的严格法定资本制条件下，是正确的。而现在的情况却不同了，有的股东可能在公司成立后的一两年内、投资公司可能在成立后的 5 年内，仍然没有出资或者没有完全出资，这是新《公司法》所认可的，我们不能以其没履行出资义务而否认其股东资格。因此，笔者同意张舫老师的观点，为了保障公司的持续经营，保护交易的安全，应该把股东出资不实的责任与股东权的确认，这两

---

〔1〕 王保树、崔勤之：《中国公司法原理》，社会科学文献出版社 2000 年版，第 84~85 页。

〔2〕 江平、方流芳：《新编公司法教程》，法律出版社 2003 年版，第 137 页。

〔3〕 参见张开平："有限责任公司设立人的出资义务与责任分析"，载《中国社会科学院研究生院学报》1988 年第 3 期。

个不同的问题区分开来。[1]只要股东名册上记载着他是股东，我们就应该确认其股东资格，如果他确实存在出资不实的问题，我们可以追究他相应的法律责任。

在实际出资人与公司章程和股东名册记载不一致的情况下，应该以股东名册的记载为确认股东权的标准，理由是我们前文所提到的外观主义法理以及股东名册的特殊作用。

二、记名股权转让后，以股东名册记载的变更作为确认股东权的标准

在股份公司中设立股东名册非常必要，因为在无限公司、两合公司和有限责任公司中，公司及第三人对其股东的认知，可以通过公司章程中记载的社员的姓名来确认。但是在股份公司中，因为章程中不记载股东的姓名，并且其股份有着很强的流动性，股东随时可以变动。而公司出于经营的考虑，必然要在特定的时期使公司的股东处于相对稳定的状态，否则，股份公司的股东大会、对股东分红派息等工作就很难正常进行。所以，公司采取在特定时刻确定股东的方法，在无记名股份的情形下，股东通过提示股票来证明自己是股东就可以了。但在记名股份的情况下，公司就采取像对不动产的权利状况进行登记的方法那样，对记名股东的权利状况以在公司的股东名册上进行登记为准，以便于公司可以在相对稳定的状态下，来把握记名股东的情况。而且，股东名册还可以起到使股份的转让人、受让人及其外部人员认知谁是公司股东的公示功能，这不仅仅是公司经营的需要，同时还是股东希望以更加稳定的方法来把握股东权的归属关系的需要。所以，股份公司设立股东名册，对记名股份进行有效的管理，股份的受让人要想使自己受让的股份对抗公司，使自己真正拥有股东权，就必须在公司的股东名册中进行变更登记（名义的更换）。但是，股东名册并不是确定谁是真正股东的"权利所在的根据"，只不过是确定谁可以无举证地主张股东权的"形式上资格的根据"。

记名股票属于一种非提示性有价证券，记名股票的转让，如果受让人不进行股东名册的变更登记，就不能对抗公司，因此，仅凭股票的实际占有而行使股东权是不可以的。根据我国《公司法》第140条第2款规定："记名股票，由股东以背书方式或者法律、行政法规规定的其他方式转让；转让后由

---

[1] 王保树：《商法》，法律出版社2005年版，第149~151页。

公司将受让人的姓名或者名称及住所记载于股东名册。"这一规定虽然没有明确写明记名股票的变更登记应该具有什么样的法律效力，但是，最高人民法院经济审判庭在于 1997 年 7 月 4 日给中国证监会的答复函中确认了"股份所有权的转移以办理过户手续为有效"的原则。由此可见，我国对于记名股份所有权的变动，以过户登记为生效要件，这在立法上采取的是意思主义与交付登记主义相结合的混合制度。只有这样，才能保证交易的安全。所以，对于记名股票的受让人，及时要求公司在其股东名册上进行过户变更登记是非常重要的，即把受让人的姓名或者名称及住所记载于公司股东名册，只有这样，记名股票的受让人才能真正对公司享有股东权。否则，记名股票转让之后，在未办理股东名册变更登记前，仅仅在出让人与受让人之间有法律效力，对公司不发生股份转让的法律效力，公司仍然与原持有人（出让人）发生法律关系。

但是，我国台湾地区有学者认为，股份转让在股东名册上的变更登记为对抗公司之要件。依据台湾地区"公司法"第 165 条之规定，记名股票之转让，非将受让人之本名或名称及住所或居所，记载于公司股东名册，不得以其转让对抗公司。申言之，记名股票，只需由股票持有人以背书转让之，并应将受让人之姓名或名称记载于股票，于当事人间即产生转让之效力，并得以其转让对抗公司以外之第三人，惟若欲以其转让对抗公司，尚须将受让人之姓名或名称及住所或居所，记载于股东名簿而为股东名簿记载之变更（此种程序，俗称过户）始可。[1]韩国有学者也持有相同的观点。他所依据的是《韩国商法》第 337 条（记名股票转让的对抗要件）的规定："1. 转移记名股票，若未在股东名册上记载受让人的姓名及其住所，则不得对抗公司。"[2]

笔者认为，以上两种观点其实并不矛盾。如果用辩证的观点来看，记名股份的变更登记为股份转让的生效要件，是相对于该股份公司来讲的；而记名股份的变更登记为对抗公司之要件，实际上是对抗公司之生效要件。两种观点各有其片面性，前者明确了变更登记的性质，但没有明确其生效的对象；后者明确了变更登记的对象，但没有明确变更登记的性质。所以，我们认为，记名股份的变更登记为对抗公司的生效要件。

---

〔1〕 柯芳枝：《公司法论》（上），三民书局 2002 年版，第 209~210 页。

〔2〕 ［韩］李哲松：《韩国公司法》，吴日焕译，中国政法大学出版社 2000 年版，第 253 页。

法律之所以以过户为对抗公司之生效要件，在于可以使公司更加方便地确定股东对公司之资格（亦即公司得以何人作为股东）。从而，记名股东在过户以前，不得对公司主张自己为股东。只有在登记过户之后，才能推定受让人为正当之股东，且公司亦得将受让人当作公司之股东，纵然受让人实质上非股东，公司原则上亦能免责。因为，股份有限公司系由经常变动的多数股东所组成，若不以股东名簿之记载为标准，股东与公司间之法律关系将无从圆满处理。

又本条项之所谓"不得以其转让对抗公司"，系指未过户以前，不得向公司主张因背书受让而享有开会及分派股息或红利等股东权利而言，并不包括股票持有人请求更换股东名义之权利。按记名股票为背书转让之有价证券，不论股东名簿记载何人，有背书转让连续之持有人即可请求更换股东名簿，此权利由股票持有人单独行使，无须让与人协助。[1]

对于有形记名股票的转让，受让人有权利到发行公司，申请在其股东名册上的变更登记，否则，不得向公司主张参与股东大会、分配利润等股东权。然而，股东名册未发生变更，并不影响股票转让本身的效力，受让人虽未取得"证券权利"，却已经取得股票的所有权，可以合法进行再转让；对于电子化的无形股票的转让，如果由受让人一一向发行公司申请股东名册变更，势必导致高昂的交易成本，增加交易的难度，因此，股东名册应由证券登记结算公司根据当日股票交易情况，随时变更，并应发行公司的请求随时交付股东名册。[2]对于上市公司电子化股票转让的变更登记问题，我国大陆地区《证券法》规定不是很明确，相比之下，我国台湾地区"证券交易法"则规定较明确。依台湾地区"证券交易法"第 43 条第 5 项之规定："证券集中保管事业为处理保管业务，得就保管之股票、公司债以该证券集中保管事务之名义登载于股票发行公司股东名簿活公司债务根簿。证券集中保管事业于股票、公司债发行公司召集股东会、债权人会议，或决定分派股息及红利或其他利益活还本付息前，将所保管股票及公司债所有人之本（姓）名或名称、住所或居所及所持有数额通知该股票发行公司时，视为已记载于公司股东名簿，或已将股票（指无记名股票）、公司债交存公司，不适用台湾地区'公司

---

[1] 参见柯芳枝：《公司法论》（上），三民书局 2002 年版，第 210 页。

[2] 参见江平主编：《新编公司法教程》，法律出版社 1994 年版，第 196 页。

法'第一百六十五条第一项、第一百七十六条、第二百六十条及第二百六十三条第三项之规定。"[1]

对于有限责任公司，建议也以股东名册的记载作为确认股东权的标准，因为有限责任公司的股东全部是记名的，如果以公司章程作为股东权的确认标准，那么，股东名册就没有什么存在价值了。而且，股东名册的记载与变更应该比公司章程的记载和变更要容易，与股份公司的记名股东规定同一个标准，还有利于立法的简化与统一。

三、无记名股权转让后，以股东持有的股票作为确认股东权的标准

按照《公司法》第 130 条第 1 款的规定，公司发行的股票，可以为记名股票，也可以为无记名股票。无记名股票是指在股票上不记载持有人姓名或名称，可以任意转让的股票。股票是表示股东权的要式有价证券，是股份有限公司签发给股东的、证明股东所持股份的凭证。[2]因为无记名股票的持有人姓名在股东名册上没有记载，所以，持有无记名股票就成了表明自己股东身份的唯一方式。

无记名股票既是表明股东持有公司股份的唯一凭证，又是作为记载股东权的唯一权利证书。因而可以说，股权是股份的内容，而股票是股份的形式。无记名股票作为股东进行投资的凭证和获取收益的凭证，是股份的形式和股权内容的具体体现。拥有了股票，也就意味着拥有了股份和股权。如果股东向其他投资者转让了自己的股票，那么，他就失去了股份和股权。从这个意义上说，股份和股权统一于无记名股票这一被交易的实体。[3]

股票的制作和记载事项必须按照法定的方式进行。股票应该采用纸面形式或其他形式（电子股票或称电子记账的形式）。我国《公司法》第 132 条规定："股票采用纸面形式或者国务院证券监督管理机构规定的其他形式。股票应当载明下列主要事项：（一）公司名称；（二）公司成立日期；（三）股票种类、票面金额及代表的股份数；（四）股票的编号。股票由法定代表人签

---

[1] 柯芳枝：《公司法论》（上），三民书局 2002 年版，第 212 页。

[2] 《中华人民共和国公司法》第 126 条第 2 款规定："公司的股份采取股票的形式。股票是公司签发的证明股东所持股份的凭证。"

[3] 我国《股票发行与交易管理暂行条例》第 81 条规定："股票是指股份有限公司发行的、表示其股东按其持有的股份享受权益和承担义务的可转让的书面凭证。"

名，公司盖章。发起人的股票，应当标明发起人股票字样。"我国1993年颁布实施的《股票发行与交易管理暂行条例》第81条第1款还规定了股票的两种类型："簿记券式股票"是指发行人按照证监会规定的统一格式制作的、记载股东权益的书面名册。"实物券式股票"是指发行人在证监会指定的印制机构统一印制的书面股票。

随着上市公司股票的集中托管和计算机技术的发展，股票的表现形式由纸面形式演变成了一种无形的电子数据的形式，目前我国所有上市公司的股票的发行和交易已全部实现无纸化的电子形式。这对于记名股东，可以通过电子记账以不持有股票的方式来主张自己的股东权，但对于无记名股份的股东，如果不持有有形的股票，就无法向公司主张其股东权，所以，无记名股份的股东无法利用电子股票这种方式。我国上市公司集中托管的所有电子化的股票都属于记名股票。因为不记入账户中的独立存在的无记名的电子股票是没有实际意义的，它必须被登记到某人或某机构的账户当中才能发挥其实际作用，如果认为电子股票是无记名的，但股票账户是记名的，当电子股票记入股东账户当中，与记名账户紧密结合在一起的时候，无记名的电子股票也就记名化了。

目前，在我国，无记名股票已经不像以前那么常见了，只有在那些非上市的股份公司中，还有可能见到，而且只有当这些非上市的股份公司愿意发行无记名的纸面形式的股票的时候，我们才能见到。由此可见，无记名股票持有人股东资格的确认标准，与第一个标准比较起来，适用范围相对要小得多。

根据我国《公司法》第141条的规定："无记名股票的转让，由股东将该股票交付给受让人后即发生转让的效力。"任何人持有此种股票就是公司的股东，都可以凭持有的股票对公司主张股东权，享有该股票所代表的权利。这种股票所有权的特点是必须具体地占有股票本身，持有无记名股票的股东需要经常向公司提示股票，留心股东大会的消息。无记名股票的好处在于发行手续简单，易于购买和转让，不足之处在于公司对股东情况难以控制，可能导致经营风险较大。

（本文发表在王保树主编：《21世纪商法论坛：实践中的公司法》，社会科学文献出版社2008年版，第78~84页）

股东权的行使和自力保护

众所周知，公司在现代市场经济中起着十分重要的作用，它不仅可以为劳动者提供就业机会，为人们提供必要的商品或服务，为国家提供充足的税源，而且还是科技进步的主力，并为社会的稳定和发展奠定了雄厚的物质基础。但是，公司并不是从天而降的，它是由股东出资依法设立的具有法人资格的社会组织体。股东是公司存在的基础，他们两个如影随形，如果没有股东，那么公司也就不会存在。因此，如何依法保护股东的合法权益，维持股东向公司投资的积极性，是关系到公司生死存亡的大事。

为了保护股东的合法权益，人们可谓是绞尽脑汁，煞费苦心地想出了很多办法，但是，都没有从根本上解决问题，原因何在？笔者认为：以前的解决方法忽视了私法自治、公司自治这一市场经济的基本理念，过分地依赖于国家的行政干预。在这里，笔者并不是否定国家干预的作用，适度的干预是可以的，也是必要的，如果是过度的干预，则会适得其反，使广大股东过分依赖于国家的保护，而失去了行使权利的主动性。因此，哪些事情国家应该管，这确实是一个应该认真思考的问题。

笔者认为：公司自治首先表现为股东自治，股东的利益最终只有靠股东自己来创造。"外因是变化的条件，内因是变化的根据"，国家的适度干预也只有在充分发挥广大股东积极性和主动性的基础上才可以从根本上起到应有的作用。本文想从这一视角出发，就股东权的行使和自力保护问题，谈一下自己的几点看法，以求教于学界同仁。

一、行使股东权的主体

股东权不会自动起作用，它需要依法拥有股东权的人（股东）来行使。

股东的地位如何？股东行使权利的条件如何？这一系列有关股东权的行使主体方面的问题，是首先需要我们解决的。从目前的情况来看，我国股东阶层大体上可分为三类：国有股东、机构股东、个人股东。股东权的行使能否到位直接关系到公司治理结构是否完善。公司治理结构，从本质而言，就是一种监督和激励机制，是在资产所有权和经营权相分离的情况下，防止和惩治经营者损害股东利益行为的制度安排。然而，从我国股份制改革的具体实践来看，我国并没有形成强有力的股东监督机制。相当多的改制企业，包括上市公司在内的经营者，采取各种措施摆脱股东的监督制约，"内部人控制"现象严重。究其原因，一方面是国有大股东先天性的产权缺陷导致所有者缺位；另一方面，是众多的中小股东持股比例小，联合监管的成本高，加之信息不畅的原因，在有效的监管方面难以有所作为。

在我国，国有股东"一股独大"（约占全部上市公司总市值的1/3），而国有股东的所有者缺位问题是一个长期以来困扰着我们的难题，也是一个十分敏感的政治问题。前些年，由于受极"左"思想的束缚，我们在这方面一直不敢有大的作为，经过近年来理论、政策的突破和实践探索，应该说，在国有经济战略性改组这个基本问题上已经有了重大推进。十五届四中全会提出了两个重要问题：一是明确了新体制下需要国家保持控制力的范围，即关系国家安全的领域，自然垄断领域，提供重要公共产品和服务的领域，支柱产业和高科技产业中的重要骨干企业；二是提出了减持国有股，实际上是在国有经济战略改组中国有资本的退出方式问题。有了这两条，国有经济改组、减持国有股的基本方向就明确了，政策障碍大大减少。在需要国家保持控制力的范围之外，主要是一般竞争性领域，国有资本原则上是可以退出的。虽然可以找到若干经营尚好的国有企业，而且有理由认为其中的国有资本可以不退出（有利于国有资本保值增值等）。但是与"更大的道理"相比，如在国有资本有限的情况下，将退出的国有资本用于充实社会保障基金等，将这些资本退出未必不是更优的选择。在需要保持国家控制力的领域，所谓"控制"，可以是国有独资，多数或大多数可以是国有控股，包括绝对控股、相对控股、国有参股等。对有的企业，还可以参照国际经验，实行"金股"制，即国家无直接投资，但有最终一票否决权。所谓"以尽可能少的国有资本控制同样多的其他资本"才是明智之举。这样看来，属于需要国家保持控制力的领域国有资本减持也大有潜力。事实上，这些领域中的电信、电力、石油、石化等行业。是资产质量相对较好、有可能"卖好价钱"的行业。减持变现后的国有资本可以有多种用途，当前和今后相当长一个时期，将这笔资金用于充实社会保障基金是当务之急。从国有企业的历史看，这种选择是完全符合逻辑的。[1]

通过国有股的减持，可以解决部分问题，但不可能解决全部的问题。减持后的国有股东被机构股东或个人股东所取代，所有者明确了，但是，没有减持的国有股，股东缺位问题仍然存在，怎么办？笔者考虑：能否将其中相对来讲不是太重要的那一部分国有股份，以信托的方式，交给信誉好、有能力的信托投资公司来管理，由国家作为受益人；对其中比较重要的那一部分国有股份仍按现有的思路，将其委托给合格的国有资产管理局、国有资产管理公司或大型的国有控股公司来管理，但需要对其经营管理行为进行严格的监督。

一个活跃的资本市场，应该是一个众多投资主体广泛参与的市场，我们不仅要保护国有大股东的利益。而且更要注重保护中小股东的利益。因为，相对而言，他们处于弱势地位。如何使广大中小股东的监督机制到位，笔者认为关键还是解决其联合监管的成本过高及信息不畅的问题，积极创造条件，鼓励其行使自己的权利，促使其态度由"理智的冷漠"（rationally apathetic）转变为"主动的参与"（active participation）。关于保护中小股东的一些制度性的安排（如累积投票制度等）在有关文章中已经有诸多讨论，这里就不再论述。在科技飞速发展的今天，我们更应该关注高科技手段在减少股东参与公司治理的成本和提高公司管理效率方面的重要作用，新的信息技术已经被用在公司的信息发布、投票程序（包括征集投票权）等方面。在美国，《特拉华州公司法》和《美国证券法》都允许公司股东采取电子手段进行通信联络和委托投票[2]。1995 年，美国证券交易委员会正式认定：技术的发展已经

---

〔1〕 在国有企业创办时，职工拿到的工资只是其收入中用于购买消费品的那个部分，其他用于住房、养老、医疗等方面的收入由国家集中使用。在职工和国家（或国有企业）之间，事实上存在着一种职工住房、养老、医疗等由国家提供的契约关系。但是，集中到国家手中的那部分收入，基本上被用于投资，形成了新的企业。改革开放以后，随着国有企业经营状况的滑坡，以及以企业为中心的现收、现付体质的缺陷，国家（或者具体的国有企业）已难以履行当初的契约，这一点集中表现在社会保障资金的缺口上。所以，将部分现有国有资本减持变现，用于充实社会保障资金，实际上完全可以被理解为国家履约的另一种方式。

〔2〕 Del. Gen. Corp. L. §212 (c) (1) - (2) (1996); for the securities laws cf. the following footnote.

为公司股东和经营管理者之间的信息沟通打开了一个新的渠道，并且公开发布了一个新的解释来促进公司股东间电子通信手段的应用。[1]尽管大多数的公司仍然在使用书面的信息披露和投票的方式，但是许多公司已经开始采用电子的手段。[2]自动信息处理公司（美国最大的代理服务公司）已经单独设立了一个网站，投资者可以凭自己的数字密码在网上进入这一网站。[3]该公司声称：在1999年，美国1000家上市公司的6%的投票代理权是通过国际互联网或者电话做出的，并预计这一数字将在2000年增加1倍。[4]其他国家的立法也紧随其后，例如：《澳大利亚公司法》允许通过电子方式进行委托代理投票。[5]澳大利亚公司和证券咨询委员会在2000年6月的最后报告中建议《公司法》应该允许上市公司内部规定董事可以缺席投票，这一规定将会允许上市公司引进电子投票制度。[6]德国在最近也修改了《股份公司法》[7]，规定公司可以通过电子邮件向股东发送有关报告、会议通知等，股东也可以通过电子方式行使投票权。同样，英国的工业和贸易部也打算提出一个成文法案以使股东和公司间的电子通信手段的使用合法化。[8]这就意味着，允许公司可以通过电子邮件向外发送公司信息（如会议通知、报告和报表、代理投票的形式等），也可以将这些信息在他们自己的网站下载，还要允许股东可以从公司或他的注册方收回他的委托投票权。[9]然而，这种观点不

---

[1] S. E. C, Use of Electronic Media for Delivery Purposes, Sec. Act Release 33~7233, Exchange Act Release 34~36345, Release No. IC-21399, 1995WL 588462 (Oct. 6, 1995).

[2] Cf. M. Klausner, J. Elfenbein, *the United States* (*National Report*), in: Baums/Wymeersch, op. cit. (n. 1), at p. 362.

[3] www. proxyvote. com

[4] Cf. J. P. Morgan, Internet Voting and the Delivery of Shareholder Communications, March 2000, atp. 2.

[5] Ss 250B, 250BA.

[6] Companies & Securities Advisory Committee, Shareholder Participation in the Modern Listed Public Company, Final Report, June 2000, at p. 74f and Appendix 2 (List of Recommendations).

[7] Gesetz zur Namensaktie and zur Erleichterung der Stimmrechtsausabung, as of Nov. 16, 2000 (not yet published).

[8] The draft of "The Companies Act 1995 (Electronic Communications) Order 2000" can be found at www. legislation. hmso. gov. uk/si/si2000/draft/20008674. htm.

[9] Cf. The two consultation documents of the DTI of March 1999 ("Building Confidence in Electronic Commerce-A Consultation Document" and Electronic Communication: Change to the Companies Act 1985), furthermore ICSA (Institute for Company Secretaries and Administrators), Electronic Communications with Shareholders. A guide to Recommended Best Practice, 2000.

会被所有人理解，传统的公司法仍然规定：股东大会必须由股东或他们的代表面对面聚集在一个固定的地方召开，许多法律规定允许代理投票或通过寄信方式进行投票，但是，必须采取书面形式，在大多数国家，仍然不允许通过电子手段进行投票或采用电子方式进行委托投票的授权。[1]新技术手段使传统的股东会发生了更进一步的变化，它为股东将来如何参加股东会展示了一个全新的场景。其中一种模式就是在一个主会场之外的其他地方同时召开一个或多个"卫星会议"，主会场的开会过程可以在屏幕上显示出来，并且可以被分会场的会议参加者看到，它们之后通过电子方式进行投票。在小公司中，股东也可以像董事之间的联络方式一样，通过电视会议做出决定。我们在将来可能还会看到完全在电脑空间中进行的股东会议。[2]无论如何，新技术都将会使国内和国外投资者之间的信息沟通成本显著降低，要求股东或其代理人必须亲自到场参加会议的障碍将被取消。我国在修改公司法的时候，也应该适当考虑上述各国的有关规定，以立法的形式支持和鼓励股东（尤其是中小股东）积极参与公司治理，并使我国的《公司法》能够适应科技发展及公司发展的需要。

另外，随着我国证券市场的成熟壮大，机构投资者凭借其雄厚的资金实力、专业的投资分析人才以及信息优势，在改善公司治理方面，将能发挥重要作用。而充分认识到机构投资者在公司治理方面的影响，创造有利于机构投资者在公司治理方面的影响，创造有利于机构投资者发挥作用的环境，也应成为我国管理部门制定政策的一个出发点。根据中国证监会最近公布的统计数字，截止到 2001 年 8 月，我国已有 12 家基金管理公司，管理着 38 支投资基金，总额高达 600 亿元左右。关于机构投资者是否有资格以股东的身份行使股东权的问题，笔者认为：根据我国《信托法》和《公司法》的规定，无论是购买投资基金合约还是股份，都需要向相应的机构投资者移转财产的所有权，因此，机构投资者的股东地位在法律上不会存在太大的障碍。

---

〔1〕 Cf. The National Reports on the Legal Systems within the European Union in Baums/Wymeersch, op. cit. (n. 1.) .

〔2〕 Cf. U. Noack, Unternehnsrecht and Internet, Working Paper, Universitdt Dusseldorf/Germany, with further references.

二、行使股东权的内容

股东权作为一种典型的商事权利，是随着商品经济的发展以及公司这种商事组织形式的出现而产生和发展起来的，它是一个各种权利的综合体，是一种独立的商事权利。目前，学界对股东权的分类可谓是五花八门，归纳起来大体有以下六种：①自益权和共益权；②单独股东权和少数股东权；③财产权、支配与经营权、救济与附署权；④固有权和非固有权；⑤一般股东权和特别股东权；⑥法定股东权和商定股东权。如果以股东权的行使为标准来加以划分，我们认为，前两种分类比较合理，下面将详细加以介绍。

（一）自益权和共益权的划分是以股东权行使的目的为标准的

顾名思义，自益权就是股东仅为自己利益行使的权利，它主要表现为股东从公司获取经济利益的权利，主要包括股利分配请求权、剩余财产分配请求权、建设利息分配请求权、新股认购优先权、股份买取请求权、转换股份请求权、股份转让权、股票交付请求权、股东名义更换请求权和无记名股份向记名股份的转换请求权等。共益权是指股东为自己利益的同时兼为公司利益而行使的权利，它集中体现为股东个人利益与公司利益的有机结合，主要包括表决权、提案权、质询权、代表诉讼提起权、股东大会召集请求权和召集权、股东大会决议撤销诉权、股东大会决议无效确认诉权、累积投票权、新股发行停止请求权、新股发行无效诉权、公司设立无效诉权、公司合并无效诉权、会计文件查阅权、会计账簿查阅权、监察人选任请求权、董事监事和清算人解任请求权、董事会违法行为制止请求权、股东解散请求权和公司重整请求权等。股东的共益权不仅表现为对公司经营决策之参与，而且表现为对公司机关的监督和对其行为不当的纠正。[1]

正如我们上文所说，股东权是一个综合性的商事权利，它有着极其丰富的内容，而且正在随着时代的发展不断地充实和变化。仅就股东权中的每一小项权利而言，我们不能一一说明，只能择其要者（表决权、知情权）而述之。首先是表决权，股东表决权是指股东以其股东地位为基础，就股东大会的决议事项作出自己意思表示的权利。表决权之所以处于"群权之首"，通过表决权的行使，将内心的需要和愿望转化为法律上的意思表示，而以资本多

---

〔1〕 刘俊海：《股份有限公司股东权的保护》，法律出版社 1997 年版，第 20 页。

数决的规则，达到规定数目的股东意思表示将会上升为公司的意思表示，也就是股东大会决议，并对公司自身及其机关产生约束力。通过表决权的行使，按规定的程序以股东大会的名义，股东们可以决定公司发展过程中的一切重大问题，选择最合适的人（董事、监事）负责公司的经营管理，所有的这一切决定，无不关系到公司的发展和股东其他权利能否顺利的实现。根据我国《公司法》第106条之规定，我国也和世界上其他国家一样实行"一股一表决权"的原则，这是股东平等原则在表决权上的具体表现。但这也不是绝对的，对于优先股股份，由于其在公司盈余及剩余财产的分配方面享有比普通股份更优先的权利，因此，作为对价而失去了表决权。另外，在公司持有自己股份和公司间相互持股的情况下，也应对其表决权加以限制，这也是符合公平正义要求的。其次是知情权，在上文对股东权的分类中，我们没有提及此项权利，实际上是将其分解成了三项权利，即会计报告查阅权、账簿查阅权和检查人选任请求权。有的学者将其称作股东的信息权，这一权力是保障股东自治的前提和手段，无论是公司股东会的会议记录，还是公司的财务会计报告，都是蕴含着公司利益的公司信息，股东对这些信息有要求公司提供的权利。股东只有在充分了解这些信息的基础上，才能作出决定和进行监督。然而股东与公司作为两个相对独立的主体，必然存在利益不一致的情形，以董事会为代表的公司对公司信息具有先天的垄断权，而股东则由于处于公司经营管理之外而难以占有、知悉公司信息。因此，股东与公司间的信息有时是不对称的。由于公司所有权与公司经营管理权的分离，股东对公司只享有股权，通过股东会对公司享有资产收益、重大决策和选择管理者等权利。公司的日常经营管理则交由公司常设的董事会和经理来决定，董事会、经理等公司的经营者享有公司事务的经营管理权，决定公司的各项具体制度，掌握公司经营管理、财务会计、盈亏等各方面的信息。这样，不直接管理公司的股东就处于公司的经营管理的局外人地位，并不直接占有、掌握公司信息。股东欲求公司信息，要么自负成本去搜寻公司信息，要么通过公司经营者来提供。通过自负成本的方式去搜寻公司信息会降低将来从公司获得的股利，股东不愿意花费这笔成本。如果股东寄希望于"搭便车"，借其他股东搜寻公司信息也会由于其他股东均想"搭便车"而难有成果。因此，前一条路难以行得通，结果只有依靠公司经营者来获取公司信息。由于公司经营者与公司之间利益不完全一致（一方面，公司获利越多，可能分给经营者的报酬也越多；

另一方面，给定公司获利数额，经营者提取越多，公司剩余的就越少），有公司经营者私利存在的空间，这就会使公司经营者不提供或提供不真实的公司信息给股东。股东很难找到确凿的证据来证明经营者的上述机会主义行为。这样，经营者利用信息占有强者的地位为自己攫取尽可能多的利益，而股东则由于信息占有处于弱者地位而听由经营者决定其所分公司利润，股东利益面临被架空的危险。为了防止这种现象发生，股东在最初行使表决权选择经营管理者的时候，就应当积极参与，尽最大可能选出最佳人员。如果股东积极参与，加强监督，即使出现了问题也很容易发现，并及时行使罢免权，对不称职的经营管理者进行更换，否则，那只能怪股东自己用人不当，监督不力了。

（二）单独股东权与少数股东权的划分是以股东权的方法为标准的

由于这一划分方式涉及股东权如何行使的问题，因此，我们将它放到下一个部分（第三部分）来论述。

三、行使股东权的方式

在讨论行使股东权的方式之前，我们先接着上文谈一谈单独股东权和少数股东权的划分问题，由于它是以股东权的行使方法为标准来进行的分类，或许会对行使股东权方式的讨论有所启发和帮助。

单独股东权是指只要股东持有一股就可单独行使的股东权，它不管股东持多还是少，只要持有一个单位的股份便可，但是持有零股份（又称端股，不足一个单位的股份）的不享有该权利。从性质上来讲，股东的自益权中的各项权利均属于单独股东权，也就是说只要股东持有一个单位的股份，这些权利就可以由股东自己单独行使；所谓的少数股东权是指只有股东持有股份达到公司已经发行总数一定百分比之后才能行使的权利。如我国《公司法》第104条规定：临时股东大会召集请求权需要股东持有公司股份达到10%以上时才能行使。由此可见，此权利之设实际上是对单独股东的一种限制，目的是为了防止股东权的滥用，以更好地维护公司的整体利益和其他股东的利益，少数股东权只存在于股东共益权当中，但是并不是说股东的共益权都是少数股东权，可以简单地说，共益权中，凡是加以限制的，基本上就是少数股东权，而没有加以限制的，基本上就是单独股东权，前者如股东的代表诉讼权，各国规定的限制程度各不相同，有的规定需要达到10%，也有规定须达到 5% 或 3% 的。后者如我们上文专门加以介绍的表决权。

根据以上对股东权的划分标准，我们可以将行使股东权的方式初步分为两种：单独的行使方式和集中的行使方式。单独的行使方式中又可以对每一种具体的股东权的行使方式作出进一步的划分，我们还以最具典型意义的表决权为例，表决权既可以由股东亲自行使，也可以由股东共同委托他人代为行使，可以通过书面形式行使，也可以通过可视电话、电脑网络等电子方式来行使。也许将来还会在此基础上产生出其他更好的行使方式，只要是不违反国家法律强制性规定的，都应该是被允许的，这也有利于公司和股东积极性和创造性的发挥，符合公司自治和股东自治的基本理念。另外，有些股东权还可以通过诉讼的方式来行使，如代表诉讼提起权、股东大会决议撤销诉权、股东大会决议无效确认诉权、新股发行无效诉权、公司设立无效诉权、公司合并无效诉权都是通过诉讼方式来行使的。其他种类当中的各个请求权，如股东自益权中股利分配请求权、剩余财产分配请求权、建设利息分配请求权、新股认购优先权、股份买去请求权、股份转换请求权、股份转让权、股票交付请求权、股东名义更换请求权和无记名股份的转换请求权等；共益权中的表决权提案权、质询权、股东大会召集请求权和召集权、新股发行停止请求权、会计文件查阅权、会计账簿查阅权、检查人选任请求权、董事监事和清算人解任请求权、董事会违法行为制止权、公司解散请求权和公司重整请求权等，在公司内部协商不成的情况下，也可以通过商事仲裁或诉讼的方式来行使。

本文所要强调的是股东权集中行使的方式，股东权的集中行使最大的优点就是力量大、阻力小。如果所有的股东都能联合在一起，用同一个声音说话，那么股东权的保护问题就不难解决了。当然，要做到这一点是很困难的，但是，如果真的做到了，那就会形成一个我们过去所说的"资产者阶级"，这将是历史发展的必然产物，也是股东权自力保护的迫切需要。笔者认为：股东权集中行使的理论基础是股东权的综合性和整体性，虽然上文对股东权进行的是分类讨论，但这只是为行文的方便而人为作出的，实质上，股东权是一个整体，各项具体权能之间是相互关联、相互促进的，如我们上文提及的知情权和表决权就是如此：有了充分的信息才能做出正确的表决，做出了正确的表决就可为以后充分地了解公司有关信息创造便利的条件。股东权的集中行使不是"空中楼阁"，它是建立在股东权的单独行使基础之上的，并且需要每一个股东的权利意识的觉醒，这只是广大股东联合起来的第一步。然而仅就这第一步来讲，我国的广大股东还远没有做到。股市上炒作之风盛行，真正的理性投资者还不够多，因此，要想从根本上解决股东权的保护问题，今后需要我们做的事情还很多很多，需要培养更多的理性的投资者，广大股民的素质还有待提高。

通过以上分析，我们可以得出一个结论：要使股东权的行使不被限制或者少被限制，只有一个办法，那就是拥有尽可能多的公司股份。公司是一种资本企业，谁占有的资本数额越多，谁在公司中的发言权就越大。如何拥有更多的公司股份呢？那就需要我们平时经常用到一样东西——钱！如果你拥有足够多的钱，就有可能在市场上买到目标公司尽可能多的股票，从而在一家公司甚至是多家公司中享有更多的发言权，使自己的意志上升为公司的意志，这就是如何拥有更多公司股份的第一个方法——"股份的集中"。当然也不是说拥有目标公司的股份越多就越有效率，只要在一个公司中达到控股的地位（在股权分散的上市公司中有的只要达到10%甚至更少，就可达到控股地位）就可以了，这样，你就可以用省下来的钱去控制更多的公司。如果你没有足够多的钱，那就可以采取第二种办法——"股份的集聚"。也就是说通过不同股份所有者的聚合来达到拥有更多公司股份的目的，这就需要股东之间的精诚团结，并且应该具备两个条件：一个就是股东之间的协调成本不能太高；另一个就是股东之间应该达成一致，有一个共同的目标追求。正如我们在本文的第一部分所提到的，现代通信技术的应用已经使股东之间的协调和沟通成本大幅度降低，当这一成本接近于零的时候，股东之间以及股东与其他社会成员之间就有可能形成一种真正的"自由人的自由联合"，那时，股东在公司中的地位和作用将会进一步提高。对于第二个条件，从理论上讲应该没有什么大的问题，因为只要你是一个投资者而不是一个投机者，那么你就应该关心你所为之付出资金的公司。投资的目的并不仅仅是为了赚钱，所有的投资者还应该有一个共同的目标——公司所从事的事业。可以说，股东们是为了这同一个目标而走到一起来的，如果股东们能够时时刻刻为公司着想，多为公司以及全体股东的长远利益着想，心往一处想，劲往一处使，那么把一个公司治理好是没有太大问题的。

四、股东权的自力保护

股东权的行使是股东权自力保护的前提和基础，如果股东们不去主动行使自己应有的权利，那么股东权的自力保护也会沦为空谈。股东权的自力保护是在股东对其股东权的行使过程中自我实现的。它的特点是不借助于外力或很少借助于外力，就是在借助于外力的情况下，也是由股东主动提起的，外力只起到被动的中间人作用。这一特点使它与公力保护形成鲜明的对比，股东权的公力保护是由国家行政机关、司法机关及其他社会保护机构依据法定职权对股东权给予的保护，此时的股东处于被动地位，保护的行为必须按法定程序来进行，有时是非常繁琐和费时的，但与自力保护相比力度更大。公力保护在有些时候也是必要的，但是，自力保护应该作为股东权保护的基础和一般手段，公力保护则作为例外的补充和特别手段，这一观点无论是在理论上还是在实践中，都是有根据的。

首先，可以借用系统论的方法来进行分析，我们可以将公司看成一个可以实现自我调节的社会组织系统。以股份有限公司为例：其有权力机关（股东大会）、执行机关（董事会和经理）、监督机关（监事会）以及一整套生产经营管理的组织系统，通过这一组织系统，它不仅可以完成产品的生产和服务的提供，而且能够在本系统内实现各种利益的调整和分配。其中，由股东组成的股东大会处于公司的最高权力机关的地位，虽然从20世纪初以来董事会的权力有所扩张，但是股东大会的最高权力机关的地位始终没有被动摇，这就为股东权的保护提供了一个强有力的手段。以往的问题几乎都是出在系统本身，监事会监督不力，股东大会流于形式，如果只从外部加以保护，只能解一时之急，并不能从根本上解决问题，我们所需要做到的是如何积极创造条件，鼓励股东们积极参与公司治理，让股东以及股东大会真正起到应有的作用。只有自身的免疫机能增强了，才能真正抵御病菌的侵袭。

股东权的自力保护，首先应该是一场思想解放运动，应该唤醒广大股民的权利保护意识，对股东权的保护意识，以及对股东权的全面保护意识，不应只顾及经济利益而忽视其他非经济利益方面的权利。在我国这样一个受封建思想影响很深同时又受到极"左"思想长期困扰的特殊国情下，要做到这一点确实需要长期的引导。同时更需要广大股民在参与投资的过程中不断地经受股市的考验，在实践中逐步提高自己的认识能力，并一天天地走向成熟。

股东权的自力保护，应该区别不同情况依法进行。对于上文所提到的单独股东权，可以有每位股东单独行使，当然，如果有着同一个单独股东权利要求的数个股东，也可以联合起来共同行使。对于少数股东权就只能由具备法定条件的股东来行使，不具备法定条件的股东不可以行使，但是他可以联合其他股东的股份。在达到法定条件时，可以由多数股东通过股东大会对涉及多数股东利益的事项做出相应的决议，要求公司经营管理者必须执行，否则，可以依法定程序对其进行撤换，并追究相应的法律责任。在不违反法律禁止性规定的前提下，公司的股东也可以在公司章程中尽可能地扩大股东权的内容，充分运用股东自治权来保护自己的合法权益。公司章程作为公司自治的"小宪法"，是公司内部实行依法自治的基本保障。对于现行《公司法》中没有明确规定的一些股东权利和保护措施，可以先写进公司章程而不必等待《公司法》修改完善后再规定，另外，不必对《公司法》的有关规定生搬硬套，对于一些授权性的规定，应该在充分理解其原意的基础上，灵活运用。如何通过公司内部股东大会的这种"立法"形式，对自己的股东权预先设计好一系列的保护措施？这需要广大股东充分发挥自己的积极性和创造力，在实践中不断地进行探索和完善。

股东权的自力保护，迫切需要广大股东们的积极行动，这也是我们在"股东权行使的方式"一节中特别加以强调的一个强有力的自力保护方式，这一方式不仅强大有力，而且代表了股东权自力保护的最高层次和最高境界。我们将股东权的保护分为三个阶段：①股东权保护的初级阶段。以单独股东权的行使和保护经济利益的要求为主，表现为单个股东的个体保护行为，并且多数情况下被动地寻求国家的保护。②股东权保护的中级阶段。股东集体行动意识的初步觉醒，表现为小范围的集体行动方式，开始利用少数股东权和多数股东权主动寻求自力保护。在公司内部争取控制权，强化公司内部监督，完善公司治理结构，这时的股东们已经不单纯地要求对自己的经济利益的保护，而且开始主动地参与到公司治理过程中，对自己的权利有了更高层次和更加完整的认识。③股东权保护的高级阶段。股东们开始突破公司内部的局限，仿照"消费者保护协会"和"工会"的形式，建立"中小股东保护协会""股东权利保护协会"等社团性组织。他不仅可以代表股东对任何一家侵害股东权的公司进行调查，还可以向国家立法机关提出股东权的公司进行调查，而且还可以向国家立法机关提出股东权保护的立法建议，对国家的立法活动施加影响，从而使股东权得到更全面的保护。

在具体实践方面，早在 1932 年，英格兰就成立了"股东保护协会"。1949 年，英国有人宣布成立"投资者协会"。在 1960 年，印度共有 12 个股东协会，其中最有影响的就是"孟买股东协会"和"新德里股东协会"。德国、荷兰等欧洲大陆国家也有股东协会的社会组织，并在保护股东利益方面发挥了积极作用。我国台湾地区在这方面已经走在了我国大陆地区的前面，他们在 1993 年就设立了一个所谓的"投资人保护基金"，又于 1998 年在财团法人"证券暨期货市场发展基金会"下面附设了一个"证券投资人服务与保护中心"，并在互联网站（http://www.efile.sfi.org.tw）上设立了一个专栏。这个基金会的宗旨主要是代理所有上市或上柜公司的股东行使股东权，并接受投资人的申诉，代替受害者来提起诉讼，其成效正在逐渐显现当中。最近，据证监会副主席高西庆透漏，证监会已征询国务院有关部门的意见，积极鼓励设立证券市场投资者权益保障中心。

由此可见，股东利益的保护有赖于股东对自己合法权利的积极行使，而股东权行使的最强有力的方式就是团结起来，集体行动。股东自力保护意识整体觉醒之时，也就是股东权利保护这一社会问题即将得以解决之日。

（本文发表在王保树主编：《21 世纪商法论坛：投资者利益保护》，社会科学文献出版社 2003 年版，第 233~241 页）

论"罗伯特议事规则"及其在公司董事会会议制度中的应用[*]

摘要： "罗伯特议事规则"是当今美国最广为承认的议事规范，是在竞争环境中为公正平衡和正当维护各参与方的利益而设计的精妙程序。充分发挥董事会的作用，强化董事会的职责和提高董事会的效率已经成为公司治理机制的核心问题。我国《公司法》对于董事会会议制度的规定存在缺陷和不足，在董事会会议制度中吸收借鉴这一具有普适价值的人类文明成果，提升董事会运转的效率，降低沟通决策的成本，增强决策的科学合理性，保障董事会的秩序，分享议事规则所带来的公正与效率。

关键字： 罗伯特议事规则　公司治理董事会　会议议事规则

一、"罗伯特议事规则"简介

托马斯·杰斐逊曾说："只有有了规则，组织的决定才能够协调一致，前后统一，不会随着领导人的反复无常而反复无常，也不会被某些人的强词夺理所操纵左右。对于一个严肃的组织来说，必须时刻维护自己的秩序、尊严和规范。""罗伯特议事规则"正是一个组织会议制度的黄金规则，其起初由美国陆军工程兵长官亨利·马丁·罗伯特将军编写，经过后人不断发展与完善，是当今美国最广为承认的议事规范，被广泛地运用于政府、企业、NGO组织的议事活动之中。如果用一句话来概括，"罗伯特议事规则"的实质是：在竞争环境中为公正平衡和正当，维护各参与方的利益而设计的精妙程序。

　＊ 本文在作者：王瑞　钟蕾。

有学者将罗伯特议事规则的基本内容概括为"三纲五常"。所谓"三纲"是指三大权利，即多数者的权利（多数者的意志可以约束少数者）、少数者的权利（尊重少数意见，只要有 1 名动议、1 名附议即可成立动议）以及缺席者的权利（必须满足法定人数，提供事先告知），这些都是群体性权利，作为行动前提的个人权利以及受到行动影响的整体权利也不容忽视，应该纳入议事规则"三纲"视野中进行适当考量。所谓"五常"是指五项基本原则，包括：①基于保障个人权利和平等自由的理念而确立的一人一票原则；②以进行真正的对话性论证和充分审议为目的而确立的一时一件的原则；③为节约会议成本，提高决策效率而确立的一事一议的原则——已经决议的事项不再重复讨论，除非有 2/3 以上的多数赞成再议；④多数票决定原则，即过半数可通过具有全体约束力的议案，重大事项应提高多数通过的量化标准（例如2/3 或 3/4 的绝大多数）；⑤法定人数生效原则，即出席者在没有达到法定人数的情况下做出的表决没有效力。[1] 概括得很有道理，但"罗伯特议事规则"的精彩绝妙之处远不止这些，下面将具体介绍。

（一）"罗伯特议事规则"的元规则

"罗伯特议事规则"蕴含的主要理念为："法治、民主、权力保护、权力制衡、程序正当、程序性竞争、逐利与制衡、自由与制约、效率与公平，等等。"这些理念则体现为它的元规则，大概包括：

（1）会议主持人，专门负责宣布开会制度，分配发言权，维持秩序，执行程序，提请表决，接受申述。但主持人在主持期间不得发表意见，也不能总结别人的发言。

（2）在辩论时，主持人应先给提议的提出人分配发言机会以阐述提案，然后在举手众人中优先给反对方发言机会，以让双方轮流得到发言机会，保持平衡。

（3）发言必须经过许可，每人每次发言时间必须有具体的规定，对同一提议发言每人不超过两次，或者大家可以现场规定。第二次发言必须要在全体要求发言的参会人员第一次发言完毕之后进行。别人发言的时候不能打断。

（4）如果有人在发言过程中提出延长自己本次发言时间，以把话说完，

---

〔1〕［美］亨利·马丁·罗伯特：《罗伯特议事规则》，袁天鹏等译，上海教育出版社 2008 年版，第2 页。

可以现场向主持人提出。主持人会询问大家有没有反对的，若没有，主持人可按一致同意规则直接宣布准许延长时间，若有人反对，主持人要立刻提请会议表决。

（5）发言者尽可能对着主持人说话，不同意见者之间避免直接面对面的发言。不得进行人身攻击，只能就事论事，不能质疑他人发言动机。

（6）发言人应该首先表明赞成或反对，然后说理由。

（7）讨论问题不能跑题或超时，主持人应该打断跑题发言和超时发言，若主持人没有觉察，则委员可以立刻提醒主持人。主持人打断违规发言的人，被打断的人应当立刻中止发言。

（8）只有主持人可以提请表决，但必须等到每人发言次数都已用尽，或者没有人再发言了，才能提请表决。

（9）表决时，主持人应该先请赞成方表决，再请反对方表决。但不要请弃权方表决。

（10）当赞成方多于反对方，提议通过。平局等于没通过。

（11）主持人一般情况下不表决，只有在主持人意见影响表决结果时，主持人才可以在其他人表决之后表决，以改变表决结果。（主持人意见影响表决结果的三种情况：①双方票数相等；②反对方比赞成方少 1 票；③表决重大问题时，赞成方差 1 票达到 2/3。）

（12）一般情况下采用举手表决，若有人对举手表决结果提出质疑，应当在主持人宣布结果之后立刻提出，主持人则应当立刻提请"起立重新表决"，必要时并"要求计数"，任何人不可事后对表决结果提出质疑。[1]

这些元规则是会议制度中的金科玉律，贯穿于会议的始终，旨在促进组织的秩序和成员的尊严，降低沟通决策的成本，提高组织运转的效率，增强集体决策的科学合理性，保证组织的公平与效率。

（二）"罗伯特议事规则"中一次议事过程

"罗伯特议事规则"是一套完整的议事"工具"，应用范围之广，大到国会或议会，小到基层组织如村委会等。它不是纯粹的理论性论述议事规则，而是将理念贯通在规则之中，具有很强的实践性、可操作性。下面笔者就以一次议事过程作为基础具体展开：在罗氏规则里，一般而言，一次议事过程

---

〔1〕 参见龙金菊："我国人大及其常委会议事规则"，湖南大学 2011 年硕士学位论文。

主要包括六个步骤：①动议；②附议；③陈述议题；④辩论；⑤提请表决；⑥宣布表决结果。在会议得以合规召开之前，或者说会议的决议能够拥有效力的一个必要性前提条件，就是亲自出席会议的人，其数量必须达到规定的"法定人数"。其目的在于保护组织的名义不被滥用，防止一小部分人以组织整体的名义做出不能代表组织整体意见的决定。另外，最少需要两名会议官员，一个是"主席"，主持会议，秉持规则；另一个是"秘书"，负责形成会议的书面记录，就是"会议记录"。

（1）动议（motion）是指与会者在会议上提出的、需要会议给予处理的正式建议。任何事务都必须以"动议"的形式提交给会议考虑，会议也必须给予响应。"动议"的内容可以是主张某种实质性的行为，也可以是表达某种看法，或者要求进行某种调查并将结果向会议报告以便采取进一步的措施，等等。动议可以分为主动议、附属动议、优先动议、偶发动议以及重新提交会议考虑类动议，动议是议事时"灯塔"，必须明确具体并具有可操作性，才能确保会议效率。

（2）附议附属动议（subsidiary motions），也称"附议"，是用来对主"动议"进行处理的"动议"，又是处理主动议以外的其他动议。如"无限期推迟"（Postpone Indefinitely）、"调整辩论限制"（Limit or Extend Limits of Debate）以及"立刻表决"（Previous Question）等等。附属动议总是在另一个动议待决的时候，对其进行推进、调整、暂停或者直接否决等处理，附议人可以直接说"我附议"，该附议并不表示支持或反对，仅表明"附议人"认为有必要在会议上考虑该动议。附议的作用在于帮助主席决定是否"陈述议题"，也就是正式地将该动议提交会议考虑，以防止会议把时间花费在只有一个人想考虑的问题上。

（3）陈述议题，或"主席陈述议题"（the stating of the question by the Chair）是指动议经"提出"并得到"附议"后，主席通过"陈述议题"将其正式"提交会议考虑"。动议人有权在主席陈述议题之前对自己的动议任意进行修改或者完全"收回"（withdraw）该动议。一旦主席陈述了议题，该动议就归整个会议所有，即使是动议人也必须经过会议的同意才能修改或收回自己提出的议题。

（4）辩论，即"就议题展开讨论"（debate on the question），或称"讨论"。在主席陈述议题后即可开始。在辩论过程中，每位成员都有权在同一天内对同一议题最多发言 2 次，而且如果正好有其他还没有对此议题发过言的成员申请发言，那么已经发过言的成员就不能进行第二次发言。同一天内针对同一议题发言 2 次的成员"用尽（当天对此议题）辩论权"。除非会议允许，发言不得超过规定的时间限制。辩论发言必须围绕待决议题的利弊。

（5）提请表决，即将议题提交会议进行表决。提请表决前，主席应该确保所有成员都明确"赞成票"和"反对票"将分别产生什么样的效果，以避免任何可能的误解。表决的方式有口头表决、起立表决或举手表决。但无论哪种方式，主席都要首先请正方表决，而且无论正方表决结果多么接近"一致通过"，主席仍然必须请反方表决，除非反方的表决已经在实质上不重要了。

（6）宣布表决结果。表决结果由主席判定，主席有义务在任何成员提出质疑时对结果加以验证，直至所有成员满意。无论采用哪种表决方式，也无论计数与否，只要结果还没有最终宣布，任何成员都有权利改变其投票。在结果宣布之后，改变其投票需要经过会议"一致同意"。如果主席也拥有表决权，在理论上也有权参加表决，但一般而言，主席因其中立地位，只在其投票可能影响结果的情况下才参加表决。主席在如下两种情况下可能影响表决结果：一是双方票数相同，如果主席赞成，则动议获得通过，如果主席反对或弃权，则动议被否决；二是赞成票只比反对票多 1 票，如果主席赞成或弃权，则动议获得通过，如果主席反对，则动议被否决。[1]

二、"罗伯特议事规则"在公司董事会会议中应用的重要性

早在 1917 年，伟大的民主革命先行者孙中山先生就曾拟定一本《民权初步》，原名《会议通则》，系其《建国方略》三书之一，这本册子在很大程度上就是根据"罗伯特议事规则"的早期版本写成的。先生认为"是集会者，实为民权发达之第一步"，感叹"然中国人受集会之厉禁，数百年于兹，合群之天性殆失，是以集会之原则，集会之条理、集会之习惯、集会之经验、皆阙然无有。以一盘散沙之民众，忽而登彼于民国主人之位，宜乎其手足无措，不知所从，所谓集会则乌合而已。是中国之国民，今日实未能行民权之第一

---

〔1〕 ［美］亨利·马丁·罗伯特：《罗伯特议事规则》，袁天鹏等译，上海教育出版社 2008 年版，第 19~39 页。

步也。"希望"苟人人熟习此书，则人心自结，民力自固"。[1]

随着经济飞速发展和现代公司制度的发展，公司经营越来越强调效率化、合理化和专业化，公司的权力逐步集中于直接经营的董事会或董事身上，形成了"董事会中心主义"现象。董事会作为一个决策主体，其决策效率的高低，直接影响到公司价值与股东价值，其决议的质量直接关系到董事会经营管理的效果，进而影响公司的成败兴衰。因而，充分发挥董事会的作用，强化董事会的职责和提高董事会的效率已经成为公司治理机制的核心问题。

孙中山先生把集会作为民权发达的第一步，同样，董事会会议可以被称为是公司兴旺发达的第一步。董事会会议是问题的关键所在，而关键的关键则在于一套体系完整、规则明确和可操作性强的议事规则。"议事规则"是规范化了的"议事手段"，其目的正是帮助每一个人促进自己的利益，它所鼓励的正是"规范化的竞争"和"程序性竞争"。"罗伯特议事规则"正是这样一套以程序规范和民主协商为基石的利益平衡规则。

在市场经济的背景和环境下，要使个人与生俱来的"自利"诉求能有理有节地扩展，使大众的"逐利"行为得以持续向上地延展，公平的竞争和公正的制衡是关键。"罗伯特议事规则"通过精巧的逻辑，考量在各种具体而细微的情况下如何求得均衡的方法。[2]董事会作为公司的最高权力的行使者，需要这样一套精雕细琢的议事规则提升董事会运转的效率，降低沟通决策的成本，增强其决策的科学合理性。

三、现有法律法规中关于公司董事会会议的规定及主要问题

董事会是一个会议体，只有通过会议的形式，才能良好地发挥董事会的作用和功效。然而，公司的董事会并不经常召开会议，即使召开会议也是走走过场，主要表现在以下几个方面：

（一）法定人数

《公司法》第45条规定："有限责任公司设董事会，其成员为三人至十三人；但是，本法第五十一条另有规定的除外。"第51条规定："股东人数较少

---

〔1〕［美］亨利·马丁·罗伯特：《罗伯特议事规则》，袁天鹏等译，上海教育出版社2008年版，第4页。

〔2〕［美］亨利·马丁·罗伯特：《罗伯特议事规则》，袁天鹏等译，上海教育出版社2008年版，第5页。

或者规模较小的有限责任公司，可以设一名执行董事，不设董事会。执行董事可以兼任公司经理。"第 109 条规定："股份有限公司设董事会，其成员为五人至十九人。"从法条可以看出，《公司法》规定了董事会会议人数的上限和下限，将具体需满足的人数由公司章程来规定。不满出席人数而违反公司章程，属于程序瑕疵，通过的董事会决议是可撤销的。当出席人数达不到公司章程规定董事会召开的法定人数时，章程是否可以规定"强制出席"？如果有紧急而重要的事务不能耽搁，不立即采取行动或作出相应的决定就会严重损害公司利益时，是否允许在法定人数不满足时进行会议？如果允许，此时通过的决议是有效的，显然又与第 22 条中"董事会的召集程序违反法律、行政法规、公司章程，股东可以以公司为被告要求撤销该决议"相冲突。

（二）会议召集

①会议召集权的主体。对于有限责任公司，现行《公司法》第 48 条规定："董事会会议由董事长召集和主持；董事长因特殊原因不能履行职务时，由董事长指定副董事长或者其他董事召集和主持。三分之一以上董事可以提议召开董事会会议。"在股份有限公司中，现行《公司法》第 111 条第 2 款规定："代表十分之一以上表决权的股东、三分之一以上董事或者监事会，可以提议召开董事会临时会议。董事长应当自接到提议后十日内，召集和主持董事会会议。"尽管对会议召集主体作出了规定，但对主体怠于行使职权的法律责任则无明文规定。另外，对于董事会成员在股东会上当选后的首次董事会会议由谁召集和主持，《公司法》也并未明文规定。②会议召集的程序。《公司法》第 55 条规定："监事可以列席董事会会议，并对董事会决议事项提出质询或者建议。"（有限责任公司和股份有限公司规定一样）从该条规定来看，董事会会议的召集通知不仅应送达各位董事，还应送达各位监事。但《公司法》并未明确规定不通知监事是否构成董事会召集程序的法律瑕疵。

（三）会议频率

《公司法》对于有限责任公司董事会会议频率并未作出规定。对股份有限公司，《公司法》第 111 条规定："董事会每年度至少召开两次会议，每次会议应当于会议召开十日前通知全体董事和监事。代表十分之一以上表决权的股东、三分之一以上董事或者监事会，可以提议召开董事会临时会议。董事长应当自接到提议后十日内，召集和主持董事会会议。董事会召开临时会议，可以另定召集董事会的通知方式和通知时限。"董事会召开临时会议的次数和时间在《公司法》中并没有明确的规定。

（四）议事方式和表决程序

对有限责任公司董事会的议事方式和表决程序，我国《公司法》主要是通过第49条第1款规定"董事会的议事方式和表决程序，除本法有规定外，由公司章程规定"和第3款"董事会决议的表决，实行一人一票"。该条规定比较简单，操作性不强。另外，对出席董事会的"法定人数"以及决议有效应达到的"表决权数"这一重要程序事项并没有作出规定，而是授权公司章程予以规定。尽管该条规定充分考虑到了有限责任公司的人合性，但在司法实务中，在对有限责任公司董事会决议效力纠纷案件的审理中，对公司章程有关董事会的议事方式和表决程序的规定的合法性审查就成了法律实务上的难点问题。在该方面，我国《公司法》对股份有限公司的规定是比较详细的。《公司法》第112条第1款规定："董事会会议应有过半数的董事出席方可举行。董事会作出决议，必须经全体董事的过半数通过。"这种法律的明文规定并没有给公司章程留下操作的空间，既有利于减少纠纷产生，也有利于增加法律适用的确定性。但是，问题在于其中"全体董事"是指董事会的全体董事还是指出席会议的全体董事？

（五）董事表决权回避制度

董事表决权回避制度，是指当某一董事与董事会议上讨论的决议事项有特别的利害关系时，该董事或其代理人均不得对该决议行使表决权，亦不得代理其他董事行使表决权的制度。我国《公司法》第125条规定："上市公司董事与董事会会议决议事项所涉及的企业有关联关系的，不得对该项决议行使表决权，也不得代理其他董事行使表决权。该董事会会议由过半数的无关联关系董事出席即可举行，董事会会议所作决议须经无关联关系董事过半数通过。出席董事会的无关联关系董事人数不足三人的，应将该事项提交上市公司股东大会审议。"该条仅就上市公司关联董事表决权回避作了规定，对其他上市的股份有限公司和有限责任公司关联董事表决权回避没有明确规定，新公司法在对待关联交易上是以上市公司与非上市公司区别对待，并没有在所有的公司关联交易上适用董事表决权回避制度。仅排除关联董事本人对关联事项的表决权，没有详细规定其他非关联董事可否代理关联董事行使表决权。在法律条文的用语上没有明确释义。基于法学界对关联交易及关联企业尚无一个公认的统一标准，原因之一就在于法律规定的缺失。

新《公司法》在附则中对"关联关系"的界定一方面不尽周延,"可能导致公司利益转移的其他关系"过于笼统;另一方面,在附则中予以规定,其效力只在于对法律概念的解释,不足以统帅所有相关的法律条文。致使法院在受理此类案件时无充分的依据而不能对公司和中小投资者提供实体上和程序上的保护。

四、"罗伯特议事规则"在公司董事会会议中具体应用

(一)公司董事会会前准备

法定人数。法定人数指会议合规召开所必须满足的"有表决权成员的"出席人数。"罗伯特议事规则"认为,对于董事会而言,"法定人数"是该董事会人数的过半数。董事会人数多少对于董事会会议频度和有效性具有重要影响。如果人数过少,不利于吸纳确实需要的多方面人才;如果规模过大,不仅难以找到所有董事均合适的时间开会,而且即使开会,由于人员过多,会议能够让每个人发表意见的机会也会相对减少,这不利于对问题进行充分讨论。董事会规模合理化,也是开好董事会、提高其战略决策能力的重要条件。为了防止因出席会议的董事过少,导致极少数董事表决通过董事会决议的不合理结果发生,《公司法》有必要对出席董事会会议的人数予以规定。董事会人数的过半数是合理的,至少能保证决策做出正当性和说服力。另外,"罗伯特议事规则"中有一条禁律即"在法定人数不满足时不允许进行会议",尽管可以通过后续会议予以"追认",但也要冒得不到"追认"的风险。董事会会议应该严格遵守这一禁律,以防止董事利用这一缺口,打着董事会的旗号,通过一些损害公司利益的决议。公司章程不宜做出"强制出席"的规定,但可以再章程中规定无正当理由不出席时的相应处罚,如罚款(非行政罚款)等。

(二)会议频率

作为会议体,如果不开会,董事会就谈不上决策,更谈不上行使最高权力的职责。因此,董事会必须定期召开。但是各个公司面临具体情况不同,很难作出统一的规定。各个公司董事会应该根据自身情况,确定其会议频度和时间长短。除董事会定期举行全体会议之外,非执行董事还要定期单独开会,每年至少一次,以便讨论和评估总经理业绩等问题。会议频率在董事会会议方面,会议的频率和长短各国的公司治理原则的规定是不同的,美国规

定典型的大型公众公司董事会大约每年召开 8 次，另外董事应能定期地在 CEO 及其他内部董事不在场的情况下会晤。韩国公司治理准则规定："董事会应定期召开，至少每季度一次，必要时可随时召开特别会议。"《中国上市公司治理准则》规定："董事会应定期召开会议，并根据需要及时召开临时会议，董事会会议应有事先拟定的议题；董事会会议应严格按照规定的程序进行；董事会会议记录应完整，真实。"[1]"罗伯特议事规则"对于将会议分为例行会议、临时会议、后续会议等，特别是对临时会议要求更加严格，不能因为临时会议往往处理比较紧急的事务而不强调其程序性，我国《公司法》将此方面的具体规定授权公司章程加以规定，有待考虑。

（三）董事会召集程序

①今后《公司法》相关司法解释或规定应当对召集主体不履行法定职责时的法律责任加以规定。②事先通知。"罗伯特议事规则"称"事先告知"，是指对本次会议将要进行讨论的议题，应该在本次会议的召集函中进行准确的描述。这是董事会会议得以顺利召开的前提和基础。

（四）议事方式和表决程序

对《公司法》完全授权有限责任公司章程对议事方式和表决程序加以规定的做法，笔者并不赞同。确实应该考虑有限责任公司的人合性，但法律规定必要的议事的基本规则和程序是万不可少的。"罗伯特议事规则"中关于议事的基本规则如法定人数规则，表决规则可以加以采用，而具体规则可以由公司章程来规定，既保证其人合性，又遵循规则和程序。对于股份有限公司，学界对《公司法》第 112 条中表决额度是"出席会议的全体董事"还是"董事会的全体董事"存在争议。而国际通行做法是指"出席会议的全体董事"。如《美国示范商事公司法》第 8.24 条第 3 项明确规定："如果投票表决时与会董事人数达到法定人数，且半数以上的与会董事就决议投了赞成票，则视为董事会通过了该项决议，除非公司章程或者章程细则中规定通过需要更高数的赞成票。"《法国商法典》第 100 条第 2 款规定："公司章程没有规定更高的多数的，董事会的决定以获得出席或由他人代理的董事多数票通过。"日本、韩国、越南等国外的公司立法或商事立法均规定董事会决议由出席董事会会议董事过半数通过。我国台湾地区"公司法"第 206 条也有相同规定：

---

［1］ 朱羿锟："股份公司董事会管理创新探索"，载《当代财经》2001 年第 9 期。

"董事会之决议,除本法有规定外,应有过半数董事之出席,出席董事过半数同意行之。"〔1〕在"罗伯特议事规则"中,"过半数"是指有表决权并实际参与表决的成员。这一符合公司法原理并为国际社会普遍接受的董事会决议表决规则,应该在我国公司立法中得到充分重视和分析、借鉴。

(五)表决权回避制度

德国1884年的《股权法草案》曾这样表述:"立法者不能期望利害关系人把自己的利益置于公司利益之后。"同样,董事会作为公司的决策者,其掌握着公司大量信息,具有相当大的优势,期望董事把自己的利益置于公司利益、股东利益之后,公正地行使表决权不符合实际。董事会表决权排除制度旨在预防控制董事利用职权谋利,确保董事会决议合法、公正、有效。"罗伯特议事规则"在表决时强调回避原则。即任何与当前议题有着不同于其他成员直接利害关系的成员都应该在表决中回避〔2〕,但回避不是强制的。〔3〕该规则还规定表决时禁止解释,因为在表决时的解释无异于辩论,而此时辩论已经结束。《公司法》未对董事会表决权回避进行规定,在今后相关司法解释中应当加以规定。

总 结

公司治理是公司法的核心内容,公司经营和竞争的成败在很大程度上取决于公司治理的成败。公司董事会作为公司最高权力的行使者,其在公司治理中的地位举足轻重。而提高董事会活动的质量,使董事会更积极有效地发挥作用更是重中之重,而一套统一、清晰、完整的议事规则可以达到事半功倍的效果。对规则的尊重远远不是被动地遵守,在更大的程度上它意味着我们能够通过"使用"规则保证多数人的意愿得以实现;通过"使用"规则维护少数人的意愿能够得到充分的表达;甚至使少数人乃至个人的意愿经过充分的表达和辩论之后成了多数人的意愿。〔4〕在董事会会议制度中吸收借鉴这

---

〔1〕 参见沈贵明:"论公司法对董事会决议表决的规范——我国《公司法》第112条规定的失误与修正",载《法学》2011年第6期。

〔2〕 这里的利害关系是指个人或经济关系。

〔3〕 [美]亨利·马丁·罗伯特:《罗伯特议事规则》,袁天鹏等译,上海教育出版社2008年版,第288页。

〔4〕 [美]亨利·马丁·罗伯特:《罗伯特议事规则》,袁天鹏等译,上海教育出版社2008年版,第288页。

一具有普适价值的人类文明成果，体会它所蕴含的精神与原则，不断加以实践，就一定能够提升董事会的效率，增强决策的科学合理性，保障董事会的秩序，分享议事规则所带来的公正与效率。

（该文发表在《求索》2013 年第 11 期）

论职工持股的统一立法[*]

摘要： 职工持股在我国公司制企业中已经被广泛采用，但缺乏统一立法规范，我国应该尽快制定统一的职工持股法，为职工持股的规范化运作创造条件。

关键词： 职工持股　统一立法

职工持股制度，是指在股份公司"内部"或者"外部"设立管理职工股的管理机构，公司以某种形式（包括有偿或无偿）赋予包括企业经理人员在内的企业职工全部或部分股份，帮助企业职工持有本公司股票，并以此为基础让职工参与企业"治理"的一种新的股权制度。

一、我国职工持股的特殊意义和现状

国外成熟市场经济国家的经验及我国已有的初步实践表明，经营者持股和职工持股是适应市场经济要求的、解决企业长远发展动力的、行之有效的激励方式之一。规范地推行经营者持股和职工持股制度，可以防止企业内优秀人才的流失，促进国有企业产权改革，有效地防范将来可能出现的资本过度集中问题，从而缩小贫富差距，防止两极分化，有利于我国社会结构的长期稳定。

规范推行职工持股还是社会主义公有制的实现方式之一，对我国有特殊意义。在不同的历史条件和发展阶段，公有制应当有其不同的实现形式。实践证明，职工持股制度有可能成为我国社会主义市场经济条件下公有制的一

---

* 本文作者为王瑞、程柳。

种有效实现形式。现代经济发展的规律揭示，公有制企业和私有制企业的区分，关键是看财产的占有方式是社会占有，还是私人占有。推行职工持股，使广大职工普遍持有本企业股份，实现了财产占有方式的社会化，既反映了公有制的特点，又适应了市场经济的要求，有利于形成市场经济运行的基础。社会主义的最终目的是消灭剥削，实现共同富裕。以公平原则为基础，兼顾效率原则，在企业中普遍推行职工持股，有利于形成共同富裕的财产基础，使广大职工不仅取得工资性收入，同时作为所有者之一，有权利参与企业剩余收益分配，防止社会财富过分地向一部分人集中。

民主政治是社会主义的又一本质特征。促进社会主义民主制度的完善是建立我国社会主义市场经济体制的充分条件。推行职工持股，使广大职工通过实际拥有财产权，参与企业的经营决策与管理，有利于增强职工的民主参与意识，有助于形成民主制度有效实现的环境，促进我国社会主义民主政治的完善。

我国实行职工持股是伴随着国有企业股份制改造同时诞生的。目前，实行职工持股的地区、企业及涉及的职工人数、资金量已有相当规模，职工持股已成为实践中企业所普遍推行的一种产权方式，并呈现出了不断扩大的趋势。但是，职工持股制度却没有走上规范化发展的快车道，而且发展也极不平衡。由于职工持股在我国尚处于起步阶段，实践中难免采用以平均摊派的手段要求企业所有职工出资入股，或实行差距不大的平均持股。这不利于调动经营者和职工的积极性，容易形成新的大锅饭体制，这将挫伤职工的积极性，违反了持股职工投资自愿的原则。有的企业不管条件是否成熟，盲目推行职工持股制度。

目前，我国尚无全国统一的职工持股法律规范，尽管全国各地近三十个省、市、自治区几乎都出台了与职工持股相关的行政性规章，但这些政府性文件对职工持股行为的调整还很不规范，对有关问题的规定还存在较大的疏漏、差异和冲突。这种立法滞后的状况已成为制约我国职工持股制度健康、有序发展的主要因素，终将成为国有企业改革向纵深发展的阻碍。当务之急便是应当尽快制定和出台全国性统一的规范职工持股行为的法律法规。必要时应允许有条件的地方在全国人大授权立法的权限内，结合本地经济发展的实际情况，先制定有关职工持股的地方性法规或者规章。同时，国家有关部门应针对目前实践中遇到的较为棘手的问题，先就涉及职工持股制度的现行的公司法、税法、金融法、证券法等法律法规和有关政策进行补充和完善。

二、什么是规范意义上的职工持股

（一）职工持股的产生和发展

职工持股制度最早起源于美国。18 世纪晚期至 19 世纪初期，由于受传统的物质资本本位论和所有权"绝对论"的影响，随着资本的不断积累，劳资间的贫富差距不断扩大，劳资冲突也越来越加剧，从而影响了企业生产的有序进行和企业利润的最终实现。为了"改善"劳资间的紧张关系，有些公司开始采用雇员购买股票计划，在每个工资支付期内从雇员的工资支票上由公司减去一部分用于购买公司的股票；公司有时也会折价向雇员出售股票。随着时间的推移，雇员们的股票慢慢增加。然而，发生在 20 世纪 20 年代的经济大危机使处于萌芽状态的职工持股制度受到了重大打击，因为随着股票市场的崩溃，许多雇员失去了其股票账户上的价值，从而使得雇员对企业的所有权参与也随之失败了。[1]

20 世纪 50 年代前后，由于所有权与经营权分离所诱发的物质资本所有权的弱化与经理阶层的崛起：一方面，随着公司规模的不断扩大，企业内部的分工也越来越复杂，而作为股东大会的常设机构的董事会，既无力了解公司的技术组合、专业范围，也无力掌握公司各部门的分工情况，更不可能独立作出公司的重大决策。因此，作为企业物质资本所有者代理人的企业经理，凭借自己的信息优势，实际上取得了企业的控制权。另一方面，企业经理权力"膨胀"的后果可能会危及企业物质资本所有者的权益和他们对利润"最大化"的追求。为了平衡企业经理与企业物质资本所有者之间因企业经理权力"膨胀"而引发的冲突，在 20 世纪 50 年代，美国开始对企业经理进行股票奖励计划。该计划的目的在于鼓励高级经理人员为了让手中的股票升值而努力为公司工作，并关心股东们的长期利益。[2]于是，经理们便"站"在了股东一边，并与被称作"劳动者"的白领阶层形成了一道不可逾越的鸿沟。[3]显然，高层经理持股虽然协调了经理与企业物质资本所有者之间的冲突，但对众多的雇员而言，则被排除在企业的治理结构之外，他们仍然从属

---

〔1〕 参见尹智雄：《企业制度创新论》，经济科学出版社 1997 年版。
〔2〕 参见赵涛：《股份制——现代企业的重要形式》，经济科学出版社 1997 年版，第 10 页。
〔3〕 参见〔日〕松本厚治：《企业主义》，程玲峡等译，企业管理出版社 1997 年版，第 31 页。

资本，并处在高层经理的监督之下。

企业高层经理持股尽管离职工普遍持股相距甚远，但它毕竟冲破了传统的资本雇佣劳动的逻辑。在 20 世纪 50 年代中期，由于高层经理持股的"示范"效应和民权运动的兴起，被称为"职工持股计划之父"的美国经济学家、律师路易斯·凯尔索与他人合作撰写了对职工持股制度的普遍推广具有极为重要推动作用的两部著——《资本家宣言：怎样用借来的钱使 8000 万工人变成资本家》和《两要素论》。他们认为：在正常的经济运行中，任何人不仅可以通过劳动来获得收入，而且还必须通过资本来获得收入，这是人的基本权利。根据这一思想，凯尔索等人提出了职工持股计划。为了将上述理论付诸实践，1961 年，凯尔索成立了"职工持股计划发展中心"，并创办了一家投资银行，专门支持职工持股计划。随后，职工持股制度越来越引起人们的关注，并获得了美国政府和国会的大力支持。目前，美国联邦政府已颁布了 25 个联邦法律来鼓励职工持股，有一半的州为了鼓励职工持股也进行了立法。在美国政府的大力支持下，实行职工持股制度的公司数量由 1974 年的 300 多个增加到目前的 1.5 万多个，参与的职工已达 1200 万人，占美国劳工的 10%；职工因持股而拥有的资产约为 1000 万美元。据统计，在美国最成功的 100 家公司中，有 46 家实行了职工持股。[1]根据美国密执安大学的迈克尔·康特等人对美国 98 家实行职工持股制度的企业所进行的调查，这些企业比它的同行业其他公司的利润率要高出 50%，并且职工持有的股份在企业总股份中所占有的比例越高，企业的利润也就越大。[2]

推行职工持股制度除了美国以外，还包括日本、法国、意大利等五十多个国家。日本的职工持股制度始建于 20 世纪 60 年代后期，经过二十多年的发展，1989 年，全部上市的 2031 家公司中，有 1877 家实行了职工持股，占整个上市公司的 92.4%；从参加的人数来看，持股职工已达 228.5 万人，占这些企业职工的 45.4%。法国于 20 世纪 70 年代中期开始推行职工持股，到 80 年代，实行职工持股企业年增长率由原先的 18.6%上升为 27%。英国在非国有化运动中，把职工持股作为主要的政策来推行，90%的非国有化公司都有职工持股。目前，职工持股已向国际化的方向发展。

---

〔1〕 参见钟坚："西方国家推行职工持股制的经验与启示"，载《深圳大学学报》1996 年第 4 期。
〔2〕 参见张泽荣主编：《当代资本主义分配关系研究》，经济科学出版社 1994 年版。

（二）规范意义职工持股的主要形式

职工持股计划起源于西方，其一开始就是在规范的指导下进行的。

1. 资金来源形式：

为了显示职工持股与一般公众持股的区别，西方各国在实行职工持股时都为职工持股提供资金支持。职工持股的资金"来源"主要有三种形式：

第一，公司以"奖金"形式为职工提供持股资金。例如，美国的职工持股中的"非移动性雇员股票所有制"（non-leveraged employee stock ownership），便是将股票作为奖金直接记入雇员名下。在日本，公司以奖金的形式为职工持股提供资金来源，并且当职工用奖金购买公司股票时，企业将再给予5%~10%的奖励金。

第二，公司为职工担保从资本市场上"借入"持股资金，然后公司从每年的利润中划拨一部分归还该贷款，直至还完为止。例如，美国的"移动式雇员股票所有制"（leveraged employee stock ownership），就是将占公司股票总额的30%由公司贷款或由公司担保向外贷款购买，以便让这些股票被用于职工持股。[1]

第三，向职工发放购买股票的证券，或将公司股票折价卖给职工。采用这种形式实行职工持股的国家主要为前东欧、中亚国家的"非国有化"运动。例如，俄罗斯联邦政府极力推崇职工持股。根据《俄罗斯联邦关于国有企业和地方企业私有化法》的规定，职工可以无偿获得企业25%的无投票权的普通股票，同时，职工还有权以票面价格30%的折扣购买10%的有投票权的股票。此外，俄罗斯政府还于1992年10月1日起向每个公民发放了面值为1万卢布的私有化证券，企业职工可以凭该证券以优惠条件购买公司股票。[2]

2. 管理机构

这是所有实行职工持股国家的通行做法。管理职工股的机构主要有两类：

第一，"内部"的管理机构。即在企业内部设立职工持股委员会，并由其管理本企业的职工股，本企业职工可以自愿加入而成为该委员会的会员，他们可以每月从工资和奖金中扣缴一部分作为购买股票的出资。职工持股委员

---

〔1〕 参见［美］大卫·P. 艾勒曼：《民主的公司制》，李大光译，新华出版社1998年版，第116页。

〔2〕 参见赵乃斌等主编：《东欧中亚国家私有化问题》，当代世界出版社1995年版，第5~6页。

会用其积累的资金购买本企业的股票，并按比例记入会员职工的台账上。职工持股委员会虽然是一个"内部"机构，但该委员会与入会职工之间却形成了一个信托关系，其中入会职工是信托人，该委员会则为受托人。职工持股委员会以自己的名义购买并管理职工股，行使股东权，而会员职工只是名义上的股东，不参加股东大会。

第二，"外部"的管理机构。这种管理机构不是在企业内部设立，而是由独立于企业之外的合法实体，即信托基金会来管理职工股。一般而言，采用这种模式管理职工股的企业，首先向银行或其他贷款人借来资金，贷款通过信托基金会将款贷给企业，并用这笔资金按公平的市场价格购买部分或全部股份；而股票则由信托基金会控制。在操作中，公司应保证按期归还贷款，信托基金会则以控制的股票作为保证偿还贷款的抵押。经过一段时间后，企业将自己的利润向基金会缴纳，以偿还银行的本金及利息，信托基金会则将该款还给银行或其他贷款人。[1]随着贷款的偿还，信托基金会按事先确定的比例逐步将股票转入职工的个人账户。

3. 职工股的转让的限制

职工持股的本意在于让职工通过所有权参与，使职工与企业之间形成一个"命运共同体"。因此，几乎所有推行职工持股制度的国家和企业，都严格地限制职工股的转让，禁止职工随意出售其股份。在美国，职工股并不在职工个人手中，而是由企业内部的职工持股委员会或外部的信托基金会集中保管，以防止职工随意出售其股份。之所以如此，按照美国学者艾勒曼的说法，职工持股是为了建立民主公司，以便在职工与企业之间形成一个"命运共同体"。如果每个人都出售他们的股票，这个公司就不再是民主公司了。每个人都不能出售他们的股份并留在公司内工作。就像市民一样，任何人都不得出售选举权。[2]在日本，公司内部职工所持有的股份通过"内部"的职工持股委员会来管理，大多数公司一方面对内部职工长期持股给予一定的奖励，另一方面职工对自己持有的股份，必须有特殊事由方可申请出售。在法国，根据法国现行公司法典的有关规定，职工购买股票必须记名，从购买之日起5

---

〔1〕 参见［美］大卫·P. 艾勒曼：《民主的公司制》，李大光译，新华出版社1998年版，第116页；参见"法国政府1967年3月23日关于商事公司的第67~236号法令"，载《法国公司法典》，罗结珍译，国际文化出版公司1995年版。

〔2〕 参见李德伟等："当代西方股份制的新发展"，载《理论探讨》1993年第5期。

年内不得转让，只有当职工股东在结婚、死亡、被解雇、退休、离职或配偶死亡的情况下，才能解除 5 年不得转让的义务。

三、我国职工持股统一立法的基本内容

我国要改变职工持股计划的不规范作法，必须尽快进行统一立法，以在全国适用的法律的形式，来对具体的持股行为进行规范。这一统一的立法应该包括以下主要内容：

（一）职工持股计划的适用范围

即对哪些企业和哪些人员推行职工持股，这是制定职工持股法所面临的首要问题。笔者认为，这一问题的解决应坚持三大原则：

首先，要尽量扩大推行职工持股的企业的范围，一般可供职工持股公司制度有股份有限公司、有限责任公司、股份合作制。笔者将简略介绍一下这三种公司目前的做法及立法建议：

1. 股份有限公司

可以根据实际情况，通过持股会或职工个人股集中托管的形式，推行职工持股计划。

（1）发起式股份有限公司一般采取持股会形式。职工持股会以特殊社团法人身份作为一个股东共同发起组建股份有限公司。

（2）募集股份有限公司一般采取职工个人股票托管制。公司上市时，职工可以公司募集股 10% 额度内购买内部职工股，以自然人身份成为公司股东。对职工个人股集中托管，将职工购买的公开发行股票集中委托信托公司、银行、基金管理公司管理，或公司自己成立专门机构管理，并与职工签订责、权、利分明的股票托管协议。

（3）上市公司中，职工既可以是职工持股会的会员，作为公司的间接股东；又可直接购买发行在外的股票，作为公司的直接股东或两者兼而有之。但股票上市流通对职工诱惑力较大，股票套现造成短期行为；股票市场交易行情容易分散职工部分精力；股份有限公司受社会法人、个人股东监管较严，向职工利益倾斜受到制约；职工持股比例过小时，决策分量和影响力不大。

2. 有限责任公司

可以参照股份公司职工持股的规定进行。

3. 股份合作制

也可以参照股份公司职工持股的规定进行。

（二）职工持股的资金来源

美国等发达的资本主义国家多将职工持股作为一项缓和劳资矛盾的新型福利政策，在资金来源等方面给予大量的扶持，职工可以无偿或仅支付少量的资金即可取得职工股。由于我国长期沿用高福利、低工资的收入分配政策，加之多数企业经营效益较差，资金利润率不高，企业职工缺乏足够的购股资金和购股动力，这已严重阻碍了我国职工持股制度的继续推行。因此，考虑到我国的实际情况，为防止职工持股制度对企业职工个人生活造成过大冲击，我国应当采取国家、企业帮助为主，职工个人出资为辅的立法政策解决职工购股资金来源不足的问题。具体可从以下三方面进行规范：

其一，为职工持股提供税收和信贷支持。利用税收杠杆，鼓励金融机构、企业和职工参与推行职工持股；

其二，允许职工以人力资本出资，补设两合公司制度；

其三，从国有股权、国有净资产和企业的工资基金、福利基金、公益金中划出一定比例向职工配送。

（三）职工持股的统一管理机构（职工持股会）

为将持股职工凝聚为强有力的参与主体，职工股股权的行使必须坚持"由持股组织间接行使为主、由职工个人直接行使为辅"的原则，在股份合作企业和职工人数较少的企业可由持股职工直接行使，而在其他类型的企业则应坚持由持股组织间接行使。目前，我国有关规范性文件大多将该类持股组织称为职工持股会，但这些文件对职工持股会的性质和运作机制的规定存在较大的分歧。主要有三种处理方式：其一，将其界定为独立的社团法人；其二，将其界定为隶属于工会社团法人的内部部门；其三，将其界定为社会团体法人，要求通过民政部门办理登记手续；其四，将其界定为工会社团法人，并要求其以该名义办理工商注册登记；等等。这些界定都存在问题：社团法人在我国尚未形成立法用语，将职工持股会界定为社团法人显属不妥；要求职工持股会以社会团体法人的名义进行民政登记，则因其不具备《社会团体登记管理条例》所要求的非营利性特点，难以得到民政部门的认可；要求职工持股会办理工商登记，又将面临纳税的难题；而将其界定为工会的内部组织，虽可避免登记的要求，但这两类组织在性质上存在较大差异，前者是政治组织，后者为民事权利的行使主体，不宜混同。此外，理论上有人主张将职工持股会界定为非法人团体（合伙）；还有人主张将其界定为持股职工之间以契约进行规范的联合行为，弱化其组织色彩，无须登记。

笔者认为，将持股会界定为非法人团体将使持股职工对其投资行为承担无限连带责任，这势必会阻碍职工持股制度的推行，也与一般的公司法观念不相吻合。而将持股会界定为一种联合行为，免除其登记义务，将使大量资金体外循环，无法监控，这可能会损害我国的金融政策。因此，必须将职工持股会视为组织体，纳入国家登记监管之中。

（四）职工股转让和退出的规则

职工股可否转让，各国立法分歧较大。美国原则上禁止其转让；英、法两国的公司或财政立法取向一致，允许职工股有条件地转让，即由立法规定一个保留期，保留期内不许转让或如转让即不享有或少享税收优惠。

在我国，在各省市有关职工持股的暂行办法或试行条例中，大多对职工股作了禁止转让的规定。其理由为：其一，可有效避免过频转让而导致的职工股的管理混乱；其二，可有效防止职工因只注重以股权转让投机获利而放松对企业发展的关心。允许股权随意转让，极易导致职工股权的过于集中，而使多数职工丧失股东身份，职工持股制亦将不复存在。

笔者认为，职工股股权的取得在购股资金方面通常获得了国家、企业的支持，若对其转让不予限制，不仅会导致职工持股制度的解体，而且还将对证券市场造成冲击，引发社会问题。因此，为有利于引导职工从关注股权的短期收益而转向对企业长期经营绩效的重视，促进职工持股制度的长期稳定发展，原则上应禁止职工股的退股、转让和继承，只在职工退休，或因死亡、调离、辞职及被企业辞退、除名等情形脱离企业时，才允许其依法向其他职工转让其实际持有的职工股，或由职工持股会在法定期限内回购其实际持有的职工股。为增强经理人员的责任心，防止其以脱离企业的方式损害本企业和其他持股职工的利益，应对其所持股权的转让与回购在条件和期限方面作更严格的限制。为防止依法可以流转的职工股过于集中到职工个人手中，应赋予职工持股会以优先购买权。此外，为确保职工持股会届时有足够的回购资金，职工持股会应当根据本企业的劳动用工计划确定一定比例的备用金，作为回购职工股的专项资金。备用金由职工持股会从预留职工股股利、新增职工认购预留职工股所缴纳的资金、职工持股会的借款以及其他合法资金中筹措。

（五）法律责任

为确保职工持股法所规定的权利义务的实施，应针对有关义务性条款设置相应的法律责任。考虑到本法的性质，法律责任的设置应遵守"以民事赔偿责任为主、以行政、刑事责任为辅"的原则进行。主要可包括以下几方面内容：

（1）关于相关当事人违反有关持股组织登记管理规定而应承担的法律责任。

（2）关于持股组织违反有关受托人的义务而导致的民事赔偿责任。

（3）关于持股组织的管理人员违反其法定职责，损害委托人（受益人）的利益时应承担的民事赔偿责任和行政、刑事法律责任。

（六）职工持股立法的基本框架

第一章——总则，主要规定本法的指导思想、适用范围、职工持股的法律含义以及基本法律原则等。

第二章——职工股的设置和取得，主要规定职工股的设置方式、持股职工的资格、取得职工股的资金来源、取得职工股的程序等。

第三章——持股职工的权利和义务，主要规定持股职工行使权利和履行义务的基本原则，以及持股职工作为委托人（受益人）的权利和义务等。

第四章——职工持股会，主要规定职工持股会的性质，职工持股会的设立条件、程序，职工持股会的内部治理结构以及职工持股会作为受托人的权利和义务等。

第五章——职工股的处置，主要规定职工在退休、死亡等情形下，职工股转让与回购的条件、范围、形式、价格等。

第六章——法律责任，主要规定有关当事人违反本法应承担的法律责任及纠纷的解决方式等。

第七章——附则，主要规定法律的解释机关、生效日期等。

[该论文发表在《石家庄经济管理学院学报》（第 31 卷）2008 年第 4 期，第 95~99 页，后被人民大学复印报刊资料全文转载，见《投资与证券》2008 年第 10 期，第 102~106 页]

股份转让行为的法律分析

摘要：股份转让是在公司制实践当中存在最多的问题之一，其中一个重要原因就是我们仍然没有在理论上对其进行深入研究和认识，本文从法学基本理论入手，对股份转让的概念、法律性质、股份转让的成立和生效等问题进行了一个初步的系统分析，希望能对解决实践当中的一些问题有所帮助。

关键词：股份　股票　股份转让

"股份转让"是公司法学研究的一个重要问题，我国《公司法》第四章第二节对股份转让进行了专节规定，这些规定与公司的资本制度密切联系，并且从某种意义上说，这些规定还是证券法的立法基础。所以，对股份转让行为进行深入研究是必要的，但是，由于种种原因，我国法学界对这一问题的研究还不够系统和深入。本文试图运用民商法的基本理论对股份转让行为进行初步分析，以期引起学界对这一问题的关注，并得到学者同仁的批评和指正。

一、股份转让行为的法概念分析

股份是股份有限公司特有的概念，它是股份有限公司资本的构成单位，是股东的出资。股份是股份有限公司三个本质要素之一，[1]是股份有限公司区别于有限责任公司的最基本的特点。股份有以下三个特征：①股份作为股份有限公司资本的构成单位，其所代表的金额通常是相等的。也就是说，股

---

[1]　韩国学者李哲松认为："资本""股份"和"股东有限责任"为股份公司的本质要素。参见[韩]李哲松：《韩国公司法》，吴日焕译，中国政法大学出版社 2000 年版，第 148 页。

份有限公司的资本划分为股份，每一股的金额相等。[1]②股份表示股东享有权益的范围。股份作为股东法律地位的表现形式，反映着股东的权利和利益。通常每一股份代表一份股东权，[2]拥有股份的数额决定了股东权益的大小。③股份表现为股票这种证券形式。股份表现为有价证券即股票。股票是股份的表现形式。[3]股份采用股票这种证券形式，便于流通和转让。[4]股份是联系股东和公司之间关系的纽带，但是，股份是法律上的抽象概念，它必须通过特定的形式表现出来，那就是股票的形式。

股票（stock）是表示股东权的要式有价证券，是股份有限公司签发给股东的证明股东所持股份的凭证。[5]股票既是作为股份的一种凭证，又是作为记载股东权的权利证书。因而可以说，股权是股份的内容，而股票是股份的形式。股票作为股东向公司入股，获取收益的所有者凭证，持有它只是成为公司股东的身份的证明，因为对于记名股票，取得了股票的所有权并不一定意味着取得了股东权（股份的所有权）。只有持有此证明，向发行公司要求办理变更股东名册的过户手续后，才能对公司发生效力。在英语当中，只有"shareholder"才是真正的股东，而"stockholder"只是股票所有人，因为"share"（股份）和"stock"（股票）是有很大不同的，"share"代表的是在公司中可享有的权利和应尽的义务，而"stock"则仅仅代表着股份项下应尽的义务，即股本缴纳的履行义务，在义务履行的情况下，仅代表实际投入公司的实物或现金。所以，"share"要比"stock"的含义更广，如果说"stock"在不断地证明过去，那么，我们可以说"share"则不仅可以在"stock"的协助下证明过去，而且可以不断地展望未来。

股票是一种非设权证券。股票仅是把已经存在着的股东权表现为证券的形式而已。股东所享有的股东权并不是由股票单独创设的，而是股份本身所包含的权利。

股票是一种有价证券。股票作为一种有价证券，它所表示的股东权具有

---

〔1〕 参见《中华人民共和国公司法》第 129 条。

〔2〕 参见《中华人民共和国公司法》第 106 条。

〔3〕 参见《中华人民共和国公司法》第 129 条。

〔4〕 王保树、崔勤之：《中国公司法原理》，社会科学文献出版社 1998 年版，第 167 页。

〔5〕《中华人民共和国公司法》第 129 条第 2 款规定："股票就是股份有限公司签发的证明股东所持股份的凭证。"

财产权的内容。如股票持有者即股东享有收取股息和红利的权利；公司终止清算时，有取得公司剩余财产的权利等。同时，股东权的发生要以股票的持有为条件。也就是说，股票的合法持有者就是股东权的享有者。股东持有股票主要是行使股东权或转移股东权。股票可以自由流通和转让，股票的转让即为股东权的转让。

股票是公司资本的证券化。资本证券化的要义在于通过标准化的资本分割提高资本的流动性。在商品经济条件下，公司的资产要想通过市场进行自由流动，必须首先商品化，即公司资产的资本化，其中包括使用价值形态的资本和价值形态的资本，而后，将价值形态的资本股份化，最后，将股份资本证券化，从而使得公司资本具有了流动性。股票作为代表股东权利的证书，是一种独立于实际资本之外的虚拟资本，它自身并没有任何价值，但是，正是由于它与股份和股东权紧密地联系了起来，因此，它就成了一种特殊的商品，具备了商品的一般属性——使用价值和价值。

股票可以分为记名股票和无记名股票，这是各国对股票的最基本的分类方法之一，对于我们研究股份转让问题具有重要意义。那么，股份公司为什么要设记名股票呢？一般情况下，我们认为股份公司是典型的资合公司，它不是像人合公司那样是以社员之间的人际关系的纽带为基础来运营的，股东之间的关系对股份公司来说似乎并不重要。但是，所有的公司，不管是人合公司还是资合公司，都是需要人来经营的，由于股份公司的股份具有很强的流动性，股东时时刻刻都有可能处于变动当中，人们为了公司经营的考虑，就有必要将那些对公司经营有重要影响的人稳定住。另外，设立记名股票也是为了方便公司对股份的管理，转让记名股份时，在股东名册上进行变更登记成为对公司的对抗要件，因此，公司很容易把握其股份的移动，但无记名股份仅依股票的交付即可，无需其他对抗要件，公司就很难把握股份的变动。正是出于公司便于对其股份进行管理以及经营权的稳定这两个方面的考虑，几乎所有的股份公司都设有记名股票。

随着上市公司股票的集中托管和计算机技术的发展，股票的表现形式由纸面形式演变成为一种无形的电子数据的形式，目前我国所有上市公司的股票的发行和交易都全部实现了无纸化的电子形式。这对于记名股东，可以通过电子记账以不持有股票的方式来主张自己的股东权，但对于无记名股份的股东，如果不持有有形的股票，就无法向公司主张其股东权，所以，无记名股份的股东无法利用电子股票这种方式。

目前，我国上市公司集中托管的所有电子化的股票都属于记名股票。既然所有的电子化的股票都是记名股票，那么，其持有人为记名股东，可以通过电子记账的方式来主张自己的股东权。

以上对股份和股票含义的解释，是准确把握股份转让概念的前提条件。

关于股份转让的概念，有的学者认为，股份转让是指股份有限公司的股东，依一定程序把自己的股份，以高于或低于原来出资的价款让与他人，受让人取得股份成为该公司股东的行为。[1]有的学者认为，股份转让是指通过转移股票所有权而转移股东权利的法律行为。股票是公司签发的证明股东持有股份的凭证，[2]股份随股票而转让。股票为证权证券，是证明股东权利的凭证。因此，股东权随股票而转让。股份转让是股东权继受取得的途径之一，以转让人的意思表示为必要，区别于因继承而继受取得股东权。因此，股份转让为民法上的法律行为。[3]有的学者认为，所谓股份之转让，指以法律行为移转表彰股东权之股份而言。即股东将其基于股东之资格对公司所有之股东权移转于受让人，由受让人继受取得股东权而成为公司之新股东。此乃从法律观点所为之解释。若从经济学观点观之，乃股东收回其投资之方法之一。按股份有限公司并未采退股制度，从而股份转让遂成为公司股东收回其投资之最主要之方法。[4]还有些国外的学者认为，股份的转让意指依据法律行为转移股份。①因股份的转让，受让人从转让人处特定承继股东权。因此，它与新股认购等原始取得不同，与承继取得中的继承、合并等概括承继也不同。②因股份的转让，股东的地位也随之转移，从而不管是共益权，还是自益权，全部归属于受让人。但是，即使是基于股东的地位而产生的权利，已经从股东权分离出去并已具体化了的权利，例如，像股东大会做出分派决议之后所发生的特定决算期的分派金支付请求权等债权性权利则不转移。另外，虽然股份是由盈余分派请求权、表决权等多种权利组成，但不能分离其中一部分权利单独转让。同时，需要特别注意的是，股份的转让并不一定是全部的所有的股东权利的概括性转移，而是转让的其相应股票所代表的具体的股东权

---

〔1〕 王保树、崔勤之：《中国公司法原理》，社会科学文献出版社1998年版，第235~236页。

〔2〕 参见《中华人民共和国公司法》第129条。

〔3〕 江平主编：《新编公司法教程》，法律出版社1994年版，第194~195页。

〔4〕 柯芳枝：《公司法论》（上），三民书局2002年版，第208页。

利，如转让的是优先股股票，那么，只转移优先股的股东权，一般不包括投票权。③因股份的转让效力，股东权最终转移，不产生重新履行的问题，所以股份转让是准物权行为。股份转让的原因，通常是像买卖、赠与、交换等债权行为，并依其履行而发生，股份的转让应与此原因行为相区别。[1]

归纳以上各位学者的观点，我们可以认为：股份转让的主体是股东，客体是股份，表现形式是股票，转让的内容和实质是股东权。同时，股份转让也是股东权的一项重要内容。股东权是公司股东特有的权利，股东权包括股东对自己权利的行使和处分，股份转让就是股东对自己所拥有的股东权的处分。[2]股东权者，除盈余分派请求权、剩余财产分派请求权、股东会出席表决权等外，最重要者，乃股份让与之权利。盖股份移转，乃股东回收其投资之主要方式，且在股东渐趋债权人化之今日，其重要性更不待言。

股份有限公司的股份资本在公司开始设立之时就已经存在了，将未来成立的公司资本划分为等额股份是公司设立的必备要件之一，股份存在于股份有限公司设立中和成立后的两个阶段，如果我们将成立后的股份有限公司再划分为两个阶段——股票发行前和股票发行后[3]——那么，股份就存在于股份有限公司设立中、成立后发行股票前和发行股票后的三个阶段。根据股份存在的三个阶段，我们可以将股份转让也相应地划分为三个阶段：

第一个阶段。股东是相对于公司来讲的一个概念，没有公司也就没有股东，只有在公司正式登记成立之后，股东才有存在的可能，公司在设立过程当中，进行设立登记之前，不可能存在股东，只有股份认购人。[4]这里的股份认购人应该包括发起人和其他认购人。这种股份认购人的地位在法律上被称为权利股。

股份公司设立阶段，股份认购人的股份能否转让？我国《公司法》对此没有规定，笔者认为，如果要对股份认购人权利股的转让进行限制，应该区别发起人和其他股份认购人的不同情况，进行不同的规定。依据《公司法》

---

〔1〕 ［韩］李哲松：《韩国公司法》，吴日焕译，中国政法大学出版社 2000 年版，第 250 页。

〔2〕 赖源河等：《新修正公司法解析》，元照出版公司 2002 年版，第 181 页。

〔3〕 因为在实践当中，并不是所有的股份有限公司在登记成立后，即发行股票。我国公司法并没有强制性地要求股份有限公司在登记成立后，必须立即发行股票，而且发行股票是一个复杂的工作，需要一段时间才能完成。

〔4〕 ［韩］李哲松：《韩国公司法》，吴日焕译，中国政法大学出版社 2000 年版，第 275 页。

的基本理论，所谓的发起人是指在公司章程上签名，并实际参与设立公司行为的人。从我国《公司法》第 79 条和第 84 条的规定来看，发起人必须认购公司的股份，所以，发起人与其他股份认购人一样，都可能成为股份转让的主体。

但是，发起人与其他股份认购人对设立中的公司和成立后的公司承担的责任是不同的。各发起人以设立公司为目的而结合在一起；为了设立公司，他们之间要签订设立公司协议，各发起人基于设立公司的协议，制订公司章程，履行其对设立公司的义务。发起人签订的设立公司协议从性质上讲属于民法的合伙合同，所以发起人之间的关系是合伙关系，每个发起人都是发起人合伙中的成员，因而当公司不能成立时，对设立公司行为所造成的后果，发起人要连带承担法律责任。发起人的法律地位概括地说就是：发起人既是发起人合伙中的成员，又是设立中的公司机关。[1]发起人对外代表设立中公司、执行设立事务，是其代表机关和执行机关。发起人基于其资格，以公司成立为目的，筹办公司设立必要的各项事务。根据民法代表关系原理，发起人设立行为所产生的权利义务皆归属于成立后的公司。正因为如此，发起人作为设立中公司的代表机关，必须谨守勤勉、忠实、注意义务，在其权限范围内，以设立中公司名义，在法律上和经济上实行公司设立的必要行为。如果发起人超越权限或非以设立中公司名义为并非公司设立所必需的行为，则由此所产生的法律后果，不能当然地归属于成立后的公司，发起人自己承担相应的法律责任。如果因此而对公司造成损害，则发起人还要承担赔偿责任。发起人除负有履行出资和筹办设立事务的义务外，还因其身份负有下列责任：①设立公司过程中应负的法律责任。第一，公司发行的股份未能认足或已认而未能缴足时，发起人有连带认缴股款的责任。第二，发起人在设立公司过程中，因其过错致使公司或债权人受到损害的，应当负连带赔偿责任。[2]第三，发起人因虚假出资的行政责任和刑事责任。[3]②公司不能成立时应负的法律责任。第一，公司不能成立时，发起人对因设立行为所产生的债务和费用负连带责任。[4]第二，公司不能成立时，发起人对认股人已缴纳的股款，负返

---

[1] 王保树、崔勤之：《中国公司法原理》，社会科学文献出版社 1998 年版，第 165 页。
[2] 参见《公司法》第 97 条的规定。
[3] 参见《公司法》第 208 条、第 209 条以及《刑法》第 195 条的规定。
[4] 参见《公司法》第 97 条的规定。

还股款并加算银行同期存款利息的连带责任。[1]

从以上分析可以看出，发起人比其他股份认购人对设立中的公司和成立后的公司承担的责任要重，发起人之间作为一个合伙组织，带有一种人合的性质，注重合伙人之间的信任关系。合伙人转让股份的退出行为，对设立中的公司关系重大，所以应该加以适当限制，而对其他股份认购人的限制则无必要。

第二个阶段。所谓股票发行前的股份转让，是指在公司登记时起至股票发行时止这一段时间内，股东对其股份的转让行为；在新股发行情况下，为自新股份发行的效力发生之日，即缴纳日期的次日起至股票发行时止这一段时间内，股东对其股份的转让行为。

根据我国《公司法》第136条的规定："股份有限公司登记成立后，即向股东正式交付股票。公司登记成立前不得向股东交付股票。"由此可见，我国《公司法》对股份有限公司登记成立后，向股东正式交付股票的义务不是强制性的规定，只是一个授权性的规定。如果公司登记成立后，不向股东交付股票，怎么办？我国《公司法》也没有一个令其承担相应法律责任的规定，我国台湾地区"公司法"第161条之一则有相应的规定："公司应于设立登记或发行新股变更登记后，三个月内发行股票。公司负责人违反前项规定，不发行股票者，除由主管机关责令限期发行外，各处新台币六千元以上三万元以下罚锾；期满仍未发行者，再责令限期发行，各处新台币九千元以上六万元以下罚锾；期满仍未发行者，得继续责令限期发行，并按次连续各处新台币九千元以上六万元以下罚锾，至发行股票为止。"即使有这样的强制性规定，在我国台湾地区仍有许多的股份有限公司在设立登记后，长时间内不发行股票。因为发行股票需要公司支出一笔相当可观的费用，而且要经过一个相当复杂的批准和印刷过程，这对于一些规模较小的股份公司来说，无疑是一个不小的负担。这种现象在我国大陆地区也是很常见的，考虑到有相当数量的公司在成立后经过数年也不发行股票，只制作转让证书，并据此转让股份已成为惯例，法律应该对股份有限公司登记成立后，向股东正式交付股票之前的股份转让行为进行适当的规范。

股票发行之前，股份能否转让？我国公司法对此亦无规定。有些国家的

---

[1] 参见《公司法》第97条的规定。

法律对此进行了规定。《韩国商法》第 423 条（成为股东的时期急于缴纳之效果）第 1 款规定："新股的认购人自缴纳股款或者履行实物出资之日的次日起，具有股东的权利与义务。"第 335 条第 3 款规定："股票发行前股份的转让对公司没有效力。但是，自公司成立后或者新股缴纳日期后经过 6 个月时除外。"原则上，禁止转让股票发行前股份的理由为：商法上转让股份时，须交付股票，因此在发行股票之前，不可能有合适的转让方法，并且也没有合适的公示方法，不能图谋股份交易的安全。但是，这种禁止也不是完全绝对的，《韩国商法》第 335 条第 3 款在原则上规定股票发行前股份的转让对公司没有效力的基础上，又以但书的方式作出了一个除外的规定，即自股份公司成立后或者新股缴纳日期后经过 6 个月，股份公司仍然没有发行股票的情况下，股份转让对股份公司有效。之所以这样规定，是考虑到相当数量的公司在成立后经过数年也不发行股票，只制作转让证书，并据此转让股份已成为惯例。在这种现状下，如果将转让股票发行前的股份始终以无效来处理，股东就无法回收所投入的资本，还可能产生股份转让后，转让人通过主张转让无效而再次夺回股东权的不合理现象。[1]

第三个阶段。股份转让的第三个阶段也就是股份公司发行股票以后，股东通过股票的形式进行股份转让的阶段，如果从证券法的角度来讲，人们更加习惯地称其为股票交易。从股份转让的整个阶段来讲，股票交易是股份转让的其中一个阶段，即股份公司在发行股票并交与股份认购人之后，而不是在股票发行之前的阶段。但是即使在这同一个阶段当中，股份转让与股票交易也不是同一概念，所谓的股票交易是指以股票为对象进行的流通转让活动。[2]实际上，股票交易就是一种以股票为对象而进行的股票的买卖活动，不管是买股票，还是卖股票，两者都会存在一个转让方和受让方——如果站在受让方的角度来看，就是买股票；如果站在转让方的角度来看，就是卖股票。因此，股票交易肯定会导致股份转让，而股份转让则不一定表现为股票交易，股票交易是股份转让的原因行为之一。股份转让是一个总的概念，股票交易只是其中的一个组成部分，股份转让包括股票交易，两者之间是种属关系。

从股份转让的整体情况来看，股份公司股票发行后的股份转让的规模和

---

〔1〕 ［韩］李哲松：《韩国公司法》，吴日焕译，中国政法大学出版社 2000 年版，第 276~277 页。

〔2〕 中国证券业协会编：《证券交易》，上海财经大学出版社 2002 年版，第 3 页。

数量要远远大于股票发行前的股份转让，而且在股票发行后这一阶段，股票交易又是导致股份转让的最直接和最主要的原因行为之一。所以，由股票交易行为所导致股份转让是学者们对股份转让进行界定的主要内容。

从以上股份转让的三个阶段来看，正是由于第三个阶段的股份转让比前两个阶段的股份转让更加正规化和制度化，而且转让的规模和数量要远远大于股票发行前的股份转让，股票交易又是导致股份转让的最直接和最主要的原因行为之一。并且，对前两个阶段的股份转让，目前各国法律大多都不承认其对公司的效力。所以，学者们对股份转让所下的定义基本上强调的都是股份有限公司的股票发行之后这一阶段股份的转让。

二、股份转让行为的法律性质

在我国，绝大多数学者认为，股份转让是人的一种行为，但是各位学者在对股份转让所做出的定义当中，对这一行为的认识程度又各不相同。有的学者认为股份转让是一种行为；[1]有的学者认为股份转让是一种法律行为，并更进一步地认为股份转让是民法上的法律行为；[2]还有的学者认为股份转让是一种准物权行为。[3]那么，股份转让到底是一种什么性质的法律行为呢？

1. 股份转让行为是一种法律行为

股份转让作为人的一种有目的的行为，它首先具备人类行为的一般特性。用行为法学的观点来看，人类行为是由主体需要驱使的，主体为了获得资源和维护既得资源而自觉进行的活动，这种活动还会对他人或社会产生一定的影响。[4]股份转让行为则是股份有限公司的股东以营利为目的或者为了转移投资风险，而自觉转让股东权的一种经济活动。从微观的社会经济关系角度来讲，通过这种股份转让行为，对当事人双方都会产生一定的影响，转让方失去股东权，取得相应的价款；受让方以出让相应价款而取得股东权。从宏观的社会经济关系角度来讲，股份转让行为是联系股份公司股东和潜在投资人的中介，没有股份转让行为，也就不会存在这种股份转让的社会经济关系，

〔1〕 王保树、崔勤之：《中国公司法原理》，社会科学文献出版社1998年版，第235~236页。

〔2〕 江平主编：《新编公司法教程》，法律出版社1994年版，第194~195页。

〔3〕 ［韩］李哲松：《韩国公司法》，吴日焕译，中国政法大学出版社2000年版，第250页。

〔4〕 谢邦宇等：《行为法学》，法律出版社1993年版，第91页。

也就不会存在隐藏在股份转让关系背后的社会资金的流转关系。正是通过大量的股份转让行为，使社会资金向着有利于社会发展的方向进行流动，从而产生社会资源优化配置的结果。

我们以人类行为受不同社会规范（行为模式）的调整为标准，可以把人类行为划分为风俗习惯行为、道德行为和法律行为等。简单地讲，法律行为也就是由法律所调整的人们有意识的行为。从历史发展的角度来讲，是先有的行为才有的法律，而不是先有的法律后有的行为。所以，这也是我们首先从一般意义上的人类行为角度对股份转让行为进行分析的原因。不是所有的人类行为都是法律行为，只有受法律调整的人类有意识的行为才是法律行为，股份转让行为就是属于法律行为。根据我国《公司法》第143条的规定："股东持有的股份可以依法转让。"这里所说的"依法转让"意思就是应该按照法律规定的时间、地点和方式进行转让。

法律行为是法学研究的重要问题。长期以来，我国法理学研究以民法学的研究成果为基础，把法律行为限定在合法行为的范围内。从语义上来分析，"法律行为"一词是一个中性的名词，其中的法律行为并不一定仅限定在合法行为的范围内，把法律行为局限于合法行为范围的观点是某些学者强加于其中的，并非是法律行为的原意。这种观点不但缺乏说明法律行为只能是合法行为的理论根据，而且限制了各个部门法的对法律行为的研究，特别是刑法对法律行为的研究。同样，我们对股份转让行为进行研究的时候，也必然会存在这一问题，股份转让行为应该既包括合法的股份转让行为，还包括非法的股份转让行为。我们只有把非法的股份转让行为包含在股份转让行为的范畴之内，才能对如何运用法律手段对各种非法的股份转让行为进行控制，只有这样做，我们的研究工作才更加全面，更具有现实意义。

法律对人类行为的调整是通过预先设定行为模式的方法来实现的，这里预先设定的行为模式，除了违法行为及责任模式外，还有一种就是合法行为模式。前者是从行为的消极方面来规范的；后者是从行为的积极方面来规范的，其内容就是规定哪些行为是符合法律要求的合法的法律行为，即法律行为的成立要件和生效要件。

从行为法学的理论上来讲，法律行为的成立要件和法律行为的生效要件是应当明确区分开的。法律行为成立与否是一事实判断问题，其着眼点在于一法律行为是否已经存在，行为人从事的某一具体行为是否属于其他表示行为。而法律行为有效与否则是属于法律的价值判断问题，其着眼点在于行为人从事的某一法律行为（或表意行为）是否符合法律的精神和规定，因而能否取得法律所认许的效力。法律行为成立是法律行为有效的前提，即法律行为只有成立以后，才谈得上是否有效的问题。在法律行为具备成立要件而不具备生效要件时，可以产生三种不同的法律效果，即无效、可撤销和效力待定。法律行为的成立规则着眼于表意行为的事实构成，此类规则的判断不依赖于当事人后来的意志；而法律行为的有效规则却着眼于意思表示的有效性品质，即法律是否认许当事人的意思表示效力，此类规则在许多情况下为当事人效力自决留有余地。故"区分法律行为的构成和法律行为的效力是十分重要的，因为法律效力上的缺陷也许还可以弥补，而法律行为构成要素的欠缺是无法补救的"。[1]

法律行为构成规则与法律行为生效规则的内容要求不同，后者并不能取代前者。法律行为的成立规则主要着眼于不同法律行为的具体构成要素，如我国《合同法》中有关要约承诺的规则、有关具体合同必要条款的规则等。而法律行为的生效要件则主要解决的是关于当事人的资格及其意思表示是否真实的问题。法律对不同法律行为的构成要件作出具体规定即可解决法律行为成立与否的问题，并且对不同法律行为的此种构成要件要求实质上是无法由一般生效规则所穷尽的。满足于法律行为生效要件的原则规定而忽视了法律行为具体构成规则，必然会造成法律控制上的漏洞。[2]

2. 股份转让行为是一种商事法律行为

我们除了把法律行为区分为合法行为和违法行为之外，还可以根据其所属的法律部门为标准，将其划分为宪法法律行为、行政法律行为、诉讼法律行为、经济法律行为、民事法律行为、商事法律行为等。[3]

按照商法是民法的特别法的理论观点，我们认为股份转让行为既是一种民事法律行为，同时又是一种商事法律行为，其本身并不矛盾。股份转让行为是一种民事法律行为，它从根本上要接受民事法律行为一般原则的规制，如私法自治原则。但是，股份转让行为并不是一种一般的民事法律行为，而

---

〔1〕 ［德］科勒：《德国民法典·总则》，陈卫佐译，法律出版社 1984 年版，第 128 页。

〔2〕 董安生：《民事法律行为》，中国人民大学出版社 1994 年版，第 188 页。

〔3〕 参见谢邦宇等：《行为学》，法律出版社 1993 年版，第 110~112 页。

是一种特殊的民事法律行为，即商事法律行为。

首先，从立法角度来分析，股份转让行为属于商事立法的调整范围。从世界各国对股份转让的相关立法情况来看，股份转让行为也应该属于一种商事法律行为。各国对股份转让的规定第一是在公司法当中，第二是在证券法（证券交易法）当中。公司法主要针对股份有限公司股票的发行，也就是一级市场做出规定，并辅之以股份转让的原则性的一些规定；证券法主要是针对股票的交易，也就是二级市场做出规定（当然，对股票的发行也做出了专门的规定），他主要侧重于股份转让方面的具体的技术性的问题进行规定，可以说，证券法是专门对股份转让做出规定的法律。由此可见，公司法和证券法对股份的转让都做出了相应的规定，两者是相互衔接、相互补充的关系。

不管是大陆法系国家，还是英美法系国家，习惯上大多将股份转让的法律规定在公司法和证券法这样两部典型的商事法当中。在实行民商分立的大陆法系国家的日本、德国、法国等国，历来就一直把公司法和证券法视为商法的重要组成部分。公司法是典型的商人法，而证券法是典型的商事行为法，日本的商法典将股票等有价证券的有偿转让行为明确定义为绝对商行为，[1]意思就是不管是不是商人，只要是买卖股票等有价证券的行为就属于商行为，应该接受商法的调整。即使是实行民商合一制的国家，其公司法和证券法大多也是在民法典之外单独立法，民法典不可能将公司法和证券法纳入其中。而在有着浓厚商业文明的英美国家，商法并不是一个内容十分确定的法律范畴，这可能是因为他们在历史上实行判例法，在成文立法上没有形成一个商法的统一理论基础。但是，这并不妨碍人们对商法内容的一般理解，习惯上，他们将与商事活动直接相关的法律理解为商法。这些法律主要包括合同法、买卖法、财产法、公司法、合伙法、证券法、票据法、保险法、信托法、破产法等。世界各国普遍都将股份转让行为放在商法当中进行规定，这就明确显示出了各国对股份转让行为的一个基本的看法，即股份转让行为是一种商事法律行为。

---

〔1〕《日本商法典》第 501 条规定："绝对商行为"下列行为为商行为：①以获利而转让的意思，有偿取得动产、不动产、有价证券的行为或有偿转让取得物的行为；②缔结供给自他人处取得的动产或有价证券的契约，以及为履行此契约而实施的以有偿取得为目的的行为；③于交易所进行的交易；④有关票据或其他商业证券的行为。——《日本商法典》，王书江、殷建平译，中国法制出版社 2000 年版，第 153 页。

其次，从法学理论方面来分析，股份转让行为应该属于法律行为当中的商事法律行为。其理由如下：

（1）股份转让的目的是为了营利。股东转让股份的时候，他所想的也是为了取得比自己原来出价更高的价款，尽可能地使自己投资的收益最大化，同时，也只有通过股份的转让，才能转移风险，完全实现自己投资的目标，从而为下一次的投资做好准备。

（2）股份转让的主体不是一般的民事主体。参与股份转让的主体虽然必须具备民事主体的行为能力，但是，只要其参与其中，就必然拥有不同于一般民事主体的特征，有人将这一特殊的社会群体称为"股民阶层"。这些"股民"虽然所占数量很大，但是，起决定和主导作用的还是那些专业商人（因为他们往往控制着大量的散户，而且这些散户不能直接参与股票交易，只能通过其委托的证券公司进入证券交易所进行股票交易），如机构投资者、证券公司等，他们是经营管理方面的专家，在股票市场中起着组织和领导的作用。

（3）股份转让客体的性质决定了股份转让行为的性质。股份转让的客体是股东权，股东权应该属于一种商事权利，股东权的商事权利的属性，决定了以其为转让客体的股份转让行为的商事法律行为的属性。

（4）股票的交付和登记是一种商业票证的交付和登记，其所代表的是一种商事权利的变动，这与传统民法当中物的交付和对实体物的转移占有不同。股票的登记是商事公司的内部事务，而物权的登记则往往是由国家机关代行的一种公共事务。

再次，股份转让行为具有一些一般的民事法律行为所没有的特征。①股份转让的代理与一般的民事代理不同，允许证券公司同时代理买卖双方（自我代理），但不可自己对敲；禁止全权委托，股民若全权委托券商决定股票买卖的各事项，是违法的。其一，担心券商会侵害股民的利益，反复买入卖出，赚取手续费；其二，怕券商集中大量资金操纵市场。②外观性。股份转让比起民法上动产物权的转让，对外观性的要求更为强烈。一方面，股份转让行为更加注重的是行为人外在的表示行为，而不是过多地去关注行为人内心的真实意思，这也是为了保护交易安全的需要；另一方面，各国商法一般将无记名股票的占有人推定为合法的持有人，股票的实际占有为其持有人享有权利的外观形态，股票的占有人无须证明自己为权利人，就可以对公司行使权利，除非有人举出足够的证据来推翻这一事实状态。③股份转让的不可逆转性。股份转让行为与一般协议转让行为不同，在一般协议里，如果只有协议的一方违法，且违法的严重程度足以使协议另一方丧失其根据协议应享有的权利，则另一方可以向法院请求撤销该转让行为。但在证券市场上的股份转让则不同。我国《证券法》第115条规定："按照依法制定的交易规则进行的交易，不得改变其交易结果。"因此，轻易判定受让方取得的股份所有权无效，不仅在技术上难以处理，而且也有违证券市场的公平与高效原则。正因为如此，发达国家的执法部门对此类违规行为也持基本相同的态度。因此，司法实践上应解释为先受让方不得行使撤销权，而只能请求出让方赔偿损失。④股份转让合同多为格式化合同，便于频繁的定型化的股票交易，在通过证券交易所和场外柜台形式进行的股份转让当中，这一点表现得更为突出。而且，依据商事交易习惯，在这种股票交易合同当中还具有很多的推定条款，如根据有关股票交易规则，如果委托人没有在他的委托指令当中特别注明有效期限，均按照当日有效处理。

总之，股份转让行为是一种商事法律行为。笔者认为，股份转让行为是由两种不同的行为所构成的一种复杂的合成行为，即导致股份转让的原因行为和导致股份转让的结果行为。导致股份转让的原因行为很多，如股份的买卖、赠与、交换等，其中股份的买卖是导致股份转让的主要原因。原因行为发生在行为的当事人之间，只对行为当事人发生效力，对发行该股票的公司并不一定发生效力，如果要对发行该股票的公司发生效力，则必须通过股票的交付，并向公司进行提示，对于记名股票，还必须进行背书、交付，并向股份的登记管理机构进行股东名册的变更登记。这一系列的背书、交付、股东名册的变更登记的行为也就是我们这里所称的导致股份转让的结果行为。由此可见，原因行为和结果行为是两种相互联系，而又不完全相同的行为。两者的关系是因果关系，前为因后为果，前因后果共同合成了股份转让行为。我们把这种对原因行为和结果行为不同特点的认识，称为原因行为和结果行为相区分的原则，正确理解这一原则是我们对股份转让行为进行深入研究的基础。股份转让的原因行为应该属于一种"商事合同行为"；股份转让的结果行为应该属于一种"商事权利行为"。

三、股份转让行为的成立和生效

合法的股份转让行为必须符合法律预先设定的成立和生效要件。股份转让行为是由两种不同的行为所构成的一种复杂的合成行为，即导致股份转让的原因行为和导致股份转让的结果行为。原因行为以在当事人之间设立、变更、终止权利义务关系为内容，如股票的买卖、赠与、交换等，其中股票的买卖是导致股份转让的主要原因，原因行为发生在行为的当事人之间，只对行为当事人发生效力；结果行为则是以实现股东权利义务的变动为内容，如股票的提示、背书、交付、股东名册的变更登记等，结果行为发生在股份受让人与公司之间，对公司产生股份转让的效力。由此可见，相对于公司来讲，原因行为所解决的是股份转让行为的成立问题；而结果行为则解决的是股份转让行为的效力问题。

从股份转让行为的成立过程来看，股份转让行为是一种双方法律行为。无论是股票的买方发出以适当价格买入一定数量股票的要约，卖方接受；还是股票的卖方发出以适当价格卖出一定数量股票的要约，买方接受，其中每一个意思表示行为都是法律所关心的重要问题。这是一个转让双方通过协商达成合意的过程，是动态行为与静态协议的统一体。

股份的买卖是最为典型，也是最为常见的一种股份转让的原因行为，是指卖方在取得价金的条件下，将股票所有权转让给买方的行为，是以货币这种一般等价物为媒介而进行的股份转让行为。股票买卖可以在证券交易所中进行，通常称为上市交易，主要是上市公司股票交易的场所；股票买卖也可以在场外交易市场进行，其常见形式是柜台交易，主要是非上市公司股票交易的场所。

股票的上市交易是指股份公司的股票经过证券交易所批准后，在证券交易所公开挂牌所进行的交易。可见，股票的上市交易与股票交易所密切相关。在证券交易所诞生之前，股票自由却又零散地在股票持有人或股票经纪商之间换手。这种股票交易行为，由于缺乏一个核心的市场来聚集，不能充分挖掘潜在的股票换手的需要，也由于缺乏一个中介组织来鉴证，难以确认股票的真伪、质量和交易对手的资信，一直难以扩大交易规模。为了改变这一局面，早期的证券经纪商成立了互助性的组织，这就是证券交易所的雏形。证券交易所的诞生是股票市场划时代的变革，从此，股票交易市场被区分为场内交易市场和场外交易市场两大部分。场内集中交易市场具有高度集中、秩序井然的优势，从而极大地提高了交易的效率，使交易规模和交易参与者迅速增加。

股票的场外交易市场是指在上述证券交易所之外的证券交易市场进行的股票交易，是场内交易市场的重要补充。因为大部分在一级市场发行的股票事实上并不能在审查严格的二级市场上上市，所以尽管场外交易市场有没有固定的交易场所和时间，但却有着众多的交易对象。非上市公司的股票，还有一些上市公司的股票，都可以在这里交易。我国长期以来对场外交易市场一直没有一个严格统一的定义，一般意义上的场外交易市场（简称"OTC 市场"）是我国大陆内除上海、深圳证券交易所以外的各类证券交易市场的总称。

下面我们就以上市公司股份买卖为例，来说明股份转让的成立和生效过程：

（一）股份转让的前提条件

对于上市公司而言，股份转让的行为人在作出意思表示之前，首先应该具备一定的前提条件，否则，行为人就没有办法作出意思表示，或者其作出的意思表示不被市场所承认。这就是在现代高度集中的股票交易市场中，投资者所不得不接受的种种限制，投资者以在分散交易状态下的某种自由为代价，换取了集中交易状态下的公平的价格与效率。

1. 上市公司应具备的前提条件

目前在我国，对于上市公司，其股份转让成立的第一个重要的前提条件，就是必须将其上市的股票在法定的登记结算机构进行登记和存管，对参与股份转让的双方当事人来讲，也必须将其买卖的股票交由法定的登记结算机构进行统一保管，不允许其自己保管股票。中央登记结算公司代理客户进行股票的登记过户和保管。我国《证券法》第 140 条的规定："证券公司接受证券买卖的委托，应当根据委托书载明的证券名称、买卖数量、出价方式、价格幅度等，按照交易规则代理买卖证券；买卖成交后，应当按规定制作买卖成交报告单交付客户。"第 150 条规定："证券持有人所持有的证券上市交易前，应当全部托管在证券登记结算机构。"第 151 条规定："证券登记结算机构应当向证券发行人提供证券持有人名册及其有关资料。证券登记结算机构应当根据证券登记结算的结果，确认证券持有人持有证券的事实，提供证券持有人登记资料。证券登记结算机构应当保证证券持有人名册和登记过户记录真实、准确、完整，不得伪造、篡改或者毁损。"

股票的登记结算机构的产生是股票发行和交易规模扩大的必然产物。在股票市场产生初期，股票发行数量少，可以由投资者分散持有，登记过户也可直接由发行公司自己来完成。加之交易量不是很大，换手率比较低，所以，对股票专门的登记结算机构的产生缺乏现实的要求。但是，随着股票发行规模的不断扩大、投资者人数的增加，股票交易量迅速膨胀。加之股票的换手频繁，登记过户的成本也随之提高，特别是近些年来，股票的无纸化发行，投资者本人再也不可能直接持有实物股票，专门的股票登记保管过户成了不可或缺的环节。这时，对专门的功能化的股票集中保管登记结算机构的要求才越来越迫切。[1]

在我国，对于上市公司股票的集中托管，也经历了一个从无到有的发展过程。自 1988 年到上海和深圳证券交易所成立前，股票代客买卖、自营买卖、实物股票过户等整套业务都由证券公司独立完成。随着证券交易所的出现，为其提供服务的证券登记结算机构也先后出现了：1991 年 1 月，深圳证券登记有限公司成立；1993 年 3 月，上海中央登记结算有限公司成立；2001 年 3 月 30 日，中国结算成立；2001 年 9 月 20 日，中国结算上海分公司成立；2001 年 9 月 21 日，中国结算深圳分公司成立；2001 年 10 月份，中国结算承接了证券登记结算业务，向建立安全、高效、低成本、集中统一的证券登记结算体系的目标迈出了重要的一步。

2. 行为人应该具备的前提条件

对于参与上市公司其股份转让的投资者来而言，首先应具备的一个重要前提条件就是参与股份转让的双方当事人必须到法定的证券公司办理委托股份转让的相关手续。上市公司的股份转让主要是在依法设立的证券交易所内进行的，在我国就是上海和深圳证券交易所，根据我国《证券法》第 103 条和第 104 条的规定，有权进入证券交易所进行交易的必须是具有证券交易所会员资格的证券公司，其他投资者则无权直接进入证券交易所进行交易，必须委托其代理买卖证券。

投资者应当在证券登记结算公司或其代理点开立股票账户，并在证券公司开立股票交易结算资金账户。股票账户是指证券登记结算公司为投资者设立的，用于准确记载投资者所持有股票种类、名称、数量及相应权益和变动

---

[1] 周友苏：《证券法通论》，四川人民出版社 1999 年版，第 640 页。

情况的账册。它是认定股东身份的重要凭证，具有证明股东身份的法律效力，同时也是投资者进行股票交易的先决条件。资金账户用于投资者股票交易的资金清算，记录资金的币种、余额和变动情况。

这里的办理股份转让账户、股票账户和股票交易结算资金账户的过程，就是投资者想要进行股票买卖的准备工作。当然，这只是对参与股票集中托管的上市和上柜公司股份转让投资者的特别要求，对于股票没有集中托管的非上市和非上柜股份公司来讲，投资者对其持有的实物股票的转让，不需要进行这样的准备工作。

投资者开立了相应的账户，并办理了相关手续，交纳了足够的资金后，便可以委托证券公司营业部进行股份转让。一般情况下，从委托的形式方面来讲，有柜台委托和非柜台委托。所谓的柜台委托是指委托人亲自或由其代理人到证券营业部交易柜台，根据委托程序和必需的证件，采用书面方式表达委托意向，由本人填写委托单并签章的形式。所谓非柜台委托主要有电话委托、函电委托、自助终端委托、网上委托（即互联网委托）等形式，如果投资者想将自己的委托指令直接输入证券经纪商交易系统，并申报进场，而不通过证券经纪商人工环节申报，就可以办理自助委托，证券公司提供自助委托的，应当与客户签订自助委托协议。[1]投资者可选择采用柜台委托、电话委托、函电委托、自助终端委托、互联网委托等委托方式来委托证券公司代理买卖股票。

（二）股份转让行为的成立

股份转让属于双方法律行为，即是一种合同行为，在转让方和受让方之间需要有一个要约承诺的过程。要约是指要约特定当事人发出想订立股份转让合同的表示，它是订立合同的第一个阶段。承诺是指受要约人做出的同意要约以成立股份转让合同的意思表示，它是订立合同的第二个阶段。

对于采取场外协议方式进行的股份转让行为，转让方应该属于要约方，受让方应该属于承诺方。

但是，对于采取场内集中进行的股票交易方式，由于买卖双方无法见面。因此，如何确定要约方与承诺方便成为一个难题，买卖双方似乎都可以成为要约方，那么，承诺方在哪里呢？

---

〔1〕 中国证券业协会编：《证券交易》，上海财经大学出版社 2002 年版，第 57 页。

实际情况应该是这样的，在集中撮合之前，买卖双方都是要约方，买方想要买入股票，向市场发出想要买入的要约，等待适合的卖方的承诺；卖方想要卖出股票，向市场发出想要卖出的要约，等待适合的买方的承诺。在集中撮合配对成交之后，买卖双方又互为承诺方。所以，从整体的交易过程来看，所有的买方和卖方都有可能成为要约方和承诺方，他们之间的界限已经不像一般意义上的买卖行为那样明确了。

这种情况与交叉要约非常相似。根据合同法的基本理论，所谓交叉要约，又称交错要约、要约吻合，是指订约当事人采取非直接对话方式，相互不约而同地向对方发出内容相同的要约。交叉要约能否导致合同成立在理论上存在争议，根据《合同法》的规定，交叉要约不能导致合同成立。因为《合同法》第 13 条规定，合同成立需要经过要约承诺程序，而交叉要约只有要约，没有承诺，故合同没有成立。但是，在特定条件下（比如在证券交易所的交易主机的集中撮合下进行的股票交易），从鼓励交易的需要出发，法律可以推定双方已经做出了承诺，合同可以成立。

1. 交叉要约的形式和内容

投资者在开立了股票账户和资金账户后，就可以在证券营业部办理委托买卖。投资者办理委托卖出股票时，必须在其股票账户中实有的股票的种类和数量范围内。个人投资者如委托他人卖出股票，必须有书面的委托书，并且出示委托人、受委托人的身份证件。投资者办理委托买入股票时，必须将委托买入所需款项全额存入其交易结算资金账户。个人投资者如委托他人买入股票，必须有书面的委托书，并且出示委托人、受委托人的身份证件。①委托指令包括：股票账户号码，委托买入卖出的日期（年、月、日），委托买入卖出的股票代码与简称、数量、价格（市价委托和限价委托），具体时间点（即：上午几时几分或下午几时几分），其他内容（必须注明是卖出、委托人的身份证号码、资金账号等）。②委托形式：柜台委托和非柜台委托（电话委托、传真委托和函电委托、自助终端委托、网上委托）。③委托的受理和执行。证券营业部在收到投资者委托后，应对委托人身份、委托内容、委托卖出的实际股票数量及委托买入的实际资金余额进行审查，经过审查符合要求后，才能接受委托。证券营业部在接受客户委托后，其柜台工作人员应当根据委托书载明的股票的名称、买卖的数量、出价的方式、价格幅度等，按交易规则代理买卖股票，利用柜台电脑终端录入委托指令。如果是采取电话自动委托、自助终端委托和网上委托的，委托人的身份确认由密码控制，并且其终端设备是与证券交易所主机直接相连的。所以，投资者自己可以直接将其委托指令录入证券交易所的电脑主机，无需证券营业部的工作人员代其录入。[1] 这样就完成了一个完整的要约过程。其中，第一个阶段和第二个阶段（委托的形式和内容）是委托人效果意思的表示，第三个阶段（委托的受理和执行）则是受托人对其效果意思的具体表示行为。两者的结合才构成了委托人完整的要约意思表示的过程。

在交易员将委托指令通过终端输入证券交易所电脑主机后，电脑主机经过核查通过，在电脑程序的自动控制下，按照"时间优先，价格优先"的原则集中进行撮合竞价，最终完成配对成交。这样就完成了一个完整的要约交错匹配的过程，股份转让合同宣告成立。[2]

2. 不同的交易机制对股份转让的影响

对于通过交易所而进行的股份转让来讲，不同的交易机制会直接影响到股份转让双方当事人意思表示一致的形成过程。也就是说，在委托驱动条件下（集中竞价交易方式）和在报价驱动条件下（做市商报价交易方式），当事人之间要约和承诺的形成过程是不一样的。委托驱动方式的最大特点是客户订单可以通过代理商直接和其他客户订单交易，价格通常由客户订单决定，所以在金融理论中这类市场也被称为委托驱动市场（Order-Driven Market）。我国目前主要采取的是委托驱动的方式，对于在委托驱动方式下，股份转让双方当事人意思表示一致的形成过程，我们已经在前面进行了详细说明。报价驱动方式又被称为做市商制（Market Maker System），所谓做市商（Market Maker），是指通过提供买卖报价（Bid-Ask Quotes）为金融产品制造市场的证券商（Dealer）。所谓做市商制，也就是以做市商为中心的交易方式。做市商制也可被称为券商制，使用做市商制的市场也被称为券商市场（Dealership Market）。做市商制有两个重要特点：第一，所有客户订单都必须由做市商用自己的账户买进卖出，客户订单之间不直接进行交易。第二，做市商必须在看到订单前报出买卖价格，而投资人在看到报价后才下订单。因此，在金融

---

[1] 参见中国证券业协会编：《证券交易》，上海财经大学出版社 2002 年版，第 59~63 页。

[2] 中国证券业协会编：《证券交易》，上海财经大学出版社 2002 年版，第 59~63 页。

理论中，这类市场又被称为报价驱动市场（Quote-Driven Market）。由此可见，在报价驱动市场条件下，股份转让双方当事人意思表示一致的形成过程，表现为两个过程，一是转让方向做市商的转让过程，二是做市商向受让方的转让过程，两个过程相互独立；而在委托驱动方式下，以上两个相互独立的过程则合二为一，做市商的角色由一个统一的撮合交易系统所取代。

（三）股份转让行为的生效

由于股份转让行为可以被区分为原因行为和结果行为，所以，我们就应该将股份转让行为的生效区分为原因行为的生效和结果行为的生效。原因行为的生效是在股份转让行为成立之时就在转让双方当事人之间产生法律效力；结果行为的生效是在记名股票登记过户之后对公司所产生的股东变更的效力。而我们通常所说的股份转让行为的生效是指结果行为的生效。

根据我国《公司法》第145条第2款之规定："记名股票的转让，由公司将受让人的姓名或者名称及住所记载于股东名册。"对于上市公司采取电子数据方式集中托管的"股票"，由证券登记结算公司采取电子转账的方式，从转让人的电子账户记入受让人的电子账户，从而为股票的受让方完成了过户登记，此时的股份受让方才可以真正成为公司的股东。

只有在完成了股票的登记过户手续后，股份转让行为才能对公司产生法律效力。

（该文载于《法学杂志》2005年第4期）

股份转让法律制度的修改与完善

　　股份的转让实质上是股东权的转让；股份的外在的主要表现形式为股票，股份的转让在外观上也主要表现为股票的转让。股票是股份有限公司股份资本的证券化，是股份有限公司在筹集资本时向出资人发行的股份凭证。股份资本证券化的主要目的之一就是方便股份资本的自由转让，资本有价证券不仅可以起到一种权利的证明作用，更重要的一点就是他还可以起到促进资本流通的作用。

　　"股份转让"是公司法学研究的一个重要问题，与公司的资本制度密切相关。所以，各国公司法几乎都设有专章或专节加以规定。中国《公司法》第四章第二节对股份转让进行了专节规定，但是由于当时制定公司法时受主观和客观条件的限制，现在看来存在许多不完善之处。其中，最主要的问题之一，就是对股份的自由转让进行了许多不必要的限制性规定。笔者认为，应该适当放宽甚至取消这些限制性的规定，还股份转让以更加自由宽松的空间。

一、放宽对股份转让场所的限制

　　根据中国《公司法》第144条的规定："股东转让其股份，必须在依法设立的证券交易场所进行。"有些学者认为，这里的"证券交易场所"就是指的"证券交易所"。[1]只有在国家专门设立的"证券交易所"内进行的股份转让行为才是合法的，在其他地方进行的股份转让则是非法的。其理由有以下几点：①在证券交易所内进行的股份转让行为比较规范，并且便于投资者和国家有关部门的监督和管理。证券交易所通过制定并实施上市规则（有的证

---

〔1〕　在一般情况下，我们所说的证券交易场所主要是指各国专门设立的证券交易所，如我国的上海和深圳两个证券交易所、美国的纽约证券交易所、日本的东京证券交易所、英国的伦敦证券交易所等。

券交易所还对申请上市的公司进行实地考察），按照一定程序对申请上市的股票和其发行上市公司先进行入市审查。加之证券交易所建有系统的交易规则来保障市场的秩序，股票进入场内交易后，市场监管者和有关的中介机构及广大投资者还要持续、挑剔地对上市公司进行监督。这样做虽然不能完全杜绝不良股票的入市，但使场内市场的资信要大大高于场外市场。②可以形成一个均衡的、公平合理的、真正市场的价格，并且改善了价格的稳定性和统一性。流动性的提高，带来了股票价格的相对稳定，而且，股票上市后，能够产生统一的交易价格，改变了市场的混乱情况。③场内交易信息集中，相对透明，有利于资源的大规模优化配置。这种观点对于股份转让行为的规范是有利的，但是，限制过于严格，不符合我国股份转让场所发展的现状。

笔者认为，"交易场所"与"交易所"并非同一概念，前者的外延要大于后者，《公司法》第 144 条所规定的"证券交易场所"应该做广义的理解，即股份转让可以在证券交易所中进行，主要是上市公司股份转让的场所；[1]股份转让也可以在场外交易市场进行，其常见形式是柜台交易，主要是非上市公司股份转让的场所，另外还包括其他依法设立的场外交易场所。我国的场外交易市场有以下三种。

（1）全国证券交易自动报价系统 STAQ（由中国证券研究设计中心主办）和全国电子交易系统 NET（中国证券交易系统有限公司主办）。这两个系统是1992 年 7 月和 1993 年 4 月开始运行的股票交易系统，交易主体为各类法人，交易标的为各类法人股。因在交易过程中，有相当数量的个人违反规定进入市场，两系统流通的法人股实际上已经个人化，市场交易混乱，监管缺位。另外，由于其采用计算机交易系统，正值计算机"千年虫"问题，维护费用极高，再投入资金维护已无经济效益，所以，1999 年 9 月 9 日中国证监会决定关闭这两个系统。[2]2001 年 5 月 25 日，根据中国证监会意见，中国证券业协会决定原 STAQ 和 NET 系统挂牌的公司可选择部分证券公司开展流通股份的柜台转让业务。目前共有 11 家公司柜台转让，被称为国内的"三板市场"。

（2）以淄博和武汉柜台交易市场为代表的各地区交易市场。淄博柜台交

〔1〕 指 1990 年成立的上海证券交易所和 1991 年成立的深圳证券交易所。
〔2〕 杨大力："我国场外交易市场的变迁"，载《中国证券业通讯》2003 年第 2 期，第 45 页。

易市场，最初主要是为淄博本地的乡镇企业提供股权转让的场所，1993 年 9 月 27 日正式成立淄博证券交易自动报价系统（ZBSTAQ），从事部分定向募集公司的股票交易。[1] 截至 1997 年，挂牌公司达 55 家，股本总额 16.5 亿元，流通股本 7.9 亿元，股票市价总值近 50 亿元，联网会员单位 21 家，联网席位 54 个，注册股民 59 万人。挂牌公司不限于本地，开始扩展。淄博报价系统成为国内"准证券交易所"，各项规则基本与沪深两个交易所近似，也有相似的连续三年盈利和按时披露信息等上市要求。1999 年 10 月 9 日，淄博报价系统正式关闭。除少部分挂牌公司后来在主板上市外，其他大部分挂牌公司股票的投资者被悉数套牢。另外，设在武汉的证券交易中心在顶峰时期拥有数十只挂牌股票，投资者把武汉证券交易中心称为"汉柜"，把武汉证券交易中心颁布的指数称为"汉柜指数"，而那些在汉柜挂牌的公司则被称为上柜公司。以淄博、武汉报价系统为代表，全国各地有数十家场外交易市场，挂牌交易的股票有 500 多家。

1997 年全国金融秩序整顿工作开始后，各地的交易系统有一部分被关闭或停业，但是，还有一大批的证券交易中心与其他证券经营机构组建新的证券公司或是直接并入一些证券公司。如原四川省证券交易中心、原大连证券交易中心、原青岛证券交易中心分别与其他证券经营机构组建成为新的华西证券、大通证券、万通证券，原新疆证券交易中心、原安徽证券交易中心、原江西证券交易中心、原南方证券交易中心、原北京证券交易中心并入新疆证券、安徽证券、福建闽发、广东华侨信托、北京国际信托投资公司。[2]

（3）处于法律边缘的股权拍卖市场、产权交易中心。股权拍卖市场最早是由法人（或自然人）为抵偿债务而被迫将其持有的法人股（或自然人股）进行公开拍卖而形成的，其拍卖行为并不取决于企业法人（或自然人）的意愿。但是现实操作中，股权拍卖已经超越了抵债的内涵，演变为了企业（或个人）在短期内套现获利的手段。从事此类业务的拍卖行，仅上海一地就有六十多家。这种拍卖已经超越了过去范围的司法拍卖。在拍卖会上购买股权的投资者主要是投机而非投资。从股权拍卖的特点来看，竞拍对象是多数，拍卖价格带有竞价性质，对拍品买卖没有时间上的限制，因而使得目前股权

---

〔1〕 杨大力："我国场外交易市场的变迁"，载《中国证券业通讯》2003 年第 2 期，第 45 页。

〔2〕 杨大力："我国场外交易市场的变迁"，载《中国证券业通讯》2003 年第 2 期，第 46 页。

拍卖市场已经成为法人股和自然人股的流通市场。各地的产权交易中心，最初是为了促进当地高科技小型企业产权流通，促进风险投资的发展，但在发展过程中和股权拍卖市场一样，出现了程度不同的竞价转让现象，演变成了事实上的场外交易市场。股权拍卖以及产权交易目前尤以上海、深圳为甚。

　　我国上市公司的非流通股主要的交易方式是一对一的协议转让。但是，由于这种协议转让方式弊端很多，所以，部分地方政府为了对此加以规范，开始考虑将上市公司非流通股的交易纳入地方技术产权交易市场。例如，上海技术产权交易所曾经发文规定，国有企业产权交易和上市公司非流通股必须进场交易，目前，上市公司和大型国企已经成为上海技术产权交易所的主体。[1]

　　以上三类股份转让的场所都是依法由国家有关部门设立的合法的证券交易场所，如果按照第一种观点来严格限制，那么，这些证券交易场所都是属于非法的股份转让场所，这种观点显然不符合我国合法场外交易发展的实际情况。

　　各国公司法都没有对股份转让场所进行限制，这种限制唯我国公司法所独有。如果说在股票市场发展的初期，对股份转让场所的限制有利于对股份转让行为进行监管和规范的话，那么，随着现代科学技术的发展，股份转让的场所已经逐渐从场内发展到场外，从有形市场发展到无形市场。在这种情况下，再对股份转让场所进行限制，已经变得不合潮流了。

　　传统上，我们将股票在证券交易所挂牌称为上市；在场外交易市场挂牌称为上柜。场内交易市场拥有严密的组织、严格的管理，并有进行交易的固定场所。而场外交易市场是在股票交易所之外的各证券交易机构的柜台上进行的股票交易市场，和场内交易市场相比，传统的柜台市场比较分散，地方性或区域性的特征比较明显，投资者的数量少，上柜公司的规模小，股票的发行量也低。但是，随着证券市场的发展，场内交易市场和场外交易市场的界限越来越模糊，纳斯达克市场（Nasdaq "全美证券商协会自动报价系统"）的产生和迅速崛起对证券交易所市场和场外交易市场的划分提出了最大的挑战。纳斯达克市场是通过现代化通讯与电脑网络进行交易取得成功的场外交易市场的典范。1999 年，在交易规模上，该市场已经超过纽约证券交易所，

---

〔1〕 杨大力："我国场外交易市场的变迁"，载《中国证券业通讯》2003 年第 2 期，第 46 页。

并在 2000 年初发布的全美证券商协会（NASD）重组计划中打算注册为证券交易所。在这个背景下，将公司在纳斯达克市场挂牌的行为称为上柜而非上市显然不符合现实。而且，进入 20 世纪 90 年代以来，另外一批场外交易市场，如日本的柜台市场（Jasdaq）和我国台湾地区的柜台市场（台湾 OTC）也取得了相当的成功。日本柜台市场的市场规模增长速度远远超过东京证券交易所，突破了日本经济持续萧条带来的阴影，而我国台湾地区的柜台市场是台湾地区主要证券公司挂牌场所。随着这些场外市场的崛起，上市和上柜之间的区分也逐渐淡化，越来越多的场合下人们笼统地将上市和上柜统称为上市。[1]

另外，从总的数量上来讲，非上市上柜股份公司的数量比上市和上柜公司的数量要多得多。有人曾经做过一个粗略的统计，非上市上柜股份公司约占到股份公司总数量的 90% 左右。如果要把大量的非上市上柜公司的股份的转让也纳入到以上这些交易系统当中来，是没必要的，也是不可能的。所以，不区分股份公司的大小和各自不同的情况，笼统地将所有的股份公司的股份转让都限制在一个或几个固定的交易场所之内，并不符合经济发展的需要，也不符合股票交易市场发展的潮流。

我国公司法没必要，也不可能对股份转让的场所进行限制。明智的做法应该是对非法的股份转让行为进行必要的限制和禁止，并加强监管的力度。只要是合法的股份转让行为，无论转让双方当事人在什么地方进行交易，法律都应该予以保护。

二、放宽对股份转让人的限制

我们这里所说的对股份转让人的限制是指对那些负有特定义务人股份转让的限制。他们包括：公司的发起人、董事、监事、经理以及控制股东等。法律之所以对这些特定的人员所持有的股份转让进行某种限制，是因为他们对公司以及其他股东承担着某种特定的义务和责任。

根据我国《公司法》第 147 条第 1 款的规定，发起人持有的本公司股份，自公司成立之日起 3 年内不得转让。限制发起人在公司成立之日起 3 年内不得转让其持有的本公司的股份，无非是出于以下考虑：一是因为发起人是公

---

〔1〕 屠光绍主编：《上市制度比较与演变》，上海人民出版社 2000 年版，第 10~11 页。

司最重要的原始股东，如果允许其在公司成立后转让其股份，那么，会对公司的信誉产生不良的影响；二是为了加重发起人的责任，如果允许其在公司成立后可以转让其股份，那么，会影响其对公司及其第三人的责任；三是防止发起人借设立公司之名，谋取不正当的利益。

从理论上讲，公司的发起人的主要任务在于完成公司的设立行为，使公司能够按照所有发起人的共同意愿顺利成立。但是，我们国家公司法规定发起人持有的本公司股份，自公司成立之日起 3 年内不得转让。这显然是大大加重了发起人责任，中国股份公司的发起人不仅要承担公司设立的责任，而且还要承担公司成立后与公司在一定时期内共同存在和发展的责任。

我国公司法的这一严格的限制性规定在其他国家和地区是绝无仅有的，我国台湾地区"公司法"第 163 条也不过限制在公司成立后 1 年内。之所以如此加重公司发起人的责任，与我国公司法制定之时的具体社会条件有关。1983~1993 年间，正值我国公司法酝酿制定过程中，由于没有公司法，滥设公司的现象十分普遍。在此期间，国务院曾经几次发布关于清理和整顿公司的规定和通知，如 1985 年 8 月 20 日国务院发布的《关于进一步清理和整顿公司的通知》以及 1988 年 10 月 30 日公布的《关于清理整顿公司的决定》等。为了进一步规范经济秩序，防止滥设公司现象的发生，立法者必然考虑要加重公司设立者的责任，在公司法当中加入对公司发起人股份转让的限制性规定，也就不足为奇了。

但是，随着我国市场经济的发展和法律制度的逐步完善，在新的经济条件下，对发起人股份转让的限制是否还有必要。这的确是我们在修改公司法的过程中需要考虑的一个重要问题。

我国《公司法》第 147 条第 1 款之所以如此规定，无非是出于以下考虑：①因为发起人是公司最重要的原始股东，如果允许其在公司成立后可以转让其股份，那么，会对公司的信誉产生不良的影响。②为了加重发起人的责任，如果允许其在公司成立后可以转让其股份，那么，会影响其对公司及其第三人的责任。③防止发起人借设立公司之名，谋取不正当的利益。有些学者对此提出了不同的意见，认为这种限制没有必要，不符合股份自由转让的原则。其理由是：①公司成立以后，发起人在没有当选董事、监事的情况下，其地位已经与一般股东相同，如果对其持有的该公司的股份的转让进行限制，不符合股东平等的原则。在发起人当选为公司董事、监事的情况下，依据《公司法》第 144 条第 2 款的规定，其所持有的本公司股份应该向公司进行申报，并在任职期间不得转让，但是如果其在未满 3 年的期限内辞职或被解任的情况下，同样会遇到上述问题。②关于发起人的责任，我国《公司法》第 97 条已经作出了具体、严格的规定，如果再在此对其股份的转让进行限制，实属多余。③至于防止发起人借设立公司谋取不正当利益的理由，也不是很充分，我国公司法在公司设立制度的规定中，已经对发起人的不正当行为设置了相应的制约机制，包括创立大会制度、发起人责任等方面的规定。笔者认为：我国公司法的这一规定对发起人的责任要求过重，在世界上只有我国大陆地区和台湾地区有此规定，这不仅不符合股份自由转让以及股东平等的基本原则，而且还会导致那些资金充裕的发起人在认购法定限额后，不愿意继续投资的不良后果〔1〕。因此，在修改《公司法》时应该取消。从公司法发展的趋势来看，对转让人的限制正在逐渐取消。

另外，根据我国《民法通则》第 108 条的规定，债务应当清偿，有能力偿还而拒不偿还的，由法院判决强制执行。那么，这就产生了一个问题，假如某个人或法人将其全部资产投入股份公司从而拥有公司股份，公司成立未满 3 年，该个人或法人被债务人追讨债务。此时该债务人应当如何做呢？拍卖或转让该股份违反《公司法》，不还债又违反《民法通则》。那么，如何解决这一问题呢？笔者建议修改《公司法》时应该取消第 147 条第 1 款的规定。

我国台湾地区"公司法"对公司发起人的股份转让，也有类似限制，但是其在 2001 年对这一规定进行了修正。其第 163 条规定："发起人之股份非于公司设立登记一年后，不得转让。但公司因合并或分割后，新设公司发起人之股份得转让。"因为公司法所限制的是一般性的新设立公司的发起人的股份转让的自由，而公司因合并或分立后新设立的公司与一般性的新设公司性质不同。由于公司新设合并或新设分立，仅系企业组织调整之手段，此时的新设公司的发起人所取得之股份，性质上属于原有公司股份转换计算后之对价，如限制其转让，不仅与防止发起人以设立公司为手段谋取不当利益的立法精神无关，而且会降低公司进行合并或分立以谋取组织最优化的意愿。〔2〕所以不应该进行限制。我国大陆地区在修改《公司法》的时候，应该予以借鉴。

---

〔1〕 参见刘连煜："公司发起人股份转让限制与股份买卖契约之效力"，载刘连煜：《公司法理论与判决研究（二）》，元照出版公司 1998 年版，第 113~115 页。

〔2〕 参见赖源河等：《新修正公司法解析》，元照出版公司 2002 年版，第 201 页。

根据我国《公司法》第 147 条第 2 款的规定，公司董事、监事、经理应当向公司申报所持有的本公司的股份，并在任职期间内不得转让。我国公司法之所以这样规定，无非是考虑到以下两个方面的理由：

首先是考虑到董事、监事、经理在公司中位居高层，具有特殊的身份，在其任期内不允许转让股份，其目的是为了把这些具有特殊身份的人的利益与公司联系起来，让其恪尽职守，竭尽心力为公司服务。现代大股份公司股权的分散化，导致了所有权与经营权的分离，1932 年，由伯利和米恩斯完成的经典著作《现代公司与私人财产》，[1]第一次提出，所有权与经营权分离后产生的委托人（股东）和代理人（经营者）的利益冲突问题。为了更好地使经营者为公司尽力，近年来，欧美国家在对经营者进行激励时表现出了一个显著的特点，即越来越多的公司开始采用"股票期权"方式，鼓励经营者持有本公司的股份，让公司的经营者也在一定程度上成为公司的所有者，把公司的利益与经营者的利益联系在一起。所谓"股票期权"就是由企业赋予经营者的一种权利，经营者可以在规定的年限内可以以某个固定价格购买一定数量的企业股票。经营者在规定年限内的任何时间，按事先规定的价格买进企业股票，并在他们认为合适的价位上抛出。"股票期权"的最大作用是按公司将来的发展成果对经营者进行激励，具有"长期性"，使经营者的个人利益与企业的长期发展更紧密地结合在一起，促使经营者的经营行为长期化。

其次是为了防止他们利用其特殊的身份地位，在转让股份的过程中，以权谋私，损害其他股东和公司的利益。根据我国《公司法》第 59 条的规定，董事、监事、经理应当遵守公司章程，忠实履行职务，维护公司利益，不得利用在公司的地位和职权为自己谋取私利。虽然这是针对有限责任公司来规定的，但是根据我国《公司法》第 123 条的规定，《公司法》第 57～63 条有关董事、经理义务、责任的规定，适用于股份有限公司的董事、经理。如果允许公司的公司董事、监事、经理在任职期间内自由转让其所持有的本公司的股份，那么，在有些情况下就会出现其自身利益与公司利益的矛盾和冲突，就有可能出现其损害公司利益而使自身利益最大化的可能。如上市公司董事、监事、经理作为有可能了解公司未公开的重大内幕信息的内幕人员，可能会

---

〔1〕 A. A. Berle and Gardiner C. Means, *The Modern Corporation and Private Property*, New York：Commerce Clearing House, Inc. 1932.

利用内幕信息从事本公司股份的转让活动，从而很方便地为自己取得收益。他们凭借其特殊地位或者非法手段，利用他人不具备的信息优势从事本公司股票交易，必然较一般投资者有更多的获利免损机会，从而使对应交易者不公平地承担了市场风险。当内幕信息公开时，相对交易者将因此丧失应得的利益或者蒙受损失。这种正常市场风险以外的投资损失同内幕交易行为有直接的因果关系。内幕交易行为经常导致股票价格的暴涨暴跌，不仅会破坏股票市场的正常秩序，而且还会损害消息所涉及的公司利益，使该公司股票的价值无法适时地在市场上得到正确反映，同时会对公司的名誉造成损害。当投资者发现这些公司高级管理人员利用其职务上的便利，在股市上为自己图利时，会认为其未受到公平待遇，从而丧失对于公司及经理人员的信心。这种信心的丧失，可能会引起公司股价的下跌，并妨害公司日后在其他方面募集资金的可能性，从而使公司蒙受损失。

以上两方面的理由当中，第一个理由从某种意义上讲，有一定道理；但第二个理由已经在我国《公司法》第59条和《证券法》第183条〔1〕当中进行了规定，如果再以第147条来加以限制，似乎有重复限制之嫌。

有学者认为，我国《公司法》第147条第2款同样存在着许多弊病。

（1）这一规定有可能被公司董事、监事、经理用作逃避责任的手段。当公司由于经营管理不善，处境困难的时候，公司董事或者监事、经理就可以利用这一规定，强行转让自己持有的本公司股份，以此作为解任的理由，从而达到逃避责任的目的。

（2）这一规定不利于经营者股票期权的实现。经营者所持有本公司股票的可转让性，是实现股票期权的前提条件。在实行股票期权制度中，公司高级管理人员的利益主要来自于股票买卖的差价，其中，行权价的确定、售股价的预期，均以股票市场价格为基本参照对象。如果股票是不可流通的且无法确定何时能够流通，则股票期权制度难以实行。

（3）公司高级管理人员过多持有本公司股份有利也有弊。我国公司法这一规定的直接目的在于促进公司的所有与经营在一定程度上的结合，就现代

---

〔1〕 中国《证券法》第183条规定：“证券交易内幕信息的知情人员或者非法获取证券交易内幕信息的人员，在涉及证券的发行、交易或者其他对证券的价格有重大影响的信息尚未公开前，买入或者卖出该证券，或者泄露该信息或者建议他人买卖该证券的，责令依法处理非法持有的证券，没收违法所得，并处以违法所得一倍以上五倍以下的罚款。”

企业经营制度而言，对人才任用及资金的募集，并非必须结合在一起，正是由于现代大型的股份有限公司股东人数众多，不可能每一股东均参与公司经营，所以才设有法定的业务执行机关——董事会。[1]如果董事、监事、经理拥有很多的公司股份，为使他们自己手中的本公司股票增值，他们有时会不择手段，滥用权力，成为他们在公司会计账目中造假的动因之一。[2]

总之，我国《公司法》第147条第2款的规定弊大于利，单从此种角度来设防不足以达到趋利避害之目的。所以，我国在修改《公司法》的时候，应该取消这种不合理的禁止性规定。但是，为了保障交易的合理性和合法性，可以适当加以限制，如公司董事、监事、经理应当向公司申报所持有的本公司的股份，在任职内可以转让，但是，要经过董事会的批准。

另外，公司董事、监事、经理在转让其所持有的本公司股份的时候，还要受其他方面法律规定的约束。首先，董事、监事、经理在对自己所持有的本公司股票进行转让的时候，要接受公司法对其所应承担义务规定的约束，如有违反，必须承担相应的责任。其次，他们作为本公司的内幕人员，应该遵守我国《证券法》第183条的规定，如果他们利用了自己掌握的本公司的内幕信息，从事了法律所禁止的内幕交易的行为，那么，就应承担相应的民事和行政责任，情节严重的还要承担相应的刑事责任。

三、放宽公司自身作为受让人的限制

公司取得自己股份是公司发展和资本运作过程中的正常需要，要对公司受让自己股份进行完全禁止和严格限制是不可能的，也是不必要的。所以，各国立法一般都允许公司在特定条件下受让自己股份。其中包括：①为了注销股份；②因公司合并或者受让其他公司的全部营业时；③实行公司权利时达到其目的而确有必要时；④处理零股而有必要时；⑤股东行使股份收买请求权时；⑥为实施员工持股计划、股票期权计划等而取得自己股份。员工持股计划（Employee Stock Ownership Plan，简称 ESOP），系指公司员工通过持有公司股份而成为公司股东，并通过参加股东大会参与公司的民主管理。员工持股作为公司一种内部激励机制，不仅可以调动广大员工的积极性，将员

---

〔1〕 参见梁宇贤：《公司法实例解说》，瑞兴图书股份有限公司1998年版，第310页。

〔2〕 参见童道驰："美国公司治理的革命性变革"，载《财经》2002年第12期，第41页。

工与公司紧密结合在一起，做到同呼吸、共命运，而且也能很好地协调员工与公司的关系。故员工持股为各国不少公司所采用。而股票期权计划，则是指经营者在与公司约定的期间内（如3年~5年）享有以某一预先确定的价格购买一定数量本公司股票的权利，这种股票期权是公司内部制定的面向高级管理人员等特定人员的不可转让的期权。实行股票期权计划，可以促使经营者更加关心投资者的利益、资产的保值增值和企业的长远发展。但要实现员工持股计划和股票期权计划，对公司而言，则必须拥有相应的股份。而公司收购自己股份则是实现员工持股计划、股票期权计划的一条重要途径。

以上是公司取得自己股份的一般原因。在证券市场比较发达的英美等国，尤其是在美国，公司收购自己股份还被公司的管理层用作实现公司资本经营策略的一个重要工具，为了与公司取得自己股份的一般原因相区分，我们在此称其为公司取得自己股份的特殊原因。其中包括以下几方面。

（1）资本调整型的股份回购。在公司资本需要变动时，通过股份回购对公司资本、财务结构作适时调整。公司在经营过程中因各种原因，有可能使其资本发生变动，致使因公司资本过剩而导致资金闲置、浪费，或者公司资本因实际减少且与注册资本严重不符而导致不利于维护社会投资者、交易相对人利益的结果。而通过股份回购减少公司资本，则可以解决上述问题。通过股份回购将多余的资金返还股东，减少了管理层浪费多余资金的可能，并且股东还可以利用这些返还的资金在公司外部进行再投资。同时，通过资本调整型的股份回购，可以优化调整公司的股本结构，增加每股的收益，提高股票的内在价值，有利于公司通过再次增发等后续的融资行为进行股本的扩张，增加公司的资本实力。

（2）反收购型股份回购。通过股份回购可以防止恶意收购。所谓恶意收购，是指收购人意图在收购后将目标公司资产变卖以获取高出收购成本的利润。在公司遭受恶意收购的情况下，股份回购往往被作为一种防御策略和反收购措施被经常使用。例如，1989年和1994年，埃克森石油公司分别动用150亿美元、170亿美元回购本公司的股票。[1]因为目标公司通过要约回购或公开市场回购的方式使其股票价格上升，从而相应提高了潜在收购者的收购成本，如果这种收购成本过大，那么，收购者就不得不放弃收购的计划。

---

[1] 参见朱武祥、邓海峰："股份回购：动机、时机与方式"，载《上市公司》1999年第5期。

甚至目标公司可以通过定向股份回购的方式直接从潜在的收购者的手中以优惠的价格买回自己的股份。[1]

（3）护盘型股份回购。通过股份回购可以减少发行在外股票的数量和每股净收益的计算基数，从而在盈利增长速度下降或无增加的情况下，维持或提高每股收益水平和股票价格，

减少经营压力，恢复社会投资者的信心。实际上，护盘型股份回购是公司在向市场传达某种信息，这就是公司的实际价值被市场低估了。由于管理者在公司中的特殊地位，他们会拥有外人所不可能知道的私人信息，如果管理者想要将股东的财富最大化，他们可以将此信息向公开市场传达，来抬高公司的股价。但是，这种信息并不是必须公开的，而是所谓的软信息，同时，由于保密或是竞争的原因，直接公布该信息是不可能的或是被禁止的。[2]这时，管理者可以宣布公司的股价被低估了，进而可以采用股份回购的方式来提升公司的股价。

世界上各个国家和地区的公司法，基本上都对公司取得自己股份进行了某种程度的限制性规定，但是，由于经济发展水平和历史文化传统各不相同，他们各自的限制程度也各不相同。

（1）我国的限制最严。根据我国《公司法》第149条的规定，公司只有在减少资本或与持有本公司股票的其他公司合并两种情况下，才允许其收购本公司股票。

（2）德国、韩国和我国台湾地区的法律法规原则上禁止买卖本公司股票，但规定得较为宽松。

《德国股份法》第56条规定："（1）公司不得认购自有股份。（2）作为发起人或认购人，或在行使附条件增资时所给予的转换权或认购权时，从属

---

〔1〕 要约回购、公开市场回购和定向股份回购是股份回购的三种方式：要约回购（repurchase tender offer，简称RTO）是指公司通过向市场发出一定时间限制（一般为1个月）的要约，来回购一定数量的自己股份的方式；公开市场回购（open market repurchase，简称OMR）是指通过一个股票经纪人在证券市场上以市场价格购买一定数量的自己股份的方式；定向股份回购（greenmail）又称绿色邮件，是指公司从一个短暂的取得该公司股份同时具有威胁性的投资者处，以优惠的价格买回自己股份的方式，之所以又称为绿色邮件是因为在英语当中，敲诈勒索是"blackmail"，直译成中文就是黑色邮件，而美元是绿色的，用"greenmail"来表示。通过购买股票来争夺公司控制权，对公司高级管理人员来讲，确实构成威胁，但是这并不是违法的敲诈索。故人们习惯上将这种破财消灾的方法称为绿色邮件。

〔2〕 See Buckley, "When the medium is the Message：Corporate Buybacks as Signals", Ind. L. J. 1987, 65：526, 536~537.

企业不得认购控制企业的股份，被多数参与的企业不得认购以多数对其进行参与的公司的股份。违反此种规定的，其违反并不使认购无效。"但是根据《股份法》第 71 条的规定，准许公司在特定情况下收购资金额在 10% 以内的本公司股票。所谓特定情况是指："①为使公司免除重大的、迫近的损害而有必要取得的。②应将股票提供给同公司或同与公司存在关联关系的企业有或曾有劳务关系的人的。③为依第 305 条第 2 项、第 320b 条或依第 29 条第 1 项、第 125 条第 1 款，结合《公司改组法》第 29 条第 1 项、第 207 条第 1 项第 1 款，给予股东一次给付的补偿而进行取得的。④以无偿方式进行取得，或金融机构以取得实行买入行纪的。⑤以全部继受的方式。⑥根据股东大会的决议，依关于减少股本的规定消除的。⑦其为金融机构、金融服务机构或金融企业，根据股东大会的决议，以有价证券交易为目的的。决议必须规定，为该目的而应取得的股票的交易储备不得超过每日结束时股本的 5%；决议必须规定最低和最高的对等价值。授权至多可以适用 18 个月。⑧根据至多适用 18 个月的、规定最低和最高对等价值以及在股本中的应有部分、而该应有部分不得超过 10% 的股东大会授权。作为目的，排除以自有股份进行交易。对于取得和让与，适用第 53a 条。通过交易所进行的取得和让与，符合此种要求。股东大会可以决议其他的让与。在此种情形下，准用第 186 条第 3 项、第 4 项和第 193 条第 2 项第 4 点。股东大会可以授权董事会不经股东大会再进行决议而收回自有股份。"

《韩国商法》第 341 条（自己股份的取得）规定："公司，除了下列情形之外，不得以自己的名义取得自己股份：（1）为了注销股份；（2）因公司合并或者受让其他公司的全部营业时；（3）实行公司权利时达到其目的而确有必要时；（4）处理端股而有必要时；（5）股东行使买入股份请求权时。"另外，还有特别法上的例外规定：上市公司的特例，依《韩国证券交易法》，上市公司在有可分派盈余的范围内，可以取得自己股份。[1]

中国台湾地区在 2001 年 11 月"公司法"修改之后，第 167 条规定："公司除依第 158 条、第 167 条之一、第 186 条及第 317 条规定外，不得自将股份收回、收买或收为质物。但于股东清算或受破产之宣告时，得按市价收回其股份，抵偿其于清算或破产宣告前结欠公司之债务。公司依前项但书、第 186

---

〔1〕〔韩〕李哲松：《韩国公司法》，吴日焕译，中国政法大学出版社 2000 年版，第 281~283 页。

条规定，收回或收买之股份，应于 6 个月内，按市价将其出售，届期未经出售者，视为公司未发行股份，并为变更登记。被持有已发行有表决权之股份总数或资本总额超过半数之从属公司，不得将控制公司之股份收买或收为质物。前项控制公司及其从属公司直接或间接持有他公司已发行有表决权之股份总数或资本总额合计超过半数者，他公司亦不得将控制公司及其从属公司之股份收买或收为质物。公司负责人违反前四项规定，将股份收回、收买或收为质物，或抬高价格抵偿债务或抑低价格出售时，应负赔偿责任。"第 167 条之一规定："公司除法律另有规定者外，得经董事会以董事三分之二以上之出席及出席董事过半数同意之决议，于不超过该公司已发行股份总数百分之五之范围内，收买其股份；收买股份之总金额，不得逾保留盈余加已实现之资本公积之金额。前项公司收买之股份，应于三年内转让于员工，届期未转让者，视为公司未发行股份，并为变更登记。公司依第一项规定收买之股份，不得享有股东权利。"第 167 条之二规定："公司除法律或章程另有规定者外，得经董事会以董事三分之二以上之出席及出席董事过半数同意之决议，与员工签订认股权契约，约定于一定期间内，员工得依约定价格认购特定数量之公司股份，订约后由公司发给员工认股权凭证。员工取得认股权凭证，不得转让。但因继承者，不在此限。"第 168 条规定："公司非依股东会决议减少资本，不得销除其股份，减少资本，应依股东所持股份比例减少之。但本法或其他法律另有规定者，不在此限。公司负责人违反前项规定消除股份者，各处新台币二万元以上十万元以下罚锾。"我国台湾地区"证券交易法"第 28 条之二（2000 年 7 月修改后）更为放宽了限制："股票已在证券交易所上市或于证券商营业处所买卖之公司，有左列情事之一者，得经董事会三分之二以上董事之出席及出席董事超过二分之一同意，于有价证券集中交易市场或证券商营业处所或依第 43 条之一第 2 项规定买回其股份，不受《公司法》第 167 条第 1 项规定之限制：①转让股份予员工。②配合附认股权公司债、附认股权特别股、可转换公司债、可转换特别股或认股权凭证之发行，作为股权转换之用。③为维护公司信用及股东权益所必要而买回，并办理消除股份者。前项公司买回股份之数量比例，不得超过该公司已发行股份总数 10%；收买股份之总金额，不得逾保留盈余加发行股份溢价及已实现之资本公积之金额。公司依第 1 项规定买回其股份之程序、价格、数量、方式、转让方法及应申报公告事项，由主管机关以命令定之。公司依第 1 项规定买回之股份，除第 3 款部分应于买回之日起 6 个月内办理变更登记外，应于买回之日起 3 年内将其转让；逾期未转让者，视为公司未发行股份，并应办理变更登记。公司依第 1 项规定买回之股份，不得质押；于未转让前，不得享有股东权利。公司于有价证券集中交易市场或证券商营业处所买回其股份者，该公司其依‘公司法’第 369 条之一规定之关系企业或董事、监察人、经理人之本人及其配偶、未成年子女或利用他人名义所持有之股份，于该公司买回之期间内不得卖出。第 1 项董事会之决议及执行情形，应于最近一次之股东会报告；其因故未买回股份者，亦同。"

（3）美国和日本的法律规定最为宽松。原则上公司可以自由买卖自己股份，但是，通过立法又进行一定程度的限制。

美国的公司立法原则上允许公司取得自己股份，并认为这是公司的权利。如果法律或章程没有明文禁止，公司出于善意（in good faith），为公司之正当目的，在不侵害公司债权人的情形下，可以取得自己股份。但为了防止弊端的出现，各州的立法对于公司取得自己股份多设限制，限制的方式采取财源限制的为多。但 1991 年修订后的《示范公司法》，大大放宽了对公司购买自己股份的限制，从而导致了股份回购的数量在美国不断增加。[1] 当然，这也与其他因素有关。股票回购产生于公司规避政府对现金红利的管制。1973～1974 年，美国政府对现金红利施加了限制条款，许多公司转而采用股票回购方式，向股东分配现金红利。进入 20 世纪 80 年代后，特别是 1984 年以来，由于敌意并购盛行，股票回购规模持续增长，逐步成为美国上市公司家常便饭的行为，几乎每天都有股票回购事件发生。《美国标准公司法》第 6 条规定："（公司有）获得与处置本公司股份的权力，公司应有权购买、取得、接受或以其他方式获得、持有、拥有、典质、转移或以其他方式处置本公司的股份。但公司通过直接或间接的方法购买本公司之股份，只应在可供此使用的非保留和未限制的营业盈余范围之内做出；以及如公司章程允许，或经对此有表决权的多数股份持有者的投票同意，只应在可供此使用的非保留和未限制的资本盈余的范围之内做出。营业盈余或资本盈余被用来衡量该公司购买本身之股份时，只要上述股份作为库存股被公司持有，则上述盈余应被限

---

〔1〕 李华："禁止公司取得自己股份之研究"，载范健、邵建东、戴奎生主编：《中德商法研究》，法律出版社 1999 年版，第 159 页。

制。但一经处置或取消任何上述股份，应立即取消这种限制。尽管有上述限制，为下述目的，公司仍可购买或以其他方式获得它自己的股份：

"（1）消除非整数股份；

"（2）收取或协商解决欠公司的债务；

"（3）支付依本法令有权要求公司收购其股份之持异议股东；

"（4）根据本法令其它规定，以赎回或购买的方式，收回可赎回的股份，但购买价格不得超过赎回价格。

"当该公司无力偿付其债务或当上述购买或支付将使其无力偿付其债务时，不应购买或支付本公司之股份。"

因此，美国公司回购股票的现象非常普遍，回购的股票一般作为库存股票处理，库存股票可被重新售出或被注销。在库存期间，此类股票退出流通，而且不拥有普遍股票的部分权利。美国公司回购股票的目的有：稳定和提高本公司股价，防止因股价暴跌出现的经营危机；奖励有成就的经营者和公司员工。但值得注意的是，只有在公司为了维护现有的经营方针，维持本公司利益而争取控制股权时，回购本公司股票才是合法的。

另外，美国为应对"9·11"恐怖攻击事件以及今后可能发生的重大事件，2002年12月，美国证券交易管理委员会已经拟订草案，计划放松苛刻的公司回购股票规定。新方案规定，公司在股市震荡时可以买回更多自家股票，证管会也将对公司的回购行动予以更高的关注。如股市交易全面停止，公司可以按照日平均交易量100%买回自家股份。新法规也允许公司在计算日平均交易量之后阻止买进，因为在安全条款之下，这将增加某些公司回购的总额。按照现行法规，安全回购的上限是25%，企业如超过上限就会被证管会控以"操纵股价"罪名。此外，为了提高股份回购的透明度，新规定将要求企业每季度披露股票回购情况，包括回购量、平均价位、经纪商交易员以及公司总计回购的股票数量等。与此同时，美国证券交易管理委员会也将提供有关公司回购股票对市场影响程度等信息，这对股市应对类似"9·11"恐怖攻击等紧急事件可能非常有用。[1]

日本立法经过了一个从"原则上禁止，例外允许"，到"原则允许，例外禁止"的过程。2001年以前，日本法律原则上禁止买卖本公司股票，其目的

---

〔1〕 参见"美国企业回购股票规定放松"，载《中国证券报》2002年12月4日。

是为了确保资本充实、股东平等，以及企业控制权的公平分配。但在以下几种情况下收购本公司股票也是允许的：在 1994 年以前的《日本商法典》第 210 条规定，公司只能在四种特定情况之一出现时，才能例外收购本公司股份。这四种情况是：为减资消除股份时、与其他公司合并时或受让他公司全部营业时、行使公司权利所必要时、反对股东行使收购请求权时。在 1994 年以后，日本立法者放松了对自己股份取得的限制，在商法典中规定，股份公司为了向本公司的董事及从业人员出售股份，可以到市场上收购本公司股份，然后将其出售给本公司的董事及从业人员，并且对于回购数量的上限，由原先所规定不超过已发行股份总数的 3%，提高为不超过已发行股份总数的 10%。在 1997 年，又进一步修改规定，股份公司可以通过期权的方式，向本公司董事及从业人员出售股份。这种期权即公司赋予董事及从业人员在将来某时按预定价格购买本公司股份的权利。为了实现董事及从业人员的期权，公司可以到市场上购买自己股份，然后出售给行使期权的董事及从业人员。

在 2001 年 6 月，由国会议员提出了最新的商法修改议案，又称为"紧急经济（股价）对策"。该商法修改议案对日本的公司股份回购制度进行了根本性的修改，实现了公司取得自己股份和持有自己股份（库存股或金库股）的自由化，采取了与美国类似的规定，即原则允许，例外禁止，只要经过股东年会的决议通过，公司就可以买回自己的股份。根据新修订的《日本商法》第 210 条（自己股份的购买）的规定："1. 除本法其他条款规定的场合外，公司在购买自己股份之时需要经过股东大会年会的决议通过。2. 前款的决议需要就下列事项予以明确：①从本次股东年会决议后到第一个会计决算期的股东年会终结为止，在这一段时间内公司应购买股份的总额、总数以及取得价格总额。②当从特定股东购买股份时，是哪些股东。3. 前款第 1 项的取得价格之总额必须超过下述的金额，即从借贷对照表上的纯资产额减去第 290 条第 1 款各项金额与按照定时股东大会中的利益来分配或支付的余额。4. 当在第 1 款规定的定时股东大会做出上述各项决议时，前款的总额减去其他各项规定金额的余额视为同款的总额。①关于第 289 条第 2 款的资本准备金或利益准备金之减少的决议，应减少的资本准备金或利益准备金之总额减去同款各项规定之金额的总额。②第 375 条第 1 款资本减少的决议。应减少的资本额减去同款各项所规定之总金额的总额。5. 当对第 2 款第 2 项所规定的事项进行决议时，需要依据第 343 条（特别决议）的规定来进行，在这种场合下，准用第 204 条之 3 下的（二）的第 3 款以及第 4 款的规定。6. 在做出第 1 款决议之时，议案的主要内容应当被记载或记录于第 232 条所规定的通知（股东大会召集通知），当记载或记录关于第 2 款第 2 项所规定事项之议案的主要内容时，也需要就'应当改革存在着依据其后各款规定提出的请求'做出记载或记录。7. 当收到记载或记录关于第 2 款第 2 项刊揭事项之议案要领的前款通知时，股东在与会日 5 日之前可以以书面的方式向董事提出在其他事项的议案中将该自己附加到卖方中的请求，在这种场合下，准用第 285 条之 3 第 7 款的规定。8. 第 284 条之 2 第 2 款以及第 3 款的规定准用于前款中规定的（股东）以书面方式提出的请求。9. 在基于第 1 款决议进行股份的购买时，需要依据市场中的交易或《证券交易法》第二章之二的第二节所规定的公开收购的方法来进行，但是，当存在关于第 2 款第 2 款所规定事项的决议时，则不受此限。"[1] 日本之所以做出如此重大修改，其目的主要是想以此来消除股票市场中的"泡沫"成分，给日本的股份公司以更多的经营自主权，并促进日本经济的发展。

日本商法的修改，成了促进日本公司股份回购的一个重要原因。日本政府在公布 2002 年截至 3 月份的财政年度收益报告时宣布，2002 年宣布的回购计划总额可能达到 6 万亿日元之多，日本公司回购计划数量之多创历史新高。在这些回购计划的公司中，有一些是大型企业，它包括索尼、丰田等公司。其中，最大的一些回购计划包括索尼宣布将回购价值 6500 亿日元（合 52 亿美元）的公司股票；丰田汽车计划回购 6000 亿日元的公司股票。高盛预计，2002 财年宣布的回购计划的平均回购额为每家公司 109 亿日元（合 8700 万美元），大大高于 2001 的 27 亿日元。鉴于在过去 5 年的经验，他们预测，有 2/3 的回购计划将确实被执行。[2]

由此可见，在许多资本市场发育成熟的国家，对股份有限公司取得自身股份均有明确、详细的规定，尽管各国的相关法律法规有所区别，宽严程度有所不同。但有一点是可以确定的，即作为公司资本运营重要方式之一的股份回购，是市场经济中一种正常和规范的资本运作方式。通过对世界各个国家和地区的立法模式的比较，我们可以发现：各国家和地区对公司股份回购

---

〔1〕 ［日］佐藤幸治等编修：《デイリー——六法》，日本，三省堂株式会社，2003 年（平成 15 年）版，第 525 页。

〔2〕 郄永忠："日本企业股票回购创纪录"，载《中国证券报》2002 年 5 月 31 日。

的立法限制有一个逐渐放宽的趋势。德国等欧盟成员国近年来的立法变化大大改变了过去严格限制的立法模式，尤其是在公司股份回购的目的方面，具有极其广泛的范围。欧洲国家对公司股份回购的限制比美国严格之处在于回购资金来源的限制，究其原因主要是由于两者的资本制度存在不同。美国的公司资本制度非常灵活，而欧洲国家的公司资本制度则比较保守，注重要求公司资本维持。因此，虽然两者之间的差距正在缩小，但是，两者之间的根本区别在短时间内还是难以改变的。尤其值得一提的是亚洲的日本于 2001 年 6 月对《公司法》进行的修改。其对公司股份回购的立场发生了实质性的变化，几乎与美国的立法模式趋同。这正说明了逐渐放宽对公司股份回购的限制是一个世界范围内的大趋势。

笔者建议可规定为原则上不得回购自己的股份，但在满足特定条件时除外。但由于我国现行规定太严，可适当放宽限制：首先允许一般情况下的股份回购。如①公司减资型股份回购；②公司合并型股份回购；③员工持股型股份回购，允许公司为本公司或者关联公司的职工提供股份而回购股份；④公司为实现其权利而有必要时的股份回购；⑤消除零股（又称端股或碎股）时的股份回购；⑥股东行使股份收买请求权时的股份回购。依我国《公司法》第 149 条规定，公司不得收购本公司的股票，但为减少公司资本、注销股份或与持有本公司股票的其他公司合并时除外。可见依现行立法，异议股东不能要求公司收买其所持有的股份。但笔者认为，确立异议股东股份收买请求权制度是我国股份有限公司的历史、现实及未来发展的要求。我国的股份有限公司绝大多数是由国有企业改制而来的，这种历史造成在股份有限公司中国有股比例过重，股权过于集中。这种股权结构往往会造成股东大会形同虚设，一股独大，"内部人"控制严重，中小股东的经常利益受到侵害和漠视。中小股东处于无助的地位，利益受不到保护，长此下去，将会影响整个公司制度的健康发展。我国已加入 WTO，私人资本、海外资本以及民间资本将大量出现在中国市场。我国的股权结构必相应实现非国有化、多元化，以适应 WTO 的需要。面对政府培育市场经济的现实，我国更应加强对中小投资者的保护。所以，我国公司法应该允许股东行使股份收买请求权时的股份回购。

除此以外，在条件成熟后或根据不同的市场条件（如首先在 B 股、H 股市场实施）允许特殊情况下的股份回购。如①资本调整型的股份回购；②反收购型股份回购；③护盘型股份回购。

公司分立制度研究

摘要：本文对公司分立制度与公司转投资、营业转让等制度进行了比较，阐明了公司分立制度独立存在的价值，并对我国现行《公司法》有关公司分立制度的规定提出了几点修改意见。

关键词：公司分立　分立方式　债权人保护

公司分立，是指一个公司通过依法签订分立协议，将其营业分成两个以上公司的组织法性质的行为。从而原公司不经清算程序而解散，或者以缩小后的状态存续，并且，原公司股东取得承继分立公司权利与义务的股份。

公司分立作为一项比较年轻的法律制度，最早出现于 20 世纪中期，1966年，《法国公司法》首次采纳这一制度。后来由所谓的"法国法系"国家，包括西班牙、葡萄牙、比利时等国继承下来并逐步传播到欧洲大陆其他国家。我国 1994 年 7 月 1 日起颁布施行的《公司法》第七章中也对公司分立制度作了专门规定。

目前，法学界对公司合并、公司并购等问题关注较多，而对公司分立制度关注较少，随着改革的不断深化，公司制实践的不断丰富，公司为适应市场变化而进行的组织改编日显重要。公司分立作为公司改组的代表性方法之一，以其经济、实用、高效的优点日益为不少公司所使用。因此，笔者认为，有必要对此问题进行深入研究：

一、公司分立制度的存在价值

对公司分立制度进行研究，首先应该解决的是这一制度有没有存在价值的问题，即公司分立制度能否为其他方法所取代？规定公司分立制度有没有必要?

目前,规定公司分立制度的国家主要是欧洲各国,中、日、韩等亚洲各国。对英、美、法等国家来说,这是一个比较陌生的制度,只有在反垄断强制分立的过程中才有所涉及,在我国台湾地区的"公司法"中,也没有关于公司分立制度的规定。有的学者认为,他们是将公司存续分立制度作为公司转投资的一项内容来看待的。从某种意义上来讲,从公司中分立出来的部分营业可以被视为是一种宽泛意义的投资,但"分立"与"投资"从严格意义上来讲还是有着本质不同的:

(1) 公司分立强调的是公司组织的变更,属于公司组织法的问题;投资强调的是财产所有权的转移及投资人股东权的取得这种投资的行为过程,而不是组织变更过程。

(2) 公司分立具有整体性营业转移的特性;投资行为更多的则是某些特定财产的转移,而不强调这些财产是否具有整体性营业的性质。

(3) 公司分立是一种分离公司的营利机能并使其运行的手段,虽然分立出的只是原公司的一部分,但这一部分具有相对独立的营利机能。它包括:可以作为整体性营业的全部积极、消极资产的总体资产及运行这些资产的职工、管理人员等;转投资只是将特定财产出资给其他公司,这种特定财产一般仅指积极财产,同时,也不包括运营管理人员。

(4) 公司分立应当由公司的股东会作出特别决议,有限责任公司分立的决议,必须经代表 2/3 以上表决权的股东通过,股份有限公司分立的决议,必须经出席会议的股东所持表决权的 2/3 以上通过,并且需通知债权人并在报纸上公告;公司转投资则只要股东会作出普通决议,有限责任公司转投资的决议只要经有表决权的 1/2 以上表决权股东通过,股份有限公司转投资的决议只要经到会股东 1/2 以上表决权通过,而且一般情况下,累计投资额不得超过公司净资产的 50%,不需通知债权人和公告。

(5) 公司分立的后果将导致原公司注册资本的减少及相应的股份总数的减少;公司转投资并不导致原公司注册资本的减少,在公司资产负债表上,资产总量并不减少,只是资产形态发生变化,有形资产或无形资产减少,长期投资增加。

对于公司新设分立制度,有的学者认为,它完全可以由公司解散清算与公司设立制度取代。实际上,公司法之所以创设公司分立制度,与创设公司合并制度一样，是为了避免公司解散时复杂的清算程序，便于公司依据市场需要灵活地改变公司规模和投资方式。如果没有公司分立制度，公司只能依靠设立子公司、解散清算后重新设立的方式来迂回取得公司分立的效果，这自然要支出过多的费用，造成社会资源的不必要浪费。

另外，有的学者认为，公司分立可以由公司营业转让的方式代替。的确，公司分立必须经过作为组织的统一体的营业财产的转移，这一点与公司营业转让颇为相似，但二者还是有本质不同的：

（1）营业转让是买卖法上的问题；公司分立是组织法上的问题。营业转让合同的无效，适用民法、合同法的一般原则；公司分立无效则适用公司法。例如，公司分立已经过工商部门登记发生效力，公司股东等在一定期间内可提起主张分立无效的诉讼，但分立无效的判决没有溯及效力。

（2）营业转让时，营业的让与人与员工（除船员外）之间的劳动合同不当然延续；公司分立则不同，前述劳动关系当然延续到分立后的各公司。

（3）营业转让不产生股东接收的问题；公司分立则会相应导致分立后股东权利的分割、承受等问题。因此，公司分立制度有利于保护股东和职工的合法权益，维护社会的稳定，能够取得比营业转让更好的社会效果。

通过以上分析，我们可以认为：公司分立制度不能完全为其他制度所代替，公司分立制度的设定是科学、合理的，完全有其独立存在的经济价值和社会价值。

二、公司分立制度调整的范围

公司分立制度调整的范围，即公司分立包括哪几种方式？对于这一问题，我国法学界一般通说认为："公司分立可以采取派生分立和新设分立两种形式。①派生分立，指公司以其部分资产另设一个或数个新的公司后公司存续。②新设分立，指公司全部资产分别划归两个或两个以上的新公司，原公司解散。"

另外，也有少数学者认为："公司分立必定同时具备以下特征：①一个公司分离为两个以上的公司，而较早成立的公司不因分离而解散。②在分立过程中成立了新公司，较早成立的公司是该新公司唯一的发起人。公司分立主要有设立全资子公司和设立关联公司两种形式。以下情况均不属于公司分立的范围：①一个公司将全部财产分为两份或两份以上，以此为出资，分别组建两个或两个以上的新公司，并随新公司成立而终止。这属于公司的解散，只是原公司的清算与新公司设立同时进行而已。②公司将部分财产投入一个已存在的公司，这属于公司的转投资。③两个或两个以上的公司共同出资组建一个新公司，亦属于公司的转投资，只是转投资与新公司设立同时进行而已。"

笔者认为，设立全资子公司与公司分立是两个不同的概念。前者是由母公司取得子公司发行的股份；后者则是由原公司的股东取得新设公司的股份。关于以上不属于公司分立范围的三种形式：对于①，新设分立是否属于公司分立，上文也已说明。如果认为原公司解散而新设几个公司的情形不属于公司分立，不适用公司法有关分立的规定，而应依公司解散和公司设立的程序分别进行，原公司必须经过解散清算程序，那么，公司分立制度经济、快捷的意义便没能完全实现。因此，应该认为，在公司分立中，原公司可以存续，也可以解散，只是不经过解散清算程序而已。对于②③，如果分立出来的财产具有整体营业性质并导致原公司注册资本和股份总数减少，则应该属于公司分立的特殊情况，否则，应视为公司转投资行为。

从目前世界上各个国家和地区的公司法关于公司分立形式的规定来看，虽然各不相同，仔细分析起来却大同小异，基本上是以派生分立与新设分立两种形式为主，例如，欧共体理事会 1982 年 12 月 17 日关于股份有限公司分立的第六号公司法指令第一章规定了取得分立，第二章规定了通过设立新公司而实现的公司分立。笔者认为，这一规定与我国公司法的规定基本相同，只不过着眼点不同而已。前者着眼点在于分立后的公司，后者着眼点在于被分立的公司，只不过后者增加了分立合并的特殊情况，比我国公司法规定得更为详细而已。我国澳门地区《商法典》第二卷第一编第一章第九节规定了公司分立的三种形式：简单分立、分立-解散、分立-合并。实际上，我国澳门地区《公司法》规定的简单分立与分立-解散类似于大陆公司法的派生分立与新设分立，只是多了一种分立-合并，属于公司分立的一种特殊形态。《日本商法典》中将公司分立称为公司分割，首先它规定了分社型公司分割与分割型公司分割，其中，前者相当于我国《公司法》第 13 条关于公司可以设立子公司的规定，后者相当于我国公司分立的规定。然后，它在《商法》第373 条、第 374 条也规定了新设分割和吸收分割两种情形，这与欧共体第六号公司法指令的规定相似，新设分割相当于其第二章通过设立新公司而实现的公司分立；吸收分割相当于其第一章取得分立。

相比之下，韩国 1998 年进行商法修改时，新设的公司分立制度最为具体、详尽，它将公司分立的组织改编方法分为四大类：①单纯分立（《商法》第 530 条之 2、1 项）包括两种新设分立，存续分立与我国规定相同。②物之分立（《商法》第 530 条之 12）将新设公司或者合并对方公司的股份，不归于分立公司的股东，而让分立公司继续所有，这类似于我国《公司法》的公司可以设立子公司或公司转投资之规定。③分立合并。《韩国商法》第 530 条之 2、第 2 项规定："公司，可以因分立而与一个或者数个正在存立的公司进行合并。"实际上，公司的分立合并是在分立过程中的合并，是分立与合并的结合形式，而不是单纯的分立，对于原公司来讲属于分立，对于分立出的部分营业来讲是被其他公司合并或与其他公司分立出的部分营业新设合并。④新设及分立合并而设立一个或者数个公司，与此同时，也可进行分立合并。从《韩国商法》的规定来看，他们对于公司分立制度，不仅已经突破了对分立制度的孤立认识，把分立合并作为一个整体来认识，而且在此基础上，对公司分立过程中出现的各种情况有了一个比较全面的规范，其中，包括公司分立的具体操作程序的规定，很值得我国在修改公司法过程中加以借鉴。

三、公司分立过程中对债权人的保护

在实际生活当中，公司当事人利用公司分立逃避债务的现象时有发生。因此，笔者认为，如何在公司分立过程中保护债权人的合法权益是我国公司法修改过程中应该考虑的一个重要问题。

依据我国《公司法》第 185 条第 2 项后半部分之规定："公司应当自作出分立决议之日起十日内通知债权人，并于三十日内在报纸上至少公开三次。债权人自接到通知书之日起三十日内，未接到通知书的自第一次公告之日起九十日内。有权要求公司清偿债务或者提供相应的担保。不清偿债务或者不提供相应的担保的，公司不得分立。"这看上去似乎给予了债权人以很大权利。如果公司不清偿债务或者不提供相应的担保，公司不得分立。如果公司此时分立了怎么办？《公司法》没有明确规定。另外，如果公司分立时，不向债权人清偿债务或者不提供相应的担保，债权人的利益是否就一定得不到保障，公司此时就不得分立呢？笔者认为，这样规定似乎有些过重，应予取消。因为，如果债权人的债权已经到期，这样规定尚有情可原；如果债权人的债

权尚不到期，这样规定就会显得不合理，在某种意义上说，这一规定是用强行法干预了公司的自治权利，不利于经济的发展和公司分立目标的实现。参照《韩国商法》第 529 条、第 530 条，考虑适当增加以下规定：股东、董事、监事、破产财产管理人或者不承认分立的债权人，可以在分立登记之日起 6 个月内提起公司分立无效之诉。为防止诉权的滥用还应规定法院可依公司的请求，命令诉讼提起人提供适当的担保。

我国《公司法》对分立公司债权人保护的另外一项措施是第 185 条第 3 项的规定："公司分立前的债务按所达成的协议由分立后的公司承担。"那么，在存续分立情况下，原公司就不应该承担相应责任，这一规定又显得有些过轻，不利于债权人的保护。依据《澳门商法典》第 297 条之规定：（债务所生之责任）"一、被分立公司须对因分立而移转予存续公司或新设公司之债务负连带责任。二、因分立而引致资金注入之受惠公司，须对被分立公司在登记分立前之债务负连带责任，但以注入金额为限。三、公司如因上两次规定之连带责任而支付未经移转之债务，则对主债务人有求偿权。"依据《韩国商法典》第 530 条之 9、1 项规定："因分立或者分立合并而被设立的公司或者存续公司，关于分立或者分立合并之前的公司债务承担连带清偿责任。"另外，依据《德国公司改组法》第 133 条第 1 款规定："对于在分立生效前已经设定的、移转财产的权利承担人的债务，参与分立的权利承担人作为连带债务人负责任。"

由此可见，对债权人的保护，大多数国家的通行做法是首先由公司法作一原则规定，即"分立前之债务由分立参与者：存续公司、分立后的各公司承担连带责任"。而后再根据具体情况，区别对待各特定之债的相应责任承担者，关于这一点不能完全任由公司协议来规定。其实，我国《合同法》第 90 条也是这样规定的："当事人订立合同后分立的，除债权人和债务人另有约定的以外，由分立的法人或者其它组织对合同的权利和义务享有连带债权、承担连带债务。"我国在修改公司法时应该适当参考以上这些规定并注意公司法与合同法的一致性。

（本文发表在《江西社会科学》2002 年第 9 期，第 141~143 页）

论网络游戏提供商的社会责任[*]

摘要：本文首先论述了网络游戏产业的发展状况及其所造成的社会问题，揭示网络游戏提供商承担社会责任的必要性；然后明确了其所承担社会责任的具体内容；最后针对社会责任中法律义务和道德义务实现机制的不同，提出了网络游戏提供商社会责任实现的内部机制和外部机制，以期更好地督促网络游戏提供商履行其所应承担的社会责任。

关键词：网络游戏提供商　未成年人保护　企业社会责任

网络游戏，英文为"Online Game"，又称"在线游戏"，简称"网游"，是指以互联网为传输媒介，以游戏运营商服务器和用户计算机为处理终端，以游戏客户端软件为信息交互窗口的旨在实现娱乐、休闲、交流和取得虚拟成就的具有相当可持续性的个体性多人在线游戏。网络游戏是电子游戏的一种，但与普通电子游戏不同的是，在网络游戏中，玩家对抗的不再仅仅是单一的由程序员编制的电子动画，还可以是藏在电子动画后面的其他玩家。玩家与玩家之间的交流和竞争，使网络游戏比普通电子游戏更具生命力和诱惑性。

中国网络游戏产业的元年是1999年，当年第一款真正意义上的中文网络图形游戏《万王之王》在中国推出，成为中国第一代网络游戏的佳作。接着，戏谷代理的《龙族》、智冠推出的《网络三国》、宇智科通代理的《黑暗之光》、华义的《石器时代》、北京中文之星的《第四世界》、亚联游戏代理的《千年》、网易推出的《大话西游》、盛大代理的韩国游戏《传奇》、巨人的

---

* 本文作者为王瑞和刘彦。

《征途》、网易代理的《魔兽世界》等众多游戏纷纷亮相。

随着众多投资者的进入，中国网络游戏产业发展迅猛。根据艾瑞咨询公司发布的《2009~2010年中国网络游戏行业发展报告》，2009年中国网络游戏市场规模为270.6亿元，同比增长30.2%。预计该市场2013年前每年的增长率将在20%左右，到2013年整个产业的收入将达到585亿元。游戏运营商〔1〕从最初的几家增至现在的数百家，2009年腾讯以53.9亿元的总收入登顶榜首，盛大以48.5亿元居次席，网易则以33.8亿元排名第三。网络游戏用户的规模也不断壮大。据中国互联网络信息中心（CNNIC）最新发布的中国网络游戏市场调查报告显示，2009年，我国大型网络游戏用户有6931万人，较2008年增长24.8%。而青少年是网络游戏的重要力量，10岁~19岁玩家占总用户的46.1%，其中，在校学生占37.2%。

经过十多年的发展，网络游戏产业已经成为中国互联网经济的核心产业，产生了巨大的经济效益。与此同时，网络游戏产业的发展也产生了一系列的社会问题。具体表现有：网络游戏存在暴力、色情、赌博等低俗内容，影响未成年人健康成长，恶化行业形象；网络游戏的易成瘾性影响未成年人玩家的健康和学业；网络游戏运营推广中存在虚假宣传现象等问题。

这些问题的存在给网络游戏产业带来了极坏的影响，严重影响了整个行业的形象，其中，影响最坏也最受社会各界关注的就是未成年人网络游戏沉迷问题。未成年人沉迷网络游戏的危害不仅是浪费时间和金钱，影响健康和学业，更严重的是其会造成心理障碍和人格异化。现实中就发生了不少人间悲剧，其中，著名的例子就是"张潇艺自杀案件"。2004年12月27日清晨，沉迷网络游戏虚拟世界的13岁男孩张潇艺，选择以一种特别造型告别现实世界："站在天津市塘沽区海河外滩一栋24层高楼顶上，双臂平伸，双脚交叉成飞天姿势，纵身跃起朝着东南方向的大海飞去，去追寻网络游戏中的那些英雄朋友：大第安、泰兰德、复仇天神以及守望者……"〔2〕

---

〔1〕 网络游戏运营商，是指通过自主开发或取得其他游戏开发企业授权运营网络游戏，以出售游戏时间、游戏道具或相关服务为用户提供增值服务和游戏内置广告（IGA）获得收入的网络公司。本文中的"网络游戏提供者"主要指网络游戏服务提供者"网络游戏运营商"，此外，还包括网络游戏内容提供者"网络游戏开发商"，这是当网络游戏开发与网络游戏运营不是同一家公司的情况。

〔2〕 张涛、满学杰、周清印："花季少年面带微笑扑向虚拟世界——对一名网络游戏中毒少年之死的非常调查"，载《湖南安全与防灾》2005年第7期，第32页。

因为未成年人网络游戏沉迷问题，网络游戏被众多家长斥之为"电子鸦片""网络海洛因"。2006年6月，北京家长代表给新闻出版总署写了一封措辞激烈的信。信中说："在许多网络游戏产品中，暴力行为贯穿始终，引发玩家对网络游戏的顽强追求和严重依赖，以致现实中犯罪、打骂父母、与外界不交流、辍学等事件屡屡发生。一些网络游戏简直就是地狱，玩家则是囚犯，玩家为了网络游戏的升级废寝忘食地奋斗。目前，青少年犯罪呈两位数上升，这与网络游戏对青少年的毒害是分不开的。它造成了千千万万青少年道德品质败坏，给千千万万个家庭带来了灾难，引发了社会的不和谐。"[1]目前，青少年沉迷网游问题已经引起了家长、学校、媒体、政府等各方的高度关注，社会各界纷纷呼吁网游提供商要承担起自己的社会责任。

一、网络游戏提供商应该承担社会责任的内容

有些网络游戏提供商为了追求经济效益，其所推出的网络游戏，大多充斥着暴力和色情内容。并且，具有诸多诱发青少年网络游戏成瘾的因素，对青少年玩家造成了非常有害的影响。导致网络游戏提供商的社会形象极为不佳，被认为是"为富不仁"，社会的恶评对整个行业发展都产生了不利影响。之所以出现这种现象，主要原因就是网络游戏提供商不择手段地片面追求经济效益，没有尽到应有的社会责任。

企业社会责任（Corporate Social Responsibility, CSR）的说法是在1924年，首先由美国学者谢尔顿（Oliver Shelton）在其著作《管理的哲学》（*The Philosophy of Management*）中首次正式提出，他把企业社会责任与企业经营者满足产业内外各种人类的需要的责任联系在一起，并认为企业社会责任应包含道德义务，但他的观点并没有引起足够的关注。随后，在美国学者多德（Dodd）与伯利（Berle）之间的关于企业社会责任合理性的大讨论中，使学术界开始关注这一新生概念。到了1953年，美国的另一位学者霍华德·R.鲍恩（Howard R. Bowen）出版了《商人的社会责任》（*Social Responsibility of the Businessman*）一书，才使企业社会责任正式走入公众的视野。[2]

---

〔1〕北京家长代表："北京家长致信新闻出版总署：网络游戏毒害孩子"，载 http://www.tianshannet.com.cn/GB/channel59/158/161/200607/20/296125.html，访问日期：2006年7月20日。

〔2〕李泉、李振华："对我国《公司法》'公司社会责任条款'的反思与修正"，载《海南大学学报（人文社会科学版）》2006年第4期，第552页。

20 世纪 60 年代以后，一些极为明显的企业社会责任问题的凸显，例如，慈善事业、雇佣关系、资源与环境保护等，使企业社会责任的讨论逐渐深入，成了西方学术界特别是经济学和法学界的热点问题。各国，尤其是在美国也随之出现了很多立法例，在法律文件中确认了企业社会责任理论。我国《公司法》在此时代背景下，顺应时代的发展，也将公司的社会责任明文纳入立法之中。我国《公司法》第 5 条第 1 款规定："公司从事经营活动，必须遵守法律、行政法规，遵守社会公德、商业道德，诚实守信，接受政府和社会舆论的监督，承担社会责任。"强调公司社会责任，目的是实现两个平衡与和谐："一是在公司内部构建股东与其他利益相关者和谐的共同体，二是构建公司与社会和谐的共同体。前者是相关经济人之间的和谐，后者是经济与社会的和谐。"[1]

从社会层面来看，企业应该深知自己从事的经营活动会对社会产生很大影响，而社会的发展也会反过来影响企业的发展空间。网络游戏作为一个文化娱乐产品，其消费主体是 24 岁以下的青少年，网络游戏对这些青少年的成长影响很大，而这些青少年正是未来推动社会前进的主要动力。网游企业履行社会责任，从社会盈利的同时回馈社会，这样有利于整个行业发展空间的扩大。从长远来看，网络游戏提供商履行社会责任所取得的经济效益远比不履行社会责任所取得的经济效益要大得多，那么，网络游戏提供商应该承担哪些社会责任呢？

第一，实现经济利益是网络游戏提供商承担社会责任的前提条件和物质基础。企业是一个经济动物，如果企业不赚钱，它既无法对股东负责，也无法对社会负责，所谓的"履行社会责任"就是一句空话。

第二，网络游戏提供商应承担一般意义上的企业社会责任。在实现经济效益的前提下，网络游戏提供商应该向它的利益相关者负责，向政府交税，提供更多的就业机会，给员工提供更好的福利和更好的职业发展，为消费者提供更好的、更加安全的产品，实现企业的可持续发展，等等。在承担这些责任方面，网络游戏企业与其他企业并无不同。

第三，网络游戏是一种具有文化属性和精神属性的产品，成千上万的游戏玩家把网络游戏当作了自己的另一个生活方式，网络游戏提供商第一次有

---

[1] 张国平："公司社会责任的法律意蕴"，载《江苏社会科学》2007 年第 5 期，第 113 页。

机会把自己的价值观、行为准则和文化理念在千百万人中传播，感受真实政府的权威和成就感。因此，网络游戏提供商应该善用这种权力，承担起传播健康积极的价值观和行为准则的社会责任。

第四，作为文化创意产业，网络游戏提供商还肩负着民族网游产品创新的责任。目前，国内网络游戏的角色设计大多偏重于对欧式风格与日本卡通的模仿，引进的网络游戏占据市场主导地位，不利于中华民族优秀文化的传播。因此，网络游戏提供商应该增强自主创新能力，努力创作具有民族特色的网络游戏，自觉承担起宣扬民族文化和民族传统的责任。

第五，针对社会关注的青少年网游沉迷问题，网络游戏提供商应该承担起青少年健康保护的责任。青少年沉迷网络游戏已经导致了许多悲剧的发生，网络游戏提供商在从以青少年为主体的游戏玩家那里赚取高额利润的同时，有责任拿出一部分利润来回报社会，帮助解决青少年沉迷网络游戏问题。在这方面，企业除了遵守国家有关青少年保护的法规，开发应用网络游戏防沉迷系统外，还可以设立专项基金加大青少年网游沉迷问题的研究，加强健康游戏观念的宣传等，以期更好地保护青少年的健康。

企业社会责任作为企业对社会所负的一种义务，并不是单纯的法律义务或道德义务，而是法律义务和道德义务的统一体：[1]

法律义务是法定化的且以国家强制力作为其履行实现的潜在担保的义务。这种义务在法律中不仅有具体的内容和履行上的要求，而且对于怠于履行或拒不履行也有否定性的法律评价和相应的法律补救，因此，它实际上是对义务人的"硬约束"，是维持社会秩序所必需的最低限度道德的法律化。

道德义务是未经法定化的、由义务人自愿履行且以国家强制力以外的其他手段作为其履行保障的义务。这种义务的内容存在于一定社会的道德意识之中，通过人们的言行和道德评价来表现出来。由于这种义务不以国家强制力作为其履行保障，而只能通过义务人的责任感以及教育、规劝、鼓励、舆论评价等非法律手段来确保其承担，因而，它实际上是对义务人的"软约束"，是在法律义务之外对义务人提出的更高的道德要求。

由于企业的社会责任中既包括法律义务，又包括道德义务，且这两种义务的实现保障机制不同，因此，要想落实网络游戏提供商的社会责任，仅仅

---

〔1〕 张士元：《企业法》（第3版），法律出版社2007年版，第280~281页。

依靠企业自觉履行是不行的，还必须由政府和社会实施外在的强制压力。事实上，企业履行社会责任的动力主要源于政府和公民社会的推动。总之，网络游戏提供商社会责任的落实需要在企业、社会、政府的共同努力下才能有效实现。因此，网络游戏提供商社会责任的实现机制应该由以下内部和外部两种实现机制构成。

二、网络游戏提供商社会责任的内部实现机制——公司治理结构的完善

从企业方面来说，完善公司治理是落实社会责任的关键。网络游戏提供商是履行社会责任的主体，无论是法律义务还是道德义务，最终都是要落实在网络游戏提供商身上的。然而，法律义务和道德义务在约束公司社会责任时都具有一定的模糊性，而这种模糊性决定了必须强调人的主观能动性。公司治理者在进行商业决策时，应按照法律规定考虑利害关系人利益，并应按照道德准则的要求行事。对于网络游戏提供商来说，目前最重要的就是重新定位公司治理的目标，公司应该以"利润最优化"取代"利润最大化"，并作为现代化的公司治理目标。在该治理目标下，公司治理层不必再以最大化股东利益为公司治理的唯一目的，而应通过增加收入并追求对社会有直接影响的非金钱目标来优化公司利益。[1]

网络游戏提供商还可以针对社会责任来完善内部治理结构，具体包括：可以借鉴挪威的公司大会制度，进一步改革传统股东大会的组成结构，同时容纳股东利益代表与一定比例的非股东利益代表，董事会也可以导入劳动者、消费者、用户、公司所在社区与其他非股东利益代表的参与制度。为了进一步增强非商事目标对董事权利义务的影响，应该制定详细的、协调股东与非股东利害关系人在公司履行社会责任过程中利益冲突的法律规则，以引导公司经营者的行为。公司内部还应设置专门负责社会事务的高级管理人员，并由社会任免。进一步改革现有公司监督机制，建立社会对公司的监督机制，以确保公司经营者对社会负责。[2]

目前，网络游戏提供商履行社会责任的现状并不乐观：一方面，绝大部

---

〔1〕朱慈蕴："公司的社会责任：游走于法律责任与道德准则之间"，载《中外法学》2008年第1期，第34页。

〔2〕杨会新："青少年网络游戏犯罪与网络游戏公司的社会责任"，载中国犯罪学研究会：《中国犯罪学研究会第十四届学术研讨会论文集》（上册），中国法学会犯罪学研究会2005年版，第308页。

分企业还未从事公益活动；另一方面，即便从事公益互动的企业也只是偶发行为，往往是出于应对舆论压力和负面新闻、企业家个人的公益情怀、应对部分公益组织的"索捐"等。这主要是公司治理者没有认识到承担社会责任对公司可持续发展的重要性，并且，承担社会责任未必就必然损害股东的利益。在分散化持股的当代社会，股东能从公司的非自利行为中获取更为广泛的利益。此外，如果公司治理层能够带领公司按照社会利益行事，还可以避免滥用自由经济，免除政府过度管制的危险，这自然是有利于股东投资利益的。

网络游戏提供商应当将承担社会责任的偶发行为上升到公司的战略层面，能够主动地履行社会责任以增强公司的品牌吸引力。当前，网络游戏提供商社会责任的重点，就是防止游戏成瘾，减少对游戏用户道德、心理、身体健康的不良影响。网络游戏提供商应按照有关法律的规定，大力开发和应用网络游戏防沉迷系统，限制未成年人的游戏时间，预防未成年人沉迷网络。同时，还应配套实施网络游戏实名登记，并设置查询系统，以便家长对未成年人履行监护责任。网络游戏提供商还可以设立"健康游戏基金"，开展对未成年人"网游成瘾症"的预防和救助。基金应用于支持成立防治网络成瘾的专业机构，聘请专业心理工作者对网络成瘾的游戏用户进行咨询治疗，培训培养网络成瘾心理咨询和治疗人员，并组织志愿者对青少年正确使用网络游戏进行指导。

三、网络游戏提供商社会责任的外部实现机制——非政府组织的监督机制[1]

从社会方面来讲，市民社会中的青少年保护组织、宗教团体、女性组织、劳工组织以及其他非政府组织的参与，是推动企业社会责任发展的重要力量。这些非政府组织的驱动机制是：或者通过对政府施加压力，促使政府出台相关政策；或者通过社会舆论、行业规制和市场自身的调节约束企业行为，推动企业社会责任的发展。这些组织可以通过消费和投资对企业施加压力，促使企业履行社会责任。必要时，还可以通过政府授予的具有专业知识的组织或者协会的审核权力，对企业构成严格责任约束。

---

〔1〕 参见沈雁宾："网络游戏公司监管法律制度研究"，哈尔滨工程大学 2009 年硕士学位论文，第36~45 页。

　　具体到网络游戏，家长、教师等利益相关方，基于诉求的需要，可以通过非政府组织，对政府施压，促使其采取相应的措施，敦促网络游戏提供商切实履行社会职责；也可以通过非政府组织的宣传、引导和监督的作用，直接对网络游戏提供商施压。只有给予企业一定的压力，才能使企业更好地回应社会的正当要求。只有培育出体现相关利益者要求的非政府组织，才能使分散的社会利益诉求通过组织得以表达。

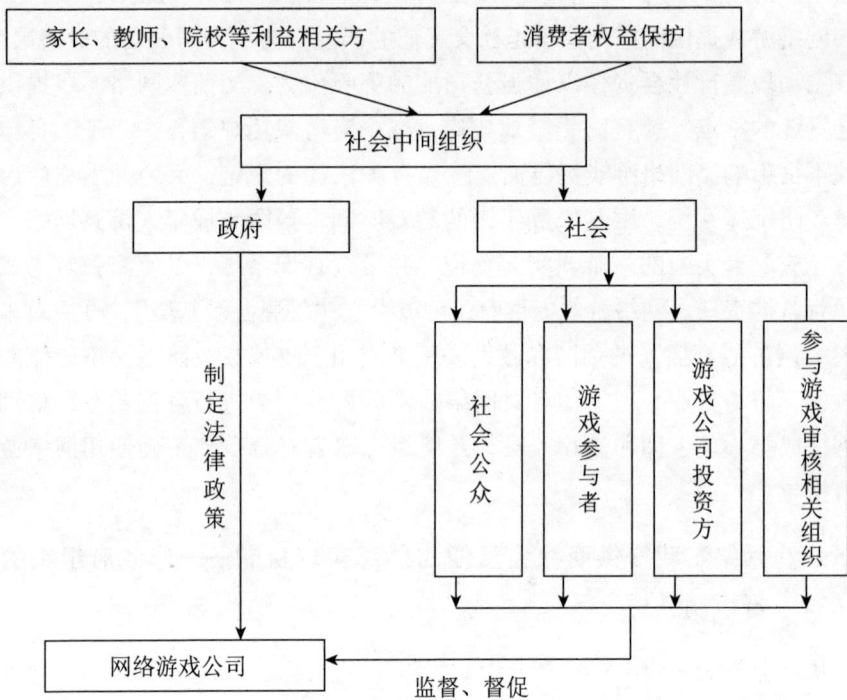

　　非政府组织按照在企业社会责任履行中的作用不同，可以分为压力型非政府组织和非压力型非政府组织。

　　目前，我国涉及网络游戏的压力型非政府组织主要有：网络游戏工作委员会、游戏内容审查委员会、中国版权保护中心。网络游戏工作委员会，即中国出版工作者协会游戏工作委员会，是网游公司的自律协会。企业社会责任的承担主要靠行业协会的推动和平台搭建，但该协会要发挥作用，仍需政府进一步放权。游戏内容审查委员会目前有两个，新闻出版总署成立的全国游戏出版物专家审读委员会和文化部成立的游戏内容审查专家委员会,这两个协会同时承担了游戏内容的审查工作,职能有些重叠。中国版权保护中心是新闻出版总署(国家版权局)的直属事业单位,负责网络游戏版权的登记。这些非政府组织可以直接对网络游戏提供商施压,以督促其履行社会责任。

目前,我国涉及网络游戏的非压力型非政府组织主要有:消费者协会、中国青少年网络协会、社会责任评价机构。中国消费者协会是维护全国消费者权益的社团组织,网络游戏因玩家与服务商之间服务协议的建立,而使玩家自然成为消费者协会保护的对象。中国青少年网络协会,简称"青网协",是由从事互联网工作、青少年工作或其他相关工作的组织和优秀个人自愿联合结成的全国性社团组织,在共青团中央的领导下开展工作。为保护青少年的健康,青协网致力于在网游企业中推广网络游戏防沉迷系统,并首先公布的《中国青少年网络协会绿色游戏推荐标准》,这是中国第一套网络游戏分级标准。[1]关于社会责任评价机构,最有名的当属国际上的国家社会责任组织(SAI),SAI 发布了著名的《SA8000 社会责任国际标准》。该标准是全球第一个可用于第三方认证机构的社会责任国际标准,旨在通过由道德的采购活动改善全球公认的工作条件,最终达到公平而体面的工作条件。我国涉及网络游戏等文化产业的认证机构还不多。目前,国内比较有代表性的机构和组织有润灵公益事业咨询、中国发展简报、中国企业社会责任同盟、东方企业家等。上述非政府组织并不能直接施压于网络游戏提供商,但通过媒体舆论的监督作用,也可以促进企业社会责任的发展。

四、网络游戏提供商社会责任的外部实现机制——政府的监管机制

政府对企业社会责任发展的驱动作用主要是在制度层面通过引导与约束的结合、直接与间接的方式来实现的。具体表现为:通过建立法律和规章来规范和约束企业的行为,直接推动企业履行其社会责任;通过采取一系列措

---

〔1〕《中国青少年网络协会绿色游戏推荐标准》参考了美国、欧洲、韩国、日本等国家和地区的游戏分级标准,同时结合了中国游戏发展的现状和国情,通过 12 项指标将游戏分为适合全年龄段、初中生年龄段、高中生年龄段、18 岁以上年龄段和危险级 5 个等级。《推荐标准》不仅设立了静态指标,而且,针对中国网游市场一些运营商存在不良运营手法的情况设置了动态指标。其中,静态指标包括暴力度、色情度、恐怖度、社会道德度、文化内涵度 5 项;动态指标包括 PK(砍人)行为、非法程序(外挂)、聊天系统的文明度、游戏内部社会体系的秩序、游戏形象宣传、游戏时间限制、社会责任感七项,特别设置了家长最关心的游戏时间限制的指标。

施来应对已经出现和可能出现的企业社会责任运动，维护消费者和整体社会的利益，引导社会力量推动企业履行其社会责任。为解决网络游戏带来的社会问题，促使网络游戏提供商承担起相应的社会责任，政府部门通过立法在规范游戏内容和制定青少年保护机制两个方面着手。

（一）网络游戏内容管理制度

与一般的静态文化产品不同，网络游戏的互动性、创造性、参与性使其呈现出虚拟社会的所有特点，对用户的人生观、价值观、世界观影响重大。因此，加强内容管理是网络游戏管理工作的重要环节。内容管理的基本制度包括进口网络游戏内容审查和国产网络游戏备案两种。

2004年，文化部发布的《关于加强网络游戏产品内容审查工作的通知》（文市发〔2004〕14号）明确了进口网络游戏内容审查和国产网络游戏备案管理的程序、要求，并设立了进口网络游戏产品内容审查委员会。2010年6月，文化部发布的《网络游戏管理暂行办法》（以下简称《暂行办法》）（文化部令第49号）在延续现行有效做法的同时，明确了网络游戏内容审查机构的职责、进口网络游戏内容审查的条件、程序、国产网络游戏备案的方式和网络游戏内容实质性变动时的审查和备案要求。

目前，我国对网络游戏内容有审查权的政府部门有两个：新闻出版总署和文化部。新闻出版总署负责出版境外著作权人授权的电子出版物（含互联网游戏作品）审批，文化部负责互联网文化单位进口互联网文化产品内容审查。[1]事实上，新闻出版总署在"审批"过程中，同样在强调对游戏内容的"审查"，文化部在对游戏内容的"审查"中，同样也包含着"审批"的意思。为避免多头管理、重复审批的现象，《暂行办法》规定：经有关部门前置审批的网络游戏出版物，国务院文化行政部门不再进行重复审查，允许其上网运营。[2]此外，《暂行办法》还要求网络游戏运营企业建立自审制度，明确专门部门配备专业人员负责网络游戏内容和经营行为的自查与管理，保障网络游戏内容和经营行为的合法性。[3]

根据《暂行办法》的规定，网络游戏提供商提供的网络游戏不得含有以

---

〔1〕 参见2004年7月1日国务院下发的412号文件《国务院对确需保留的行政审批项目设定行政许可的决定》的第194项和第328项之规定。

〔2〕 参见《网络游戏管理暂行办法》（2010年）第10条之规定。

〔3〕 参见《网络游戏管理暂行办法》（2010年）第15条之规定。

下内容：违反宪法确定的基本原则的；危害国家统一、主权和领土完整的；泄露国家秘密、危害国家安全或者损害国家荣誉和利益的；煽动民族仇恨、民族歧视，破坏民族团结，或者侵害民族风俗、习惯的；宣扬邪教、迷信的；散布谣言，扰乱社会秩序，破坏社会稳定的；宣扬淫秽、色情、赌博、暴力，或者教唆犯罪的；侮辱、诽谤他人，侵害他人合法权益的；违背社会公德的；有法律、行政法规和国家规定禁止的其他内容的。[1]这些禁止性规定也构成了网络游戏提供商社会责任的内容，属于企业对社会所负的法律义务。如果网络游戏提供商违反这些禁止性规定，由县级以上文化行政部门或者文化市场综合执法机构责令改正，没收违法所得，并处 10 000 元以上 30 000 元以下罚款；情节严重的，责令停业整顿直至吊销《网络文化经营许可证》；构成犯罪的，依法追究刑事责任。[2]

（二）未成年人保护制度

鉴于未成年人自制力和甄别力较弱，在网络游戏中易引发沉迷，影响学业和身心健康，《暂行办法》按照《中华人民共和国未成年人保护法》的"优先保护"原则，确立了网络游戏提供商在从事网络游戏经营活动时，应当"遵守宪法、法律、行政法规，坚持社会效益优先，保护未成年人优先"的原则。[3]

《暂行办法》还具体要求网络游戏提供商采取一系列保护未成年人的措施：一是应当根据网络游戏的内容、功能和适用人群，制定网络游戏用户指引和警示说明，并在网站和网络游戏的显著位置予以标明；二是以未成年人为对象的网络游戏不得含有诱发未成年人模仿违反社会公德的行为和违法犯罪的行为的内容，以及恐怖、残酷等妨害未成年人身心健康的内容；三是按照国家规定，采取技术措施，禁止未成年人接触不适宜的游戏或者游戏功能，限制未成年人的游戏时间，预防未成年人沉迷网络；四是不得向未成年人提供网络游戏虚拟货币交易服务。[4]这些制度安排旨在通过规范网络游戏提供商的经营行为，进一步加大对未成年人保护力度，为未成年人提供健康的网络游戏环境。如果网络游戏提供商违反上述规定，由县级以上文化行政部门

---

〔1〕 参见《网络游戏管理暂行办法》（2010 年）第 9 条之规定。
〔2〕 参见《网络游戏管理暂行办法》（2010 年）第 30 条之规定。
〔3〕 参见《网络游戏管理暂行办法》（2010 年）第 4 条之规定。
〔4〕 参见《网络游戏管理暂行办法》（2010 年）第 16、20 条之规定。

或者文化市场综合执法机构责令改正，没收违法所得，并处 10 000 元以上
30 000元以下罚款。[1]

随着《暂行办法》的出台，预防未成年人沉迷网络，已经不仅仅是网络
游戏提供商的道德义务，而且变成了能够对其形成约束力的法律义务。从 2005
年 6 月起，新闻出版总署在广泛征求意见的基础上，制定了《网络游戏防沉迷
系统开发标准》和《网络游戏防沉迷系统实名认证方案》，并由政府主导推行。

（1）网络游戏防沉迷系统。防沉迷系统是新闻出版总署主导开发的一种
技术手段，旨在解决未成年人沉迷网游的现状，设有该系统的游戏服务器中，
未成年玩家如果游玩时间超过 3 个小时的健康时间，游戏将会提出警示，并
通过经验值减半、收益减半等方式促使玩家下线休息。国内所有网络游戏运
营企业按照三个步骤实施防沉迷系统：2007 年 4 月 15 日至 2007 年 6 月 15 日
为系统开发时间；2007 年 6 月 15 日至 2007 年 7 月 15 日为系统测试时间；
2007 年 7 月 16 日开始防沉迷系统正式投入使用。在实施过程中，所有网络游
戏必须增设防沉迷系统，否则，可能不允许运营。[2]

（2）网络游戏实名登记。网络游戏防沉迷系统在设计上严格地采取了
"实名注册方案"。这个方案分成三部分：一是"身份注册系统"。注册时玩
家要至少提供两项必需的身份信息——真实姓名和身份证号。二是"系统验
证系统"。由公安部门身份信息管理部门对玩家注册身份信息进行验证，如果
是未成年人，则会进入防沉迷系统。三是"查询系统"。查询系统是为监护人
设计的，未成年人在很多方面还不能完全承担法律责任，因此，监护人发挥
监管作用很重要。该系统可以查询两种情况：一是对成年人的，查询成年人
的身份信息是否被别人盗用；二是查询自己的合法被监护人信息的，即自己
子女是否在某个游戏里面玩游戏，以便使监护人能够了解子女在线玩游戏的
真实情况。

（本文发表在《北方工业大学学报》2011 年第 4 期，第 24~29 页，

被评为《北方工业大学学报》优秀论文）

---

〔1〕 参见《网络游戏管理暂行办法》（2010 年）第 31 条之规定。
〔2〕 参见 2007 年 4 月 15 日，新闻出版总署、中央文明办、教育部、团中央、信息产业部、公安部、
全国妇联、中国关心下一代工作委员会联合发布的《关于保护未成年人身心健康实施网络游戏防沉迷系统
的通知》。

论破产管理人制度[*]

摘要：破产管理人是破产程序中一个最重要的组织机构，他参与破产程序的全过程，具体管理破产程序中的各项事务。本文通过新旧破产法相关制度的对比分析，对破产管理人的选任、权利、义务、责任以及监督机制等法律问题进行了简要论述。

关键词：破产法　破产管理人

2006 年 8 月 27 日，十届全国人大常委会第二十三次会议通过了新的企业破产法，即《中华人民共和国企业破产法》，进而取代了 1986 年制定的《企业破产法（试行）》和《民事诉讼法》第十九章的"企业法人破产还债程序"中对于企业破产的规定。

此次对《企业破产法》的修订，其中很重要的一项内容就是增设了破产管理人制度。在此之前，破产管理人的部分职责主要由破产清算组来承担。破产管理人制度是破产法的一个亮点，它是破产程序中最重要的一个组织，具体管理破产程序中的各项事务，破产程序进行中的其他机关或组织仅起监督和辅助作用，破产程序能否在公平、公正和高效基础上顺利进行和终结，与破产管理人的活动密切相关。以下我们将就这一制度的相关法律问题作一简要论述：

一、破产管理人的法律界定

破产管理人是指为了对债务人的财产进行有效的管理，避免对债务人财

---

* 本文作者为王瑞、刘显松。

产的恶意处分，而在破产程序开始后，设立的管理和处分债务人财产的专门机构，它是《企业破产法》上的重要机构。具体来说，破产管理人是指破产程序启动以后依法成立的，在法院的指挥和监督之下全面接管破产企业并负责破产财产的保管、清理、估价、处理和分配等破产清算事务的专门机构。[1]

旧破产法未规定管理人制度，而是设置了与之近似的清算组。旧破产法中的清算组制度有诸多弊端，其成立较晚，出现了监督盲区；组成人员主要从企业上级主管部门、政府财政部门等有关部门和专业人员中指定，行政色彩浓厚，存在地方保护主义隐患，容易影响其公正性；其成员兼职工作，无报酬，效率低，责任心差，难以追究法律责任。所以，新破产法创设了管理人制度。破产管理人有以下几个法律特征：

1. 主体的多元性

破产管理人既可以是有关部门、机构的人员组成的清算组，也可以由依法设立的律师事务所、会计事务所、破产清算事务所等社会中介机构担任，还可以由特定的个人担任。

2. 客体的可膨胀性

破产管理人负责破产案件后，破产财产不仅包括破产申请受理时债务人的所有财产，还包括破产受理后至破产程序终结前债务人取得的财产。

3. 职责的法定性

破产管理人对外代表企业，并不是民法意义上的代理关系，而是被破产法院指定或债权人选任的以公平清偿债务为己任的执行清算事务的机构。

4. 身份的多重性

对债务人而言，破产管理人是其财产的接管人和处分人；对债权人，破产管理人是其合法权益的保护人；对法院而讲，破产管理人是其职责的协助执行者。

二、破产管理人的选任

破产管理人在破产程序中处于中心地位，破产程序能否顺利进行与其有着密切的联系，选择什么样的人进入破产管理者团队，是其在今后的破产程序中能否真正发挥管理人作用的关键。因此，在修订后的破产法中彻底打破了

---

[1] 汤维建主编：《企业破产法新旧专题比较与案例应用》，中国法制出版社 2006 年版，第 116 页。

旧法当中行政机关人员主导的传统，对破产管理人的选任进行了全新的规定：

1. 选任的方式

我国《企业破产法》第22条第2款规定："管理人由人民法院指定。债权人会议认为管理人不能依法、公正执行职务或有其他不能胜任职务情形的，可以申请人民法院予以更换。"《企业破产法》第23条第1款的规定："管理人依照本法执行职务，向人民法院报告工作，并接受债权人会议和债权人委员会的监督。"

一方面，法律规定了人民法院依法指定的管理人，可以由债权人会议确认或建议另行选任。另一方面，又规定了管理人执行职务应当对人民法院负责，并接受债权人会议和债权人委员会的监督。

将管理人的决定权交给受理破产申请的法院，法律如此规定的积极意义在于，可以排除法院与破产管理人可能产生的工作上的矛盾，有利于破产案件的进行，并且可以保护债权人。在此基础上，《企业破产法》赋予了债权人会议的异议权，同时对异议权作出了合理的限制，这样，保护债权人的利益和破产程序的正常进行具有积极意义。

2. 选任的时间

我国《旧企业破产法（试行）》第24条第1款规定："人民法院应当自宣告企业破产之日起15日内成立清算组，接管破产企业。"从破产受理时至破产宣告之日这一阶段债务人的财产由谁管理呢？我国《企业破产法（试行）》未作明确规定，不过，从现行破产法的精神考察和破产案件的审理实务分析，此阶段的债务人财产仍由债务人自行管理支配。然而，这种立法形式显然有悖于破产程序的宗旨，不利于债权人通过破产程序最大限度获得清偿。这个时间上的盲区，由谁来在这一阶段对债务人的财产负责监督和管理，对于法院也是难题。实践中，许多企业一旦申请破产，企业的法定代表人或其他负责人通过各种手段转移企业财产也屡见不鲜，债权人获得清偿的比率较低，也确与原来我国破产法在这一方面的立法缺陷有关。即使破产管理人将来行使权利追回这些财产，也势必会提高破产成本，降低破产的整体效益，最终结果仍然是债权人的利益受到损害。[1]

---

[1] 企业破产法起草组编：《中华人民共和国企业破产法释义》，人民出版社2006年版，第107~109页。

正是基于此，新《企业破产法》第13条规定："人民法院裁定受理破产申请的，应当同时指定管理人。"这种做法解决了原来破产企业在宣告破产后至破产管理人选任出来之前破产财产在管理上的程序空白，避免了债务人利用此期间转移资金的逃债行为，有利于对债权人利益的保护。同时，这种做法在实践上实际缩短了破产程序的进行时间，有利于破产程序的高效进行。这种做法适应了我国近年来破产实务的迫切需要，具有理论与实践的双重进步意义。

3. 任职的条件

根据《企业破产法（试行）》及原来相关司法解释的规定，清算组成员是由法院从企业的上级主管部门、政府财政、工商行政管理、计委、审计、税务、物价、劳动、人事等政府各部门抽调的人员组成的，基本上都是公职人员。政府官员或公务员身为国家工作人员，均有自己分内的工作，客观上不可能全力投入。对于国有企业的破产，由于基本上都是政府部门组成的清算组，难以按照市场经济的原则操作进行；对于非国有企业的破产，由于清算组主要由政府部门的人员组成，而企业和政府没有太多关联，会造成清算过程中清算组的缺位，同样有悖于市场经济的原则。各部门指定人员组成的清算组，使清算组成员各自都具有相应的政府职能，如果没有更高一级、更有权威的行政机关进行协调，清算组的工作无序化就无法避免。破产财产的管理是一项繁杂而又专业的工作，缺少具有关于破产专业知识和能力的专业人才，所以，致使破产程序效率低下。

修订后的《企业破产法》第24条明确规定，管理人可以由有关部门、机构的人员组成的清算组或者依法设立的律师事务所、会计师事务所、破产清算事务所等社会中介机构担任。人民法院根据债务人的实际情况，可以在征询有关社会中介机构的意见后，指定该机构具备相关专业知识并取得执业资格的人员担任管理人。有下列情形之一的，不得担任管理人：因故意犯罪受过刑事处罚；曾被吊销相关专业执业证书；与本案有利害关系；人民法院认为不宜担任管理人的其他情形。由此可见，破产管理人应当由社会中介机构或者上述机构中具备相关专业知识并取得执业资格的自然人担任，并规定了其任职的积极条件和消极条件。它改变了原来《企业破产法（试行）》和最高人民法院的司法解释关于清算组或者企业监管组必须要由企业法人的上级主管部门参加的规定，明显弱化了公职人员在破产管理人中的任职。新《破产法》扩大了破产管理人的范围，将中介机构引入以后，改善了破产财产清算主体的工作能力，提高了清算工作的质量和效率，增强了社会的公信力。中介机构的专业性，有利于其对外债权的清收程度，更有利于保护债权人的利益。

三、破产管理人的权利和义务

对于破产管理人的权利，《企业破产法》第 28 条作出了如下规定："管理人经人民法院许可，可以聘用必要的工作人员。管理人的报酬由人民法院确定。债权人会议对管理人的报酬有异议的，有权向人民法院提出。"可见，破产管理人主要有两项权利：

1. 经法院许可聘任必要的工作人员的权利

这是十分必要的规定，由于破产程序本身的复杂性和破产程序快捷的市场化要求、破产企业的规模的不确定性和一些特殊企业的破产，使得在实践中专业化的破产管理人也会出现相对无法胜任的情况。

在司法实务中，破产管理人在行使该项权利时，要注意两个方面。第一，破产管理人在行使聘用必要工作人员的权利时，必须经过人民法院的许可。在破产程序中，破产管理人由人民法院指定产生，并向人民法院负责。因此，破产管理人在破产程序中的所有活动都应当置于人民法院的监督和管理之下。管理人聘请必要的工作人员，会在一定程度上影响到债务人的清偿利益，故其在行使该权利时应当经过人民法院的许可，以平衡破产管理人合法权利的行使和债权人利益的保护。第二，破产管理人经人民法院许可后，只能聘用必要的工作人员。管理人聘用的"工作人员"应当是具有法律、审计、会计和清算等方面的专业技术知识，能够协助破产管理人进行债务人财产的接管、清理、管理、清算、评估和分配等工作的人员。因为聘用工作人员需要支付相应的报酬，而这些报酬有属于破产费用的范畴，因此，破产管理人在聘用上述工作人员时，应当以"必要"为限度，否则，会在一定程度扩大不必要的破产费用范围，损害全体债权人的清偿利益。

2. 报酬请求权

取得报酬的权利是破产管理人最基本的权利，也是破产管理人职业化的现实需要。《企业破产法》第 41 条规定了破产管理人的报酬属于破产费用，

第43条规定了破产费用的"随时清偿"和"先行清偿"的原则。这样，能有效地保证破产管理人的工作积极性，保证破产工作的稳定进行。但是，对于破产管理人报酬的确定方式，破产法规定由人民法院确定。笔者认为，它虽然体现了方便报酬的确定的优点，但不符合破产管理人市场化的长远发展。这种做法的主要问题有：一是法院如何确定标准。鉴于我国的经济发展的地区差异和现今经济高速发展的现实，法院很难确定出一个相对固定的标准；二是标准的确定是否会令破产管理人、债权人等各方满意。虽然高的报酬有利于符合破产管理人的要求，但会在一定程度上损害债权人的利益。如果所定的报酬太低，表面上可以"增加"债权人的偿还债权的数额，但不利于调动破产管理人的积极性，不利于管理人对破产债权的追讨，实际上很有可能损害了债权人的利益，更不利于现今破产管理人职业化发展的市场需求。英美一些国家的规定更能合理地解决这一难题，即规定应当由债权人会议决定破产管理人的报酬，破产管理人的报酬由公司的第一次债权人会议审议，即破产管理人提出关于公司前途的债权人会议上确定；如果债权人没有确定其报酬，管理人可以请求人民法院决定。这种让债权人和破产管理人之间确定报酬的方式，有利于达到双方满意的效果，同时，规定了合理的期间限制，防止双方因无法达成合议，而导致破产程序无法进行。

由于我国现今已选择了法院制定破产管理人报酬的模式，破产法在立法中对破产管理人报酬的性质、支付方式作出了明确的规定，但是，对于报酬的标准还没有规定出来。笔者认为，破产管理人的报酬应制定统一的标准，但是，应该考虑不同地区经济的差异制定一定百分比的浮动报酬，而不宜制定固定的报酬。制定浮动的报酬应注意三点：一是财团的价值。二是破产管理人的勤勉程度、追回财产的多少，事件的复杂程度、花费的时间和劳动强度。三是法院有权力根据破产管理人的报酬因素，对报酬予以调整。这样规定既可以照顾到现阶段我国地区差异的经济状况，便于形成职业化、市场化的破产管理人，又可以达到激励破产管理人使破产企业达到价值最大化的要求。

对于破产管理人义务的规定主要体现在《企业破产法》第27条和第29条，主要有两项义务：

（1）无正当理由不得辞去职务。《企业破产法》第29条规定："管理人没有正当理由不得辞去职务。管理人辞去职务应当经人民法院许可。"旧的破产法并没有类似的规定，原破产清算组成员大多是公职人员，一般不会因报酬、程序复杂等问题而辞职现象。新《企业破产法》中，由于中介等组织介入，如果没有强制性的相关义务规定，破产程序很可能会因破产管理人的缺位而无法顺利进行。

当然，这也并不是说破产管理人在任何情况下都不能辞去其管理人的职务，只要有继续执行职务或者不能继续公平地执行职务的法定事由，只要其有"正当理由"，并且经过人民法院的许可，即可辞去其管理人职务。

（2）勤勉尽责、忠实履行职务的义务。第 27 条规定："管理人应当勤勉尽责，忠实执行职务。"这是一种较为抽象的义务，大陆法系称作善良管理人的义务，英美法系称作受托人的注意义务。学理上认为，其判断标准应兼顾主观与客观两个方面：从主观上看，管理人应当按照诚实信用原则尽自己的努力处理债务人的事务；从客观上讲，管理人应达到与其有相同学识、地位及经验的人应当履行的注意程度。此义务与一般常人相比显然要高。

破产管理人欠缺善良管理人的注意，为轻过失；若欠缺一般常人的注意，则为重大过失。无论哪种过失，造成损害，破产管理人都应当对利害关系人负损害赔偿责任。[1]《企业破产法》第 130 条和第 131 条对破产管理人的责任做出了规定，有民事责任赔偿损失。行政责任的罚款和追究刑事责任。理论上，责任体系相对比较完备，但笔者认为，具有一点不妥之处。例如，第 130 条规定："管理人未依照本法规定勤勉尽责，忠实执行职务的，人民法院可以依法处以罚款；给债权人、债务人或者第三人造成损失的，依法承担赔偿责任。"从而破产管理人给债权人、债务人或者第三人造成损失的，是否一定要依法承担赔偿责任？如果破产管理人有特殊原因，在破产清算程序中突然无法继续担任破产管理人，从而给债权人、债务人或者第三人造成损失，是否应当承担赔偿责任？赔偿的标准又该如何制定？对于破产管理人责任的规定过于概括，如何很好地把握实践中的标准是一个现实而重要的问题。

四、破产管理人的监督机制

破产管理人在新破产法制度中占有重要地位，可以说，它关系到整个破

---

〔1〕 王卫国等编著：《破产法》，清华大学出版社 2006 年版，第 92 页。

产程序能否顺利进行，关系到破产债权人、债务人利益和法院的工作能否有效开展。在新《企业破产法》的规定中，管理人在破产程序中拥有多项职权，这就使管理人在履行职权时很可能出现权利腐化的情形，为了保证管理人在执行职务中的公正性和客观性，防止权利的不正当行使，要对破产管理人在破产程序中的活动进行必要的监督。

我国新《企业破产法》第23条第1款规定："管理人依照本法规定执行职务，向人民法院报告工作，并接受债权人会议和债权人委员会的监督。"由此可见，我国对破产管理人的监督机关主要有两个：一个是法院；一个是债权人会议和债权人委员会。[1]

1. 法院的监督

新《企业破产法》第22条第1款和第23条第1款规定，管理人依照本法规定执行职务，向人民法院报告工作。因此，管理人必然要受到法院的监督。法院对管理人的监督具体体现在以下几方面：

（1）第22条第2款规定："债权人会议认为管理人不能依法、公正执行职务或者有其他不能胜任职务情形的，可以申请人民法院予以更换。"即法院可以根据债权人会议的请求，裁定撤销不能胜任管理人职务的管理人资格，另行指定管理人。

（2）第26条规定："在第一次债权人会议召开之前，管理人决定继续或者停止债务人的营业或者有本法第69条规定的行为之一的，应当经人民法院许可。"

（3）第29条规定："管理人没有正当理由不能辞去职务。管理人辞去职务应当经过人民法院许可。"

2. 债权会议和债权人委员会的监督

债权人会议作为债权人的共同意思机关，有权对破产程序中的重大问题进行决议，同时对管理人进行监督。我国新《企业破产法》第61条明确规定了债权人会议监督债权人的职权。但是，由于债权人会议人数众多，同时债权人会议又是一个非常设机构，不可能对破产程序中出现的问题进行及时有效的监督，难以保护债权人团体的利益，所以，新《企业破产法》规定，设

---

〔1〕 汤维建主编：《企业破产法新旧专题比较与案例应用》，中国法制出版社2006年版，第133~135页。

立一个债权人会议的常设机构，即债权人委员会。并且明确了其对管理人的监督职权，从而更加全面有效地对管理人的活动进行监督。根据新《企业破产法》的规定，债权人会议和债权人委员会对管理人的监督主要体现在以下几个方面：

（1）第23条第2款规定："管理人应当列席债权人会议，向债权人会议报告职务执行情况，并回答询问。"债权人会议有质询管理人的权利，管理人负有出席债权人会议报告执行情况并回答债权人会议提问的义务。

（2）第61条明确列出了债权人会议的职权，其中，债权人会议有权申请人民法院更换管理人，审查管理人的报酬和监督管理人。

（3）第69条规定，管理人实施下列行为应当及时报告债权人委员会：土地、房屋等不动产权益的转让；探矿权、采矿权、知识产权等财产权的转让；全部库存或营业的转让；借款；设立财产担保；债权和有价证券的转让；履行债务人和对方当事人均未履行完毕的合同；放弃权利；担保物的取回；对债权人利益有重大影响的其他财产处分行为。

可以看出，我国新《企业破产法》已经建立了对破产管理人二元化的监督机制，从而形成了对管理人的有效监督，可以充分地保护债权人和相关利益人的合法权益。

（本文发表在《当代经济管理》2008年第3期，第81~84页）

保险法专题

保险法最大诚信原则应该保留*

摘要：本文认为，保险法的最大诚信原则，并不是缺乏法律渊源与历史渊源的法律概念的虚构，也并不是部分学者认为的误译或简单的民事法律中诚信原则的特殊应用，而是具有确定的法律渊源支持的保险法重要指导性原则，体现最大诚信的相关规则。例如，无限告知义务、默示保证义务等。最大诚信原则是明显区别于民法中的一般诚信的特殊制度规则，在保险法中提倡最大诚信是非常必要的。

关键词：最大诚信　默示保证　无限告知

保险法中的最大诚信原则，并不是缺乏法律渊源与历史渊源的法律概念的虚构，也并不是部分学者认为的误译或者简单的民事法律中诚信原则的特殊应用，而是具有确定的法律渊源支持的保险法重要指导性原则。

一、最大诚信原则的起源

学界普遍认为，初次将"最大诚信"以成文法形式明确予以规定的法律是 1906 年英国议会通过的《海上保险法》，[1]这部法律对 1906 年前英国涉及保险行业的判决案例进行了系统的汇编。因此，当追溯"最大诚信原则"之渊源时并不能以此部法典为根源，而是应当对历史上的相关判例进行追溯与研究。从学界现有的研究成果来看，英国 18 世纪的"Carter v. Boehm"判例在"最大诚信原则"学术研究范围内象征着发展源头。这个案件的内容大

　＊　本文作者为王瑞、许欣宇。

　〔1〕　Marine Insurance Act 1906, A contract of marine insurance is a contract based upon the utmost good faith.

概是：英国政府方面在伦敦签订了一份保险合同，该保险合同以位于英属殖民地岛屿的一座英军守护设施作为保险对象，承保的对应险情是此座英军堡垒若被他国攻占，承保人将赔偿相应金额。因此，当该堡垒被法国军队攻取后，投保人向承保人提出了赔偿请求，但承保人却以投保人未事先将此军事堡垒存在遭到军事进攻之可能的事实告知承保人，存在欺诈嫌疑，因而拒绝赔付。

当该案件被诉至英国法院后，曼斯菲尔德大法官在审理过程中运用了诚实信用概念：民事行为当中，出于对保险利益的追求而签订保单，属于具有射幸性的约定行为，随机性危险情况的发生概率的升降要通过投保人的真实性陈述进行合理判断，而承保人则就其真实的事实表述，在信赖其所作陈述皆为事实且并无遗漏的前提下收取保险金。在该过程中，诚实信用原则就是禁止其中一方通过不实陈述或不全陈述来诱使另一方达成约定，还须借助于相对人对实情的信息弱势和对对方当事人的信赖进而完成约定行为。[1]在最终的裁决中，法官没有使用这种表述，最大诚实信用原则这一特殊的概念也并未用明确的文字进行表达，但依然提出了高出罗马法要求的深层的诚信要求，[2]学者们将这一表述当作保险法律当中最大诚信原则的发源性的论断，也被认为是该原则确立的标志。

1798 年的"Wolff v. Horn castle"一案[3]则是最早明确提出该原则的案件：托运人将发送到的提单交于代理人，要求将所交单据交给货主。为此，向代理开具了一定价值的票据，交给代理人。但是，货主拒绝接收货物和文件。因此，代理人必须保存这些文件，并作为代表将货物作为标的购买保险，

---

〔1〕 Stephen Watterson, "Carter v Bohem (1776)", in Charles Mitchell and Paul Mitchell (eds.), *Landmark Cases in Contract Law*, Hart Publishing, 2008, p. 59.

〔2〕 Carter v. Boehm, 96 E. R. 342, 1766. "1st. Insurance is a contract on speculation: the special facts usually lie in the knowledge of the insured only. The underwriter trusts to him, that he conceals nothing, so as to make him form a wrong estimate. If a concealment happens without any fraudulent intention by mistake of the principal or his agent, still the policy is void, because the risk, which is run, is not that which the underwriter intended. So if the underwriter knew that the ship was arrived, the contract is void as to him. But aliud est celare, aliud tacere. There are many matters as to which the insured may be innocently silent: ①As to what the insurer knows, however he came by that knowledge; ②As to what he ought to know; ③As to what lessens the risk. An underwriter is bound to know political perils, as to the state of war or peace, & c.. If he insures a privateer, he need not be told her destination. And as men reason differently from the same facts, he need not be told another's conclusion from known facts. The question must always be, whether at the time there was a fair representation or concealment of the facts." 该段的译文对保险合同当事人的诚信有更为严格的要求，体现了诚信的层级递进，即最大诚信。

〔3〕 Wolff v. Horn castle, 126 E. R. 924, 1798.

然后通知发货人，且从发货人处得到许可。法院审理后认为，政策符合1788《英国海上保险法》的情况，代理人可以获得保险利益。法官在判决中写道："作为法官，我认为如果代理行为和投保的货物没有任何关系的情况下，留置性的物权无法获得相应的保险利益；然而，代理行为与投保的货物具有相应的关联，而且依据许可获得保留的物权，可以对保险利益提出请求。"希思法官说，[1]很显然，这种情况已经使代理人成为事实上的收件人，根据提单的字面效力，一般会认定他具有法律意义上的物权。我们设定一个情景，在货物保存完整的情况下，在实际的意义上，代理人投保的行为在前或在后取得原委托人的首肯似乎并不存在什么异同。当然，一旦原定的收件人取消原先的不适当行为，要求将货物转交自己，此时，代理人就会丧失法官所言及的保险利益。保险合同是善意的合约，对违反诚实的最大责任的行为，收货人应当因为违反保险法中的最大诚信原则规定的责任而丧失保险利益，应当让代理人合法地享有该利益。[2]

二、最大诚信原则的发展

1906年，英国发布《海上保险法》，法典的第17条[3]论及了最大诚信。大多学者认为，第17条是现存最早规定最大诚信原则的成文法律。而第17条之后的第18~20条主要是对第17条内容的进一步展开。其中，第18条规定了投保人应当履行告知义务；第19条是涉及代理人的告知义务；第20条是关于错误陈述的规定。[4]按照对这几条法律的内容解读，此时，最大诚信原则的规定属于保险合同订立的前置程序要求，并没有对整个保险程序进行全面的限制。当时学者的讨论，大多数认为：应当遵从1906年英国《海上保险法》，只是适用于保险合同签订之前以及与之相关的告知义务。且长久以

---

〔1〕　Bos. &Pul. 316.（1798）.

〔2〕　Wolff v. Horncastle，1 Bosanquet and Puller 316，126 E. R. 924，1798. "From the language of the two statutes，as well as the consideration that we are construing a contract uberrimae fide；viz. a policy of insurance，we must avoid bearing harder upon the Plaintiffs than is absolutely necessary."布勒法官在该段说明中点明了保险合同是最大诚信合同（contract uberrimae fide）。

〔3〕　Marine Insurance Act 1906：17. A contract of marine insurance is a contract based upon the utmost good faith and，if the utmost good faith be not observed by either party，the contract may be avoided by the other party. 英国1906年《海上保险法》明文规定保险是最大诚信。其第17条的内容是："海上保险合同是建立在最大诚信基础上的合同，如果任何一方不遵守最大诚信，他方可以撤销该合同。"

〔4〕　刘久："论英国海上保险法最大诚信原则之发展"，载《法制与社会》2013年第4期，第90页。

来，未尽告知义务的抗辩与违反最大诚信的抗辩并没有对存在于签订合同的前后予以区分。一直到 "Pan Atlantic Insurance Company Ltd v. Pine Top Insurance Company" 的案件中，[1]英国上议院仍认为尽到最大诚信之义务只是前合同义务。[2]因此，保险合同中的最大诚信原则发展到此时，虽然在概念与法律条文上进行了重大的突破，但是，在与引用的范围与使用时间的界定上仍处于不清晰的阶段。

在保险法史上，三个案件的判决使最大诚信原则得到了进一步发展与完善，并被充分地进行适用。

第一个案件是 "星海号案"。[3]对于该案中双方当事人的诉讼请求，赫伯豪斯勋爵认为：第一，海上保险合同并不是最大诚信原则适用的唯一范围，最大诚信原则适用于任何形式的保险类合同，是作为基本原则存在于保险合同订立双方之间。第二，最大诚信原则体现了保障保险合同的正常履行与公平交易的存在价值，因此，最大诚信原则的适用，不能只是缔结之时，而是保障整个合同的行使与完成。第三，最大诚信原则是严格的保险法的基本性原则。若一方违背最大诚信原则，则另一方可以援引合同无效的溯及力，使合同自始无效，但是，请求方不能以此为由要求另一方进行损害赔偿。第四，合同订立前存有的告知义务和合同缔结之后的告知义务是不同的。合同订立之前，投保人应当将与保险标的相关的重要事实无条件地告知保险人，但是，如果因此认为 "被保险人在保险合同缔结之后，依然要把对方感兴趣的和可能影响对方行为的事情告知" 就是违反了 "法律不强人所难" 的法理要求，对于投保人来说，也不具有公平性。因此，赫伯豪斯勋爵认为：除非承保人能够证明被保险人的索赔是以欺诈为目的的，否则，无法依据《海上保险法》第 17 条规定的最大诚信原则进行抗辩。[4]

第二个案件是 "大陆商人案"。[5]保险公司以船厂在保险合同订立之后提供虚假信息，误导保险公司诉讼行为，认为船厂违反了最大诚信之告知义

---

〔1〕 Pan Atlantic Insurance Company Ltd v. Pine Top Insurance Company, 1 A. C. 501 ［1995］.

〔2〕 刘久："论英国海上保险法最大诚信原则之发展"，载《法制与社会》2013 年第 4 期，第 90 页。

〔3〕 Manifest Shipping Co Ltd v. Uni-Polaris Shipping Co Ltd & Anor. Court of Appeal 20 December 1996 ［1997］C. L. C. 481.

〔4〕 参见刘久："论英国海上保险法最大诚信原则之发展"，载《法制与社会》2013 年第 4 期。

〔5〕 K/S Merc-Scandia XXXXII v. Lloyd's Underwriters & Ors. Queen's Bench Division（Commercial Court）23 June 2000，［2000］C. L. C. 1425.

务，拒绝对其造成的损害结果进行赔付。

主审法官认为，保险人以被保险人在合同签订之前未履行告知义务或者有欺骗行为要求判定保险合同失去效力，必须对两点进行证实：其一，投保人没有尽到告知义务或者进行欺骗行为使保险人对风险的评估造成很大的影响，是重要的引导信息丧失；其二，保险人是出于受投保人的错误引导才进行错误判断的。"重要性"要求和"诱因性"要求是英国上议院在 1995 年的"泛大西洋保险有限公司诉松树顶保险公司一案"中确立的重要概念，使告知义务与违反告知义务造成损害的认定更为明确。合同签订之后和进行当中，以上要求要进行平等适用，主要是诱导要求，如果保险公司要适用证明投保人在签订合同后违反了遵守最大诚信责任的证据进而要求全部免去己方责任，必须举证诱因。[1] 所以，《海上保险法》的适用范围要同时包括保险合同订立前的阶段和保险合同订立之后的履约阶段。同时，隆摩尔法官认为：依据 1906 年的英国《海上保险法》，当双方订立完保险合同之后，保险人只有在出现投保人没有履行告知义务、错误信息申请等违反最大诚信原则的状况下，才能够终止合同的履行或者要求合同的无效结果。

第三个案件是"幸运号案"。[2] 终审法院法官认为《海上保险法》规定违反保证时，保险人相对于被保险人的免责是当即生效的，并不由保险人的行为引导。该案例中，只要借贷人的船驶入约定的危险海域，便自动失去了保险利益。所以，保险公司应该在获取信息后当即告知借贷方，但保险公司违背最大诚信原则不做告知，是违反合同约定的行为。最大诚信原则的发展是一个渐进的过程，而且，中间出现了很多否定其存在的学说，但一系列的实例研究证明，最大诚信原则的存在是应对射幸合同的较为有利的法律原则。

保险法最大诚信原则在英国之后被各国所借鉴或者写入法律，各国在保险领域开始引入最大诚信原则，尤其是针对海上运输业。美国联邦法庭在其判例中多次使用最大诚信原则（Utmost Good Faith），以判例法的形式将其规定下来，宾夕法尼亚州和伊利诺伊州高级法院的保险合同纠纷判例就曾引用过联邦判例。以美国联邦法庭 2014 年"慕尼黑再保险美国公司诉美国国家保

---

〔1〕 葛延珉："英国海上保险法最大诚信原则的发展概况"，载《大连海事大学学报（社会科学版）》2004 年第 1 期，第 14~18 页。

〔2〕 Bank of Nova Scotia Appellants v. Hellenic Mutual War Risks Association (Bermuda) Ltd. Respondents, House of Lords, 16 May 1991. Ships' Names—Good Luck.

险公司"〔1〕一案为例，沃夫森法官就在判词中针对慕尼黑再保险美国公司为对未来亏损走势做出说明而认定该公司与美国国家保险公司的保险合同违背了最大诚信原则。在英国之后，德国在保险契约中逐渐开始引用最大诚信原则。作为保险合同订立的基本原则。在战后时期，《德国民法典》作为统一性民事法典，专门规定了涉及保险合同的最大诚信原则（Treu und Glauben）。〔2〕瑞士通过英国与德国的实践，在其保险法中也引入了最大诚信原则。《日本损害保险契约法》和《韩国保险法》中，也规定了应当秉持最大善意之原则，即最大诚信原则。澳大利亚作为英联邦国家，也在其1984年《保险合同法》第13条规定了最大诚信原则。

三、保险法中保留最大诚信原则的必要性

我们通过保险合同作为射幸合同这一特性可以看出，保险合同与其他的民事合同存有一定的不同之处。当运用对合同法的经济分析模式时，可以发现，投机主义的存在即违反最大诚信原则的获利行为与订立保险合同的当事人进行的投资类型与投保目的存有密切的联系。例如，在进行专用性投资的当事人会相对于订立射幸合同的当事人减少获得投机性行为的机会。因为，基于此而损失过高成本的概率过大，一般性的诚信原则的约束已经起到了成本提醒的作用，可以有效地减少违法成本的产生。由此可见，在保险法领域适用更为严格的诚信原则是极为必要的。这有利于保险事业的稳定和健康发展，所以，我们在保险法中应该对最大诚信原则的具体内容进行规定，使保险各方当事人的行为有所遵循。按照保险法的具体规则，最大诚信原则的具体要求主要是：告知义务、保证义务和弃权禁反言义务。在进一步的详细要求中，以下规则明显体现了与一般诚信不同的最大诚信要求：①保险合同订立后，投保人对保险期间发生的重大事项的主动告知义务（危险增加告知义务）；②海上保险中的无限告知义务；③默示保证义务等。

---

〔1〕 United States District Court, D. New Jersey, Munich Reinsurance America Inc v American Nat Ins Co, Defendant. Civil No. 09-6435（FLW）, Feb. 27, 2014.

〔2〕 就德语而言，"Glauben"不能完全表达严格的诚信意思，只有加上"Treu"才能表达这一意思。一般的直译会简单地把"Treu und Glauben"翻译为诚信，但是在德国保险法单元，德国的保险行业协会对"Treu und Glauben"的解释一般会适用"Besten Glauben"，似乎更为直观，但可以确定的是，德国保险法同英美的成文法一样，适用了最大诚信这一概念。

（一）告知义务的适用

最大诚信原则中的告知义务，应该包括对保险人和投保人双方当事人的要求：①在针对保险人时，要求了严格的条款解释义务，尤其是对保险合同中的免责条款，应该向投保人进行详细解释说明。②在针对投保人时，则是指在保险合同订立时和保险期间内，符合有关保险要求的投保人向他的投保对象如实进行陈述事实的义务，此项规定是强制性的义务，如果不完成此项义务，该合同就无法继续进行。

告知义务作为对应性义务而存在，是相对于保险人的解释义务而形成的义务，是最大诚信原则在我国《保险法》中的具体规定。从法律的平衡规则来说，相对于投保人的自我保护，也应当有对保险人的法律保护。当保险人对投保人提出相关质询和疑问时，投保人也应当据实回答。由此可见，保险人的说明义务与投保人的告知义务相互联系，而且，相互基于相同的法律理由对保险合同双方遵守最大诚信原则的合理要求。

最大诚信中的该项义务，指在保险合同订立时，符合有关保险要求的投保人向他的投保对象如实进行陈述事实的义务。此项规定是强制性的义务，如果不完成此项义务，该合同就无法继续进行。在告知义务当中，与合同订立时的被动告知义务相比较，危险增加告知义务在一定意义上，更能体现最大诚信原则的内涵，因为，这是投保人的主动告知，而不是在保险人的追问之下才进行的。保险法最大诚信原则中的危险增加告知义务是告知义务的重要类别。在保险合同存续期间，如果明显出现保险标的危险程度增加的情况，保险合同受益方应当针对危险增加情况进行告知。该义务的设定是为了平衡保险利益的对价，将不适宜的风险进行合理的控制，以促进保险双方的利益均衡。从民事义务理论来说，危险增加告知义务是一种不真正义务，该种义务的强度并不强，若违反，只会使得权利丧失或者减损。

最初保险发展期间，由于受当时保险技术的局限性，在保险立法中对告知的规定一般采用无限告知的形式。例如，1906 年英国的《海上保险法》就强调了投保人不论对保险标的有关的重要事实是否知道，都必须履行如实告知之义务。[1]海上保险合同中，无限告知义务产生的基础在于被保险人最大

〔1〕 英国 1906 年《海上保险法》规定，投保人必须向保险人告知所知的一切重要事实，而且，投保人对保险标的有关的重要事实，不论其实际上是否知道，都推定为投保人应该知道的事实，必须告知。

诚信告知义务。订立海上保险合同时，对被保险人的告知义务的要求要高于在普通民事合同中的要求，而且，在海上保险中，告知义务的履行还关系到合同的效力问题。

一般性的民事合同中，在合同订立和履行以及对合同标的的认知上，双方的认知水平基本一致，但在海上保险合同中，保险人和被保险人很难在实质上达到一般民事行为意义上的平等状态。海上保险合同由于其标的的特殊性而具有很高的涉外性和专业性。在保险合同的签订和履行阶段，保险人一般具有极高的优势，而在掌握保险标的的真实情况上，保险人相对于投保人则处于劣势地位。当保险人面对保险标的的危险程度评估工作时，最为快捷且成本较低的方式就是通过投保人告知义务的履行来获取，因此，产生了多数海上保险法律中都设定了的针对被保险人和投保人的告知义务条款。此类条款的设立是为了平衡相互之间的利益，从而促进海上保险行业的健康发展。

我国的《海商法》对无限告知义务的规定与英国法基本一致，其规定内容是被保险人向保险人告知一切可能影响保险人判断的重要事实，并应该采取积极主动的态度。而且，对《海商法》第 222 条，我国海事法院还依据此法条对一些相关案件进行过审理。例如，"韶关市曲江佳兴矿产品加工厂与永安财产保险股份有限公司潍坊中心支公司海上保险合同纠纷案"，[1]我国《保险法》采取的是有限的询问告知规定，在被保险人告知义务层面上的规定，我国《保险法》和《海商法》之间存在一定的冲突，此时，就涉及一个两法之间是否具有一致性的问题。对于这个问题，笔者认为，《海商法》作为特别法，无须完全与《保险法》一致，依据法理学中法的位阶原理。特殊法

---

〔1〕 最高人民法院［2012］民申字第 1502 号案，参见余晓汉："最高人民法院民四庭 2012 年海事审判综述"，载万鄂湘主编，最高人民法院民事审判案第四庭编：《涉外商事海事审判指导》，人民法院出版社 2013 年版，第 179 页。该案的基本案情是：佳兴公司购买 650 万元的铅锌矿，并为货物在保险公司处投保了国内水路、陆路货物运输保险，货物由金冠轮运输。运输途中，船舶沉没，货物一并灭失。经查，装船的铅锌矿含水率高达 9%~17%。事故发生原因是铅锌矿中的水分向上游离渗出，在货物上层形成自由液面，向左侧流动，使船舶稳性力矩丧失，最后船舶沉没。佳兴公司提起诉讼，要求保险公司承担保险责任并赔偿 650 万元。法院认为：佳兴公司在购买涉案铅锌矿时，该批货物的含水率为 9%~17%，佳兴公司没有充分证据证明其告知保险公司涉案货物的含水率。涉案铅锌矿过高的含水率，属于《海商法》第 222 条第 1 款规定的被保险人"知道的或者在通常业务中应当知道的有关影响保险人据以确定保险费率或者确定是否同意承保的重要情况"，且不属于"保险人知道或者在通常业务中应当知道的情况"。海事报告没有完全排除涉案货物含水率过高对沉船事故的影响。因此，佳兴公司未告知的重要情况对保险事故的发生有影响，保险人不应当负赔偿责任。

可以保持自身的特点，应当依照惯例保持《海商法》对无限告知义务的规定，无须做出修改。

（二）保证义务的适用

保证义务最早出现于英国海商法实践当中，最早在判例中确认投保方保证义务的是"De Hahn v. Hartley 案"。[1]该案中，曼斯菲尔德法官在判决中指出，告知和保证是存在一定区别的，告知可以有一定的范围缓和，而保证作为承诺约定必须严格履行，只要双方同意且写入了合同条款中就必须获得遵守。至此产生了"保证必须被遵守"的惯例。且在该案件后，这一原则被其他保险类别所吸收，在 20 世纪中叶之后，保险法领域，尤其是英美保险法领域中，保证义务作为最大诚信原则的重要部分逐步被确认下来。

保证义务的构成应当具备一定的构成要件。笔者认为，其构成要件应当分为三个部分：其一，达成保证义务的主体，因为保险人对风险评估的依据主要来源于告知义务人，告知义务人对其告知内容的保证、对未来风险的控制和对约约的直接履行使保证的主体应当是被保险人或者投保人。其二，保证的内容，保证是一种严格性要求，对于保险合同效力有极大影响，应当包含对于保险标的的所有状况进行保证，且应当对实然状况和应然状况进行区分。其三，保险中的保证，是指按照保险法律的规定或者保险合同的约定，使被保险人保证某项事实存在或者不存在，或者对作为与不作为进行承诺的合同条款。

保险合同中的保证与一般的保证不同，如果投保人违反保证义务，保险人可以一次终止合同履行，但不能向投保人请求损害赔偿。保证的事项是不确定的，大部分时候视情况而定，其保证的事项未必是保险合同中的重要事项，而保证又可以分为明示保证和默示保证两种。明示保证多数出于当事人之间的自我约定，作为一种合同内容而存在。出于特殊的法律习俗惯例和十分严重的责任结果，默示保证在保险法最大诚信原则中的重要性更为突出。

默示保证和保证一样，源于早期英国海运保险活动，是保险法律中"最大诚信原则"的主要条款之一。默示保证并不是由保险合同双方约定的，而是一种由法律条文明文做出的规定或在长期使用的惯例中被肯定的保证。虽然默示保证没有被明确地在合同中表明，但依据早期的保险法律习惯，当事

---

〔1〕 De Hahn v. Hartley (1786) 1 TR 343.

人应当无条件地适用默示保证的规定。1906年的英国《海上保险法》中只含有两种默示保证，即适航性默示保证和合法性默示保证。[1]因此，在与明示保证的对比下，默示保证的内涵是相对稳定的，来源相对单一，并不存在过于灵活的内容。

在海上保险中，默示保证一般有三项：①保证船只适航性。指的是船只的装备、功能、船员和后勤等方面符合原定航行计划的要求。但是，违背适航性默示保证保险人并不对此进行追究。即除被保险人知道不适航之情况，而保险人自行认定所保船只已经符合适航条件。②保证船舶不进行绕航。指除为了保护船只与货品的安全或者出于人道主义救援的需要，被保船只不得偏离约定航线或者惯用航线。但是，如果因为人为无法控制的原因而导致被迫绕行时，原定的保单仍继续有效。③保证航运合法性，指被保险人投保的航运或者贸易活动是符合法律要求的。同明示保证一样，默示保证的法律效力同样不得违反。

在传统英国法中，适航性默示保证开始的时间，已经不再体现在开航之前和开航当时，而是要确保在整个航次里，船舶都要处于适航的状态。绝对适航要负的责任，不仅仅是在开航之前和开航当时，而且将延伸到整个航次的所有时间、每个环节。

关于默示保证，我国相关的规定在《海商法》第243、244条，[2]不同于明示保证，默示保证是根据有关的法律、惯例及行业习惯来决定，而不是通过文字来说明。虽然对于默示保证没有明确的文字性规定，但是，投保人应当根据有关的法律、惯例及行业习惯进行相关行为。

其实，默示保证的要求不只是在海上保险领域存在，在陆上保险领域也存在对默示保证的要求，例如，财产保险中的投保人离家外出应该关门上锁等细节要求。

默示保证是受到法庭判例的影响而形成的，同样是对行业惯例的法律确

---

〔1〕 Marine Insurance Act 1906第33条保证的性质（Nature of warranty）第2款内容是：A warranty may be express or implied，即保证可以明示或默示。

〔2〕 我国《海商法》第243条规定，除合同另有约定外，因下列原因之一造成货物损失的，保险人不负赔偿责任：①航行迟延、交货迟延或者行市变化；②货物的自然损耗、本身的缺陷和自然特性；③包装不当。第244条规定，除合同另有约定外，因下列原因之一造成保险船舶损失的，保险人不负赔偿责任：①船舶开航时不适航，但是在船舶定期保险中被保险人不知道的除外；②船舶自然磨损或者锈蚀。运费保险比照适用本条的规定。

立。对于明示保证和默示保证的法律效力，双方具有相同的作用，对被保险人具有相同的法律约束力。

（三）弃权禁反言义务的适用

订立的保险合同到了执行阶段时，我们应用最大诚信的平衡性功能，保险公司的诚信义务会得到切实的执行。如果保险利益的受益人或者购买保险者故意隐瞒与订立保险合同确切相关的一些事实，以及会使保险人承担不利损失的情况，或者对相关的材料和事实随意进行篡改、符合了违反保证的条件，保险人可以依法不履约，甚至可以由调查出的事实证据得出结论，对投保人拒绝发放约定的保险金额。此时，就涉及另一个问题，即保险公司的权利选择和责任自担。倘若以上状况出现，合同将会不再履行，或者仍然保有其有效性，这些选择性的权利范围都归于保险人，但如果不做决定，保险人会为自己不作为而承受风险。如果明知购买保险者或保险受益人属于骗保行为，且违反合同义务，而保险公司仍然认为保单可以开具，让投保人产生仍然有效的错判，那么，再保险标的陷入风险后，保险人对保单的有效性仍可以否决，那么，这就显失公平了。所以在英美法中，早已在法律规定中明确了弃权和禁止反言的原则，以防止违反最大诚信导致保险合同当事人遭受不利的损失，保护保险法所保护的法益。

1. 弃权原则

保险法里所说的弃权，指的是部分具有明确意向或默认的意向打算放弃自己原本具有的权利。在无视签订保单的双方明示或默示的意表形式的情况下，一旦他们在合同中放弃某些权利，一般情况下，保险人是放弃解除保险合同或进行辩护的权利，因此，弃权可能产生一定的法律效力。

保险公司或保险代理人出现弃权的现象，原因一般有两个方面，或是保险职员不尽责，或是保险公司出于对利益最大化的追求。一般情况下，我们会认为，保险代理人进行相关的行为是出于保险公司的授权。根据民法中的代理概念，代理的结果可以视为是公司的行为结果，所以，公司不能以代理人所做的交易活动不能归为公司的行为而要求对不符合自身规定的保单要求豁免。保险事故一旦发生，以前述理由为依据的保险公司也要承担支付责任。不论以隐含的形式弃权还是以明确的形式弃权，只要保险公司的行为存在弃权表象就可推定属于弃权范畴。一旦产生购买保险者或者受益人违反约定之行为，相应的对应策略应当马上由相对一方给出，如果出现不作为或者不适当的行为，就可以推定保险公司弃权。保险法中，合同成立有效期超过 2 年的，保险人不得违背原有的合同约定，更不能再次提出抗辩的诉求。因此，在约定范围内购买保险者缴足 2 年费用后，我们推定承保人已经不再行使抗辩权。而对于弃权的构成，一般认为需要三个要素：①保险人享有基于法律规定或者保险合同而产生的权利；②保险人明知或应知投保人或被保险人违反法定或者约定义务的事实；③保险人作出弃权的意思表示。

2. 禁反言原则

禁止反言原是英美法系中衡平法的一项原则，后出于相同的法理解释而被引介到保险法当中。其内涵在于，如果某一方权利人就相对于另一方的权利进行放弃，则该方不得针对该权利向另一方进行再次要求。

保险人在保险合同中适用禁止反言原则时，其限制条件并不是很多。换言之，订立合同时，只要保险人对某种权利放弃，则合同成立之后便不得再行撤回，且对投保人是否了解该事实不作考虑。这一要求体现了最大诚信原则的特殊性，因此，禁止反言可以有效地增强当事人之间的信任、互信，可以有效地提高保险交易的安全系数。对于禁止反言的构成，一般认为，需要三个要素：一是保险人先要有出于故意或者过失产生的行为；二是投保人出于对保险人行为的信任而做出有利于保险人的行为；三是造成投保人损失后，保险人否认其行为与投保人损失间的因果关系。

综上所述，保险行业的出现具有其自身的特性，对于整个市场经济的稳定发展有着独特的作用，一定程度上保证了市场的有序性和稳定性。而保险法中的最大诚信原则，不仅在理论上具有研究意义，在实际的操作中也具有极大的实践性，以保证、告知、说明解释和弃权、禁反言制度为重要的环节，在保险合同的不同阶段发挥着约束作用，确保合同的进行符合保险法的规定。尤其是危险增加告知义务、海上保险中的无限告知义务、默示保证义务等保险法中的特殊规则，明显区别于一般性的诚实信用要求，体现了最大诚信的高标准。因此，我国《保险法》《海商法》中都应该明确规定最大诚信原则，不管是海上保险，还是陆上保险都要适用。

最大诚信原则的适用对于保险行业的健康发展有着极强的指引性。我们可以在众多的保险纠纷案件中看到，当事人之间固有的、因存在利益冲突而引起的矛盾。但矛盾的解决是保险业发展的动力，只有依靠保险法中的最大诚信原则，并在实务中加以运用，才可以在模式化发展的市场中提高保险交易的效率，进一步提高全社会的诚信度，为我国社会主义市场经济的新发展增添助力。

论保险补偿原则[*]

摘要：保险补偿原则主要适用财产保险，针对赔偿性保险合同。保险代位求偿权和物上代位权制度都是为贯彻保险补偿原则而设立的，重复保险和保险竞合亦是基于保险补偿原则的产物。

关键词：保险　补偿　代位求偿

保险补偿原则，是指当被保险人发生损失时，通过保险人的补偿使被保险人的经济利益恢复到原来水平，被保险人不能因损失而得到额外收益的原则。保险补偿原则主要适用于赔偿性保险合同。保险补偿原则除以受损失为限外，往往还受到保险合同中约定的一些其他限制，例如，以保险金额为限、按比例投保因而按比例赔偿的限制。另外，还受赔偿方法的限制，例如，某些保险中规定了免赔额，或赔偿限额等。

保险补偿原则可通过现金赔付、修理、更换或重置的方式实施。保险补偿原则是经有关法律确定的，其意义在于：第一，保障保险职能的顺利实施；第二，防止被保险人从保险中赢利；第三，减少道德风险。

保险代位求偿权和物上代位权制度都是为贯彻保险补偿原则而设立的，重复保险和保险竞合亦是基于保险补偿原则的产物。本文通过对上述制度的阐述分析，就我国保险补偿原则的一些问题的解决提出了自己的见解，以期更好地贯彻保险补偿原则，使我国保险业能够更顺利地健康发展。

---

* 本文作者为王瑞、刘颖。

一、代位求偿权是保险补偿原则的衍生物

保险代位求偿权，是指保险人享有的、代位行使被保险人对造成保险标的损害而负有赔偿责任的第三人的求偿权的权利。保险代位求偿权为财产保险以及同财产保险具有相同属性的填补损害的保险所专有的制度，构成补偿原则在保险法上运用的一个重要方面。保险事故发生后，被保险人向保险人请求赔偿保险标的的损失时，若对造成保险事故而导致保险标的的损害负有损害赔偿责任的第三人享有损害赔偿的权利，应当将该权利依法或者依照保险合同的约定转让给保险人，保险人依保险合同赔偿被保险人的损失后，可以代位行使被保险人所让渡的对第三人的损害赔偿请求权。我国《保险法》第45条第1款规定："因第三者对保险标的的损害而造成保险事故的，保险人自向被保险人赔偿保险金之日起，在赔偿金额范围内代位行使被保险人对第三者请求赔偿的权利。"《海商法》第252条规定："保险标的发生保险责任范围内的损失是由第三人造成的，被保险人向第三人要求赔偿的权利，自保险人支付赔偿之日起，相应转移给保险人。被保险人应当向保险人提供必要的文件和其所需知道的情况，并尽力协助保险人向第三人追偿。"

显然，保险代位求偿权为解决被保险人的保险给付请求权和损害赔偿请求权发生重合时的利益归属提供了依据。损害填补为财产保险的基本原则，无损害即无保险。被保险人因为保险事故所受的损失，应当获得完全补偿，以使被保险人在经济上能够恢复到保险事故发生前的状态。填补损害为财产保险的本质内容，其核心在于"禁止得利"，而并不仅在于填补被保险人的损害。这项原则对于防止或避免被保险人利用保险获得超出其保险财产价值的额外利益，有十分积极的意义。保险人只对被保险人所受实际损害负赔偿责任，且其赔偿金额以保险标的在发生保险事故时的实际价值为限，即使投保人善意复保险或超额保险，被保险人也不能获得超出财产实际价值的赔偿。因第三人行为致使保险事故发生，被保险人因此所受损害，已向第三人请求并获得赔偿的，对保险人而言，被保险人等于无损害发生，保险人不再负赔偿责任。

保险补偿原则要求被保险人获得的补偿不得超过其所受的损害。但是，保险补偿原则并不表明，当损害是由第三人的过错造成时，或者第三人依照合同应当承担被保险人所面临的风险时，除非被保险人不得向第三人求偿，

否则被保险人不得向保险人请求补偿。被保险人依保险合同向保险人请求保险赔偿，并不妨碍其仍然可以向造成损害的第三人请求损害赔偿。因此，被保险人行使请求权的结果，将使其就同一保险标的的损害实际获得双重或者多于保险标的的实际损害的补偿。这种情形的发生，不符合财产保险的损害填补原则。保险法的各项原则的坚实基础在于，海上保险和火灾保险合同为填补损害的合同，并仅以填补损害的形式存在。合同本身说明被保险人应当获得完全补偿，但不能取得超过完全补偿以外的利益。这是保险的基本原则，任何不符合这项原则的处理方式，都是错误的。因此，对被保险人发生的保险责任范围内的损失或者责任应当负损害赔偿责任的第三人，被保险人对该第三人享有的损害赔偿的权利，在保险人依约给付保险赔偿金后，应当相应转移给保险人。保险人对该第三人取得代位求偿权，被保险人应当协助保险人向该第三人追偿。

此外，保险代位求偿权的运用还有维护社会公共利益的作用。社会公共利益要求造成损害的第三人，应当最终在经济上有所负担。若致害人因为被保险人享受保险赔偿而不承担赔偿责任，实际使致害人通过被保险人和保险人订立的保险合同而获益（第三人应当付出赔偿而没有付出赔偿的，实际为一种利益），是不符合公平原则的。因此，不论被保险人是否取得保险赔偿，保险代位求偿权都会使第三人丧失违反公平原则的获利机会。再者，致害人造成被保险人损害而应当承担赔偿责任，被保险人向保险人请求保险赔偿，保险人据此对第三人享有代位求偿权，第三人将负担赔偿保险人付出保险赔偿金的损失，有助于制约第三人实施违法行为。

二、物上代位权是保险补偿原则在对全部损失进行赔付的情况下的适用

物上代位权，是指保险人赔偿被保险人的全部损失后所取得的保险标的的所有权的权利。这是一种与代位求偿权在性质上有很大区别的保险代位制度。物上代位权在性质上属于物上请求权；代位求偿权则是一种损害赔偿请求权，是一种权利请求权。

物上代位权有两种表现形式：

一种是保险标的发生实际全损的情况下，保险人赔偿被保险人的全部保险损失后所取得的对保险标的的所有权。例如，英国 1906 年的《海上保险法》第 79 条规定，若保险人给付全损的赔偿，不论其给付为保险标的的全部

或者被保险货物的比例部分，均可取得被保险人对其给付赔偿的保险标的剩存的任何利益。我国《海商法》第 256 条规定："保险标的发生全损，保险人支付全部保险金额的，取得对保险标的的全部权利；但是，在不足额保险的情况下，保险人按照保险金额与保险价值的比例取得对保险标的的部分权利。"当然，物上代位权不独在海上保险中适用，还可以适用于一般的财产保险，例如，被盗保险。《日本商法典》第 661 条规定："保险标的的全部灭失时，如保险人已支付保险金额的全部，则取得被保险人对于保险标的的权利。但是，若仅将保险价值的一部分投保，则保险人的权利以保险金额与保险价值的比例确定之。"

另一种是在保险标的发生推定全损的情况下，被保险人如果想得到全部保险赔偿，必须把保险标的委付给保险人，称为委付制度。委付是海上保险特有的一种法律行为，即指保险标的发生推定全损时，被保险人把保险标的的全部权利和义务转移给保险人，而请求支付全部保险金额的一种意思表示。

我国《海商法》249 条规定："保险标的发生推定全损，被保险人要求保险人按照全部损失赔偿的，应当向保险人委付保险标的。保险人可以接受委付，也可以不接受委付，但是应当在合理的时间内将接受委付或者不接受委付的决定通知被保险人。委付不得附带任何条件。委付一经保险人接受，不得撤回。"被保险人向保险人做出委付的意思表示，保险人还有接受与否的选择权。如果保险人接受委付，则按全部损失赔偿，产生物上代位的后果。如果保险人不接受委付，则保险人与被保险人对保险标的是否达到推定全损的程度会产生争议，对此，各国法律规定有相应的处理办法。委付的独特性还在于，在保险人选择接受委付的情况下，如果保险标的的损失是由第三人的过错所致，保险人按全损赔偿了被保险人后，除了享有保险标的的所有权以及依附于标的物上的其他财产权外，还取得了向第三人追索的代位求偿权。

委付是推定全损情况下所独有的请求全损赔偿的特定形式，基于被保险人的意思表示和法律规定而产生双重的法律效果。委付行为的法律性质具有双重性：一方面，委付行为产生保险标的权利和义务转移效果，这是被保险人和保险人意思表示的直接效力。从这重法律效果看，委付是被保险人发出的要约，保险标的权利义务的转移取决于保险人对委付的接受。另一方面，保险人因被保险人的委付行为而负有赔偿全损保险金额的义务，这是法律所承认的效力。从这一重效力上看，委付是一种准民事法律行为。在被保险人做出委付的意思表示后，即依法产生索赔全损赔偿的法律效果。因此，委付的双重法律效果之间具有相对独立性，保险标的下的权利和义务的转移依赖于保险人对委付的接受，保险人即使在负有赔偿全损的义务时仍享有是否接受委付的选择权。

三、重复保险制度是保险补偿原则的引申

重复保险指投保人对于同一个保险的标的、同一保险利益，在同一期间就同一保险责任，分别向两个以上的保险人订立保险合同，且保险金额之总额超过保险价值的保险。重复保险的立法依据在于贯彻保险法上的"补偿原则"，即存在重复保险的情形下，各保险人支付的赔款总和不能超过被保险人的实际损失。为了防止超额保险，避免不当得利，制止道德危险，保护投保人或被保险人利益，增强安全保障，对重复保险进行法律规制已成为国际社会的共识。[1]我国规范调整重复保险对保险业的良性运行和健康发展有十分重要的意义。

我国《保险法》第 40 条第 2 款规定："保险金额不得超过保险价值；超过保险价值的，超过的部分无效。"依此款规定，有的人认为，超值重复保险是法律所禁止的。重复保险中的保险金额总和超过保险价值的部分应属于无效。我国《保险法》第 41 条第 2 款规定："重复保险的保险金额总和超过保险价值的，各保险人的赔偿金额的总和不得超过保险价值。除合同另有约定外，各保险人按照其保险金额与保险金额总和的比例承担赔偿责任。"对该款可作两种理解。第一种理解：重复保险中的保险金额总和超过保险价值的，各保险合同有效。除合同另有约定外，各保险人按照其保险金额与保险金额总和的比例承担赔偿责任，但各保险人的赔偿金额的总和不得超过保险价值。第二种理解：重复保险中的保险金额总和超过保险价值的，所有保险合同部分有效，部分无效。其实，各保险合同按其保险金额与保险金额总和的比例乘以超过保险价值的保险金额之积为无效部分。

无论作何种理解，重复保险都不可能仅仅因其保险金额总额超过保险价值而被认定为无效。此外，我国《海商法》第 225 条规定："被保险人对同一

---

〔1〕 潘红艳："论重复保险——兼评我国《保险法》第 41 条之缺失"，载《当代法学》（第 20 卷）2006 年第 3 期，第 69~74 页。

保险标的就同一保险事故向几个保险人重复订立合同，而使该保险标的的保险金额总和超过保险标的的价值的，除合同另有约定外，被保险人可以向任何保险人提出赔偿请求。被保险人获得的赔偿金额总和不得超过保险标的的受损价值。"该条明确肯定了海上保险合同超值重复保险的效力。

各保险合同的效力应当是相互独立的。只要各保险合同所承保的金额不超过保险价值，并且没有保险欺诈行为，保险合同便仍属于有效合同。具体责任分摊方式一般以比例责任分摊方式为主，即各保险人按其所承保的保险金额与所有保险人承保的保险金额的总和的比例来分摊保险赔偿责任。我国台湾地区"保险法"第37条规定："各保险人按比例承担保险责任。"我国大陆地区《保险法》第41条后半部分也明确规定："除合同另有约定外。各保险人按照其保险金额与保险金额总和的比例承担赔偿责任。"

四、保险竞合制度是保险补偿原则在特殊情况下的补充

保险竞合，是指在损失填补性质保险中，当保险事故发生时，两个以上保险人就同一保险事故所致同一保险标的的损失对被保险人均须承担保险责任的情形。保险竞合发生的原因有：同一投保人投保的不同保单中，各个保险人承保的不同责任中的重合；或者不同投保人投保的不同保单中，各个保险人保障的不同被保险人的重合。

依照国际保险理论与实践，保险竞合有广义与狭义之分。广义的保险竞合主要分为两种情形：一种是保险金给付对象为同一人；另一种是保险金给付对象不是同一人。狭义的保险竞合是指保险事故发生时，数个保险人给付保险金的对象为同一被保险人的保险竞合。[1]

当保险竞合发生，保险损失额及保险赔偿额确定后，各个保险人如何来承担保险责任？对此，相关保险合同所记载的责任分配条款有：①比例分摊条款：约定当某一损失发生时，如同时有其他保险合同承保，本保险合同之保险人仅按自己所承保之保额与各保险人所承保之总保额的比例负赔偿责任。②溢额保险条款：约定当某一损失发生时，如同时有其他保险合同承保，本保险合同之保险人仅就全部损失扣除其他保险人依合同所应负担之赔偿额后

---

[1] 宋卓："我国保险立法与保险理论中补充保险竞合的思考"，载《保险研究》2005年第1期，第81~83页。

的余额部分负责。③不负责任条款：约定当某一损失发生时，如同时有其他保险合同承保，本保险合同之保险人不负赔偿责任。

民法中的法律责任竞合，是指由于某种法律事实的出现而导致两种或两种以上责任的产生，这些责任之间是相互冲突的。保险竞合从某种意义上说就是法律责任的竞合。只是由于保险补偿理论的存在，保险竞合研究的重点在于，一方面，使被保险人不能获得不当得利；另一方面，在保险责任分配条款相冲突时，如何在不同的保险人之间寻求合理的赔偿责任的分配。法律责任竞合研究的核心在于对受害人提供更有效的法律救济。

在我国保险业不断做大做强的发展趋势下，保险立法以及保险理论的发展步伐相对比较滞后，而关于保险竞合的理论在我国的保险立法与理论研究中基本属于空白。

建议对我国保险理论和保险立法补充如下：

（1）在保险理论中，应借鉴国际保险理论中关于保险竞合的理论研究，补充我国保险理论上的空白，并进行深入系统的研究，为我国保险实务中相关事宜的处理找到理论依据。

（2）在保险条款中，应在保险总则项目下的重复保险分项中，补充保险竞合情形下三种赔偿处理的方式，即比例分摊条款、溢额保险条款和不负责任条款。

（3）在《保险法》中，对于保险竞合情形进行补充说明，并对赔偿方式进行法律规定，使保险实务中理赔处理的方式有法可依。

（该论文发表在《北方工业大学学报》2007年
第4期，第12~15页）

保险保障基金参与保险公司风险处置法律问题研究[*]

　　保险公司出现风险的原因是多种多样的，外部因素如宏观经济环境的不稳定、公司之间的恶性竞争、自然巨灾等，内部因素如保险公司高负债经营的特性、保险公司的经营风险、管理层的决策风险、公司治理问题等。其中，最主要就是保险公司的经营风险，由于管理水平有限或者决策不当，保险公司在业务经营的各个环节都可能产生风险，影响保险公司的盈利能力，甚至造成亏损，降低其偿付能力。具体包括险种定位和定价风险、展业和承保风险、理赔风险、分保风险、资金运用风险、财务管理风险等。内部原因和外部原因的融合和交织，使得保险公司的经营较一般工商企业的经营更具有风险性。

　　随着保险风险的积累，保险公司可能出现资金流动性危机，恶化公司的财务状况和偿付能力，威胁保单持有人的利益，如不及时进行风险处置，将会产生巨大的金融风险。以 2008 年"美国援助 AIG 事件"为例，全球保险巨头 AIG 之所以陷入流动性危机，主要原因就是 AIG 在资金运用上出现了问题，过分涉足风险巨大的金融衍生品投资领域，一旦金融衍生品贬值，AIG 就形成了巨额的亏损，进而陷入资金流动性危机。鉴于 AIG 是个"具有系统性意义"的大公司，美国政府不得不出手相助，以避免其倒下而造成更大的危机。因此，为了防范和化解金融风险，对出现重大风险的保险公司要及时进行风险处置。

一、保险公司的风险处置与保险保障基金的救助

　　保险公司的风险处置，是指"在保险经营过程中，保险公司出现规定的风险情形后，保险监管机构采取经济、行政或法律等手段，最大程度地维护

---

　　* 本文作者为王瑞、刘彦。

保单持有人利益和金融稳定的行为"。[1]即针对保险公司出现的不同风险，保险监管机构采取不同的处置措施，例如，整顿、接管、撤销或申请破产清算和重整。如果保险公司能够挽救，则对公司进行整改或资金援助，帮其渡过难关；如果保险公司无法挽救，则协助公司顺利退出市场。

在风险处置的过程中，风险处置的决定和实施主体，主要是保险监管机构，问题保险公司是风险处置的对象，保险监管机构主导着风险处置程序的进程。风险处置实质上就是行政机关对存在巨大风险的保险公司采取强制措施迫使其整改或责令其关闭，以规范保险市场，其本质属于一种行政监管措施。需要注意的是，保险公司的破产清算和重整程序虽是由人民法院主导的司法措施，但其申请必须经过保险监管机构同意，且实践中我国的金融机构大多是经行政手段关闭而退出市场的。因此，本文的"风险处置"中包括破产清算和重整程序。

保险保障基金的救助，是保险公司风险处置的一个下位概念，是保险监管机构主导进行的风险处置工作的一种可能和一个环节。在风险处置的过程中，如果问题保险公司经过保险监管机构的整顿和接管恢复了经营能力，则可能不需要动用保险保障基金，如果问题保险公司无法拯救而需要撤销或经过拯救无效而需要退出市场，那就需要动用保险保障基金对问题保险公司的保单持有人进行救助。因为，保险公司属于经营风险的金融企业，市场退出影响面广，容易引起市场恐慌，引发保单持有人的退保潮，进而影响金融系统的稳定。为了尽量避免保险公司市场退出所造成的负面影响和后果，世界各国在保险公司市场退出之前一般都先进行接管和整顿，并设立了保险保障基金作为保险公司市场退出的保障机制，用于支付破产保险公司对保单持有人的索赔。

保险公司的风险处置并不必然导致公司的市场退出，因此，保险保障基金的救助也不是保险公司风险处置的必然结果。在风险处置的过程中，如果涉及保险保障基金的赔偿事宜，保险监管机构会制定相应的风险处置方案。报国务院批准后，保险保障基金公司根据国务院批复的风险处置方案和使用办法，动用保险保障基金，对保单持有人、寿险保单受让公司进行资金补偿。在救助工作中，基金公司是施救主体，相关保单持有人和保单受让公司则为

---

〔1〕 马洪刚："中国保险保障基金法律制度研究"，中国政法大学 2009 年硕士学位论文，第 34 页。

被救对象。

　　救助保单持有人和保单受让公司是保险保障基金最主要、最根本的功能，但不是保险保障基金唯一的作用。根据《保险保障基金管理办法》（2008 年）第 8 条的规定，保险保障基金还有权监测保险业风险，发现保险公司经营管理中出现可能危及保单持有人和保险行业的重大风险时，向中国保监会提出监管处置建议；参与对保险业的风险处置工作；在保险公司被依法撤销或者依法实施破产等情形下，参与保险公司的清算工作等。法律赋予了保险保障基金较为广泛的职权，以充分发挥保险保障基金的作用。这也意味着，保险保障基金会拥有多重身份，除了扮演救助者的本职角色外，还在保险公司风险处置和清算工作中扮演重要角色，而具体扮演什么角色，法律并没有明确规定。因此，本文论述的重点就是明确保险保障基金的身份角色以及进一步细化保险保障基金的使用规则。

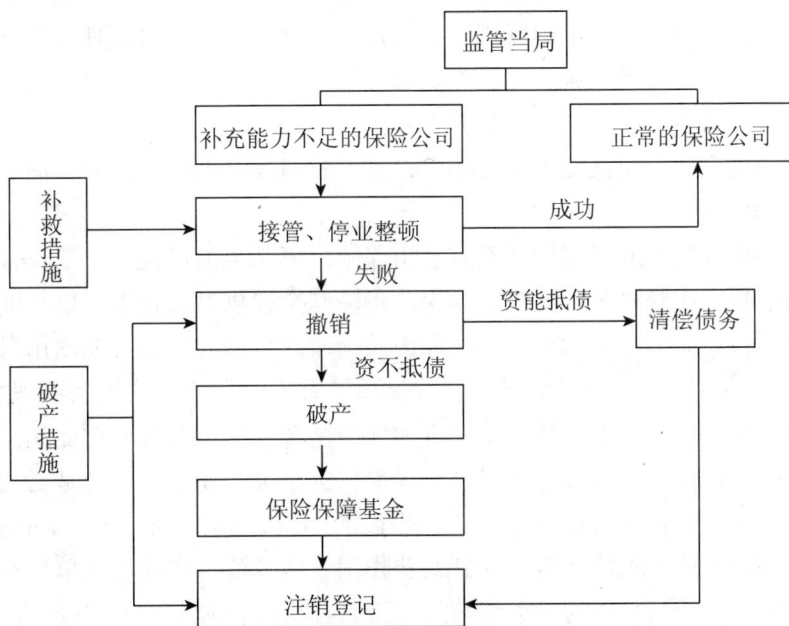

图 1　保险公司风险处置的基本框架

二、保险保障基金参与风险处置的程序角色

根据《保险保障基金管理办法》第 8 条的规定，保险保障基金可以参与保险公司的风险处置工作和保险公司的清算工作。我国保险公司的风险处置程序包括整顿、接管、撤销、破产清算和重整，按照程序主导机关的不同，可以分为两种：①由保险监管机构主导的行政处置程序，包括整顿、接管和撤销；②由法院主导的破产程序，包括破产清算和重整。下面笔者将分别讨论保险保障基金在行政处置程序和破产程序中的角色问题以及行政处置程序和破产程序的衔接问题。

（一）保险保障基金参与行政处置程序

1. 保险保障基金参与整顿、接管程序

整顿和接管都属于当保险公司的财务状况恶化，有丧失清偿能力的可能时所采取的矫正措施。整顿是指保险公司的业务在整顿组的监督下进行，整顿组可以责令被整顿公司停止部分原有业务、停止接受新业务，调整资金运用。但整顿组并没有直接的管理权，公司的经营控制权仍由管理层和股东享有。而接管的侵犯性更强，接管组全面控制保险公司，并代行股东会、董事会及经理层的职权，经营管理保险公司。对问题保险公司进行矫正后，其结果可能有两个：公司恢复了正常经营；或者公司具有破产原因而转向破产清算或重整。

在整顿或接管的过程中，都有动用保险保障基金的可能。为了改善公司的财务状况，主管机关可能会选择保险保障基金提供财力援助，以帮助公司恢复正常经营。而在公司具有破产原因转向破产程序时，也可能动用保险保障基金对保单持有人提供救助。收购保单持有人的债权，从民法原理上讲，是债权转移的过程，作为债权受让方的保障基金，自然有权利对受让债权的真实性、合法性进行核查。而且，个人债权的申报、登记、认定是复杂的工作，保障基金直接参与到债权甄别等程序中，可以减少中间环节，节省费用，还可以对债权的甄别确认工作起到监督作用。保障基金在收购保单持有人债权后，往往会成为公司的最大债权人，而整顿或接管阶段对公司的资产的处置，会直接影响未来保障基金债权受清偿的程度。因此，保障基金有必要在整顿或接管阶段就与整顿人、接管人配合，取得处理赔付事宜所需的各种信息等。这对保障基金自身运作的效率、保险公司市场退出的顺利进行，以及

为保单持有人提供迅速确实的保障都会有所裨益。

我国的保险保障基金参与风险处置的法律依据主要规定在《保险保障基金管理办法》中，依《保险保障基金管理办法》第8条的规定，基金公司享有风险监测和处置建议权，风险处置工作的参与权。《保险保障基金管理办法》第11条规定，保险保障基金公司应当与中国保监会建立保险公司信息共享机制。中国保监会定期向保险保障基金公司提供保险公司财务、业务等经营管理信息。中国保监会认定存在风险隐患的保险公司，由中国保监会向保险保障基金公司提供该保险公司财务、业务等专项数据和资料。保险保障基金公司对所获悉的保险公司各项数据和资料负有保密义务。即保障基金和保监会在工作上是密切配合、相互支持的关系。这些都为保障基金参与整顿、接管程序提供了法律保障。

保险保障基金参与整顿、接管程序的主要目的就是获得与补偿事项相关的信息，以便于下一步救助工作的展开，因此，保险保障基金在整顿、接管程序中应居于配角而不是主导角色。在整顿、接管程序中，涉及保障基金补偿事项时，主管机关可以通知保障基金配合办理。

这里需要讨论的一个问题是，保障基金是否可以担任接管人？根据我国台湾地区的"保险法"第143-3条的规定，安定基金的业务范围中包括"受主管机关委托担任接管人、清理人或清算人职务"，即安定基金可以担任接管人。《日本保险业法》也有类似的规定。我国《保险法》规定，接管组的组成由保险监管机构决定并予以公告，这为保障基金受主管机关委托担任接管人预留了空间，保障基金担任接管人有利于其之后救助工作的开展。

但是，根据永安财险公司被依法接管的实践，接管人由当时监管机构（中国人民银行）的分支机构（陕西省分行）担任。此外，根据《证券公司风险处置条例》（2008年）的规定，证券公司的接管组由证券监管机构组织专业人员成立，保险公司的接管规定可能与此类似。综合法律规定和实践经验，接管组主要由监管机关人员和专业人员组成，保险保障基金能否以"专业人员"的身份加入接管组是存在疑问的，因为，"专业人员"一般是指律师事务所和会计师事务所等专业机构，而且，就实际情况来讲，基金公司目前专业人才人数较少且经验也不丰富，担任接管人确实存在困难。因此，短期内保险保障基金并不是接管人的理想人选。

2. 保险保障基金参与行政清算

《保险法》（2009 年）第 150 条规定："保险公司因违法经营被依法吊销经营保险业务许可证的，或者偿付能力低于国务院保险监督管理机构规定标准，不予撤销将严重危害保险市场秩序、损害公共利益的，由国务院保险监督管理机构予以撤销并公告，依法及时组织清算组进行清算。"《保险公司管理规定》（2009 年）第 29 条第 2 款规定："保险公司依法被撤销的，由中国保监会及时组织股东、有关部门以及相关专业人员成立清算组。"《保险保障基金管理办法》（2008 年）第 16 条第 1 项规定，保险公司被依法撤销或者依法实施破产，其清算财产不足以偿付保单利益的，可以动用保险保障基金。

当保险公司被撤销，其清算财产不足以偿付保单利益时，就需要动用保险保障基金对保单持有人进行救助。保障基金在收购保单持有人的债权后会成为保险公司的债权人，而行政清算过程中对保险公司资产的处置，会直接影响到债权人在以后破产程序中可以分配到的财产数额。清算组的主要职责就是对公司财产进行清理、处置，因此，保障基金有必要介入行政清算中，协助并监督制约清算组权力的行使。

在行政清算中，如果发现保险公司具有破产原因，经过监管机构同意，清算组可以向法院申请破产清算。由于监管机构已经任命清算组，法院一般指定清算组为管理人。在行政清算程序中成为清算组成员，也是在接下来的破产程序中担任管理人的前提条件，所以，保障基金有必要被列为清算组成员。《保险法》第 150 条规定，由监管机构来组织清算组，并未对清算组成员资格作特别限制，保障基金被监管机构指定为清算组成员，并无不当。

（二）保险保障基金参与问题保险公司破产与重整程序

保险保障基金参与问题保险公司破产与重整程序主要是以管理人身份参与保险公司财产的管理，以债权人身份参与债权人会议，以债权人的代理人身份参与重整程序：

1. 保险保障基金担任管理人参与保险公司财产的管理

管理人是在破产程序中负责破产企业财产的管理、处分，业务经营以及破产方案拟定和执行的专门机构，可以说是破产程序中最重要的机构。法院裁定受理破产申请的，应同时指定管理人。保险公司是特殊的金融机构，法律对破产金融机构的管理人指定做了专门规定。根据相关法规的规定，对于经过行政清理、清算的商业银行、证券公司、保险公司等金融机构的破产案件，法院指定管理人的途径有两种：①法院可以在金融监督管理机构推荐的已编入管理人名册的社会中介机构中指定管理人；②破产申请受理前，根据有关规定已经成立清算组的，法院可以指定清算组为管理人。[1]

对于保险保障基金来说，无论是哪种途径，其成为管理人都存在着障碍。就第一种途径而言，保障基金要通过保监会推荐成为管理人，其必须是"已编入管理人名册的社会中介机构"。而保障基金显然不属于社会中介机构，无法被编入管理人名册。就第二种途径而言，只要保障基金是破产申请受理前成立的清算组成员，就有可能被法院指定为管理人，但是，目前法律并没有明确规定保障基金可以直接参与清算组。当然，根据有关规定，并不排除保障基金经过保险监管机构指定或委派参加清算组，从而成为管理人的可能。[2]然而，即使这样，保障基金成为管理人也存在障碍，因为，保障基金是在收购保单持有人的债权后以债权人身份进入破产程序的，其与破产公司有未了结的债权债务关系，即与破产案件存在直接的利害关系，而根据《破产法》第24条第3款第3项的规定，"与本案件有利害关系"，不得担任管理人。

当然，也有学者认为，根据《最高人民法院关于审理企业破产案件指定管理人的规定》第23条的规定，法院认定"与本案有利害关系"时，清算组成员必须同时具备"与债务人、债权人有未了结的债权债务关系"和"可能影响其忠实履行管理人职责"两个条件。由于保险保障基金具有行业公益性，其担任管理人不会影响其忠实履行管理人职责，且基金的专业水平和资金能力在破产案件中具有很大优势。此外，清算组为管理人时，"人民法院可以从政府有关部门、编入管理人名册的社会中介机构、金融资产管理公司中指定清算组成员"，[3]即清算组中存在多元主体，可以有效制约保障基金，使其公正履行职责。总之，现行法并未排除保障基金担任管理人的可能。

如果保障基金以清算组成员身份被指定为管理人，将会有助于提高破产清算的效率，因为，基金之前参加过保险公司的行政处理程序。如果不宜担

---

[1] 参见《最高人民法院关于审理企业破产案件指定管理人的规定》第18和第22条的规定。

[2] 根据《最高人民法院关于审理企业破产案件指定管理人的规定》第19条规定，清算组为管理人时，"人民银行及金融监督管理机构可以按照有关法律和行政法规的规定派人参加清算组"。即在清算组为管理人时，保险监管机关可以按照有关法律和行政法规的规定派人参加清算组，这为保障基金参与清算组预留了空间。

[3] 参见《最高人民法院关于审理企业破产案件指定管理人的规定》第19条的规定。

任管理人，那么，保障基金还可以通过参加债权人会议，对管理人进行监督，使其公正履行职责。

2. 保险保障基金以债权人身份参与债权人会议

保障基金是在收购保单持有人的债权后以债权人身份进入破产程序的，如果不宜担任管理人，保障基金还可以参加债权人会议以维护自己的合法权益。根据《破产法》第61条的规定，债权人会议的职权主要有：核查债权；申请人民法院更换管理人，审查管理人的费用和报酬；监督管理人；选任和更换债权人委员会成员；决定继续或者停止债务人的营业；通过重整计划；通过和解协议；通过债务人财产的管理方案；通过破产财产的变价方案；通过破产财产的分配方案；人民法院认为应当由债权人会议行使的其他职权。

鉴于管理人在破产程序中的重要地位，有必要讨论一下保障基金通过债权人会议对管理人的监督。[1]

（1）申请人民法院更换管理人。管理人是否忠实、勤勉地履行职责，直接关系到债务人财产的保全和债权人权益的保护，所以，债权人会议理应有权对其进行监督。对管理人的解任申请权，是债权人会议对不称职的管理人进行制约的重要手段。依《破产法》第22条规定，债权人会议认为管理人不能依法、公正执行职务或者有其他不能胜任职务的情形的，可以申请人民法院予以解任，另行更换。

（2）审查管理人的费用和报酬。管理人的费用和报酬的支付情况，关系到债权人的清偿利益。为了促使管理人合理地开支费用和领取报酬，法律赋予债权人会议对管理人的费用和报酬的审查权。依《破产法》第28条规定，债权人会议对管理人的报酬有异议的，有权向人民法院提出。

（3）监督管理人。这是关于债权人会议对管理人的一般监督权的规定。依《破产法》第23条规定，管理人应当向法院报告工作，并接受债权人会议和债权人委员会的监督。债权人会议对管理人的监督权，主要表现为知情权和异议权。知情权的行使方式包括听取管理人关于执行职务情况的报告并加以询问，以及主动要求管理人对其职责范围内的事务予以说明或提供相关文件。异议权的范围，可以涉及管理人的管理行为、费用报酬、任职资格、职业能力、职业操守等。当管理人侵害债权人的利益时，因债权人会议和债权

---

[1] 参见王卫国：《破产法精义》，法律出版社2007年版，第174~175页。

人委员会并不是独立的民事主体，所以，由拥有一定比例数额债权的债权人来追究管理人的责任较为妥当。保险保障基金作为最大或较大的债权人，无疑是理想的人选。

此外，管理人对债务人经营和财产所作的处置，例如，决定继续或者停止债务人的营业；制订债务人财产的管理方案，制订破产财产的变价、分配方案等，由于涉及债权人的重大利益，最终均需由债权人会议通过后才能生效。

3. 保险保障基金以债权人的代理人身份参与重整程序

根据我国台湾地区"保险法"第143-3条规定，我国台湾地区的保险保障基金，在保险公司进行重整时，法定代理保单持有人（投保人、被保险人及受益人）出席债权人会议，例外情况是，保单持有人提出书面反对意见。法律这样规定，目的是为了更好地保护保单持有人的利益，同时，协助重整程序迅速进行。

重整是在企业无力清偿债务但存在挽救的可能的情况下，由债务人、债权人以及其他利害关系人达成关于债务清偿和企业振兴的计划并加以执行，从而使企业摆脱困境并使企业债务得到公平清偿的制度。保险公司进行重整时，由于保单持有人的数量过多，在实务中，召集近百万保单持有人的代表共聚一堂，商讨重整计划的通过，很容易导致议事效率的低下，反而危害公众利益。换言之，公司重整能否成功，很大程度上取决于重整计划能否被债权人会议有效的通过。

目前，我国并没有规定，在保险公司重整时，保险保障基金可以代理保单持有人出席债权人会议。但依《破产法》第59条第4款的规定："债权人可以委托代理人出席债权人会议，行使表决权。代理人出席债权人会议，应当向人民法院或者债权人会议主席提交债权人的授权委托书。"即对于出席债权人会议及相关事项的表决的权利，债权人可以亲自行使，也可以委托代理人行使。债权人是否委托其他债权人作为自己的代理人的问题，属于权利人自主决定的范围，本着尊重当事人意思自治的原则，法律并不加以禁止。该条为保险保障基金作为债权人的代理人参与债权人会议提供了法律依据。

目前存在的问题是，依上述法条的规定，保障基金要想成为保单持有人的代理人，必须首先获得债权人（即保单持有人）的授权委托书，而保单持有人的数量极为庞大，要想获得每个保单持有人的书面授权，几乎是不可能的，这也与简化程序的初衷相违背。此外，债权人代理人的权限有些狭窄，仅限于出席债权人会议及就相关事项的进行表决。依据《民事诉讼法》的相关规定，代理人行使债权人通过和解协议、重整计划的表决权，还应有债权人的特别授权。[1]因此，笔者建议，应借鉴我国台湾地区的经验，赋予保险保障基金对保单持有人的法定代理权，在简化重整的程序的同时，能够更好地维护保单持有人的利益。

保险公司进行重整时，为避免众多保单持有人因个人疏忽申报而丧失其权利，法律可以规定基于保险合同所生的权利免于重整债权的申报。但是，在重整人制订重整计划时，或保障基金在代理进行各项作业时，仍需要保单持有人的名册和请求的金额，因此，保障基金代理出席债权人会议前，仍应尽快制作相关表册，以促进重整程序的进行。此外，在重整程序的过程中，保障基金应利用各种媒体及时披露程序进度及有关事项，避免保单持有人因缺乏信息而产生恐慌心理。

三、保险保障基金的使用规则

我国的保险保障基金的动用条件有两个：①保险公司被依法撤销或者依法实施破产，其清算财产不足以偿付保单利益的；②中国保监会经有关部门认定，保险公司存在重大风险，可能严重危及社会公共利益和金融稳定的。[2]第一个动用条件较为明确，但第二个动用条件则表述模糊，有必要对以下两点进一步进行明确和界定。

1. "重大风险"的界定

风险是指实现保险经营目标可能产生负面影响的不确定因素，重大风险是指不利偏差或后果特别严重的情形。保险公司的风险是由内因（公司治理、高层管理决策及其指导下的产品流程和业务管理过程中的各种因素）和外因（公司经营的外部环境因素：经济与投资环境、法律环境、特殊事件等）共同作用形成的。单一的风险指标是无法反映各种风险对保险公司的综合效应的，需要采取公司的总体财务状况指标或偿付能力指标来综合反映保险公司的风险状况。因此，可以采用衡量保险公司偿付能力状况的定量指标来界定"重

---

[1] 王卫国：《破产法精义》，法律出版社 2007 年版，第 172 页。
[2] 参见《保险保障基金管理办法》（2008 年）第 16 条之规定。

大风险"。

偿付能力是保险公司偿还到期债务的财务能力，目前，普遍采取"偿付能力充足率"或"资本充足率"来衡量保险公司的偿付能力状况。中国保监会根据保险公司偿付能力状况将保险公司分为下列三类，实施分类监管：①不足类公司，指偿付能力充足率低于100%的保险公司；②充足Ⅰ类公司，指偿付能力充足率在100%到150%之间的保险公司；③充足Ⅱ类公司，指偿付能力充足率高于150%的保险公司。[1]因此，存在"重大风险"的保险公司，首先属于偿付能力"不足类"的公司，但并非所有的不足类公司都存在重大风险。

对于不足类公司，中国保监会应当区分不同情形采取下列一项或者多项监管措施：①责令增加资本金或者限制向股东分红；②限制董事、高级管理人员的薪酬水平和在职消费水平；③限制商业性广告；④限制增设分支机构、限制业务范围、责令停止开展新业务、责令转让保险业务或者责令办理分出业务；⑤责令拍卖资产或者限制固定资产购置；⑥限制资金运用渠道；⑦调整负责人及有关管理人员；⑧接管；⑨中国保监会认为必要的其他监管措施。[2]上述①~⑨措施一项比一项更为严厉。

本文认为，存在"重大风险"的保险公司，是接近于被"接管"的保险公司。保险公司一旦被接管，有两种结果：①在被接管期内得以恢复经营；②进入重整或破产清算。如果保险公司进入破产清算，保障基金直接救助保单持有人，这属于保障基金动用的第一种情形。因此，保障基金动用的第二种情形，可以界定为"不足类"保险公司中的两种情形[3]：①按规定保险公司可以被接管，但通过保障基金救助可以避免被接管；②保险公司虽然已被接管，但通过保障基金救助可以得以恢复经营，免于进入破产清算程序。需要注意的是，对于能够通过自身努力而摘掉"不足类"帽子的公司，不被列入保障基金动用的第二种情形。

2. 危及社会公共利益和金融秩序稳定的情形

结合我国《保险法》和保险法律实践，保险公司危及社会公共利益和金

---

[1] 参见《保险公司偿付能力管理规定》（2008年）第37条之规定。

[2] 参见《保险公司偿付能力管理规定》（2008年）第38条之规定。

[3] 谢志刚、赵桂芹主编：《中国保险业的风险、精算、监管》，上海科技教育出版社2009年版，第196页。

融秩序稳定的情形主要有：

（1）责任准备金提取不足，风险巨大。责任准备金是保险公司为了承担未到期责任和处理未决赔款而从保险费收入中提存的一种资金准备。保险公司应根据保障被保险人利益、保证偿付能力的原则，按照保险监管机构制定的具体办法提取各项责任准备金，其中，包括未决赔款准备金、未到期责任准备金、长期责任准备金、寿险责任准备金、长期健康险责任准备金等。如果没有按照规定提取责任准备金，将严重危及保险公司的实际偿付能力，一旦保险公司出现财务问题，又没有足额的准备金用于清偿保险赔偿金，将严重损害保单持有人的利益，导致金融混乱。

（2）保险公司的实际资产不足。保险公司应当具有与其业务规模和风险程度相适应的最低偿付能力。保险公司的认可资产减去认可负债的差额不得低于国务院保险监督管理机构规定的数额；低于规定数额的，应当按照国务院保险监督管理机构的要求采取相应措施达到规定的数额。[1]如果保险公司的实际资产不足，在限期内没有补足或者不能补足的，将严重危及保险公司的偿付能力。

（3）自留保费比例过高或未办理再保险。经营财产保险业务的保险公司当年自留保险费，不得超过其实有资本金加公积金总和的4倍。保险公司对每一危险单位，即对一次保险事故可能造成的最大损失范围所承担的责任，不得超过其实有资本金加公积金总和的10%；超过的部分，应当办理再保险。[2]如果保险公司的自留保险费超过规定的比例，或者没有按照规定办理再保险，都会使得保险公司有可能承担巨大的保险赔偿责任。

（4）严重违反资金运用规定。保险公司的资金运用必须稳健，遵循安全性原则。保险公司的资金运用仅限于下列形式：银行存款；买卖债券、股票、证券投资基金份额等有价证券；投资不动产；国务院规定的其他资金运用形式。[3]如果保险公司的资金用于设立证券经营机构，或用于设立保险业以外的企业，或从事其他高风险的投资，都较容易导致保险公司的经营困难。一旦投资失败，可能给保险公司带来极大的经济损失，甚至使公司的资产不再符合法定的设立条件，如果保险公司继续经营可能会严重危及社会公共利益

---

〔1〕 参见《保险法》第101条之规定。

〔2〕 参见《保险法》第102、103条之规定。

〔3〕 参见《保险法》第106条之规定。

和金融稳定。

（5）实施《保险法》第 116 条规定的行为[1]。如果保险公司及其工作人员实施了《保险法》第 116 条规定的行为，这些行为都会严重损害投保人或者被保险人的利益，严重危及保险公司的诚信经营、商业信用，使保险公司的正常经营受到影响，使公众对保险公司失去信任，而且在一定程度上还会影响金融稳定。

（6）同时出现多起保险事故，需支付巨额赔偿。如果同时或者相继出现几起重大保险事故，或者人寿保险合同在经过很长的年限之后，保险公司将面临同时或者相继支付巨额的保险赔偿金的可能，而这种巨额的支付可能超出保险公司现有的支付能力。如果保险公司出现现实的支付不能，就可能危及保险公司的正常经营，甚至整个金融的稳定。

在以上几种情况发生时，保障基金可以介入公司偿付能力危机事件的处置。明确保险保障基金的动用条件，可以避免在不合时宜的情况下贸然动用基金，引发社会或行业的争议。

（一）保险保障基金的使用方式

依《保险法》第 100 条，保险保障基金的使用情形有：①在保险公司被撤销或者被宣告破产时，向投保人、被保险人或者受益人提供救济；②在保险公司被撤销或者被宣告破产时，向依法接受其人寿保险合同的保险公司提供救济；③国务院规定的其他情形。保险保障基金筹集、管理和使用的具体办法，由国务院制定。

《保险保障基金管理办法》第 8 条则详细规定了保险保障基金的业务范围：①筹集、管理、运作保险保障基金；②监测保险业风险，发现保险公司

---

[1] 《保险法》第 116 条：保险公司及其工作人员在保险业务活动中不得有下列行为：①欺骗投保人、被保险人或者受益人；②对投保人隐瞒与保险合同有关的重要情况；③阻碍投保人履行本法规定的如实告知义务，或者诱导其不履行本法规定的如实告知义务；④给予或者承诺给予投保人、被保险人、受益人保险合同约定以外的保险费回扣或者其他利益；⑤拒不依法履行保险合同约定的赔偿或者给付保险金义务；⑥故意编造未曾发生的保险事故、虚构保险合同或者故意夸大已经发生的保险事故的损失程度进行虚假理赔，骗取保险金或者牟取其他不正当利益；⑦挪用、截留、侵占保险费；⑧委托未取得合法资格的机构或者个人从事保险销售活动；⑨利用开展保险业务为其他机构或者个人牟取不正当利益；⑩利用保险代理人、保险经纪人或者保险评估机构，从事以虚构保险中介业务或者编造退保等方式套取费用等违法活动；⑪以捏造、散布虚假事实等方式损害竞争对手的商业信誉，或者以其他不正当竞争行为扰乱保险市场秩序；⑫泄露在业务活动中知悉的投保人、被保险人的商业秘密；⑬违反法律、行政法规和国务院保险监督管理机构规定的其他行为。

经营管理中出现可能危及保单持有人和保险行业的重大风险时，向中国保监会提出监管处置建议；③对保单持有人、保单受让公司等个人和机构提供救助或者参与对保险业的风险处置工作；④在保险公司被依法撤销或者依法实施破产等情形下，参与保险公司的清算工作；⑤管理和处分受偿资产；⑥国务院批准的其他业务。简言之，目前，我国保障基金的职权可概括为三种：基金的管理权；风险监测和处置建议权；风险处置工作的参与权。其中，第三项职权是本文讨论的重点。

对危机公司的处置过程，也就是保障基金向保单持有人提供保障的过程。目前，国际上处置危机公司的方式主要有四种：[1]

第一，直接赔付或转移保单。这是保险保障基金最基本的使用方式。直接赔付主要用于保障已发生索赔的投保人，[2]保单转移是为了保障保单尚未到期的投保人。[3]对于未到期保单的投保人，原则上应先寻求保单的延续，当这样做不太可能时，才向投保人赔付其保单现金价值。当采取这两种方式时，保障基金并不积极地参与清算过程，而只是作为一般债权人。由于向投保人提供保障，保障基金取得代位求偿权，与其他不受保障的债权人处于同一个清偿顺序。

这类处置方式的优点是快捷，保障迅速到位。其缺点是在短期内拍卖公司资产，公司一些个性化投资跌价幅度较大，加大了基金的负担。

第二，整体购买与担保交易。承接公司在接受破产公司的全部受保障保单的同时，购买公司的全部或部分资产，保障基金向承接公司支付责任准备金与资产评估值之间的差额。在这种处置方式中，保障基金积极参与清算组的工作，负责寻求潜在的买家并与之就价格问题进行磋商。

此种方式的优点是：避免了负债与资产分割处理造成的资产价值下跌过大的问题，减小了破产损失，使得投保人的保障程度和范围都有所提高。其缺点是：整个破产进程会因寻找买家、资产评估和谈判而变得缓慢；其他未

---

〔1〕 参见杨哲："保险保障制度研究"，西南财经大学 2001 年硕士学位论文，第 36~39 页。

〔2〕 直接赔付，是指在破产债权申请截止日前的未支付索赔，作为一般债权参与破产清算，当破产资产不足，且索赔额不超过保障最高限额时，由基金弥补；在债权申请截止日至保单转移完成之间发生的索赔，在限额内由基金补偿；投保人愿意提取保单现金价值的，由基金补偿。

〔3〕 保单转移，是指将投保人尚未到期保单，按保险金受保障的最大金额或比例，转移给其他保险公司承担，并同时向承担公司转移相当于责任准备金减除该批保单下一期基金缴费金额的资产。

受保障的债权人为了维护其债权，可能会阻止保障基金进入清算组，使整体购买与担保交易无法达成。

第三，兼并。兼并须有两个条件：①发生在危机公司的财务状况尚未到不可救药的地步；②存在有兼并意愿的公司。与前两种方式不同的是，被兼并的公司不进入破产清算程序，而是被其他公司整体接纳，被兼并公司所有的债权人成为兼并公司的债权人。保障基金的任务是对兼并公司提供资金支持，帮助其顺利完成兼并。

兼并的优点是：兼并使所有投保人的债权都得到保全，获得事实上的完全保障，因此，不会遭到不受保障债权人的阻挠；在兼并方式下，基金的任务只是向兼并方提供融资，减少了基金资本的净损失。其缺点在于：兼并涉及两个公司的整合问题，所以，有兼并意愿并且合适的公司难找；兼并的形式和条件的谈判也需要一个漫长的过程。[1]

第四，直接资助危机公司。基金直接资助危机公司的条件是：①所有投保人都须得到保障以维持公众信心；②整体购买与担保交易以及兼并在操作上不可行；③危机公司的管理层经过调整后，有能力使公司起死回生。[2] 在此方式下，危机公司同样不进入破产程序。直接财力支持的方式很多，例如，购买公司资产以解决公司流动性问题、向公司直接贷款、向公司注入资本金等。

直接资助危机公司往往是保障基金不得已的选择，因为，采取这种方式可能会使保障基金成为公司事实上的经营管理者或股东，与行业成员形成竞争关系，这与其公益性矛盾，因此，在公司恢复后，保障基金应迅速撤出。

参照国际经验，同时结合我国实际情况，我国的保障基金参与风险处置的方式可以限定为以下三种：①向保单持有人提供救助；②向承接公司或兼并公司提供援助；③向危机公司直接提供援助。至于其他方式，可以根据以下标准来加以选择：行业破产损失最小化；维持行业的稳定，提升公众信心；向投保人提供更便利的保障；维护市场竞争秩序和基金组织的独立地位。这

〔1〕 为了使投保人在漫长的等待中不丧失信心，保障基金组织往往在谈判过程中，全面介入到公司的经营管理中，使公司的业务正常进行。此外，为了使兼并活动成功，基金组织与监管部门要密切合作，对于被监管部门识别为应接管的公司要在第一时间介入，使公司运行朝有利于兼并的方向发展。

〔2〕 事实上，在基金为直接资助时一般将替换原管理者作为一个条件。在向危机公司进行资助后，基金应该密切关注公司的运行，防止管理者为了迅速摆脱困境而放手一搏，以保证基金资本的安全回流。

四个标准是对立统一的关系，基金公司可以相机而断，做出合理选择。

(二) 保险保障基金的使用程序

我国保险保障基金的使用方式主要可以限定为三种：①向保单持有人提供救助；②向承接公司或兼并公司提供援助；③向经营困难的公司直接提供援助。目前，法规并没有对保险保障基金的使用程序进行规定，给保障基金开展救助工作带来了很大不便。以保障基金处理"新华人寿事件"为例，2007 年 5 月，保障基金采取购买股权的方式对新华人寿进行救助。但保障基金控股后随即面临的问题就是如何转让股权，该问题直到 2009 年 11 月才得到解决，由中央汇金投资有限责任公司接受保障基金转让的股权。如果当时已为保障基金的使用设计一种"低息贷款"的程序，贷款方式显然优于直接收购股权的方式，新华人寿股东的股权，可以作为获得保障基金低息贷款的抵押。因此，保障基金使用程序的制定，在当前具有必要性和急迫性。下面将借鉴我国台湾地区的经验，对我国保险保障基金的使用程序进行设计。

1. 向保单持有人提供救济的程序

第一，救济前的准备工作。在风险处置的过程中，如果涉及保险保障基金的补偿事宜，主管机关应通知保险保障基金予以配合。保险保障基金接到通知后，可以设立项目小组，负责处理以下事项：

(1) 审核查证保单持有人的请求权是否符合救济条件；

(2) 审核与保单持有人请求权及保险合同相关的资料；

(3) 拟定审核意见及救济方案，提交董事会决议；

(4) 根据董事会决议通过的救济方案进行拨款赔付；

(5) 根据董事会制定的授权审核标准，对审核结果符合救济条件的案件执行审核及拨款赔付的事项；

(6) 研拟代位行使保单持有人对保险公司请求权的相关事宜；

(7) 协助处理与赔付有关的求偿、和解、调解、诉讼及其他相关业务；

(8) 其他由主管机关或保险保障基金交付的事项。

项目小组为临时组织，其成员由保障基金董事长提名，经董事会通过后聘任。保障基金认为必要时，可以另行委托具有相关学识或经验的人员或机构协助处理审查或拨款赔付的相关事项。

第二，拨款赔付。对于经审核通过的案件，不论其为经董事会决议通过的赔付方案，还是符合授权审核标准的径行赔付案件，保障基金均应在经董事长核定后，尽快将核定的赔付金额汇入申请人或其指定的受领人的账户，以维护保险请求权人的权益。

为了拨款赔付事宜的顺利进行，如果项目小组的人力不足，保障基金在必要时，可以委托其他机构或保险公司代为处理拨款赔付事宜。

保障基金在拨款赔付后，如果发现申请人就请求赔付的相关事宜有造假欺诈的情形，可以请求申请人返还赔付金额。

除了确定赔付或不予赔付的情形外，对于仍有待审查的申请案件，保障基金可以根据实际经验或精算原理对相关赔付金额进行提存。如果将来此类申请案件通过审查，则可以动用提存资金予以赔付；如果此类案件确定不予赔付，可以依据会计原则收回提存资金。

第三，后续保险请求的处理。对于经保障基金董事会审核后认定为不予赔付或待查赔付的案件，在整顿、接管、清理或清算程序完结前，申请人可以补充资料申请再查证。经保障基金再查证后，如果确认符合赔付条件的，仍依据相关规定进行赔付。

在整顿、接管、清理或清算程序完结后，经过再查证程序仍无法确认符合赔付条件的申请案件，保障基金不负有赔付义务。但申请案件的保险请求权经法院判决确定胜诉的，不受前述限制。

第四，保险保障基金的代位债权。保险公司被依法撤销或者依法实施破产的，在撤销决定作出后或者在破产申请依法向人民法院提出前，保单持有人可以与保障基金签订债权转让协议，保障基金向其支付救助款，并获得保单持有人对保险公司的债权。[1]法规赋予保障基金代位请求权，其目的主要在于避免保单持有人获得双重赔付。此外，与保单持有人相比，保障基金更有能力实现其对保险公司的债权。

保障基金要获得代位债权，需要与保单持有人签订债权转让协议。这意味着，代位债权属于意定债权转让，那么，是否需要履行通知债务人（即保险公司）的程序？笔者认为，在保障基金提供救济的场合，保险公司或是依法被撤销，或是依法实施破产，大多已是处于停止营业状态，所以，当保障基金取得对已停业保险公司的债权时，实在没有再通知的必要，以避免背离

---

〔1〕 参见《保险保障基金管理办法》（2008 年）第 24 条的规定。

现实状况。但是，保障基金取得代位债权时，应予以公示，在公示期内允许其他债权人提出异议，以维护其他债权人的权益。

在保障基金拨款赔付后，项目小组应依据相关规定，立即以保障基金的名义，代位向风险处置程序中的保险公司行使保单持有人依据保险合同所享有的请求权。保险公司进入破产程序的，保障基金可以就其代位债权进行破产债权申报。保障基金代位请求的范围，相当于保单持有人所受领的救助款的金额。清算结束后，保障基金获得的清偿金额多余支付的救助款的，保障基金应当将差额部分返还给保单持有人。[1] 但是，保单持有人如果有妨碍保障基金行使或实现代位债权的行为，在受妨碍的金额范围内，保障基金可以请求保单持有人返还赔付的金额。

2. 向人寿保险合同的承接公司或合并公司提供救济的程序

（1）申请资格：

第一，承接保险公司因承受经营不善的保险公司的保险合同或因合并而遭受损失时，可以依法向保险保障基金提出申请，请求保障基金予以补助或低息贷款。

第二，申请文件主要包括：借款申请书（载明贷款的依据、金额、用途、期限），偿还计划书，董事会或董事会决议，最近三年经会计师查证的财务报表及申请日前一月份的相关报表（含财产目录），公司章程及足以影响公司营运的合同等。此外，另需提交损失计算明细表及载明担保物名称、数量的明细表。[2]

（2）受理申请：

第一，受损保险公司的资格审查：保障基金就保险公司提出的申请材料，审查是否符合受损保险公司的条件。如果不符合条件，则退回申请；如果材料不全，则要求保险公司限期补正或做进一步说明；如果符合条件，则依其性质不同，区分为以下两种处理程序。

第二，补助申请：如果申请人是配合政府政策接受指定或委托处理问题保险公司的，则可以提出补助申请，并采取相关审核程序。

---

〔1〕 参见《保险保障基金管理办法》（2008年）第24条的规定。

〔2〕 参见我国台湾地区"人身保险安定基金委员会审议保险业贷款处理要点"（1999年7月13日修正）第4条规定。

第三，低息贷款申请：如果申请人是自愿性合并或承接问题保险公司的保险合同的，则先以申请低息贷款为限，并采取相关审核程序。

（3）文件审核：

第一，成立项目小组审核：在审核符合上述申请条件的案件时，保障基金可以组成项目小组负责专业审查相关条件，并提出具体补助金额及贷款条件等建议交由董事会决议。

第二，委外作业：为了提高效率和严谨审查，保障基金在认为必要时，可以对外寻求具有专门学识或经验的人员或专业机构的协助。

第三，派员查证：项目小组如认为有需要，可派员实地查证。

第四，董事会审议：项目小组将具体的补助金额或贷款条件等建议提交董事会决议。如果董事会不同意，则应退回申请；如果需要补充材料，则在补充材料后送交项目小组重新审议。

（4）救助计划：

第一，拟定救助计划：申请案经董事会通过后，保障基金应尽快拟定出救助计划，连同申请人提交的申请材料，一并向主管机关送交，并报请核准。

第二，主管机关审核救助计划：主管机关负责审核保障基金所提交的救助计划的合法性和合理性，如果通过，则交由保障基金处理后续作业；如果没有通过，则退回保障基金并由保障基金退回申请人；如果需要补充材料，则由保障基金按照相关程序补正后再提交审查。

第三，国务院批准：动用保险保障基金，由主管机关拟定风险处置方案和使用办法，与有关部门协商后，报经国务院批准。保障基金按照风险处置方案和使用办法的规定，负责办理登记、发放、资金划拨等具体事宜。[1]

（5）签约拨款：

第一，签订贷款合同：救助计划经国务院批准后，如果是低息抵押贷款，将由保障基金与申请人签订贷款合同，并对担保物进行审核。

第二，利率核定：由保障基金根据资金成本核算贷款利率。

第三，抵押权的设定：为了确保债权，保障基金可以就申请者的抵押物设定足额抵押权。

第四，贷款及补助的拨付：保障基金应在贷款合同签订后 10 日内予以

---

[1] 参见《保险保障基金管理办法》（2008 年）第 17 条的规定。

拨付。

（6）监督追偿。如果申请人有违反贷款合同约定或事后重整成功的情形，保障基金可以进行追偿。为了提高效率，保障基金也可以对外委托相关专业机构进行追偿。

3. 向经营困难的保险公司提供贷款的程序

（1）贷款申请：

第一，保险公司有经营困难的情形时，可以请求保障基金提供贷款。至于"经营困难"的具体情形，可以由保障基金依据个案加以判断，以决定是否给予贷款。

第二，申请文件主要包括：借款申请书（载明贷款的依据、金额、用途、期限），偿还计划书，董事会或董事会决议，最近3年经会计师查证的财务报表及申请日前一月份的相关报表（含财产目录），公司章程及足以影响公司营运的合同等。此外，另需提交业务财务改善、管理层更换及股权改组等计划书。[1]

（2）文件审核：

第一，经营困难保险公司的资格审查：保障基金就保险公司提交的申请文件进行审查，如果不符合条件，则退回申请；如果资料不全，则要求限期补正或说明。

第二，成立项目小组：保障基金为了审查申请案件是否符合申请条件，可以成立项目小组负责专业审查，并提出贷款条件等建议交由董事会决议。

第三，委外作业：为了提高效率和严谨审查，保障基金在认为必要时，可以对外寻求具有专门学识或经验的人员或专业机构的协助。

第四，派员查证：项目小组如认为有需要，可派员实地查证。

第五，董事会审议：项目小组将具体贷款的条件等建议提交董事会决议，如果不同意，则退回申请；如果需要补充材料，则在补充材料后送交项目小组重新审议。

（3）救助计划：

第一，拟定救助计划：申请案经董事会通过后，保障基金应尽快拟定出

---

[1] 参见我国台湾地区"人身保险安定基金委员会审议保险业贷款处理要点"（1999年7月13日修正）第4条规定。

救助计划，连同申请人提交的申请材料，一并向主管机关送交，并报请核准。

第二，主管机关审核救助计划：主管机关负责审核保障基金所提交的救助计划的合法性和合理性，如果通过，则交由保障基金处理后续作业；如果没有通过，则退回保障基金并由保障基金退回申请人；如果需要补充材料，则由保障基金按照相关程序补正后再提交审查。

第三，国务院批准：动用保障基金，由主管机关拟定风险处置方案和使用办法，商有关部门后，报经国务院批准。保障基金按照风险处置方案和使用办法的规定，负责办理登记、发放、资金划拨等具体事宜。

（4）签约拨款：

第一，签订贷款合同：救助计划经国务院批准后，将由保障基金与申请人签订贷款合同，并对担保物进行审核。

第二，利率核定：保障基金对经营困难的保险公司提供贷款的利率，以资金成本浮动计算，必要时董事会可以视市场利率及实际情况酌定调整。

第三，抵押权的设定：为了确保债权，保障基金可以设定足额担保物抵押权。对于经营困难的保险公司提供贷款的额度，不得超过其所提供的担保物于贷款时市场价的80%。

第四，贷款及补助拨付：保障基金应在贷款合同签订后十日内予以拨付。

（5）贷款动用的监督〔1〕。接受贷款的保险公司应依约定的贷款用途使用，非经保险保障基金书面同意不得变更贷款用途。保障基金可以委聘律师、会计师或其他具有专门学识经验的人员辅导并协助保险公司经营。保障基金指派的辅导人员因辅导需要，可以调阅相关账册及文件数据，列席内部各项重要会议，并访谈相关人员，保险公司不得拒绝。

在贷款期间，保险公司有下列行为时，应先经辅导人员同意：①支付各种款项及从银行提款（但辅导人员可以根据贷款用途、公司内部控制制度及业务性质，指定应由其同意的支付项目及提领限额）；②抛弃、让与资产或有效合同；③发生债务、义务或责任；④与关系人的各种交易。保障基金指派的辅导人员进行辅导行为所发生的费用由保险公司负担。

---

〔1〕 参见我国台湾地区"人身保险安定基金委员会审议保险业贷款处理要点"（1999年7月13日修正）第9条规定。

四、保险保障基金的追偿规则

保险保障基金在参与保险公司风险处置以后，为了保障保险基金的充足和安全，还需要向问题保险公司及相关责任人进行追偿：

（一）向保险公司追偿

《保险保障基金管理办法》（2008 年）第 24 条第 1 款规定："保险公司被依法撤销或者依法实施破产的，在撤销决定作出后或者在破产申请依法向人民法院提出前，保单持有人可以与保障基金签订债权转让协议，保障基金向其支付救助款，并获得保单持有人对保险公司的债权。"该条规定为保障基金在支付救助款后向保险公司追偿提供了法律依据。

保障基金取得保单持有人对保险公司的债权后，应向行政清理人或破产管理人申报债权登记，等待保险公司的财产分配。这里需要讨论的一个问题是，保障基金的债权在破产清算中的清偿顺序。

关于保障基金代位债权在破产清算中的清偿顺序，各国的规定并不相同。依据美国 NAIC 制定的《保险业重整和清算示范法》第 47 节的规定，保险人破产财产的清偿分配顺序如下[1]：①接管人所明确核准的管理成本和费用；②保障基金的管理费用；③保单中所涉及的包括遭受损失的联邦、州立或当地政府的所有索赔，（"损失索赔"）包括第三方索赔，未支付的保费索赔，保障基金提出的关于支付索赔和履行保险人义务的索赔[2]；④除第③项索赔包含之外的联邦政府索赔；⑤应向雇员提供的服务、福利，以及由合同或其他形式约定的补偿或由上述原因对雇员相应服务的合理赔偿；⑥除了本节其他规定中作特殊分类的索赔之外的任何个人索赔，包括州立或当地政府的索赔；⑦任何州立或当地政府因处罚或没收而产生的索赔；⑧可估价的保单中的剩余债务或债务分配或类似债务，保费偿还额，从前 7 项索赔所涉及的索赔项目以及其他隶属于此等的特殊索赔；⑨股东或其他所有人因其作为股东或所有人的合法资格，或除了上述第③项或第⑥项中所涉及的其他合法资

---

〔1〕 参见孟昭亿主编：《国际保险监管文献汇编》（NAIC 下卷），中国金融出版社 2006 年版，第 1070~1071 页。

〔2〕 除了第②项规定的索赔外，保障基金提出的所有合理费用的索赔，所有关于寿险、健康险及养老金保险的索赔，不管是因为死亡理赔金、健康保险费、养老金、理赔金或者投资价值都应视其为"损失索赔"。

格而产生的索赔。

从上述规定可以看出，美国的法律不仅规定了保障基金代位债权的优先权，还规定了其管理费用的优先权，且后者优于前者但劣于接管人的管理费用；保障基金的代位债权与其他保单债权（例如，第三方索赔，未支付的保费索赔）处于同一清偿顺序，且都优于普通债权。

虽然同为普通法系，但英国的规定不同于美国。英国 FSCS 对"违约"的金融业者或第三人的追偿[1]规定于补偿规则（COMP Rules）之中。依 COMP Rules 7.2 的规定，FSCS 在补偿消费者之时，得约定消费者将其对问题金融业或第三人的全部或部分债权转让给 FSCS，以弥补支出的补偿费，FSCS 的受偿顺位与转让债权的消费者相同。但 FSCS 不得以行使追偿权作为威吓金融业者的手段。

FSCS 仅在评估具有成功可能性且费用合理时，才能对问题金融业者或第三者追偿，以免浪费资源。如果其决定不行使追偿权时，仍须将相关债权重新移转给原请求权人；如果其因追偿获得的数额大于实际支付给消费者的数额时，应将超过部分给付于消费者。

FSCS 五个子补偿机制采取的追偿方法并不相同，但一般而言，处理请求的过程都是在与清算人或接管人打交道，而 FSCS 通常被归类为无担保的普通顺位债权人。

英国与美国的不同之处在于，美国保险保障基金是基于法律明文规定而当然取得申请人对于保险业的权利，任何得到保障基金救济的申请人都应被视为已向保障基金转让其保单权利，[2]而 FSCS 则是通过与请求权人的约定而受让其相关权利。美国保障基金的代位债权在破产清算中优于普通债权，而 FSCS 通常被归类为无担保的普通顺位债权人。

其实，保障基金代位债权的清偿顺位源于保单债权（即保险金请求权）的清偿顺位，保障基金代位债权与普通债权的激烈冲突的根源就在于保单债权的优先清偿顺位。至于保单债权是否必然具有优先受偿性，国际上并没有

---

[1] FSCS 的追偿范围较广，除了违约的金融业者外，还可以对其他应负责的第三人进行追偿，例如，在职业灾害责任保险或交通意外事故保险，FSCS 就会检视是否有应负责赔偿的第三人存在以提出求偿。

[2] See Section 9. (1) of Post-Assessment Property and Liability Insurance Guaranty Association Model Act.

共识。一般而言，对于同一债务人的财产，各债权人是依据债权平等的原则进行受偿的，但是，基于公平原则、社会政策、消费者的保护或特定产业的促进等因素的考虑，立法会赋予某些特殊债权人对债务人的破产财产进行优先受偿的权利。问题是，如果对未经公示程序的特殊债权赋予优先受偿权，在法理上会有损害债权人平等保护原则和交易安全的保障之嫌。因此，立法在考虑是否赋予保单债权特殊保护时，应正确调整保单债权人（即保单持有人）、普通债权人以及第三人之间的利益，避免损及债权人平等原则和交易安全原则。

保单债权优先受偿的支持理由有：①通过降低保险公司倒闭损及保户权益的危险性，使保户更容易接受采用清算方式处理问题保险公司，这有利于问题保险公司退出市场，最终形成良性竞争的格局。②保单债权优先受偿可以减轻保障基金和纳税人的负担，虽然增加了普通债权人的风险，但这可以促使普通债权人积极监督保险公司的财务状况。

反对者的理由是：①赋予保单债权优先受偿权，表面上可以提升保户的信心，并且，保障基金的代位债权也因此优先受偿，似乎有助于降低处理问题保险公司的费用和成本，但普通债权劣后受偿可能会产生许多副作用。例如，普通债权人为规避债权劣后受偿的不利风险，就可能要求提高收益率，甚至采取确保债权早日实现的对抗措施，最终得付出更高的代价以维持金融安定。②保险基金在履行赔付责任后，取得具有优先受偿地位的保单债权，这可能降低主管机关立即采取纠正措施的动力，从而延误处理问题保险公司的时机。

事实上，两种理由都有实践的舞台。从时间阶段上看，支持派的理由主要在处理问题保险公司的初期阶段占主导地位；而反对派的意见则在处置工作渐入成熟阶段时占据上风。

我国《破产法》（2006年）第91条规定了保险金请求权的优先受偿顺序，保障基金在提供救助款后代位取得的债权也具有优先受偿地位，这种优先权可以预见会引起其他普通债权人的广泛质疑，因为，保障基金在收购个人债权后往往会成为保险公司最大的债权人。因此，保障基金取得代位债权时，应予以公示，在公示期内允许其他债权人提出异议，以维护其他债权人的合法权益。

（二）向公司负责人追偿

我国台湾地区的安定基金的追偿法律依据有两条，除了依"保险法"第143-3条第1项第3款的规定〔1〕向保险公司追偿、参加破产财产分配外，还可以依据"保险法"第153条的规定追究公司责任人的民事赔偿责任。

我国台湾地区"保险法"第153条规定："保险公司违反保险法令经营业务，致资产不足清偿债务时，其董事长、董事、监察人、总经理及负责决定该项业务的经理，对公司的债权人应负连带无限清偿责任。主管机关对前项应负连带无限清偿责任的负责人，得通知有关机关或机构禁止其财产为移转、交付或设定他项权利，并得函请入出境许可的机关限制其出境。第一项责任，于各该负责人卸职登记的日起满三年解除。"

我国台湾地区"保险法"第153条第1项规定的主要目的在于：①期望通过课以负责人连带无限清偿责任，能使其能够审慎经营；②当保险公司确实出现丧失清偿能力的情况时，能提供债权人较高的受偿机会。第153条第3项规定，负责人解除责任的期间为3年，这主要是督促债权人及时行使权利。

例如，在国华产险财务危机处理过程中，安定基金在完成垫付作业后，就依据第153条之规定向向国华产险董事长王锦标进行民事求偿。2006年10月24日，安定基金依"保险法"第153条的规定在我国台湾"台北地方法院"（以下简称"台北地院"）向国华产险的董事及负责人王锦标等人起诉求偿连带返还新台币1 369 033 549元。〔2〕2007年6月8日，"台北地院"完成审理，判决被告王锦标应给付原告1 369 033 549元及自2006年10月25日起至清偿日止，按周年利率5%计算的利息。由于诉讼金额庞大，二审裁判费用约为1500万元。被告王锦标虽委托律师提出上诉，同时向法院申请诉讼救助。但诉讼救助部分遭法院驳回，王某仍未缴交该笔诉讼费用，该案件已经

---

〔1〕 我国台湾地区"保险法"第143-3条第1项第3款规定：保险业依第149条第4项规定被接管、勒令停业清理或命令解散，或经接管人依第149条之2第3项规定向法院申请重整时，安定基金于必要时应代该保险业垫付要保人、被保险人及受益人依有效契约所得为之请求，并就其垫付金额取得并行使该要保人、被保险人及受益人对该保险业之请求权。

〔2〕 金额包括2005年12月12日至2006年5月9日垫付的理赔款554 158 617元，与2005年12月12日至2006年5月10日的退保费9 198 908元；经金管会核定的再保费260 000 000元，未决赔款545 676 024元。

确定。目前，安定基金已委托律师进行强制执行程序。[1]

我国的法律目前并没有类似的规定，但我国问题保险公司的产生与保险公司负责人的舞弊行为有着十分的密切关系，"新华人寿资金违规挪用案"就是最近的著名案例之一。2006 年 9 月保监会经初步调查发现，新华人寿董事长关国亮在任职 8 年间，累计挪用公司资金 130 亿元，这些资金或被拆借给形形色色的利益伙伴入股并最终控制新华人寿；或用于大规模违规投资或拆借，至案发时尚有 27 亿元未能归还。2007 年 5 月，保监会首次动用保险保障基金以市场价收购新华人寿问题股东手中的股权，以解决资金挪用问题。关国亮于 2006 年 12 月 27 日被正式免除董事长职务，并于 2008 年 10 月 27 日被北京市人民检察院第二分院以职务侵占罪、挪用资金罪向北京第二中级人民法院提起诉讼，该案至今尚未宣判。

显然，关国亮案仍秉承了我国一贯的"刑重民轻"路径，并没有追究责任人的民事赔偿责任，然而，晚近国外的司法实践及学说均出现了加重金融机构负责人的民事责任的趋势。原因在于，美、日等国在经历金融业危机后，有感于金融机构负责人内部舞弊是问题金融机构产生的重要原因，因而，上述国家的司法机关试图通过判例加重金融机构负责人的忠实勤勉义务，扩大其承担民事赔偿责任的主体范围，即主张负责人不仅应对股东，还应扩大对广大储户、保户等债权人承担忠实勤勉义务。这种主张的理由在于，一般公司负责人对股东负忠实勤勉义务是因为其受让掌管股东的钱，而与一般公司不同的是，金融机构的融资来源大部分是存款人、投保人的钱。同理，金融机构负责人在对股东负责外，也应对存款人、投保人负有忠实勤勉义务。[2]

上述观点为广大保户追究保险公司负责人的民事赔偿责任提供了理论基础，保障基金救济保户后取得代位债权，也可以以保险公司债权人的身份向责任人求偿。

当然，允许债权人对公司负责人求偿也会产生不利之处：①由于"先到先得"，即先赢得诉讼者或许尚有利可图，后发者即使胜诉，也未必能获得赔偿，这可能会出现债权人竞相诉讼的情况，而胜利往往属于那些强势且拥有

---

〔1〕 参见"国华产险清理进度报告"，载 http://www.tii.org.tw/fcontent/information/information04_01.asp? #no1，访问日期：2011 年 8 月 1 日。

〔2〕 刘俊：《各国问题金融机构处理的比较法研究》，上海人民出版社 2008 年版，第 399~340 页。

较多资讯的债权人。②数量众多的诉讼会使负责人疲于奔命，在公司处于财务困境时，势必会增加负责人压力，甚至可能迫使负责人为将来免受某些强势债权人的追责，而选择以公司资产优先对其进行清除，从而形成对弱势债权人不利的情况。[1]

事实上，在国华产险财务危机的处理过程中，就是由财力雄厚且具有资讯优势的安定基金为自身利益对负责人提出求偿的，而这可能会与其他债权人产生利益冲突。对此，笔者认为，回到全体债权人的观点较为合理，即保障基金向责任人提出求偿，应以全体债权人的整体利益为考量。尤其是当保障基金担任清理人或清算人时，对保险公司及其负责人的追偿应更为谨慎，应当以保险公司退出程序的顺利进行及协助其他债权人获得清偿为最优先考量，以避免出现与民争利的局面。

[该文发表在强力主编：《长安金融法学研究》（第 3 卷），
法律出版社 2012 年版，第 20~32 页]

---

[1] 刘俊：《各国问题金融机构处理的比较法研究》，上海人民出版社 2008 年版，第 425~426 页。

论我国保险保障基金制度的不足与完善*

　　摘要：随着我国经济迅速发展，保险行业不断成长壮大，保险行业的风险也越来越大，防范、化解风险已成为保险监管的首要任务。保险保障基金制度作为保单持有人的最后一道防线，其金融安全网作用也越来越受到重视。目前，我国保险保障基金制度已经基本建立，但由于发展时间较短，仍然存在一些缺陷与不足，许多问题需要予以明确和解决，以真正发挥其作用。

　　关键字：保险保障基金　立法现状　立法改进

引言——"新华保险资金违规运用案"引发的思考

　　对于投保人而言，"新华保险"这几个字一定不会陌生。新华保险全称新华人寿保险股份有限公司，成立于 1996 年 8 月，在国内寿险市场占有率位居前列。2011 年，新华保险在香港联合交易所和上海证券交易所同步上市，2012 年，实现保险业务收入人民币 977.19 亿元，总资产规模达到 4936.93 亿元，实现保费收入正增长，继续保持行业三甲地位。如此蒸蒸日上的业绩和荣耀确实吸引眼球，但就影响和知名程度而言，似乎比不上 2006~2007 年众所周知的"新华保险资金违规运用案"。毕竟，在 2007 年 1 月 20 日召开的全国金融工作会议上，温家宝总理直接点名新华保险，是多年来第一次在全国金融会议上点名批评的保险公司，也是中国保险监督管理委员会（以下简称"保监会"）首次动用保险保障基金处理的案件，被称为"中国保险第一案"。下面本文将对该案予以简要介绍。

---

　　* 本文作者为王瑞、钟蕾。

2005 年，普华永道会计师事务所在新华人寿审计中发现，其为北京的三家公司提供累计 8 亿元的担保。2006 年，保监会正式派出检查组，开始对新华人寿资金运用问题进行调查。调查发现，新华人寿董事长关国亮在任的 8 年间，累计挪用公司资金 130 亿元，或被拆借给形形色色的利益伙伴入股并最终控制新华人寿；或用于大规模违规投资房地产等领域。2006 年 12 月底，关国亮被正式免除董事长职务。2007 年 4 月 28 日，当时的保监会主席吴定富对外披露，保监会已决定作出对新华人寿"违规问题"的"初步处理"。20 天后，人们看到保监会出人意料的釜底抽薪之举——"动用保险保障基金收购股东股权"。[1]"2007 年 5 月 29 日，中国保监会网站在其行政许可栏目下发布《关于新华人寿保险股份有限公司股权转让的批复》。该批复显示，保监会使用保险保障基金购买了新华人寿 22.53% 的股份。这是该基金自 2005 年成立以来的首次运用。该批复是 2007 年 5 月 24 日作出的。保监会同意隆鑫集团有限公司、海南格林岛投资有限公司和东方集团实业股份有限公司分别将所持新华人寿 12 000 万股、9012 万股和 6024 万股股份全部转让给保险保障基金。转让后，保险保障基金共持有新华人寿 27 036 万股股份，占总股本的 22.53%。保监会要求新华人寿按照有关规定办理股权转让手续并相应修改公司章程。"[2]人们看到的是该案件的结果，但对于挽救新华人寿的保险保障基金制度知之甚少。保险保障基金是如何运用的？其运用的法定条件和程序是什么？目前，我国保险保障基金制度存在哪些缺陷和不足以及需要进行哪些立法的完善？下面本文将进行具体阐述。

一、我国保险保障基金制度简介

保险保障基金是根据《保险法》和《保险保障基金管理办法》的规定由保险公司缴纳形成，集中管理，统筹使用，用于救助保单持有人、保单受让公司或者处置保险业风险的非政府性行业风险救助基金。1995 年《保险法》首次对保险保障基金进行了原则性规定。该法第 96 条规定："为了保障被保险人的利益，支持保险公司稳健经营，保险公司应当按照金融监督管理部门

---

〔1〕 "新华保险前董事长关国亮获刑 6 年，曾被总理点名批评"，载 http://www.ce.cn/macro/more/201203/03/t20120303_ 23126024. shtml，访问日期：2013 年 11 月 12 日。

〔2〕 "保险保障基金成为新华人寿最大股东"，载 http://insurance.jrj.com.cn/2007/06/00000013522 1.shtml，访问日期：2013 年 11 月 12 日。但笔者并未在中国保监会官网上找到相应文件。

的规定提存保险保障基金。保险保障基金应当集中管理，统筹使用。"此后，中国人民银行和财政部先后发文对保险保障基金制度进行了较为详细的规定。2004 年 12 月 30 日，中国保监会发布《保险保障基金管理办法》，2005 年，各保险公司将已提取的保险保障基金缴入中国保监会开立的保障基金专户，保障基金实现集中管理。2006 年，保障基金理事会成立。2008 年 9 月 11 日，中国保监会、财政部、中国人民银行颁布新的《保险保障基金管理办法》，设立中国保险保障基金有限责任公司，依法负责保障基金的筹集、管理和使用。公司成立后，保障基金理事会自行终止。[1]目前，我国保险保障基金制度已经基本建立，但由于发展时间较短，仍然存在一些缺陷与不足，许多问题需要予以明确和解决。下面本文将进行具体分析。

（一）对《保险法》相关规定分析

自 1995 年《保险法》颁布至 2009 年，其中关于保险保障基金的条款一直只有 2 条。1995 年《保险法》第 97 条规定："为了保障被保险人的利益，支持保险公司稳健经营，保险公司应当按照金融监督管理部门的规定提存保险保障基金。保险保障基金应当集中管理，统筹使用。"另第 138 条规定："违反本法规定，有下列行为之一的，……（三）未按照规定提取保险保障基金、公积金的……"2002 年《保险法》第 97 条规定："为了保障被保险人的利益，支持保险公司稳健经营，保险公司应当按照保险监督管理机构的规定提存保险保障基金。保险保障基金应当集中管理，统筹使用。保险保障基金管理使用的具体办法由保险监督管理机构制定。"另第 145 条规定："违反本法规定，有下列行为之一的……（三）未按照规定提取保险保障基金、公积金的……"2009 年《保险法》第 100 条规定："保险公司应当缴纳保险保障基金。保险保障基金应当集中管理，并在下列情形下统筹使用：（一）在保险公司被撤销或者被宣告破产时，向投保人、被保险人或者受益人提供救济；（二）在保险公司被撤销或者被宣告破产时，向依法接受其人寿保险合同的保险公司提供救济；（三）国务院规定的其他情形。保险保障基金筹集、管理和使用的具体办法，由国务院制定。"另第 165 条规定："违反本法规定，有下列行为之一的……（三）未按照规定缴纳保险保障基金或者提取公积金的……"

---

〔1〕 任建国："我国保险保障基金制度的发展"，载 http://www.cnfinance.cn/magzi/2013－06/20－17316.html，访问日期：2013 年 11 月 12 日。

从《保险法》来看，整体而言，对保险保障基金制度的规定是比较简单的。1995 年《保险法》中保险保障基金条款第 97 条与 2002 年修订的第 97 条，两者在保险保障金的目的和原则上无区别，只是将保险保障基金规定和管理由金融监督管理部门变为了保险监督管理机构，两者都没有规定保险保障基金的使用情形、运用程序等相关规定。但在 2009 年修订后，在《保险法》中规定了保险保障基金的使用情形，并规定保险保障基金管理等具体规定由国务院制定。法律责任中，三者规定几乎相同。

（二）对《保险保障基金管理办法》的分析

2004 年 12 月 30 日，保监会发布了《保险保障基金管理办法》，在 2008 年 9 月 11 日，中国保险监督管理委员会、中华人民共和国财政部、中国人民银行共同制定了《保险保障基金管理办法》（以下简称《办法》），自发布之日起施行，2004 年发布的规定同时废止。二者的依据都是 2002 年《保险法》第 97 条。

细查 2009 年《保险法》，[1]涉及需要制定细化规定的一般表述都是"由国务院保险监督管理机构制定"。例如，该法第 98 条第 2 款规定："保险公司提取和结转责任准备金的具体办法，由国务院保险监督管理机构制定。"第106 条第 3 款规定："保险公司资金运用的具体管理办法，由国务院保险监督管理机构依照前两款的规定制定。"第 107 条第 3 款规定："保险资产管理公司的管理办法，由国务院保险监督管理机构会同国务院有关部门制定。"第136 条第 2 款规定："保险条款和保险费率审批、备案的具体办法，由国务院保险监督管理机构依照前款规定制定。"几乎无一例外。但是，该法第 100 条中表述为"保险保障基金筹集、管理和使用的具体办法，由国务院制定"。无疑令人困惑。

尽管保监会属于国务院直属事业单位，依据国务院授权履行行政管理职能，依照法律、法规统一监督管理全国保险市场，但法律规定由国务院制定和由国务院保险监督管理机构制定存在差别。根据《立法法》第三章，国务院根据宪法和法律，制定行政法规，由国务院组织起草并由总理签署国务院令公布。第四章第二节，国务院各部、委员会、中国人民银行、审计署和具有行政管理职能的直属机构，可以根据法律和国务院的行政法规、决定、命

---

[1] 下文中的《保险法》，如无特别指明，均指 2009 年《保险法》。

令，在本部门的权限范围内，制定规章。行政法规的效力高于部门规章。那么，关于保险保障基金筹集、管理和使用的具体办法，其效力等级应该是行政法规，而不是部门规章，作为现行保险保障基金制度法源的《办法》在效力等级上是不符合《保险法》规定的。

二、我国保险保障基金使用条件存在的问题与完善

《保险法》第100条规定了保险保障基金使用情形，保险保障基金在保险公司被撤销、被宣告破产或国务院规定的其他情形，向投保人、被保险人、受益人以及依法接受其人寿保险合同的保险公司提供救济。《办法》第16条规定："有下列情形之一的，可以动用保险保障基金：（一）保险公司被依法撤销或者依法实施破产，其清算财产不足以偿付保单利益的；（二）中国保监会经商有关部门认定，保险公司存在重大风险，可能严重危及社会公共利益和金融稳定的。"《办法》规定的使用条件显然更加细化，即保险保障基金动用条件有两个：第一个动用条件是，在保险公司被依法撤销或依法实施破产，其清算财产不足以偿还保单利益。第二个动用条件是，保险公司存在重大风险，可能严重危及社会公共利益和金融稳定。总体而言，第一个动用条件较为明确，第二动用条件实际上是一个兜底条款。下面，笔者将予以具体分析。

1. 保险公司被依法撤销

《保险法》第150条规定了撤销原因，主要包括两种情况：①保险公司因违法经营被依法吊销经营保险业务许可证的；②保险公司的偿付能力低于国务院保险监管机构规定标准，不予撤销将严重危害保险市场秩序、损害公共利益的。

2. 保险公司被依法实施破产，其清算财产不足以偿还保单利益

保险公司依法实施破产的条件是保险公司不能清偿到期债务，并且资产不足以清偿全部债务。动用保险保障基金的条件另需增加一条，即清算财产不足以偿还保单利益。

目前，存在的问题是《破产法》规定的一般企业的破产标准对指导保险公司破产意义不大。当保险公司出现流动性危机，不能清偿到期债务，即符合流动性破产标准时，可以动用保险保障基金予以解决。而资产负债标准，即资产不足以清偿全部债务，则更无法体现保险公司的危机性，因为，保险

公司本身就是高负债经营。以上标准均不能有效地起到预警作用，帮助保险监管机构进行及时的干预，因此，为了更好地防范和化解保险公司的风险，应该尽快明确保险公司破产的偿付能力标准，即监管性标准。[1]

3. 关于第二个动用条件

第一个动用条件较为明确，但第二个动用条件则表述模糊，有必要进一步进行明确和界定。例如，关于"重大风险"的界定。风险是指实现保险经营目标可能产生负面影响的不确定因素，重大风险是指不利偏差或后果特别严重的情形。保险公司的风险是由内因（公司治理、高层管理决策及其指导下的业务管理和产品流程过程中的各种因素）和外因（经济发展形势、投资环境、法律环境、特殊事件等）共同作用形成的。因此，要想充分体现各种风险对保险公司的综合效应，仅靠单一的风险指标是无法实现的，需要采取保险公司的偿付能力指标或总体财务状况指标来综合反映保险公司的风险状况。进而，"重大风险"也可以采用衡量保险公司偿付能力状况的定量指标来界定。

偿付能力是保险公司偿还到期债务的财务能力，目前，普遍采取"偿付能力充足率"来衡量保险公司的偿付能力状况。中国保监会根据保险公司偿付能力状况将保险公司分为下列三类，实施分类监管：①不足类公司，指偿付能力充足率低于100%的保险公司；②充足Ⅰ类公司，指偿付能力充足率在100%~150%之间的保险公司；③充足Ⅱ类公司，指偿付能力充足率高于150%的保险公司。[2]由上述规定可以看出，虽然并非所有的不足类公司都存在重大风险，但存在"重大风险"的保险公司，必然是偿付能力"不足类"的公司。

对于不足类公司，中国保监会应当区分不同情形，采取下列一项或者多项监管措施：①责令增加资本金或者限制向股东分红；②限制董事、高级管理人员的薪酬水平和在职消费水平；③限制商业性广告；④限制增设分支机构、限制业务范围、责令停止开展新业务、责令转让保险业务或者责令办理分出业务；⑤责令拍卖资产或者限制固定资产购置；⑥限制资金运用渠道；

---

〔1〕 参见刘彦："保险保障基金参与问题保险公司处置法律问题研究"，北方工业大学2010年硕士学位论文。

〔2〕 参见《保险公司偿付能力管理规定》（2008年）第37条之规定。

⑦调整负责人及有关管理人员；⑧接管；⑨中国保监会认为必要的其他措施。上述①~⑨措施一项比一项更为严厉。

笔者认为，存在"重大风险"的保险公司，是接近于被"接管"的保险公司。我国保监会于 2003 年颁布的《保险公司偿付能力额度及监管指标管理规定》（以下简称《管理规定》）曾规定，被"接管"的保险公司是偿付能力充足率小于 30% 的保险公司，尽管《管理规定》已废止，但笔者认为，该规定仍具有参考价值。保险公司一旦被接管，有两种结果：①在被接管期内得以恢复经营；②进入重整或破产清算。如果保险公司进入破产清算，保障基金直接救助保单持有人，这属于保障基金动用的第一种情形。因此，保障基金动用的第二种情形，可以界定为"不足类"保险公司中的两种情形：①按规定保险公司可以被接管，但通过保障基金救助可以避免被接管；②保险公司虽然已被接管，但通过保障基金救助可以得以恢复经营，免于进入破产清算程序。[1]值得注意的是，对于能够通过自身努力而摆脱"不足类"公司行列的保险公司，不被列入保障基金动用的第二种情形。

三、我国保险保障基金投资运营规则的不足与完善

截至 2013 年 8 月 31 日，保险保障基金余额达到 446.79 亿元，其中，财产险基金余额 264.81 亿元，人身险基金余额 181.98 亿元。[2]《办法》第 29 条规定，保险保障基金的资金运用应当遵循安全性、流动性和收益性原则，在确保资产安全的前提下实现保值增值。保险保障基金是保单持有人的最后安全防线，安全性第一固然重要，但这笔资金又不能闲置，因此，在保证安全性的前提下进行投资收益。《办法》将保险保障基金的资金运用渠道限于银行存款，买卖政府债券、中央银行票据、中央企业债券、中央级金融机构发行的金融债券，以及国务院批准的其他资金运用形式。

《办法》对于投资渠道规定得较为严格，主要限制在银行存款、政府债券及中央级的票据，而对证券市场、房地产、实业投资等风险性较高的投资仍很谨慎。通过银行存款利率和通货膨胀利率的对比可以看出，存款容易受到通货膨胀的侵蚀，基金投资用于银行存款很难实现保值增值。同样，由于国

---

〔1〕 谢志刚、赵桂芹主编：《中国保险业的风险、精算、监管》，上海科技教育出版社 2009 年版，第 196 页。

〔2〕 "基金规模"，载 http://www.cisf.cn/jjcj/sjgm/index.jsp，访问日期：2013 年 11 月 13 日。

债的较低风险性和较低收益率，将基金投资于国债也难以实现其保值增值的目的。固然投资工具的完善程度、证券市场和基金市场的发育程度对保险保障基金投资运营的外部环境会产生重大影响，规定保险保障基金的投资渠道少是出于保险保障基金的安全性考虑，却造成了保险保障基金投资的结构性缺陷，无法真正实现基金的保值增值。

对保险保障基金投资运营的规定，大多是粗线条的，缺乏可操作性，对于具体的投资比例、投资组合、投资管理，各方当事人的权利、义务与法律责任及监管制度等方面未明确规定。我国也缺乏对保险保障基金投资运营的监管规定。国际上关于基金的投资运营监管制度主要包括市场准入、收益担保、投资限制、信息披露、资产独立等监管内容，[1] 而我国现有法律、法规中只对保险保障基金的投资渠道作出了详细规定，对其他内容提及较少甚至未提及。

四、我国保险保障基金保障程度规定的完善

关于补偿救助，《办法》第 19 条和第 21 条分别针对非人寿保险合同和人寿合同做了规定，具体内容如下：

表1　我国保险保障基金的保障程度

业务类型	救助对象	救助比例
非人寿保险合同	保单持有人	①损失在 5 万元以内的损失：全额救助
		②损失超过 5 万元的部分： （a）个人：超过部分的 90% （b）机构：超过部分的 80%
人寿保险合同	保单受让公司	①保单持有人为个人的：不超过转让前保单利益的 90%
		②保单持有人为机构的：不超过转让前保单利益的 80%
说明：保单持有人的损失，是指保单持有人的保单利益与其从清算财产中获得的清偿金额之间的差额		

目前，我国基金的补偿规则还较为粗糙，需要进一步细化。例如，对于非寿险合同，机构保单持有人可以再细分为中小企业与大型企业两种。对于

---

〔1〕　刘蓓："我国养老报喜那基金投资监管法律问题研究"，西南财经大学 2006 年硕士学位论文，第 42 页。

中小企业，一般都应提供保障，而对于大型企业，由于其在购买保险时应具有风险管理的意识和能力，可以不包括在保障范围内，或者像英国那样，仅允许其申请一些强制险的补偿。[1]

除了上面的问题，我国保险保障基金制度还存在一些其他问题，例如，单一费率制的道德风险。目前，我国采取的是单一费率制，其无法体现出各保险公司风险状况的不同，也不利于抑制保险公司投资高风险领域的"道德风险"。另外，《办法》第10条规定："为依法救助保单持有人和保单受让公司、处置保险业风险的需要，经中国保监会商有关部门制定融资方案并报国务院批准后，保险保障基金公司可以多种形式融资。"该条规定为基金耗尽时的再融资提供了政策上的空间，但是内容过于模糊。

结　论

保险保障基金制度保单持有人的金融安全网是最后的保障。但我国保障基金制度建立较晚，经验相对欠缺，相关法律法规还不完善，随着保险保障基金规模的日益扩大，保险行业风险的增加，为了保护保单持有人合法权益，促进保险业健康发展，维护金融稳定，有必要不断完善保险保障基金制度。

（该论文发表在《商业时代》2014年第23期，第120~122页）

---

[1] 刘彦："保险保障基金参与问题保险公司处置法律问题研究"，北方工业大学2010年硕士学位论文。

论劳合社保险经纪人制度及对我国的启示[*]

摘要： 劳合社保险市场是英国保险市场的重要组成部分，并以其所特有的市场架构、运营方式、监督机制于国际保险市场上占据着一席之地，其关于保险经纪人自律管理的相关制度都非常之全面有效，本文对劳合社的经纪人自律管理制度进行研究，并特别针对其中一些值得中国借鉴的方面进行分析，从而对完善中国保险经纪制度提出建议。

关键词： 劳合社　保险经纪人　自律管理

劳合社（Lloyds），也可译为劳埃德社。1688 年，一个名为爱德华·劳埃德（Edward Lloyd）的英国商人，在泰晤士河畔开设了一间劳埃德咖啡馆，劳合社的历史也就此拉开了帷幕。

一、劳合社保险经纪人制度的起源

劳合社的前身是劳埃德咖啡馆，因为，咖啡馆和一些与航海有关的机构距离都不远，这家咖啡馆就成了各海上业务相关方进行信息交换和海上保险交易的聚集地。到了 1774 年，劳埃德咖啡馆租赁皇家交易所的房屋，从此，这个专营海上保险的个人保险商联合团体正式登堂入室；1871 年，英国当局颁发法案，使劳合社成为受到法律保护的保险社团组织。此后，劳合社向英国当局递交材料，申请取得了专营海上保险业务的法人资格，并且只能从事此类业务。对劳合社业务范围的限制，一直持续到 1911 年才被取消。此时，劳合社可以经营几乎涵盖各个方面的保险业务，包括水险业务。

---

* 本文作者为王瑞、王文惠。

　　早期的劳合社的业务范围主要被限制在海上保险业务。当时的海上贸易过程中事故频繁发生，船东要承担很大的风险，保险在此时就充分体现了它的重要性。而在英国保险市场上，由于承保风险较大、承保人规模小或分摊风险更加有益等多种原因，每一次航行的全部风险不是一个承保人能够足额承担或愿意承担的。他们认为，承担部分保额是对自身最为有利的，这样可以大大降低自身承保的风险。此时，就需要能有一个既有专业的保险知识，又对海上保险市场的行情十分了解、对于承保人和投保人的信息都掌握的，并能够在各方关系中游刃有余的人作为中间人，把其他承保人不承保的部分分散出去。使风险分散是保障海上贸易顺利进行的重要手段。"保险经纪人"这个职业也就应运而生。从劳合社独特的经营模式可以看出，劳合社保险经纪人是劳合社保险业务开展的重要桥梁和纽带。

　　从劳合社的性质来看，其并不是以一个保险公司的身份存在的，而仅仅是一个社团，这个社团的特点就是有许多从事保险行业的保险人因为共同目标而组成的社会组织。由于劳合社自己并不经营保险相关事务，在其保险市场运行过程中主要是由加入劳合社的会员以承保人的身份来承办保险业务，所以，其成员互不干扰，各自只对自身业务负责。劳合社自身只是为其成员提供交易的场所，并由劳合社以及内部的劳合社委员会制定较为严格的规章制度对成员进行约束，对他们的财政事务进行督促，为他们办理保险业务（例如，资料整理、签发保单、信息统计、政策研究、处理赔案等）提供相应的服务。会员开展的相关保险业务不由劳合社承担责任。而且，劳合社是目前国际上独一无二的许可个人经纪人参与保险业务的保险市场。

　　根据英国《保险法词典》的定义："保险经纪人是保险人和被保险人之间以安排保险为目的的中介人。他是被保险人的代理人，而非保险人的代理人。"经纪人为被保险人在保险市场上寻求以最优的价格获得最佳的承保。

　　劳合社保险经纪人与英国保险市场上的其他保险经纪人有显著区别，劳合社保险经纪人不仅受到英国相关法规的调整，还受到劳合社关于经纪人规章制度的管理。根据《1987 年劳合社法》基本规则第 5 条和《劳合社社则》第 25 条规定，只有劳合社委员会认可的保险经纪人才可以在劳合社大厅经营业务。[1]换言之，要想成为劳合社保险经纪人，必须具备保险方面的专业知

---

〔1〕 公力："伦敦劳合保险社研究"，载《经济研究》2014 年第 1 期。

识、道德良好、有管理日常保单业务和承保条的能力，还一定要缴纳不能少于 5 万英镑的资产作为担保等条件，并且，保证遵守劳合社的各项规则，在经过劳合社委员会同意后得以注册。除此以外，劳合社经纪人作为一般保险经纪人的一部分，同时也要注册成为英国保险经纪人注册委员会的成员，承诺遵守该委员会的各项规章制度。

无论是对他们的财政方面进行严格监控，还是在他们签订保险单据以及发生保险事故处理理赔时，劳合社对它市场上的保险经纪人都管理得非常严格。由此可见，"劳合社保险经纪人"是英国经纪人市场上的重要组成部分，发挥着不可替代的作用。

二、劳合社对保险经纪人的自律监管

目前，英国对于保险经纪人的监督管理，是国际上最完备的保险业监督管理体系，主要由三个机构进行监管：英国皇家保险学会、保险经纪人注册理事会和劳合社。其中，英国皇家保险学会属于事前监管机构，其负责为通过保险经纪人专业考试的人员颁发从业资格认证，是对保险经纪人在从业前的一种监管。保险经纪人注册理事会的职责是对经纪人进行实质上的管理，其自身是独立于其他监管部门的。该机构监管范围是三个机构中最广的，且具有政府监管和行业监管的共同功效。监管内容涉及保险经纪人的独立性、保险经纪人的专业知识技能和财务能力，并且随时检查、监督和及时处理、制裁等。下文主要介绍劳合社关于经纪人的自律监管体系。

（一）劳合社的自律管理

劳合社内部由一套高度自律准则对其会员和保险经纪人进行规制。劳合社自律规则具体表现为以下形式：

自律公约：具体是指自律组织制定的、目的在于使自身行业能够有序良好的发展、维护会员们的权益而制定的，有普适作用的规范性法律文件。

行业标准：指在一个行业范围内统一的标准，大多由国家行政部门来制定，主要包括道德标准、服务标准、质量标准和技术规范等。

具有指示性的条款：一般由自律组织自己编制，报保险监管部门批准备案后向会员公布，主要也是由单位成员自主或商议、协议使用。

"内部规定，作为从属性法律，在劳合社经营业务方面具有法律效力，无论个人与劳合社之间，制定对他们有约束力的协议是否适当。1982 年法令第

6 条第 2 款赋予了理事会以下权力：'为促进社团目标的实现，这些内部规则被视为对 1871~1982 年法令的行使是必备或适宜的，包括对本法令附件二中任意或所有指定事项的内部规定。'1982 年法令附件二中的指定事项是宽泛的，但是对根据第 6 条第 2 款授予理事会权力的概论没有预断。内部规定必须由理事会的'特别决议'来做出，即所有目前理事会工作成员和所有理事会外部及任命成员中各自的多数总和。"[1]

"如果有一个至少 500 名在理事会任职的成员签名要求内部规定上交给成员的书面公告，则内部规定或许会被理事会特别决议（事实上，通常被另一个内部规定）或者理事会召集的社团成员全体大会，在公布内部规则的 60 天内（或者理事会可能许可的更长的期间）撤回。这种会议以投票形式进行推选，会员人手一票。在这样的会议上，只要投票支持的会员人数达到整个社团所有人数的 1/3，一个决议便可通过。在 1993~1996 年危机时期，理事会采取了主动召开这些大会的实行，目的是在重大的、有争议的提议上获得会员的认可赞成，从而先取得有组织的异议之诉。"

"劳合社须遵守 FSA[2]（现在是 PRA 和 FCA）规则来告知监管者'目的是制定改变内部规定意义或作用的修正案'，一般至少提前 3 个月提出改变意见。还要求了除非是紧急事件，在修正案生效前要与有权益的党派请教商议。即在 FSA，'内部规定手册有延伸意义'。根据 1982 年劳合社法令第 6 条，使用理事会之权力制定任何内部规定、指导、规则或其他文书……以及依据内部规定、指导、规则，或其他文书制定的任何条件或要求。也就是说，这个说法明显符合理事会的要求依据劳合社内部规定的说法。"[3]英国保险监管的特色在于行业自律，而劳合社主要是在内部自己实行监督管理。保险行业监管慢慢地跟随金融市场混业经营的脚步与各行各业融为一体，这时的英国，不再需要对单一行业逐一击破，对全部金融市场进行整体性的把控即可。这样做的好处是使各个方面的效率都得到改进，无论是市场管理还是行业监管。

（二）劳合社对保险经纪人的监管

劳合社主要依据 1988 年出台的《保险经纪人细则》对内部保险经纪人实

---

〔1〕 Julian Burling, *Lloyd's: Law & Practice*, Informa Healthcare, 2012, p. 67.

〔2〕 英国政府于 2010 年 7 月宣布 FSA（Financial Service Authority，英国金融服务管理局）解散，并设立 PRA（Prudential Regulation Authority，审慎监管局）和 FCA（Financial Conduct Authority，金融行为监管局）来分别承担其职能。

〔3〕 Julian Burling, *Lloyd's: Law & Practice*, Informa Healthcare, 2012, pp. 66~67.

施监管。其实，英国一直实行的都是政府监管和行业自律协同合作的监管政策。20 世纪 70 年代前，英国的保险业监管一直是相对比较宽松的，只要保险公司经营态度认真负责，监管机构通常不会给予过多干预。虽然 1997 年金融服务局的成立，使金融市场进入到混业监管模式中，其中也包括保险业。这也使得原来分散的监管部门得到有效整合，但依然保持了以往相对宽松的政府监管态度，监管方式也着重"以控制风险"为出发点，行业自律在监管中仍然占有很大比重。劳合社的运作过程以及对于保险经纪人的监管，充分体现了行业的自律性，是保险市场"自我监管"的典范。[1]

具体来说，劳合社保险经纪人仍受《保险经纪人注册法》及其他一系列法律的约束，同时，劳合社也在 1990 年《保险中介附则》及《保险中介监管附则》中制定了一套严格的规章制度。规章中涉及了申请成为劳合社经纪人所需具备条件水平要求，虽然基本和保险经纪人注册委员会所制定的相差无几，但是，在制定一些比较细小、具体的准则时，显然，劳合社要求自己的经纪人有更高的水准，这从对经纪人从业限制的规定中就能看出来。1977 年《保险经纪人注册法》规定：①接受培训并取得资格证书；②曾经有过 5 年的从事相关工作的经验，最好为至少两家的保险公司工作过；③如果想注册，就需要在通过考试取得相关资格并至少工作 3 年。同时：①个人特性能够比较善于从事保险经纪类工作。②具有实际工作经验。③具有一定的资金。只有这样，才会被批准成为保险经纪人。

劳合社在要求保险经纪人必须遵守以上要求外，还具体了一些规则，例如：

（1）想要申请成为劳合社保险经纪人，首先就要在劳合社理事会申请并获得认可，其要求申请人无论是在知识储备方面，还是个人素养和品德方面、财政能力等角度都达到标准。劳合社内部对保险经纪人除了要求以上标准外，同时监督和指导他们的行为，帮助他们理赔，签订保险单，收集共同海损退还金等，并对行业资料进行整理、收集、学习，帮助出版劳合社刊物。

（2）劳合社对经纪人的最低资本金的要求也做出了细化和提高，经纪人最低资本必须满足"拥有不低于 75 万英镑的资产"之条件，这相对于一般的 25 万英镑要高很多。同样，关于职业责任险基本数额也非常高，在审查经纪

---

〔1〕 参见王姝："主要发达国家保险监管制度比较研究"，吉林大学 2013 年博士学位论文。

人的工作经验和能力方面尤其严苛。

（3）英国保险经纪人注册理事会对于违规的保险经纪人采取的是除名的惩处方法，虽然理事会只有这一种办法，但也是非常严重的惩处办法。因为，一旦被理事会除名，无论是何种组织形式的经纪人，均不得再以保险经纪人的身份进行有关经纪的工作。劳合社在除名的基础上，还制定了包括轻者警示，继而处罚罚金再直至取消资格等，从轻到重的各种严格的惩处方式。

由此可见，劳合社关于保险经纪人的规章制度的严格程度都远超过英国当局及其他组织规定，但也得益于制定了这么细致、严格的监管制度，使得劳合社市场及其保险经纪人在国际保险舞台上得到了充分的成长与壮大。

三、劳合社自律监管制度对我国的启示

保险经纪人是完备的市场体系所必需的，其在市场中发挥着重要的作用。从实际来看，我国的保险经纪人制度还很不完善，整个市场的发展还处于初级阶段，已经取得的一些成果还不能从根本上改变现状。在国际保险市场中，劳合社保险经纪人制度的巨大作用已被认可，在我国建立和完善自身相关制度的时候，一定要学好、用好先进的制度，通过引进吸收，丰富自身建设。

（一）严格监管制度

行业自律是劳合社保险经纪人监管的主要途径。尽管我国当前的基本情况让我们认识到，这种方式还不是很适合在中国开展。但是，我们的目标是要逐步建立"企业内部控制、行业自我约束、政府适度监管、社会全面监督"这一"四位一体"的监管体系。笔者认为，过多的行政监管不利于劳合社保险经纪人制度的发展，要减少行政干预。包括劳合社保险经纪人在内的好多经纪人都实行的是登记制度，只要符合监管机关规定的要件，保险经纪人就能进入保险经纪市场进行活动。行政审批制度在保监会的《保险经纪机构监管规定》中得到过明确，然而，这种方式在快速运行的市场机制下却面临着许多问题。政府审批涉及大量程序性事务，纷繁复杂，与登记制相比，会花费巨大的时间成本，导致诸多不必要的麻烦，同时，政府过多的严格监管，会拖慢保险经纪机构的全面市场化，影响其市场化的程度。笔者建议，要建立"四位一体"的多方位监管体系，从不同侧面加强对保险经纪人的监管。

而且，关于"外资保险经纪机构"，在我国的各项制度中并没有特别明确的阐释，缺乏有效规定。但我国的保险市场已经对外资敞开了大门，因此，

在充分地保障外资机构在保险经纪人市场活动的自由之外，要对他们进行有效的监管。保监会要全面审查外资机构向主管部门申请开具的证明材料，加强对相关机构职业证书的认定。对于外资机构的分支机构的监管问题，分支机构在进行相关业务时也应该严格遵守我国法律规定，受到《保险经纪机构监管规定》的全面监管。

（二）明确佣金支付制度

由保险人向保险经纪人支付佣金的做法是业内传统惯例，这有利于保险业务的开展，客户在接受经纪人服务的同时不用支付任何费用。但是，这种行为会让人觉得保险人与经纪人之间缺乏透明度，保险经纪人或者保险人可能会为了自身的利益损害客户的利益。这些做法会产生不利的后果，混淆客户对于经纪人和代理人的认识，限制经纪人制度的发展，以至于其在发展过程中失去特殊性。

首先，加强法律法规制度的建设。监管部门应该对经济业务佣金的支付方式做出明确的法律规定，明确是客户支付还是保险人支付，不得模糊界定，以保护客户应有的利益。

其次，要有明确并且丰富的佣金支付渠道。应该以有利于客户的方法计算佣金，例如，佣金金额可以用实际成交价格减去保险的名义价格，再根据一定比例提取。这样，经纪人从保险人处争取的折扣越大，其佣金数额也就越大。这样做可以提高经纪人的积极性，使其能够充分利用自身专业方面的优势，从客户角度出发，为客户争取更大的经济利益，不仅让客户受益而且也增加了自身的收入，增加了业务量，同时，提高了自己的信誉度、知名度，强化了双方的共同利益关系。另外，也有利于实现保险经纪行为的特殊性，体现保险经纪公司服务的专业性，更好地区分保险经纪行为与保险代理行为，从而提高保险市场的竞争力。

最后，可以让客户结合现实情况综合考虑，由客户选择佣金支付方式。

（三）充分发挥自律组织优势，提高自律组织的专业性

保险监管部门对于行业进行必要的约束，在存在自律规则的情况下，仍然有着非常重要的意义。具体规则的建立，能够促进整个保险行业的自律。仅有形式上和理性化的内容来对保险业加以引导，而缺乏切实可行的规则，就会使自律成为纸上谈兵，缺乏操作性。自律就是要通过减少外界直接干预，尽量依靠自身力量来约束自身，但是，这并不代表可以彻底脱离规则的束缚

而肆无忌惮。设立规则看似是为了限制权力，但实际上并非如此，规则是为了更好地敦促行业按照一定的标准来行事，在规则体系内获得更大的自由。这就如同"风筝的线"，适当的约束只是为了让风筝飞得更高更远，线的束缚则可使风筝免遭遗落。

劳合社的行业自律性极强，这不仅对劳合社内部管理起着非常重要的作用，也使得英国政府保险行业监管秩序井然。

由于我国的整体环境与英国并不相同，保险业监管部门的设立不是简单地出于成员的授权，而是由政府直接牵头成立的。而且，我国缺少一个像劳合社那样的全国性的统一保险交易市场，应该建立这样一个保险交易市场，赋予市场管理协会以完全独立的权力，敦促加强自律，才能充分发挥其作用，更好地维护竞争有序、公平合理的市场环境。对于不正当的行为开展多种形式的预防和约束，通过倡导诚信，组织成员签订自律公约等形式来提升行业的职业道德感，完善相关行业标准，提出具有针对性的指导性意见来提升自律水平。加强整个行业的诚信建设水平，引入失信曝光机制，促进自律效果的监督，真正实现行业自律的作用。

（四）加强我国保险经纪人法律规范

保险中介市场整体上是一个非常复杂的系统，包括很多方面，例如，经纪人、代理人、公估人、精算部门以及律师事务所等。新中国成立后，我国的保险市场发端于计划经济，因为这个原因，保险中介市场的各种业务都归于了保险人。改革开放之后，我国开始从计划经济向市场经济转型，代理人又开始主导保险中介市场，经纪人和公估人则居于次要地位，起着辅助作用，更缺少了精算事务所和律师事务所在中介过程中发挥积极的作用。从整体上来看，与发达国家对比，现在我国的保险经纪人中介市场是一个畸形发展的市场。

综合考虑，为了保证保险人能够认准自身业务，可以通过完善相关中介法律，制定统一政策，明确保险中介市场各方人员的身份定位，使其能够恪尽职守。经纪人作为受托人参与到保险业务过程中时，要明确中间人的身份，保证业务的顺利开展；要恪尽职守，切实履行自身职责，不能越权，在风险评估时，不能替代公估人对相关标的进行价值评估，成为资产风险的评估人；在帮助被保险人进行保险事故的索赔事项的时候，要尽心尽责，提供知识上的帮助，提供理赔数额的依据，而不是代替律师成为相关的代理人。统一的法律政策的最重要的目标就是能够使法律具有更大的确定性，普通民众也可以全面了解保险中介市场的情况，保险市场也可以在法律的阳光下健康运行。[1]

（五）通过各种路径提升保险经纪专业人才素质

为了更好地培养更多的相关方面的技能水平较高的人员，比较快速有效的方法是通过筛选一批通过相关资格考试，又具有相关事务操作能力的人才，安排他们到国外优秀的经纪公司进行交流，学习外部的先进模式和经验。

为进一步促进对国外先进经验的引进吸收和消化，培养出我们自己的高水平的保险经纪人才，可以通过引入外资参股中资保险经纪公司的形式，借助引进外资的形式，来引入外国的先进经验为我国保险经纪人发展服务，促使我国保险经纪人迈向世界的舞台。当然，我们眼前的短期利益并不是我们的目标，为了长远的利益，我们要探索更加完善的相关人才选拔和培养机制，还需要对相关的教材加以修改完善，相关课程根据实际情况进行合理优化，根据时间进行一些有组织的培训活动等，逐步完善保险经纪资格考试等各项制度。[2]

（该论文发表在《商业经济研究》2016 年第 11 期，
第 125~127 页）

---

[1] 参见张亚军："论保险经纪人的法律地位"，苏州大学 2006 年硕士学位论文。

[2] 参见王俊英："构建中国国情的保险经纪人制度"，载《合作经济与科技》2005 年第 8 期。

论金融消费者权益的特别立法保护

摘要：金融消费者在金融消费过程中的弱势地位，决定了对其进行特别立法保护的必要性，本文以我国台湾地区最新公布的"金融消费者保护法"为参照，结合我国大陆地区的实际情况，对我国大陆地区金融消费者保护特别立法中所应该规定的金融消费者及金融商品和服务的定义、金融消费者权利和金融服务业者义务、金融消费者的特别保护机构、金融消费争议的特别处理程序四个方面的重要问题进行了论述。

关键词：金融消费者　特别立法

随着现代金融业的发达，个人的消费行为，尤其是重大的个人消费行为有时不得不借助金融机构来帮助实现，现代社会中，个人越来越离不开对金融的需求。然而，金融服务业提供的金融商品及服务类型日益复杂化、专业化，使一般金融消费者对其购买的金融商品及服务的性质和风险难以充分了解，以致极易遭受损害，为了维护实质上的公平正义，有必要对金融消费者进行特别立法保护。通过对金融消费者进行特别立法保护，不仅可以更快、更好地解决现代金融业发展过程中出现的新矛盾、新问题，构建中国和谐社会。而且，还可以提升金融消费者的消费信心，有效地拉动经济的持续、稳定、高速发展。

我国台湾地区于 2011 年 6 月 29 日公布的"金融消费者保护法"，开启了金融消费者特别立法保护的新纪元，值得我国大陆地区学习借鉴。本文以我国台湾地区的立法经验为参考，结合我国大陆地区的实际情况，对金融消费者特别立法保护的几个具体问题进行探讨，希望能对我国大陆地区未来的金融消费者保护立法有所助益。

一、金融消费者概念的立法界定（包括金融商品和服务的概念）

金融消费者概念的界定是特别立法需要首先解决的重要问题。金融消费者是特殊的消费者群体，与消费者概念产生的历史背景类似，金融消费者概念的出现是商品经济发展到更加高级阶段的产物。

金融业的发达是商品经济进入更高级阶段的标志。现代社会中，个人越来越离不开对金融的需求，并且成为金融市场不可或缺的要素之一。[1]如果简单解释金融，那就是资金的融通。个人诸如购置房产、教育、医疗、养老等诸多生活需求都会涉及存款、股票、保险等各类金融商品的购买和使用。我们每个人的一生，几乎时时刻刻都要与金钱打交道，从某种角度讲，可以说它在人生中的地位仅次于生命。根据消费经济学理论，消费行为和储蓄行为构成了消费者最基本的两类行为，消费者需要在一定的内部因素和外部因素的作用下将其收入在消费和储蓄之间进行分配。随着金融市场的不断发展，消费者收入分配行为也随之发展。消费者可以通过借贷来增加当期可支配收入，也可以通过对金融工具的投资来增加未来的财富。[2]消费者可以通过存款或购买股票、债券等金融商品来储存甚至增加自己的消费能力，等到需要时再将购入的金融商品转换成现金用于消费；或者选择个人贷款等适当的金融商品预支自己的消费能力，以满足当前的消费需求。可见，个人通过金融消费活动，不仅可以改变消费的时间，还可以改变消费的质量。[3]

个人对金融的需求是随着消费需求结构升级而逐渐出现的，是一类较高级别的消费需求。当居民可支配收入和金融资产达到一定的临界值之后，人们将会对自己所持有资产组合的安全性、收益性和流动性提出更高的要求。以往以储蓄为主的单一财富结构已经不能满足居民日益增长的金融需求，"从储蓄向投资转移"的财富结构多元化也就势在必行。如何管理好自己的财富以实现保值增值已经取代衣食住行这些基本生活需求，成为消费者当前最为

---

〔1〕 市场客体、市场主体和场所是构成一个市场的三大基本要素。具体到金融市场，其交易客体是各种金融商品和服务，市场主体则包括提供金融商品和服务的"金融业者"，以及购买、使用金融商品和接受金融服务的"利用者"。这里的"利用者"又可分为机构利用者和个人利用者两类。只有后者才是金融消费者。

〔2〕 伊志宏：《消费经济学》，中国人民大学出版社 2004 年版，第 8 页。

〔3〕 张桥云：《论银行产品的家庭消费》，西南财经大学出版社 2004 年版，第 3 页。

关注的需求。消费者通过各种形式的投资活动（购买股票、债券、基金等），可以取得更多的资本利得，即非劳动所得。再加上各种形式的劳动所得，使消费者所能控制的资金更加充分，消费能力大幅度提高。可以说，各种形式的金融产品，不仅是提高消费者消费水平的促进剂，而且还为消费者提供了更多金融类的消费产品，进一步改变了消费者的消费观念，提高了消费者的生活水平。并为金融消费者概念的出现准备了必要的前提条件。

目前，金融消费者的概念在我国大陆地区虽然已经出现，但是，并没有得到大陆地区金融监管机构及相关实务部门的广泛认同：银监会已将购买银行产品、接受银行服务的顾客均视作"金融服务消费者"，并在各种文件和监管机构负责人讲话中多次使用。2006年12月，银监会颁布的《商业银行金融创新指引》中明确提出了"金融服务消费者"的概念，而且，该指引还专章规定了"客户利益保护规则"。2009年9月23日，为进一步推动我国金融领域消费者保护和教育事业，中国银监会召开了金融领域"公平对待消费者"项目启动会。该项目旨在推动银行业金融机构积极采取行动，更好地维护金融消费者权益，开展消费者教育，促进我国银行业的和谐健康发展。保监会也将投保者视为"保险消费者"。但是，证券行业并未使用"金融消费者"概念，证监会认为证券投资者具有投资性质，宜采用"金融投资者"概念。金融监管机构之外的相关政府部门对金融消费者的范围认定则仍然遵从《消费者权益保护法》对消费者的认定，例如，北京市工商局有关负责人在做客"首都之窗"时曾明确表示，股民、基民不是消费者，其投资行为不受《消费者权益保护法》保护。因为，股民、基民的行为从最终目的上说是一种投资经营行为，不是消费行为，不在消费者权益保护范畴之内，不适用《消费者权益保护法》。[1]

将传统金融服务中的消费者定义为金融消费者可能没什么困难，但是，当我们将投资人也视为消费者时往往面临阻碍。证券市场上的投资者可以分为两类：个人投资者和机构投资者。以股票市场为例，机构投资者包括证券投资基金、各类金融机构和非金融机构，它们资金实力雄厚，其投资的目的不仅限于获取股息红利，还在于通过买卖目标公司的股票，实现对其的参股

---

〔1〕 廖爱玲："股民基民交易属投资，不受消费者权益法保护"，载 http://money.hexun.com/2008-03-24/105321353.html，访问日期：2010年5月1日。

或控股，以加强与目标公司的联系，甚至控制其经营决策。而证券投资基金作为机构投资者，只不过是将个人投资者的资产集中起来，通过专家统一理财。因此，证券市场上个人投资者的数量十分可观。但是，与庞大的投资者人数相比，个人投资者的资金实力却极度分散。这样一支人数众多、力量分散、缺乏组织的个人投资者队伍在与资本市场中各色机构投资者的博弈中，毫无疑问处于弱势，他们不可能左右行情的发展，也不可能操纵指数的涨跌。究其根本，正是因为个人投资者的股权相当分散，导致上市公司的控股股东可以利用资本多数决原则这把保护伞"合理侵占"个人投资者的股东权益。而大股东通过虚假上市、非法占用上市公司资金、利用关联交易实现利润转移、多年不分红派息等手段侵犯个人投资者利益正是我国股票市场的显著特征之一。[1]如果一味坚持"同股同权，同股同利"，那么，个人投资者将永远处于形式平等、实质不平等的弱势地位。如果法律不关注资本市场上的这个弱势群体，不给予他们应有的保护，那么，这些无法"用手投票"的个人投资者只能选择"用脚投票"撤离这个市场。通过以上对两类不同投资者的分析比较，我们认为，购买基金等新型金融产品或直接投资资本市场的中小投资者，他们尽管有赢利动机，但由于与金融机构之间的严重信息不对称和地位不对等，仍与普通消费者有质的共性。[2]因此，可以在金融消费者特别保护法中将其视为金融消费者。

按照以上对金融消费者进行界定的思路，我国未来的金融消费者保护法应该参照我国台湾地区"金融消费者保护法"的相关规定，对大陆地区金融消费者的概念进行规定。"本法所称金融消费者，指接受金融服务业提供金融商品或服务者。但不包括下列对象：①专业投资机构。②符合一定财力或专业能力之自然人或法人。"[3]因该定义多为原则性规定，需要进一步明确以下几点：

第一，"金融服务业"的范围包括：银行业、证券业、期货业、保险业、电子票证业及其他经主管机关公告之金融服务业。前项银行业、证券业、期货业及保险业之范围不包括证券交易所、证券柜台买卖中心、证券集中保管

---

〔1〕 孙曙伟：《证券市场个人投资者权益保护制度研究》，中国金融出版社 2006 年版，第 72~73 页。

〔2〕 参见"金融消费者"，载 http://baike.baidu.com/view/5427384.htm，访问日期：2011 年 9 月 29 日。

〔3〕 参见我国台湾地区"金融消费者保护法"第 4 条的规定。

事业、期货交易所及其他经主管机关公告之事业。[1]

第二，"专业投资机构"的范围包括：①银行业、证券业、期货业、保险业（一般情况下不包括保险代理人、保险经纪人及保险公证人）、基金管理公司及政府投资机构。②政府基金、退休基金、共同基金、单位信托及金融服务业依证券投资信托及顾问法、期货交易法或信托业法经理之基金或接受金融消费者委任交付或信托移转之委托投资资产［包括：证券投资信托事业募集（或私募）发行与运用之证券投资信托基金、期货信托事业对不特定人或符合一定资格条件之人募集发行与运用之期货信托基金、证券投资信托事业或证券投资顾问事业或期货经理事业或信托业接受金融消费者委任交付或信托移转之委托投资资产等］。③其他经主管机关认定之机构。[2]

第三，"符合一定财力或专业能力之法人"的范围包括最近一期之财务报告总资产超过人民币1000万元之法人，始非属本法所称金融消费者。[3]

第四，"符合一定财力或专业能力之自然人"的范围包括"自然人依信托关系委托信托业投资境外结构型商品，其向该信托业提供人民币600万元以上之财力证明并申请为专业投资人，以该专业投资人身份，委托该信托业投资境外结构型商品之每笔交易，经核定后，就该境外结构型商品之交易范围内，非属本法所称金融消费者；自然人委托证券商买卖境外结构型商品，其向该证券商出具总资产超过人民币600万元以上之财力声明书，并申请为专业投资人，经审定后，委托该证券商之单笔投资金额每次均逾人民币60万元之等值外币，且于该证券商之投资（含该笔投资）往来总资产逾人民币300万元，则为专业投资人"。[4]

目前，我国大陆地区金融监管机构及相关实务部门意见的不统一，导致对金融消费者保护的特别立法相对于我国台湾地区已经是落后，这对于大陆地区金融消费者的保护是非常不利的。由于金融消费者保护的特别统一立法的缺位，大量与金融消费者保护相关的法律、法规等在法律概念、保护范围和保护的标准等方面均不一致，金融消费者的概念并没有在正式的国家立法

---

［1］ 参见我国台湾地区"金融消费者保护法"第3条的规定。

［2］ 参见我国台湾地区"'金融消费者保护法'第4条第2项授权规定草案说明"第2、3条的规定。

［3］ 参见我国台湾地区"'金融消费者保护法'第4条第2项授权规定草案说明"第4条的规定。

［4］ 参见我国台湾地区"'金融消费者保护法'第4条第2项授权规定草案说明"第4条的规定。

文件中得到确认。例如，《商业银行法》中称其为客户、存款人；《证券法》中称其为投资人；《保险法》中称其为投保人等。导致难以明确金融消费者保护的具体制度和标准，而《消费者权益保护法》是否能够适用于金融领域还存在着争议，更加剧了金融消费者维权的难度。因此，有必要参考我国台湾地区"金融消费者保护法"中金融消费者的概念，统一认识，为我国大陆地区未来金融消费者保护的特别立法做好准备。

二、金融消费者权利和金融服务业者义务的特别规定

金融消费者保护的特别立法在明确了金融消费者的基本概念之后，接下来就应该是对金融消费者权利和金融服务业者义务进行特别规定，这是受损害的金融消费者要求赔偿的请求权基础，因此，这一部分内容的规定非常重要。但是，从我国台湾地区"金融消费者保护法"第二章的规定来看，其只规定了金融服务业者的义务，而没有规定金融消费者的权利。笔者认为，为了使其更为完整、全面，金融消费者特别保护法中，也应该对金融消费者的权利进行特别规定。

金融消费者的权利同样也包括《消费者权益保护法》中规定的消费者的相关权利。但是，金融消费者的信息权（或称知悉真情权）是其最重要的一项权利。金融消费与普通消费相比，是一种较高层次和水平的消费形态，既包括享有金融机构提供的服务也包括购买金融机构所提供的商品。目前，我国消费者所享有金融机构提供的服务有存取汇款、各种消费贷款（例如，住房贷款、汽车贷款、大额消费品贷款）、银行卡、资产抵押、网上银行、个人理财等；所购买金融机构提供的商品有股票、债券、投资基金、权证、各种保险产品等。金融消费者购买的金融商品或服务，在目前的技术与社会实践背景下，几乎全部体现为信息的汇集。例如，消费者在银行进行的消费，包括存贷款、信用卡、理财产品的购买等，都是在银行作为金融服务者提供信息的前提下进行；消费者在证券市场的消费，包括股票、债券、权证、金融衍生产品的投入等，无纸化的前提下也都变成依赖于信息的交易；消费者购买保险产品，同样是在保险公司这一金融机构所提供的信息前提下进行。因此，金融消费的对象应该是一系列信息的组合，或者说，金融产品的质量取决于信息的质量是否良好，包括交易初始信息是否真实准确、完整，持续信息是否及时全面等。与传统消费中产品质量的要求相同，只不过在金融市场

中，产品的质量体现为信息的质量而已。对于普通消费者，产品质量是其权益保护的基础，是消费最基本的目的，因为质量问题，例如，产品瑕疵、产品缺陷导致的权益受损可以获得当然的最大限度的救济，例如，欺诈销售的惩罚性规定。同理，在金融消费领域，信息之于金融消费者如同产品质量的重要性，由于信息的发布、传递出现问题导致消费者权益受损，同样应严厉予以课责。没有一个完善的信息传递渠道，金融消费者就无法对自己的消费行为作出理性的判断。正如在销售假冒伪劣产品的过程中，消费者所看到的是虚假的产品进而做出错误的购买判断一样，金融商品的信息若不真实，金融消费者的危险更大，可能会出现无从维权的情形。在金融消费中，交易的本质实为信息的传递与运用。如果说《消费者权益保护法》是将商品作为同一的交易对象而不再区分此商品与彼商品的不同，以商品质量作为核心内容进行规范。那么，金融消费实际上就是在进行着信息的交易，信息的生产者或提供者无论是银行、保险公司还是证券公司，都会因消费者在消费过程中所依赖的是对金融商品的信息掌握而必须负担起更多的责任，因此，金融消费者信息权利就成了其诸多权利中最核心的内容。[1]这是金融消费者的基本权利，也是金融消费者权益保护基础。

金融消费者信息权是指金融消费者应对其消费行为享有基于服务者提供信息而决策的权利，即金融消费者及时获取与消费有关的真实、准确、全面信息的权利。具体到特别立法的条款当中，可以这样表述："金融消费者享有知悉金融商品投资运营模式、投资风险及真实收益情况的权利。"[2]例如，证券消费者在购买证券时，证券发行参与人（包括发行人、证券公司、登记结算机构、中介机构等）必须担负起如实披露信息的义务以保证消费者在决策时不受非市场因素的影响；投保人购买保险产品时，有权要求保险公司尽到充分的说明义务以保证对于购买产品正确的判断与预期。在选择性信息大量存在的前提下，要实现金融消费者信息权益，必须在监管部门的监管下强化金融服务者公平信息披露的义务。

除此之外，金融消费者特别立法还可以规定金融消费者的其他权利，例

---

〔1〕 郭丹："论金融消费者信息权益的保护"，载 http://www.chinalawedu.com/new/21602a8800aa2010/20101115lifei111932.shtml，访问日期：2011 年 10 月 30 日。

〔2〕 杨为乔、强力："2011 金融消费者保护法（建议稿）"，载《陕西省法学会金融法研究会 2011 年年会论文集》（未正式出版发行），第 180 页。

如，合法财产权利、自主选择金融商品和金融服务的权利、公平交易的权利、个人信息不受侵犯的权利（金融消费者的隐私权）。金融消费者依法求偿、结社、监督以及维护其人格尊严的权利适用《消费者权益保护法》。[1]

金融消费者的上述权利相对应的就是金融服务业者的义务，其内容主要有以下几项：

（一）善良管理人的注意义务

金融服务业与金融消费者订立提供金融商品或服务之合同，应本着公平合理、平等互惠及诚信原则。金融服务业与金融消费者订立之合同条款显失公平者，该部分条款无效；合同条款如有疑义时，应为有利于金融消费者之解释。金融服务业提供金融商品或服务，应尽善良管理人之注意义务。[2]

（二）如实告知义务（相对应的是金融消费者的信息权）

（1）金融服务业刊登、播放广告及进行业务招揽或营业促销活动时的如实告知义务。金融服务业刊登、播放广告及进行业务招揽或营业促销活动时，不得有虚伪、诈欺、隐匿或其他足致他人误信之情事，并应确保其广告内容之真实，其对金融消费者所负担之义务不得低于前述广告之内容及进行业务招揽或营业促销活动时对金融消费者所提示之资料或说明。金融服务业不得借金融教育倡导、引荐个别金融商品或服务。[3]

（2）订约前的风险揭露义务。金融服务业与金融消费者订立提供金融商品或服务之合同前，应向金融消费者充分说明该金融商品、服务及合同之重要内容，并充分揭露其风险。前项金融服务业对金融消费者进行之说明及揭露，应以金融消费者能充分了解的方式为之，其内容应包括但不限交易成本、可能之收益及风险等有关金融消费者权益之重要内容。[4]

（三）金融商品适合性义务（适合性原则）

金融服务业与金融消费者订立提供金融商品或服务之合同前，应充分了解金融消费者之相关数据，以确保该商品或服务对金融消费者之适合度。[5]

---

[1] 杨为乔、强力："2011金融消费者保护法（建议稿）"，载《陕西省法学会金融法研究会2011年年会论文集》（未正式出版发行），第180页。

[2] 参见我国台湾地区"金融消费者保护法"第7条的规定。

[3] 参见我国台湾地区"金融消费者保护法"第8条的规定。

[4] 参见我国台湾地区"金融消费者保护法"第10条的规定。

[5] 参见我国台湾地区"金融消费者保护法"第9条的规定。

上述"适合性义务（适合性原则）"，是指金融服务业者要充分了解客户（金融消费者），即"Know Your Customer"（简称 KYC）。于订立提供金融商品或服务之合同前，应充分了解所需之客户基本资料、财务背景、所得与资金来源、风险偏好及过往投资经验等各种资料，据以评估适性。金融服务业者提供金融商品或服务时，应确保该商品或服务对金融消费者之适用度（Suitability），而所谓适合度，指金融服务业者提供金融商品或服务时，应有合理基础相信该商品或服务适合金融消费者，该适合度考量之因素含销售对象之年龄、知识、经验、财产状况、风险承受能力等内容。[1]

另外，我国大陆地区未来的金融消费者保护特别立法还应该进一步明确：金融服务业者违反以上规定，致金融消费者受有损害的，应负损害赔偿责任。但金融服务业能证明损害之发生非因其未充分了解金融消费者之商品或服务适合度或非因其未说明、说明不实、错误或未充分揭露风险之事项所致者，不在此限。金融服务业应将上述法定义务性规定事项，纳入其内部控制及稽核制度，并确实执行。[2]

三、保护金融消费者权益的特设机构

为了对金融消费者的上述权利进行保护，有必要依法设立保护金融消费者的特别机构。2009 年 10 月 22 日，美国国会众议院金融服务委员会通过投票批准在"美联储"下成立一个独立的消费者金融保护局，负责对金融消费者的保护。我国台湾地区也依据"金融消费者保护法"的规定，正在积极组建处理金融消费争议的专门机构，预计将于 2012 年初开始正式运行。我国大陆地区距离设立统一保护机构的目标尚远，目前，对金融消费者的保护采取的是多头负责的方式，除了各级人民政府工商行政管理部门、消费者协会外，银监会与银行业协会负责对存款人的保护，证监会与证券业协会负责对证券投资者的保护，保监会负责对投保人的保护。这种多头负责的模式不利于金融消费者的保护，应该统一设立独立的金融消费者保护机构。笔者考虑可以有两种选择：

---

〔1〕 详见我国台湾地区"金融消费者保护法草案送立法院逐条说明"第 9 条部分第二点，"立法院议案关系文书"院总第 1043 号。

〔2〕 参见我国台湾地区"金融消费者保护法"第 11、12 条之规定。

（一）我国台湾地区的金融消费争议处理机构模式

我国台湾地区"金融消费者保护法"在第三章中对金融消费者保护特设机构进行了规定，但仅是一金融消费争议处理机构。[1]争议处理机构的性质为财团法人，捐助财产总额为新台币10亿元，除民间捐助外，由当局分5年编列预算捐助。争议处理机构设立时之捐助财产为2亿元新台币。以后，当局每年捐助2亿元新台币，分4年捐足。争议处理机构设基金，基金来源如下：①捐助之财产。②向金融服务业收取之年费及服务费。③基金之孳息及运用收益。④其他受赠之收入。[2]该机构虽然隶属于我国台湾地区"金融监督管理委员会"，但具有相对的独立性。

争议处理机构的组织结构：设董事会，置董事7人~11人；设监察人1人~3人。其董事及监察人，由主管机关就学者、专家及公正人士遴选（派）之。董事会应由全体董事2/3以上之出席，出席董事过半数之同意，选出董事一人为董事长，经主管机关核可后生效。董事、董事会及监察人不得介入评议个案之处理。董事会下设评议委员会与金融消费者服务部门。[3]

评议委员会的主要工作为处理评议事件，置评议委员9人~25人，必要时得予增加，其中，一人为主任委员，均由董事会遴选具备相关专业学养或实务经验之学者、专家、公正人士，报请主管机关核定后聘任。评议委员任期为3年，期满得续聘。主任委员应为专任，其余评议委员得为兼任。评议委员均应独立公正行使职权。[4]评议委员应具备之资格条件、聘任、解任、薪酬及其他应遵行事项之办法，由主管机关定之。评议委员会为处理评议事件，得依委员专业领域及事件性质分组：银行组（含电子票证）、保险组、证期组。

金融消费者服务部门，办理协调金融服务业处理申诉及协助评议委员处理评议事件之各项审查准备事宜。实行总经理负责制，下设管理处、教育宣

---

[1] 参见我国台湾地区"金融消费者保护法"第13条的规定："为公平合理、迅速有效处理金融消费争议，以保护金融消费者权益，应依本法设立争议处理机构。由政府捐助设立争议处理机构，并于该机构设金融消费者服务部门，除办理协调金融服务业处理申诉及协助评议委员处理评议事件之各项审查准备事宜外，并应办理对金融服务业及金融消费者之教育倡导，以有效预防金融消费争议发生。争议处理机构办理金融消费争议处理及前项业务，得向金融服务业收取年费及争议处理服务费。"

[2] 参见我国台湾地区"金融消费者保护法"第14条之规定。

[3] 参见我国台湾地区"金融消费者保护法"第三章第15、16、17、18条的相关规定。

[4] 参见我国台湾地区"金融消费者保护法"第17条的规定。

导企划处。管理处主要负责机关内部的行政事务（例如，人事、财务、资讯、总务、秘书、收发等）；教育宣导企划处下设教育宣导企划组、申诉组。

（二）在国家行政机关内部设立专门的金融消费者保护机构模式〔1〕

国家设立金融消费者保护机构，由国务院设置。各级金融消费者保护机构是我国金融消费者保护的主管机关。国务院设立金融消费者保护委员会，负责全国金融消费者保护工作，其下设立省（自治区、直辖市）、县两级分支机构，负责本辖区内的金融消费者保护工作。国务院金融消费者保护委员会设主席1名，向国务院负责，并报告工作。设副主席3名，辅助主席工作。

国务院金融消费者保护委员会设信息收集、政策制定协调机构，负责金融消费者保护规则起草、沟通、协调工作。并设立金融消费者投诉热线，负责接受金融消费者的投诉。

国务院金融消费者保护委员会设金融消费者教育辅导机构，负责金融消费者辅导服务工作。设金融消费者信息保护监督机构，监督金融业务经营者，保护金融消费者个人信息。

国务院金融消费者保护委员会设金融消费者争议处理机构，参照仲裁机构设置（或者参照上述我国台湾地区金融消费争议处理机构设置——笔者注）。各争议处理机构人员通过遴选产生，由国务院金融监督管理机构、中国人民银行及有关专家、学者共同组成。金融消费者保护委员会负责争议处理机构的日常事务性工作。

以上两种模式都存在一些缺陷，不适合我国大陆地区的实际情况。第一种模式对金融消费者保护机构的职责定位有失片面，保护金融消费者权益的特设机构应该是一个对金融消费者全面的保护机构，处理金融消费争议只是其职责之一，而不是全部。第二种模式在金融监督管理机构之外，再设立一个与之平行的金融消费者保护机构，容易造成两类机构之间职责权限的交叉和冲突，〔2〕而且不符合政府机构精简的目标。笔者认为，我国大陆地区未来

---

〔1〕 参见杨为乔、强力："2011金融消费者保护法（建议稿）"，载《陕西省法学会金融法研究会2011年年会论文集》（未正式出版发行），第179、180页。

〔2〕 虽然金融监督管理机构并没有保护金融消费者的法定职能，但是，由于金融机构的业务活动与金融消费者权益密切相关，所以，金融监管机构在对金融机构的业务活动进行监督管理的同时，也必定会在某种程度上起到保护金融消费者权益的作用。实践中，金融监管机构确实制定了一些规范金融机构业务活动、维护金融消费者利益的规定。

的金融消费者保护特设机构应该对第二种模式进行必要的改革优化，将现有的银监会、证监会和保监会进行合并整合，成立统一的金融监督管理委员会。然后，将金融消费者保护机构纳入统一的金融监督管理委员会之中，在金融监督管理委员会之下特设金融消费者保护局，在金融消费者保护局内设立金融消费争议处理机构，并注意维护其相对独立性。如此设置，便可在金融监督管理委员会的统一协调之下，处理好金融消费者保护机构与其他部门间职责和权限的划分，充分发挥金融监督管理委员会内部金融专业人才集中的优势，更快、更好地为金融消费者提供专业服务。

四、金融消费争议解决程序的特别规定

正如上文所述，依法设立保护金融消费者特别机构的目的不完全是处理金融消费争议，但是，处理金融消费争议毕竟是其主要任务之一。金融消费争议与一般的消费争议有很大区别，这是由金融业务的专业性、复杂性所决定的，由于金融消费争议的特殊性，有必要对这一问题进行特别规定。按照我国台湾地区对金融消费者予以特别保护的思路，其依法设立特别保护机构的主要目的是减少金融消费者求偿负担和时间，依据特别程序对金融消费争议进行快速处理。所谓的"金融消费争议"，是指金融消费者与金融服务业间因商品或服务所生之民事争议。[1]金融消费争议的处理程序应该包括以下六个步骤：

（一）向金融消费争议处理机构提出申诉的前置程序

金融消费者就金融消费争议事件应先向金融服务业提出申诉，金融服务业应于收受申诉之日起30日内为适当之处理，并将处理结果回复提出申诉之金融消费者；金融消费者不接受处理结果者或金融服务业逾上述期限不为处理者，金融消费者得于收受处理结果或期限届满之日起60日内，向争议处理机构申请评议；金融消费者向争议处理机构提出申诉者，争议处理机构之金融消费者服务部门应将该申诉移交金融服务业处理。[2]

（二）争议案件的受理

争议处理机构受理申请评议后，应斟酌事件之事实证据，依公平合理原

---

〔1〕 参见我国台湾地区"金融消费者保护法"第5条的规定。

〔2〕 参见我国台湾地区"金融消费者保护法"第13条的规定。

则，超然独立进行评议。争议处理机构为处理金融消费争议事件，得于合理必要范围内，请求金融服务业协助或提出文件、相关资料。受请求之金融服务业未协助或提出文件、相关数据者，争议处理机构得报请主管机关处理。[1]金融消费争议事件涉及众多金融消费者或金融服务业，且事件类型相似者，或涉及重大法律适用争议者，争议处理机构对该等争议事件得暂时停止处理，并针对该等争议事件拟订争议处理原则经报请主管机关同意后，依该处理原则继续处理，或向有权解释法令之机关申请解释后，据以继续处理。[2]金融消费者申请评议后，争议处理机构得试行调处，[3]试行调处后有以下三种情况：

（1）当事人任一方不同意调处或经调处不成立者，争议处理机构应续行评议。[4]

（2）调处成立者应作成调处书；送达当事人，并依法交法院核可。[5]

（3）金融消费者已依其他法律规定调处或调解不成立者，得于调处或调解不成立之日起60日内申请评议。[6]

金融消费者申请评议，应填具申请书，载明当事人名称及基本资料、请求标的、事实、理由、相关文件或数据及申诉未获妥适处理之情形。金融消费者申请评议有下列各款情形之一者，争议处理机构应决定不受理，并以书面通知金融消费者及金融服务业。但其情形可以补正者，争议处理机构应通知金融消费者于合理期限内补正：①申请不合程序。②非属金融消费争议。③未先向金融服务业申诉。④向金融服务业提出申诉后，金融服务业处理申诉中尚未逾30日。⑤申请已逾法定期限。⑥当事人不适格。⑦曾依法申请评议而不成立。⑧申请评议事件已经法院判决确定，或已成立调处、评议、和解、调解或仲裁。⑨其他主管机关规定之情形。[7]

（三）对争议案件的评议

争议处理机构于受理申请评议后，应由评议委员会主任委员指派评议委

---

〔1〕 参见我国台湾地区"金融消费者保护法"第20条的规定。
〔2〕 参见我国台湾地区"金融消费者保护法"第22条的规定。
〔3〕 参见我国台湾地区"金融消费者保护法"第23条的规定。
〔4〕 参见我国台湾地区"金融消费者保护法"第23条的规定。
〔5〕 参见我国台湾地区"金融消费者保护法"第23条的规定。
〔6〕 参见我国台湾地区"金融消费者保护法"第23条的规定。
〔7〕 参见我国台湾地区"金融消费者保护法"第24条的规定。

员 3 人以上为预审委员先行审查，经研究后，提出审查意见报告。评议委员对于评议事项涉及本人、配偶、二亲等以内之亲属或同居家属之利益、曾服务于该金融服务业离职未满 3 年或有其他足认其执行职务有偏颇之虞时，应自行回避；经当事人申请者，亦应回避。前项情形，如果评议委员及当事人对于应否回避有争议，应由争议处理机构评议委员会决议该评议委员是否应予回避，并由争议处理机构将决议结果于决议之日起 3 日内，以书面通知当事人。评议委员会主任委员应于预审委员自行回避或前项评议委员会决议预审委员应予回避之日起 5 日内，另行指派预审委员。[1]

评议程序以书面审理为原则，并使当事人有于合理期间陈述意见之机会。评议委员会认为有必要者，得通知当事人或利害关系人至指定处所陈述意见；当事人请求到场陈述意见，评议委员会认为有正当理由者，应给予到场陈述意见之机会。前项情形，争议处理机构应于陈述意见期日 7 日前寄发通知书予当事人或利害关系人。[2]

预审委员应将审查意见报告提送评议委员会评议。评议委员会应公平合理审酌评议事件之一切情状，以全体评议委员 1/2 以上之出席，出席评议委员 1/2 以上之同意，作成评议决定。[3]

（四）评议书的送达

评议委员会之评议决定应以争议处理机构名义作成评议书，送达当事人。评议书之送达，准用《民事诉讼法》有关送达之规定。[4]当事人应于评议书所载期限内，以书面通知争议处理机构，表明接受或拒绝评议决定之意思。评议经当事人双方接受而成立。金融服务业于事前以书面同意或于其商品、服务合同或其他文件中表明愿意适用本法之争议处理程序者，对于评议委员会所作其应向金融消费者给付每一笔金额或财产价值在一定额度以下之评议决定，应予接受；评议决定超过一定额度，而金融消费者表明愿意缩减该金额或财产价值至一定额度者，亦同。[5]

（五）评议书的司法认可

金融消费者得于评议成立之日起 90 日之不变期间内，申请争议处理机构

---

〔1〕　参见我国台湾地区"金融消费者保护法"第 25 条的规定。
〔2〕　参见我国台湾地区"金融消费者保护法"第 26 条的规定。
〔3〕　参见我国台湾地区"金融消费者保护法"第 27 条的规定。
〔4〕　参见我国台湾地区"金融消费者保护法"第 28 条的规定。
〔5〕　参见我国台湾地区"金融消费者保护法"第 29 条的规定。

将评议书送请法院核可。争议处理机构应于受理前述申请之日起 5 日内，将评议书及相关案卷及证据送请争议处理机构事务所所在地之管辖地方法院核可。除有法院因评议书内容抵触法令、违背公共秩序或善良风俗或有其他不能强制执行之原因而未予核可者，法院对于前项之评议书应予核可。法院核可后，应将经核可之评议书并同评议事件相关案卷及证据发还争议处理机构，并将经核可之评议书以正本送达当事人及其代理人。法院因评议书内容抵触法令、违背公共秩序或善良风俗或有其他不能强制执行之原因而未予核可者，法院应将其理由通知争议处理机构及当事人。[1]

（六）评议书的强制执行

评议书经法院核可者，与民事确定判决有同一之效力，可以申请法院强制执行，当事人就该事件不得再行起诉或依本法申诉、申请评议。评议书经法院核可后，依法有无效或得撤销之原因者，当事人得向管辖地方法院提起宣告评议无效或撤销评议之诉。[2]

综上所述，我国大陆地区未来的金融消费者保护法的主干内容是：金融消费者及金融商品和服务的概念和内涵、金融消费者权利和金融服务业者义务、金融消费者的特别保护机构、金融消费争议的特别处理程序。本文着重围绕这四个方面的内容进行了论述，除此之外，《金融消费者保护法》还应该包括另外两部分：一是立法开头的总则部分；二是立法结尾的法律责任部分。由于篇幅所限，本文在此不赘。

（该论文发表在《求索》2012 年第 8 期，第 8~10 页）
[注：本文是作者参与的北京市学术创新团队科研项目：
"金融创新背景下金融投资人保护法律制度研究"
（该项目编号为：PHR201107108）的中期成果之一]

---

〔1〕 参见我国台湾地区"金融消费者保护法"第 30 条的规定。
〔2〕 参见我国台湾地区"金融消费者保护法"第 30 条的规定。

论金融消费者权益的国际保护[*]

摘要： 由于金融产品交易的特殊性，金融消费者往往处于信息的弱势地位，出于社会公正和有序的要求，需要保护金融消费者权益。然而，面对经济全球化的趋势，金融消费者对国际上的保护需求越来越迫切。本文将从金融消费者权益保护的背景出发，研究金融消费者国际保护的重要性，详细介绍金融消费者保护的现状、国际协议及国际组织，试图找到金融消费者权益的国际保护之路。

关键词： 金融消费者　国际保护

引　言

当今世界经济中，经济全球化与区域化是两股平行发展、相互促进、相辅相成的潮流。经济全球化的表现之一就是金融全球化。金融领域的跨国活动以汹涌澎湃之势迅猛发展。金融市场作为市场经济的一种高级形式，其核心功能在本质上表现为为社会之先进生产力提供长期资本资源及使这种资源进行内部的自我更新即交易，进而达到优化配置的功能。2008 年爆发的金融危机让金融界经历了一番动荡。投资银行倒台、信贷系统瘫痪、实体经济重创等问题接踵而来，作为金融体系基本组成部分的金融消费者承受了危机下不能承受之重。本次危机让各国监管当局普遍意识到，只关注金融机构的利益诉求而忽视对消费者权益的保护，势必会破坏金融业赖以生存及发展的基础，影响金融体系的稳定性。如何在金融全球化的背景下对金融消费者进行保护，

---

[*] 本文作者为王瑞、赵茜雯。

成了目前应当解决的难题。希望通过介绍目前世界金融消费者保护体系，以期达到完善金融消费者国际保护制度的目的。

一、金融消费者权益国际保护的必要性

（一）金融全球化

随着世界经济的全球化发展，金融领域的跨国活动也在以汹涌澎湃之势迅猛发展。金融全球化不仅成了世界经济发展最为关键的一个环节，同时，成了最为敏感的一个环节。金融全球化促使资金在全世界范围内重新配置，一方面，使欧美等国的金融中心得以蓬勃发展；另一方面，也使发展中国家，特别是新兴市场经济国家获得了大量急需的经济发展启动资金。可以说，世界经济的发展离不开金融全球化的推动。

金融全球化是指金融业跨国发展，金融活动按全球统一规则运行，同质的金融资产价格趋于等同，巨额国际资本通过金融中心在全球范围内迅速运转，从而形成全球一体化的趋势。[1]

从 20 世纪 80 年代开始，金融业出现了四大创新——货币调换交易、利率调换、票据发行便利以及期权交易。他们面对的顾客是全球性的，其交易范围也是国际性的，而创新广泛应用的结果是使银行业务和国际证券市场越来越趋于全球一体化。

银行业也开始在全球范围内调度资金，经营各种业务，并无国际、国内之区分，不受国界的限制。发达国家放松了资本流动限制和外汇管制，开放金融市场，取消了非居民购买国债和货币市场票据的限制。这些放松措施使跨国银行经营环境大为改善，可以越来越多地参与所在国国内的金融业务，与所在国当地银行起着相同的作用。并且，还通过其所在国外的分支银行办理总行所在地不能经营的证券业务，使国内业务国际化，从而使国内外市场更趋一体化。

国际证券市场的发展使国内证券市场与国际证券市场日益联成一体。如今，在多数发达国家，隔离国内和国际证券交易的大量机构性障碍已经消除。从而使越来越多的股票在外国交易所报价交易。投资银行和证券公司正日益

---

[1] "金融全球化"，载 http://baike.baidu.com/link? url=Jc2O_ 1We7YbbNk8QrgPe94_ omNMs2UG G9y-D81C2nqYR6tO_ OeIYWz_ 08LdUHAHMhN5JK19PRngFcSLtkELfda，访问日期：2014 年 12 月 22 日。

走向国际，从事跨国证券交易和投资，从而使全球证券市场联为一体。

正因为目前金融全球化的趋势，在 2008 年爆发的次贷危机——美国作为世界上唯一的超级大国——爆发瞬间就影响了全世界的金融中心以及一些周边国家，其范围也不仅仅是次贷危机方面，而是蔓延到了整个金融行业，一度造成了世界各国的恐慌。

（二）金融消费者与金融机构之间信息不对称

金融商品、金融交易相较于普通商品、普通交易，具有更强的专业性和复杂性，而金融行业相比于普通行业，其准入门槛高、垄断性强，都不可避免地使普通金融消费者处于弱势地位，在交易中与卖方处在严重的信息不对称状态。金融商品的高度专业性对消费者的专业水平提出了很高要求。由于个人的知识水平有限，仅靠自身的力量，很难正确有效地把握金融商品的重要信息和规避不适当的风险。个人在及时搜集并处理有效信息、了解购买服务流程、与卖方进行交涉等方面也处于天然劣势。在这种情况下，金融机构对金融商品的宣传、推销和劝诱行为，以及其他与交易决策有关的信息就左右着消费者的交易判断。即便金融机构一方提供了商品的所有信息，但是，如果大量采用晦涩难懂的专业术语，消费者仍然无法真正理解金融商品。[1]

随着金融全球化发展趋势，越来越多的跨国大型金融机构开始在外国开设分支机构，国与国之间消费者与金融机构的联系日趋紧密。相对而言，有些国家金融机构金融产品种类少，服务意识和质量落后。因此，越来越多的高收入阶层选择跨国金融机构提供的私人银行业务，以满足他们资产增值、保值和分散风险的需求。私人银行业务往往涉及跨行业、跨市场的金融衍生产品，这些设计极其复杂的金融衍生产品具有信息不透明、不对称性和交易的高杠杆性、高关联性特点。而销售人员在赚取更多佣金的利益推动下，往往有意识或无意识地对消费者隐瞒产品可能的风险，片面夸大收益，金融消费者无法掌握其产品的相关信息，或者即使他们掌握了产品的相关信息，也不具备理解这些信息真实含义的能力。他们更容易迷信权威，盲目购买由跨国金融机构所谓"高级理财师"所推荐的各种风险性极高的金融衍生产品，导致巨额亏损，从而引发了大量的交易纠纷。

随着金融领域的创新和改革的不断深化，金融产品和服务在带来丰厚收

---

〔1〕 参见何颖："论金融消费者保护的立法原则"，载《法学》2010 年第 2 期。

益的同时，也放大了金融消费的风险性，削弱了金融体系的稳定性。个人财富的不断累积，投资成为必然的消费需求，新增的投资者多数没有投资经验，这就使投资者与金融机构间的信息不对称问题进一步加剧。在金融全球化的大背景下，世界金融业的联系越来越紧密，金融危机的爆发往往牵一发而动全身，一旦某个国家的金融出现问题，世界各个国家都有可能受到牵连。而金融商品或金融服务业本身的特殊性，也要求人民跨区域的进行保护。加强金融消费者权益的国际保护，对我国来说可以进一步提高广大群众的金融消费意识和抗风险能力，维护金融稳定，提高金融服务与管理水平，为经济社会更好、更快发展提供更强保障。同时，对于跨国的金融消费者，也可以在一定程度上为保护他们的利益提高一定的保障，促进世界金融业的发展。

二、金融消费者国际保护实践

世界各国面对金融全球化的趋势，积极参与金融消费者权益保护的国际合作，通过国家间金融消费者权益保护实践来寻求全球性的金融消费者权益保护。就目前所知，金融消费者权益保护实践可分为区际的国际保护实践与国际组织的保护实践。

（一）区际保护实践：欧盟

早期所建立的欧洲经济共同体框架内，消费者政策没有成为欧共体的普遍政策，条约中没有提到消费者。签署于 1957 年的《欧洲经济共同体条约》（又称《罗马条约》）只是初步达成了实行经济一体化的模式，仅仅作为一种政策宣言和形式上的统一，并没有更多的对金融领域深层次的探讨，也没有确定在消费者权益保护领域的行动计划的法律基础。由于欧共体条约并非法律，没有任何强制力，因此，对成员国的金融市场业难以产生实质性的约束和影响，成员国没有向欧盟移交监管权和司法权，也很难要求成员国作出一致的决定。提高对消费者的保护本身对更加追求经济效益的年代是一种高成本的消耗，因此，当时很多成员国拒绝支持直接提高消费者利益的措施。

20 世纪 90 年代以来，欧盟消费者保护统一化运动蓬勃发展，导致欧盟消费者保护法在广告、格式合同、担保责任、网络消费和庭外消费纠纷解决机制等方面取得了新的进展，从而使欧盟消费交易数量激增，欧盟内部市场活跃而繁荣。为了更好地保障交易秩序的稳定和繁荣，保护金融消费者的合法权益，欧盟开始逐渐引入高位阶层面和母国控制层面，分别加强了对金融机构的限制性规定、严格监管并引入了对相应的金融消费者的保护措施。

2007 年 11 月 1 日，欧盟金融服务法案中的组成部分——《金融工具市场指令》正式生效，这是欧盟历史上一部具有里程碑意义的金融法规。该法旨在促进欧盟形成金融工具批发以及零售交易的统一市场，同时，从多个方面改善对客户的保护，构筑了保护金融消费者立法的主体框架：制定零售客户与专业客户分类规则，并明确与传统的"消费者"概念之间的关系；明确了金融服务机构在信息的提供和获取上的义务，包括广告信息、向特定客户提供信息及向零售客户获取信息的义务三个方面。

2009 年 6 月，欧盟理事会通过《欧盟金融监管体系改革》，拟成立一个名为"欧洲系统性风险管理委员会"（ESRB）的新机构，负责监测整个欧盟金融市场上可能出现的系统性风险，及时发出预警并提出应对建议，采取必要措施。微观层面上，成立欧洲金融监管系统（ESFS），负责加强成员国在银行业、证券业和保险业监管方面的协调，在单一金融机构和金融服务消费者的层面上共同维护金融稳健性。2010 年 9 月，该法案分别获得欧盟财长会议和欧洲议会的通过，2011 年 1 月正式运作。

（二）国际组织机构的实践

国际组织在金融消费者权益保护中，致力于通过制定广泛适用的国际规则来促进各国按照这一规则参与金融消费者权益保护。但是，相对于国内的强制性规则而言，国际组织的规则是自愿性规则，仅具有指导意义。从国际法的理论来看，当自愿性规则被普遍接受时就形成了国际惯例。而根据法理学相关理论，国内法渊源也包括国际惯例，当国际惯例被国内法吸收，成为国内法的一部分，就具有了强制性。到目前为止，国际组织机构关于金融消费者权益的保护问题，已经得到重视，并取得了初步经验。

1. "有关金融消费者教育问题的若干建议"

基于金融消费的特殊性，经济合作发展组织（OECD）在 2005 年 7 月发布了"有关金融消费者教育问题的若干建议"（以下简称"建议"），对 OECD 成员国和非成员国的金融机构在金融消费者教育工作方面提出若干原则和具体建议。该建议旨在通过必要的金融教育，促使金融消费者提高对金融产品及风险的理解认识能力，通过提供有关金融信息、指导或客观咨询，提高消费者辨别金融风险并把握金融投资机会的技能和信心，了解在出现问题时寻求救助的方式和途径，促使消费者能采取其他有效手段提高其金融财富。该建议强调，金融教育一方面，应被纳入金融监管及政府管理框架，并与金融机构监管及消费者的保护一道进行系统性全盘考量；另一方面，应被纳入金融机构公司治理框架，强化金融机构对消费者教育所应承担的责任。国外的实践表明，法律和组织保障与金融教育是实现金融消费者权益保护的重要途径。

2. "金融消费者保护的高级原则"

2008 年次贷危机以来，各个国家积极应对，以减少危机对本国金融和经济体系带来的影响，并且达成了共识，将金融消费者的权利保护作为金融监管的出发点和理论基础，以此为核心对金融服务法律体系进行重构。在金融全球化的大背景下，经济合作发展组织在推动、协调各国的立法、实践等方面做出了努力。

在 2011 年 2 月 19 日~20 日，在巴黎召开的 G20 会议上，G20 集团财长呼吁经济合作发展组织（OECD）、金融稳定委员会（FSB）和其他组织制定《金融消费者保护高级原则》（High—level Principles on Financial Consumer Protection）。该文件也是对各国开展金融消费者保护的指引性规则，通过了 10 项基本原则，指导各国对其金融消费者保护框架进行评估和改进。

（1）法律、规制与监管框架。将金融消费者保护纳入法律、规制与监管框架，且与各国金融部门的环境、国际市场和监管发展水平相适应。将与金融服务相关的机构纳入法律监管的轨道。规章应当反映并包括以下内容：金融产品的性质、类型、种类；消费者的权利和义务；新产品的设计、技术和交付机制。应建立强有力的法律、司法和监督体系保护消费者，惩处金融服务提供者欺诈消费者、渎职等行为。金融服务提供者及其代理机构应受到相关监管部门适度的监管。修改金融消费者保护政策和教育政策时，应征求非政府利益相关者，包括行业和消费者组织、职业团体、研究团体的意见。为参与程序中的利益相关者以及消费者组织等提供便利。

（2）披露与金融产品销售。金融机构应当尽可能披露金融产品和服务的信息，并与金融消费者的能力相适应，金融服务提供者及其代理机构应告知消费者重要信息，包括产品收益、风险和期限等。此外，金融服务提供者还应告知其与代理机构之间的利益关系。金融服务提供者及其代理机构尤其应告知消费者金融产品的实质内容。无论与消费者处于何种关系，都必须提供准确的信息。在销售金融产品时，必须提供准确、真实、能理解的信息，不得误导消费者。应当以标准化流程进行信息披露，以便于对同类产品进行比较。明确的信息披露机制应包括必要的提示，即应进行与产品和服务的复杂程度及风险程度相匹配的信息提示。

（3）公平、公正对待消费者。金融服务提供者及其代理机构应使所有的消费者均应受到公平、公正、诚实的对待，该原则应成为各类金融服务提供者及其代理机构良好公司治理和公司文化的组成部分。应特别关注弱势群体的需求。另外，金融机构应当建立冷却期制度，在这段时期内，消费者不因退订金融产品和服务而受到处罚。

（4）投诉方式和救济。司法方面确保消费者的投诉获得适当处理，确保投诉处理在消费者经济承受范围内，应确保公正、独立、有效、及时、高效处理投诉。与以上机制相适应，金融服务提供者及其代理机构应当建立投诉处理和反馈机制。通过金融服务提供者及其代理机构内部争议解决机制无法有效解决的，应当有一个可向其投诉的独立救济程序。至少与投诉有关的全部信息以及解决方案应当公开。

（5）金融教育和金融意识。所有利益相关者均应参与金融教育，应当使消费者容易获取与消费者保护、消费者权利和义务相关的信息。应建立适当机制，帮助金融消费者增加金融知识、提高投资技巧、增进理解风险的信心，使金融消费者更理性地做出决策，知悉如何寻求帮助，提高他们的金融消费水平。为金融消费者尤其是弱势群体提供更多的金融基础知识和信息，加大教育投入，提高金融意识。应根据各国具体情况，鼓励将金融教育和金融知识普及纳入到金融消费者保护和教育战略框架中，丰富金融教育和金融知识普及的渠道和方式，将此纳入早期教育，开展持续的终身教育。应针对金融消费者中的弱势群体制定专门的金融教育项目和措施。鼓励所有利益相关者执行 OECD 国际金融教育网络（International Network on Financial Education, INFE）形成的金融教育国际准则和指引。为提高金融教育效果，国内机构和相关国际机构应当汇编有关金融教育和意识方面可供比较的信息。

（6）保护消费者数据和隐私。建立消费者个人信息和财务信息的适当控制和保护机制，并赋予消费者对个人信息的相关权利。

（7）金融服务提供者及其代理机构的责任意识。金融服务提供者及其代理机构应客观考虑消费者的最优利益，主动承担起保护消费者权益的责任。金融服务者应为其代理机构的行为负责。在向消费者提供产品或服务之前，金融服务者应根据金融业务种类和消费者情况，对消费者的能力和需求进行评估。从业人员（尤其是直接面对客户的员工）必须经过适当的培训，并取得相应资质。金融服务提供者及其代理机构应尽力避免利益冲突，利益冲突无法避免时，必须进行适当披露，建立处理冲突的内部机制，或减少提供相关的产品、建议或服务。金融服务提供者及其代理机构的薪酬结构，应当有助于鼓励负责任的商业行为，公平对待消费者以及避免利益冲突。当潜在利益冲突难以避免时，应向消费者公布薪酬结构。

（8）监管主体的作用。应明确特定监管主体负责金融消费者保护工作，并赋予其必要的权力。监管主体的职责应当明确客观，运作独立，为自身行为负责，并具备适度的权利、资源和能力，建立明确的执行框架和连贯的监管流程。监管主体应采用较高专业标准，包括保护消费者的隐私和商业信息、避免利益冲突等。应加强不同监管主体之间的合作，鼓励创造公平的竞争环境。跨国交易中发生消费者利益侵害事件时，应加强国际协作。

（9）保护消费者资产免受欺骗和误导。适当的信息、控制和保护机制，在很大程度上可以保护消费者的存款以及其他金融资产，防止欺诈、盗用以及其他滥用行为。

（10）促进有效竞争。促进各国国内和国际金融市场的有效竞争，给金融机构施加适当的压力，使其提供更多富有竞争性的产品、加强金融创新和保持高质量的服务，为消费者提供更多金融服务的选择。

3. 世界银行"金融消费者保护的良好经验"

2012 年 6 月，世界银行发布了"金融消费者保护的良好经验"（以下简称"良好经验"）。"良好经验"对不同国家和地区在解决零售金融市场消费者保护中所取得的进展开展调查和总结提炼的基础上，凝聚了发达国家的成功做法和新型经济体的改革经验，补充了 G20 金融消费者保护高水平准则，并就如何在准则框架内实施提供了实用性建议。"良好经验"提出了适用于整个金融消费服务领域的 39 条通用良好经验建议，内容涉及消费者保护制度、披露和销售行为、消费者账户的管理和维护、隐私和数据保护、争端解决机制、保障和补偿计划、金融教育与消费者自我保护能力、竞争等八个方面，为金融消费者保护国际原则的进一步发展提供了有益的支撑。

（1）建立金融消费者保护制，并确保有效落实。"良好经验"提出建立清晰、规范的金融消费者保护制度，并确保完全、客观、及时和公正的实施。从法律制度本身来说，要求法律为金融产品和金融服务提供清晰的消费者保护权益。制定适合的制度，保障规则的完全、客观、及时实施。对为金融消费者提供金融服务的团体，其必须取得特许的经营执照，并且，其必须受到监管机构适当的监管。对于行业监管，金融行业自身协会要为相关的金融行业制定准则，使得行业内形成行规，得以自律并且实施监督。监管机关和金融消费者保护机构必须合理地进行资源分配，以保证高效地执行消费者的保护规则。金融消费者在金融产品及金融服务上出现纠纷时，司法机构必须为消费者提供及时的、专业的，并且消费者可以负担的最终解决途径。同时，需要媒体和消费者协会应积极促进金融消费者保护，对金融消费者权益保护形成社会监督。

（2）加强信息披露，确保销售行为合法合规。"良好经验"提出，建议金融机构加强信息披露，确保销售行为合法合规。首先，在购买金融产品或者金融服务之前，金融机构在向消费者推荐特定金融产品或金融服务前，应该对消费者的信息进行充分的收集，确保其推荐这些产品或服务能够符合消费者的需求和资格。消费者也应该了解该金融商品的主要信息，其关键的条款和条件，以及权利救助渠道都应该被告知。其次，在消费者购买一个金融产品或金融服务前，金融机构要提供一份关于机构通用条款和条件的书面材料，以及关于该产品或服务的主要条款和条件的书面材料。与此同时，这些说明还要达到业界公认的对于每一种类型的金融产品或金融服务最低限度的披露标准，方便在不同金融服务供应商之间进行比较。这些说明由金融机构提供。除证券和金融衍生品外，带有长期储蓄性质或者强迫销售的金融产品或金融服务要设立一个"冷静期"，在冷静期内，消费者可以不受处罚地解除合同。金融机构不能采取收取手续费的方式来弥补由此而带来的损失。无论在什么情况下，金融机构都不应将接受另一种产品或服务作为一个单独借款人购买金融产品时的附加条件，借款人有权自由挑选金融产品或金融服务的供应商。法律专门禁止欺诈性销售行为，禁止误导性广告。广告中，金融机构要披露自己是受到监管的，并应表明相关的监管机构。直接与金融消费者进行交易的金融机构工作人员应当受到足够的教育，以使其能够胜任销售这些复杂金融产品或金融服务的工作。尤其是，金融中介应当胜任他们销售的金融产品和服务的复杂性。

（3）制定书面或电子确认书，加强消费者账户的管理和维护。"良好经验"提出，建议金融机构制定书面或电子确认书，通知消费者账户的关键条款和重要事项，以加强消费者账户的管理和维护。金融机构要准备一份定期书面（或者电子的）确认书，涉及每个消费者的交易条款，以及消费者金融交易主要细节的账户日常状况。对于投资产品，金融机构还必须为消费者提供有关账户资产价值的定期报表。金融机构应当通过书面或者其他形式，尽快通知每个消费者关于利率、手续费等其他费用的变动情况，以及消费者购买的金融产品和服务的关键条款和条件。同时，金融机构有义务对消费者的记录进行及时的更新，并向消费者提供免费的，或者合理费用的信息查询途径。

（4）明确征信系统参与者规则和程序，加强隐私和数据保护。"良好经验"提出，建议法律必须明确征信系统参与者的规则和程序，加强消费者隐私和数据保护。法律规定消费者有权利从征信机构获取有效的信用报告，规定消费者每年拥有一次以上免费的信息查询权，并明确异议处理程序。金融机构应当对消费者信息保密，并采取必要的安全保护措施。法律应当为金融机构向政府相关部门提供消费者的记录制定特殊的规则和程序。法律应当赋予消费者在信息共享方面的权利，包括规定消费者可以获取、修改、删除错误或过时的个人信息，以及禁止这些信息传播。法律应当为包括征信机构、信息报送机构和信用报告的用户在内的征信系统参与者之间的信息共享制定基本的规则。每个金融机构都应当向他们的消费者告知该机构在使用和共享消费者个人信息方面的政策。征信机构应当由适当的政府（或非政府）部门进行监管。

（5）制定和完善争端解决机制，公开统计信息，从源头上避免系统性的消费者投诉。"良好经验"提出，建议金融机构制定和完善争端解决机制，监管机构公开统计信息，从源头上避免系统性的消费者投诉。对于金融消费者的保护，金融机构应该建立受理消费者投诉以及明确的解决程序。同时，金融机构也需要保持投诉记录的及时更新，并形成内部纠纷解决的政策和方法，包括纠纷处理时限、纠纷处理结果的回复和客户回访等。应当为消费者提供一个经济、有效、权威和专业，并匹配充足资源的争端解决机制。对消费者投诉的统计，包括这些投诉所涉及的违规行为，要定期编纂并由金融督察机构或金融监管机构公开。投诉应当依据产品类型编制，便于识别以帮助改进相应服务。监管机构有法定义务公开其金融消费者保护活动的统计信息和分析，并对改变监管方式和金融消费者教育方式提出建议，以从源头上避免发生系统性的消费者投诉。同时，行业协会也应在消费者投诉信息分析方面扮演一定的角色，以避免系统性的消费者投诉再次发生。

（6）明确法律对保障和补偿计划的规定。"良好经验"建议，法律要明确对保障和补偿计划的规定，以使机构能有效应对困境，金融消费者合法权益得到保障。法律应当确保金融监管机构在金融机构发生财务困境时能够采取合理的措施。法律对金融保险和保障基金的规定必须明确，应当包括保险人、被保险存款人的种类、保险覆盖的范围、保险基金的捐赠、赔付的触发事件、及时赔付被保险的存款人的机制等。在相关金融机构清算时，存款人、人寿保险投保人、证券及衍生品账户持有人、养老基金持有人应该比其他的无担保债权人享有优先权。

（7）广泛的金融教育计划。"良好经验"建议，法律要制定一个广泛的金融教育计划，相关部门领导和协调计划的制定与执行，以增强全民的金融知识水平和自我保护能力。为增强全民的金融知识水平，应当制定一个广泛的金融教育和信息计划。在增强金融知识水平计划的制定和执行过程中应当包括一系列的机构，例如，政府、国家机构、非政府组织等。同时，政府应当指定一个政府部门（例如，财政部）、中央银行或者金融监管机构来领导和协调该计划的制定和执行。应采取一些创新的举措增强各年龄阶段消费者的金融知识水平，包括鼓励媒体报道有关消费金融的各类问题，例如，金融服务中的消费者保护。政府、国家机构应与消费者、行业协会、金融机构进行协商，以使增强民众金融知识水平的计划能够满足消费者的需求和期望。同时，政府应当进行消费者测试，以使该计划中的新举措，包括信息披露和纠纷解决等，能够达到预期的目的。消费者的金融知识水平和消费者自我保护能力的提升措施要通过长期、广泛的家庭调查来衡量，以了解当前政策是否具有对金融市场的预期影响。

（8）充分考虑竞争政策对消费者利益的影响，相关部门要就最优竞争程度提供建议。"良好经验"认为，金融服务方面竞争政策的制定要充分考虑对消费者利益的影响，相关部门要互相磋商、公布定期评估报告，并就最优竞争程度提供建议。金融监管者和竞争管理机构要互相磋商。有关金融服务方面竞争的政策要考虑到其对消费者利益的影响，特别是可能带来的或者现实存在的对消费者选择权的限制。竞争管理机构要组织和公布关于零售金融机构的定期评估，并对这些机构间何种程度的竞争才是最优提供建议。

4. 国际金融消费者权益保护组织

国际金融消费者权益保护组织（FinCoNet）是全球首个金融消费者权益保护国际组织，于 2013 年 11 月 14 日在葡萄牙里斯本，由葡萄牙中央银行主持宣告成立。国际金融消费者权益保护组织是由金融消费者保护的责任监管机构组成的国际组织。它的成员组织是一个不以营利为目的协会，基于法国法律而成立。

国际金融消费者权益保护组织主要致力于推动金融消费者权益保护国际规则的形成，以及促进各国金融消费者保护经验交流与监管合作。国际金融消费者权益保护组织的总体目标是通过高效率和有效的金融市场行为监管，促进合理的市场行为和强大的消费者权益保护。国际金融消费者权益保护组织将重点放在银行和信贷消费者保护问题。国际金融消费者权益保护组织旨在提高消费者对金融服务的保护，加强对消费者的信心，减少系统性消费者风险，促进强大和有效的监管实践，分享最佳实践，并促进公平、透明的市场行为。国际金融消费者权益保护组织还打算与其他国际机构合作，并有助于推动二十国集团的金融消费者保护议程。

国际金融消费者权益保护组织最初的重点包括：找出有效的方法，协助监管部门履行其在金融消费者保护作用的银行和信贷。2013 年，它研究如何监管当局合作，以确保负责任的贷款发生。国际金融消费者权益保护组织将根据正在开展的监管机构之间的调查结果在 2014 年发表一份报告。在 2014 年 10 月 27 日~29 日，国际金融消费者权益保护组织在上海召开了它的第二次会议，重点讨论金融消费权益保护的问题、趋势和重点，市场行为监管工具，移动支付，行为风险与审慎监管的相关性，G20/OECD 高级原则和有效方法的实施情况以及金融消费者权益保护框架同行评估等议题。同年 10 月 29 日，将在我国复旦大学管理学院召开研讨会，重点讨论金融消费者权益保护监督检查方法与重点、非诉讼纠纷解决机制在金融消费者权益保护框架中的作用等议题。在接下来的 1 年，国际金融消费者权益保护组织将目光建立在它与世界银行在金融消费者保护的全球调查的背景下进行的协同工作，达到了金融消费者保护监管者识别的各种制度安排的优势和劣势模型，以及有效的监管工具，被用来解决问题。

国际金融消费者权益保护组织的理事会负责领导和组织国际金融消费者权益保护组织的活动，并且致力于组织的最大利益。目前，国际金融消费者权益保护组织的理事会总共有10名成员，中国是理事会成员。中国人民银行作为国际金融消费者权益保护组织理事会成员，一直积极参与相关国际准则的制定和该组织的发展建设，在其他会员中享有较高声望。

国际金融消费者权益保护组织理事会成员见下表[1]：

国家	代表人	组织机构
澳大利亚	Greg Kirk	Australian Securities and Investments Commission
加拿大	Lucie M. A. Tedesco（Vice Chair）	Financial Consumer Agency Canada
中国	焦瑾璞	People's Bank of China
法国	Charles Banaste（Treasurer）	Autorité de contrôle prudentiel et de résolution
爱尔兰	Bernard Sheridan（Chair）	Central Bank of Ireland
日本	Kenji Okamura	Financial Services Agency Japan
荷兰	Gert Luiting	Netherlands Authority for the Financial Markets
葡萄牙	Maria Lucia Leitão	Banco de Portugal（Central Bank of Portugal）
南非	Caroline da Silva	Financial Services Board
西班牙	Fernando Tejada	Banco de España（Central Bank of Spain）

国际金融消费者权益保护组织成员是指具有金融市场行为和金融消费者

---

〔1〕 参见国际金融消费权益保护组织官网：http://www.finconet.org，访问日期：2014 年 12 月 25 日。

保护监管职责公共实体。它可以包括国家和地方当局，包括监管部门、金融或中国人民银行的部委。大家都只有一个投票权。

一名观察员是不符合标准的利害关系人或是一个准成员，其与金融市场行为和金融消费者保护监管的有效性有直接利害关系，可能包括国际组织、金融机构、非政府组织和专业公司。

国际金融消费者权益保护组织成员和观察员见下表[1]：

组织成员	
澳大利亚：澳大利亚证券和投资委员会	卢森堡：金融部门监督委员会
加拿大：加拿大金融消费者机构	荷兰：荷兰管理局金融市场
中国：中国人民银行	挪威：金融监管局
法国：法国央行	葡萄牙：葡萄牙中央银行
印度尼西亚：金融服务管理局	沙特阿拉伯：沙特货币局
爱尔兰：爱尔兰央行（ECB）	南非：金融服务委员会
日本：金融服务局	西班牙：西班牙央行（ECB）
韩国：金融服务委员会	英国：金融管理局行为

观察员	
国际消费者协会	欧盟委员会
国际保险监督官协会（IAIS）	经济合作与发展组织（OECD）

三、金融消费者国际保护的完善

（一）借鉴吸收欧盟金融消费者权益保护经验教训

欧盟金融区过于分散的金融主权同相互融合的金融市场之间的话语权处于平衡状态。金融危机让欧盟区呈现出了"一荣俱荣、一损俱损"的态势，过于分散的金融布局也在危机中充分地暴露了弊端，即对金融市场不断蔓延的风险缺乏全面认识、反应迟钝。危机爆发后又各自为战，缺乏有效、统一的应

---

[1] 参见国际金融消费权益保护组织官网：http://www.finconet.org，访问日期：2014 年 12 月 25 日。

对。这种金融架构不清晰、监管不力的行政性消耗，让欧盟区的金融消费者付出了巨大的代价。因此，在完善各国内部金融协调机制的同时，解决后金融危机遗留问题的关键是在欧盟层面建立系统划一的金融风险防范体系。为此，欧盟重新构架了金融消费者保护体系。

在对金融市场的事前监测上，设立一个由欧洲中央银行牵头组成的"欧洲系统性风险理事会"和欧洲金融监管系统，负责监测整个欧盟金融市场上可能出现的系统性风险，分析金融系统的趋势和失衡问题，及时发出预警并在必要情况下建议采取何种措施。[1]在事中监管，建立由各成员国相关部门组成的三个监管局——欧洲银行监管局、欧洲证券监管局和欧洲保险监管局——分别负责对欧盟银行业、保险业和证券业监管工作的整体协调。在相互配合的层面上，欧盟将在欧盟系统风险委员会中成立指导委员会，以加强欧盟监管机构之间的合作、监管方法的一致性以及对金融混业经营的有效监管。[2]建立指导委员会与单个新的监管当局的信息交流与监管合作机制，这项改革被称为"双轨机制"。新设的机构在处理问题方面能够更好地协调各国监管机构之间的分歧，有助于确保技术共同体规则的统一适用，欧洲证券及资本市场管理局将行使信贷评级机构的直接监督权。[3]

从上述内容我们可以清楚地看出，欧盟在经过 2008 次贷危机后，建立了系统的金融消费者保护机制。由设立的"欧洲系统性风险理事会"和欧洲金融监管系统，对可能出现的风险进行监控，对这些趋势的识别和把握有助于防范可能产生的系统性风险，给予金融机构足够的时间和信息来应对潜在危机，及时通知各个金融组织，给予其足够的时间来应对可能出现的危机。负责监测整个欧盟金融市场上可能出现的系统性风险，分析金融系统的趋势和失衡问题，及时发出预警并在必要情况下建议采取何种措施。同时，委员会有义务将确定的危险通知国际组织，包括国际货币基金组织和金融稳定论坛。监管系统的核心在于原则性立法方案，由欧盟委员会提出相关立法建议，借鉴国际标准机构的有关规则，完善欧盟区相关立法。同时，分三个组织机构对金融服务机构进行监管，从源头上保证金融消费者的这三个监管局构成欧洲金融

---

〔1〕 参见李备远："金融危机后的各国金融监管改革镜鉴"，载《财税金融》2009 年第 10 期。

〔2〕 参见汤柳："尹振涛欧盟的金融监管改革"，载《中国金融》2009 年第 17 期。

〔3〕 康耀坤、衷正："美国、欧盟金融消费者权益保护法律制度研究"，载《重庆科技学院学报（社会科学版）》2011 年第 7 期，第 57 页。

监管系统。微观审慎监管的重点在于监督个体金融机构的安全和健康、保护消费者利益，主要针对个体金融机构的日常监控。金融消费者保护被列为监管的中心目标。三个新的欧盟监管权力机构的设立，目的是提升成员国监督水平的一致性和加强对跨境金融组织的监管。通过这种区域性监管，摸索建立一套适用于欧洲单一市场中所有金融机构的欧洲一致性规则。并且，欧洲议会将对消费者的保护列为工作的绝对核心。有权调查特定金融机构，或特定金融产品，例如，"有毒"产品，或"裸卖空"等金融行为，以评估其对金融市场造成何种风险，并在必要的时候发出预警。根据特定的金融法规，还可临时禁止或限制有害的金融活动或产品，并要求欧委会提出建议永久禁止或限制此类活动或产品。[1]

（二）完善法律法规制度，实现国家与国家间平衡与统一

世界各国目前对金融消费者权益保护的改革趋势之一就是完善本国的法律法规。

2008 年的美国金融危机蔓延至全球，对世界各国的金融法制提出了质疑和挑战。英、美等发达国家，重新反思对金融自由和金融繁荣的过度追求，重新审视金融机构和金融消费者在金融市场上相互依赖的关系，充分认识到：如果金融消费者的权益得不到有效的保护，消费者的利益将会受到损失，资产被侵吞，导致金融市场失去平衡，引发金融危机。

美国公布实施《华尔街改革与消费者护法案》，突出了金融审慎监管和消费者保护两大目标。英国公布了《2009 银行法案》，进一步明确了金融服务局在保护消费者方面的职权，并在《改革金融市场》白皮书中阐述了消费者保护的具体措施和加强消费者保护的全球合作。其他国家如加拿大的《金融消费者保护局法案》，日本的《消费者合同法》《金融商品交易法》和《金融商品销售法》都体现了危机之后对金融消费者保护的重视。

随着全球经济一体化进程的不断发展，金融消费者权益保护的国际化和协调是"注定要发生的"。"金融消费者权益保护的国际化或协调化是不可阻挡的；它有利于世界金融消费者权益保护的制度的发展，也有利于世界经济一体化的进程。"

---

〔1〕 谭亚波："欧洲议会通过欧盟金融监管改革法案"，载 http://finance.sina.com.cn/roll/20100927/16208713217.shtml，访问日期：2014 年 12 月 22 日。

　　然而，在世界众多国家中，要形成一个完全统一的金融消费者权益保护体系，也是不现实的。金融消费者权益保护制度需要逐渐统一，由多重架构组成的传统金融消费者保护体系逐步走向了统一的国际消费者保护法规。在G20会议上由经济发展合作组织推进完成的《金融消费者保护的高级原则》以及世界银行发布的《有效金融消费者保护的39条良好实践标准》为国家间的金融消费者权益保护提供了样本。他们提出的针对金融消费者全球保护的指导性意见，使各国的金融消费者权益保护有了参照物，使世界各国的消费者权益保护可以根据国际经验制定适合本国国情的金融消费者权益保护制度。这些国际会议发布的关于金融消费者国际保护的框架，由于有全球各个大国的推动，在世界范围内是具有可行性的，可以逐步扩大适用范围。

　　（三）建立国际性的金融消费者权益保护组织及纠纷解决组织

　　目前，世界各国的金融消费者权益保护组织都已基本建立。美国、欧盟和英国都提出要设立跨部门委员会。美国成立了金融服务监督委员会（FSOC），成员包括美国财政部、美联储、金融消费者保护局等。欧盟成立了系统性风险理事会（ESRC），由欧洲央行行长以及各成员国央行行长等组成。英国成立了金融稳定委员会（CFS），由英国财政部、英格兰银行和英国金融服务局的人员组成。跨部门的监管机构主要负责对金融系统性风险的监控，发布风险预警提示等。

　　但是，我们可以发现，目前全球金融消费者权益保护存在一个问题，即缺少全球性的金融消费者权益保护组织。例如，同一国政府是本国内外事务的管理者，国际组织在一定意义上充当了国际社会共同事务的管理者的角色。全球性或区域性管理规则的制订，管理机构的建立与运作，都是由相关国际组织来完成的。尽管有人对这类管理性国际组织的成效一再提出质疑，但也不否认这些方面国家间合作的必要性。在世界已进入地球村的时代，国际组织的管理者职能只会不断加强。

　　目前，国际金融消费者权益保护组织（FinCoNet）是世界上首个全球性的金融消费者保护组织，希望通过高效和有效的金融市场行为监管来促进市场行为的完善和强劲的消费保障。国际金融消费者权益保护组织将重点解决银行和信贷消费者保护问题。国际金融消费者权益保护组织旨在加强保护消费者金融服务，增强消费者信心，减少系统性风险。通过分享最佳实践，并通过促进强大和有效的监管实践，以促进公平、透明的市场行为。国际金融消费者权益保护组织还打算与其他国际机构合作，并有助于推进二十国集团的金融消费者保护议程。对于刚刚成立的国际金融消费者保护组织，其该如何运作、如何切实有效地保护全球金融消费者的权益仍是个问题。这需要我们在实践中，一步步寻求保护的最佳模式。

与此同时，全球缺少为金融消费者解决纠纷的专门机构。越来越多的跨国大型金融机构涉足跨行业、跨市场的金融衍生产品，以及金融衍生产品为代表的金融创新。作为资产价格、利率、汇率及金融市场反复易变性的产物，它反过来又进一步加剧了资产价格和金融市场的易变性，由此产生的风险也越来越多，金融衍生产品的风险转移机制与不断延伸的金融产业链进一步加大了金融监管的难度。大部分的金融消费者的金融知识均十分贫乏，风险意识淡薄。所以，即使他们掌握了金融产品服务机构提供的信息，他们也不具备理解这些信息真实含义的能力。一旦金融消费者出现纠纷，很难进行有效的保护。纵观世界金融消费者纠纷解决机制，澳大利亚和英国的金融消费者纠纷解决有一定的相似之处，二者都选择成立专门的金融督查服务机构（FOS），负责处理金融消费者的纠纷。这是一种独立于金融服务机构和司法机构的纠纷解决机制，因此，又被称为替代性纠纷解决机制（ADR）。当消费者与金融服务机构发生纠纷得不到满意的解决时，消费者可以向 FOS 投诉，由 FOS 组织金融机构和消费者进行调解，并作出裁判。FOS 处理金融消费者投诉不收取任何费用，有利于纠纷的顺利解决，也省去了消费者去司法机关诉讼的时间和精力，维护了金融机构的良好信誉。[1]在金融全球化的趋势下，我们也可以将澳大利亚和英国的金融督察服务机构模式运用于国际上的金融消费者纠纷解决，寻求一个适合金融全球化模式下的金融消费者纠纷解决机构。

结　论

金融业是经济发展的重要行业之一，金融机构是金融纠纷的当事方之一，在金融业务中处于强势的地位。因此，作为重要的经济参与者，必须承担相应的责任。随着世界经济的发展，经济模式呈现全球化的趋势，金融业必须

---

〔1〕　参见安红丽："后危机时代金融消费者法律保护的国际趋势分析"，载《法制与社会》2013 年第 1 期。

在机构内部健全金融纠纷处置机制，化解矛盾、减少冲突。同时，在处理跨国的金融业务时，也应当维护各国的金融消费者的利益。处理好金融纠纷，保护金融消费者合法利益问题，是未来世界金融消费者权益保护应该解决的问题。学习借鉴欧盟金融消费者权益保护机制，建立与构架起事前风险警示、事中金融消费服务监督、事后纠纷解决的金融消费者权益保护体系，可以为金融消费者权益的国际保护提供一定的借鉴。同时，扩大现有的金融消费者权益保护机构，吸收更多的成员国，建立起世界性的金融消费者权益保护机构和纠纷解决机构，也是我们应该尽快进行的。国际会议发布的关于金融消费者国际保护的框架，可以推动其在世界范围内逐步扩大范围。

[本文发表在《西山法律评论》（第 3 辑），法律出版社 2016 年版，第 40~59 页]

劳合社保险交易所的发展简史[*]

爱德华·劳埃德（Edward Lloyd，1648～1713 年），一个英国商人，以个人的名字，命名了世界上最有名的商业组织，他是现代世界上最大保险市场——劳埃德保险市场创始人，经历了三百多年至今未改变。本文所讲述的劳合社保险交易所的历史，正是从这位伟大的英国商人开始的。

一、劳合社保险交易所的开创时期（第一个百年：1686 年～1799 年）

爱德华·劳埃德先生是在 1648 年出生。和他父亲一样，他起先成为当地纺织学会成员，但是，他并没有将他的学徒生涯放在纺织这门艺术上。事实上，他和当时的其他年轻人一样，非常想成为一名水手，去周游世界，这样就可以解释他毕生一直对海员生活和船舶极感兴趣的原因了。

1680 年，在劳埃德 32 岁的时候，从坎特伯雷来到伦敦。此时，劳埃德已婚有 2 个孩子，生活在奥哈罗巴肯教区。在 1682 年他和他的全家移居到环境较好的和较为市中心的托尔街。这个街属于圣·达斯汀东区教区。当年 10 月他年幼的儿子休死亡，并葬在这个教区。在这个地方劳埃德生活了十年并有了另外 4 个子女，其中两个在当地教堂受洗礼。

1686 年，他接管了一些原有的咖啡馆，并且建立了自己新的馆址，包括经过慎重考虑选择了在伯利率克特教区设立的咖啡馆。劳合社的历史，就这样从一个小小的咖啡馆开始了。不过，根据现在的劳合社官方网站公布的信息，他们认为，劳合社的历史是从 1688 年开始的。因为，1688 年 2 月，在伦敦市政府的官方公报上，历史上第一次提到了劳合社。当时，劳埃德先生 40

＊ 本文作者为王瑞、杨晓江。

岁，这时的劳合社咖啡馆应该在当时伦敦的钟楼街（Tower Street）[1]。

当时的伦敦是最重要的财富和船舶的聚集地，就在泰晤士河边，劳埃德咖啡馆所在的伦敦塔与泰晤士街之间这一狭小区域，临近一些与航海有关的机构，如海关、海军部和港务局，因此这家咖啡馆就成为经营航运的船东、商人、经纪人、船长及银行高利贷者经常会晤交换信息的地方。保险商也常聚集于此，与投保人接洽保险业务。后来这些商人们联合起来，当某船出海时，投保人就在一张纸（即承保条）上注明投保的船舶或货物，以及投保金额，每个承保人都在承保条上注明自己承保的份额，并签上自己的名字，直至该承保条的金额被 100% 承保。

劳埃德在与这些船长们的接触中，非常敏锐地认识到：他们的知识对于尝试海上保险业是有帮助的。这些船长们虽然精通他们自己旅程中所遇到风险，但是，他们并没有更好地懂得他们自己所遇到的风险，可以制定船舶和船舶航程费率，并为费率排程序。劳埃德先生在自己的咖啡馆内为远洋船长设置了特别座位并专门收集航运信息。在较短时间里，他自己就已经非常出名了，以至于报纸广告只简单称其为"劳埃德先生"，可见，当时他知名度已经很高了。

在 1691 年底，劳埃德先生已有能力在老咖啡馆集中地，伦敦商业中心的皇家交易所旁，建立新的营业场所。在伦敦商业中心——伦巴第街（Lombard Street），劳埃德先生建立了新的咖啡馆。由于当时通讯十分落后，准确可靠的消息对于商人们来说是无价之宝。店主劳埃德先生为了招揽更多的客人到其咖啡馆里来，于 1695 年出版了一张小报《劳埃德新闻》，每周出版 3 次，共发行了 76 期，使其成了航运消息的传播中心。约在 1734 年，劳埃德的女婿出版了《劳合社动态》，后易名《劳合社船舶日报》，至今，该报仍在伦敦出版。很明显，这个咖啡馆的老板几乎成了一个新闻工作者。它成了城市的一个重要地方，就像当时维也纳的撒切斯咖啡馆一样。

在 1696 年 1 月 12 日星期二出版了第 57 期《劳埃德新闻》，有点减少了平常吸引人的评论，在前几页的整个版面上刊登了一个公告。该公告说："任何人为巴巴多斯进口年龄在 16~40 岁之间，健康状况良好的英国籍雇工可以得到 18 英镑，或者提供给巴巴多斯某协会雇工的人，每年可以得到 25 先

---

〔1〕 作者注：正文当中凡是黑色字体下划横线的是笔者指出的劳合社保险交易所的地点。

令。"这个交易被历史学家称为"白人苦役"，盛行于 17 世纪后半期的西印度群岛和弗吉尼亚地区。事实上，产生白人苦役的过程，也是一个绑架过程，即被一些组织严密的公司以麻醉剂和酒精使人失去知觉劫往船上到西印度群岛出卖。船长们也在这些活动中扮演着重要角色，极有可能来自伦巴第街的咖啡馆老板和教堂守护人，宣传了这件事并不是完全和这件事没有关系。公正地讲，劳埃德先生没有在"白人苦役"贸易中获利的英国皇室那样声名狼藉。在劳埃德保险协会的档案中有一张发票是劳埃德先生写给一个名叫博雷船长的船老板的。这张发票是为了收取"保护费"，为保护定期开往西印度群岛，"旧升"轮的部分船员免被该船长征用充当苦役。

在生命的最后几年内，他被疾病和其它事情缠扰。1711 年底，他失去了第二个妻子——伊丽莎白，紧接着 1712 年他和第三任妻子玛莎结婚。1713 年 1 月 30 日，他参加了他女儿汉迪和他在咖啡馆的领班——威廉·牛顿的婚礼，并且立下遗嘱：把劳埃德咖啡馆交给女婿威廉·牛顿经营。1713 年 2 月 15 日的一个深夜，他结束了他近乎传奇的一生。

爱德华·劳埃德，出生在英国脱离黑暗中世纪内战期间，成长在英国资产阶级革命家克伦威尔统治的英格兰，经历瘟疫、伦敦城大火时期。同时，在这个时期，教皇在立法机关发号施令，迫害不同政见者。在宗教变革的"辉煌时期"，他开始了他自己的事业。当时教堂牧师只遵循罗马天主教义，牛津老牌的神学院——马格德伦神学院——所在的海尔街也飘起了代表罗马教皇至上的橙色旗子。劳埃德先生是个抗议老教的新教徒。他的事业繁荣于西班牙人入侵的英伦三岛时期，死于安妮女王就任以前，他无疑是那个时代标准的伦敦人，他的许多作风至今仍是永恒的。

1718 年，英国一艘商船，满载着珠宝和 400 位商人在非洲拉各斯湾被法国人突袭，法国人征用了其中 100 人为苦役并没收了价值上百万英镑的货物（这在当时是个惊人的数字）。这个英国历史上从未有过的巨大的损失，使得英国许多旧时代承保此船次货的保险人，不论贫富均遭到了此次劫难的影响。而且英国商会突然出现了一张令所有承保此船此货的保险人赔偿的命令，除非法院否决，众多旧时代的保险人因此灾难而破产，很多旧的保险人举债以后仍赔不起应承担损失，被迫走向绝路。

1720 年 7 月 10 日，由亨利·佩尔汉勋爵提出了著名的"泡沫法"被皇室恩准并经议会讨论通过实施。该法的主要内容是为规范英国商业，使每个商业行业公司的业务具体化。由该法至 19 世纪初又派生出了几十个行业法规，颇耐人寻味的是，仅仅在 1720 年 7 月 10 日以后的 12 天时间里，在"泡沫法"基础上由英国政府出资 30 万英镑特许成立了皇家交易保险公司和伦敦保险公司，从而成为英国历史上也是世界历史上第一批专业性保险公司。由此可见，保险业在英国政治经济活动中有着举足轻重的地位。

在 1720 年英国"泡沫法"出台，保险走上正轨以后至 1738 年，英国对外无战事相对和平，1739 年～1748 年，为了挽回英国与西班牙战争初期不利的局面，在万般无奈的情况下英王乔治三世紧急借助伦敦保险市场上承保人，及时补偿战争中丧失的财力、物力，使得英国奇迹般地在 1748 年转败为胜，反而赢得了战争。英国保险业人士也看准了此时机，紧紧和政府联合在一起共渡难关，虽然战争给英国海上保险业及其它相关保险种类予以重创，但从此换来的是英国及政府不带任何偏见地重视保险业，为英国保险业进入 18 世纪中期辉煌年代创造了条件。

1734 年，由托马斯·吉姆森创办的《劳埃德航运周刊》正式发行，并且一直到现在，持续三百多年不间断地由英国劳合社每周出版，内容记载目前正在或最近的未来将要在英国或欧洲大陆港口装货的船舶名单，并且记载各艘船舶的目的港以及装货的截止日期，对于出口商而言非常实用。

1773 年，约翰·朱利斯·恩格斯汀（John Julius Anger Stein，1732～1823 年）以及原来在咖啡馆的其他 78 名商人每人出资 100 英镑，租赁皇家交易所的房屋，在劳埃德咖啡馆原业务的基础上成立了英国劳合社皇家交易所（Royal Exchange in Cornhill. Sadly）。他全力推动了劳合社的现代化，并由此走向正轨，被誉为"劳合社之父"。他出生于圣彼得堡的一个犹太人家庭，21 岁时进入劳合社任职，1757 年创建了自己保险事务所，1783 年他已成为劳合社内主要承保人并被称为海上保险业的"凯撒大帝"，是他提议并经他努力，议会通过了防止商人经常更换船名的法令，用以防止商人用不适航船舶承运货物而诈骗保险人，1795 年他成了劳合社主席，是一个出色的海上保险业辩护者。

1799 年"卢廷"轮沉船事件是英国海上保险业中比较有名的案例之一。"卢廷"轮是一艘英国北海舰队的护卫舰，由有着良好航海记录的兰斯罗德·史可耐当船长。1798 年，欧洲大陆各国发生金融危机，英国政府决定用金块帮助当时的盟友德国人度过此次危机，同时也为了用现金支付在德英军的工资，要雇用一艘军舰承运以防御可能来自海上的攻击。由此，英国海军派遣"卢廷"舰，于10月3日在英国雅茅斯港装上现钞和金块驶往德国汉堡。史可耐船长为航行安全还带上了老朋友柯克船长。柯克船长长期在此航线上航行，具有丰富的经验，并可能在危机的情况下对航行有所帮助，而柯克船长显然也非常担心此时的恶劣天气，但最后还是上船出发了。"卢廷"轮出海后一帆风顺，在10月7日遇上强风偏离航道，遂停靠在离陆地1英里的荷兰维利亚和太尔斯海灵之间的海面上。10月9日凌晨，荷兰维利兰和太尔斯海灵的海面，刮起了12级大风，"卢廷"轮很快沉入海底，天亮以后，人们在海边已看不到该轮的任何踪影，也没有任何一个船员生还。10月15日，此消息传至劳合社，以恩格斯汀为首的保险人很快以货物推定全损赔付了120万英镑的损失，当时劳合社内的保险人士认为，按原计划金块应该早一个星期到汉堡，这样损失就不会发生了。

1800年2月，荷兰和英国发生了两年战争，荷兰政府宣布"卢廷"轮为战利品被没收，使得这笔原本属于劳合社保险人的财产被无端没收。1857年10月，以艾伦为首的劳合社保险人组织了探索船队，运用潜水器和挖沙船对该轮重新打捞，终于在冬季来临以前挖出了共170块金块，一个金法国路易十三像，20门加农炮。为感谢劳合社其它保险人的资助，艾伦又将捞起的船舵送给劳合社，现放在劳合社大楼的大厅内。另外艾伦还将"卢廷"轮的船钟送给了劳合社。该钟重106磅，直径为17.5英寸，钟上标有"圣·吉恩"字样，可能该钟原本是属于"圣·吉恩"轮的，现该钟也放在大楼大厅内。当他鸣响一下是表示有灾难发生，响两下则表示有关于保险业的好消息。现在，"卢廷"钟除了遇重大事件才敲响外，一般情况下是不再敲响了。如：1984年11月16日，劳合社为庆祝美国航天飞机把两颗失去控制的卫星捉回地球，敲响了两下"卢廷"钟；2014年为纪念劳合社建立325周年，英国女王来到劳合社承保人大厅的时候，"卢廷"钟敲响了两下。

二、劳合社保险交易所发展的第二个百年：1800 年~1900 年

劳合社保险交易所发展的第二个百年是从英国海上保险业遭受的一场磨难开始的。1810年，有一个叫库伯特的商人首先发难，指责英国海上保险业的承保人，侵占了英王皇冠上的明珠。而这个明珠的一般的荣耀原本应属于在海上与敌人殊死战斗的皇家海军。当时一个代表人物叫威廉·曼宁，称英

国海上保险业的大本营——劳合社——垄断了海上保险业，而英国政府 1720 年成立的两家国营保险公司几乎没有什么业务可作。他经过调查还发现政府对海上保险承保人征税太低，进而向议会提出指控。

英国议会在 1810 年 2 月 14 日，在仅有 27 名议员参加的情况下，经过投票表决决定成立特别委员会，全面调查曼宁对英国海上保险业的指控。曼宁被指定为委员会主席。对曼宁无端的指控，时任劳合社主席的恩格斯汀代表众多承保人进行了有力的回击。然而以曼宁为主席的特别调查委员会在将报告递交议会时，将恩格斯汀先生所有论点封杀，只选用对己有利证据，要求整顿英国海上保险业，进而要求组织自己与其它商人联合的其它类型的海上保险公司。

1811 年 2 月 28 日，英国国会经过激烈争论以微弱多数否定了曼宁对劳合社的指责，但是也同意让曼宁成立自己的保险公司。在这一年，需要特别提到的一件在劳合社历史上很重要的事情就是：劳合社代理人（注意：这里的代理人不是后文提到的承保人的代理人，这里的代理人是劳合社的代理人）的出现，一个遍布全球的劳合社代理人网络，是劳合社的耳目，从世界各地传来的信息是劳合社拓展业务，加快发展的关键。

1793 年～1815 年英国处于与外界战争状态。1815 年以后，拿破仑已被英国战舰押往圣海伦娜岛当作俘虏押管。皇家海军的英勇作战使得英国威望大振。世界上大部分物资均由英国商船来往运输，许多有潜力的巨大市场纷纷为英国产品敞开大门，英国商业触及了世界各个角落，虽然与拿破仑战争花费了英国 700 万英镑，但战争以后对外贸易使英国进账达到三个 700 万。英伦三岛只有 3000 万人，但英王旗下臣民有 7000 万人，泰晤士河樯桅云集整装待发，伦敦已成为世界经济中心。1815 年以前，海上保险业是高费率，巨额损失年代；1815 年以后，世界相对平静无战事，许多武装抢劫船转换成偶尔出击的海盗船，航运保险费率由战前 8% 下降至战后 1.5%。

但时至 1824 年，一些好事之人又重新组织人马攻击英国海上保险业。其代表人是布克斯顿，遗憾的是英王盲目轻信这些人意见。当时贸易大臣赫德逊同意请愿书对海上保险业指责并让那些商人再次自由地组成自己的海上保险公司。该动议于 1824 年 5 月 28 日在议会以 51 票通过。9 月 24 日，国王无视劳合社承保人的反诉理由，恩准请愿者要求，劳合社内马上有大量承保人脱离这个海上保险业务大本营投资于其它商人成立的公司。26 位在劳合社内极重要领导人甩手不干了。但新的海上保险业务被商人们利用政府给予优惠政策搞大量商业投机，使得许多投资者破产。一些冒险家无耻地骗取无知投资者的钱财。但事物总是两方面的，在那个时代也诞生了一些著名的海上保险公司。如：1824 年的约克夏保险公司、全英联合保险公司、1825 年标准水平海上保险公司。

以上这种情况，使得英国海上保险业的承保人由 1814 年的 2150 人锐减至 1830 年的 1264 人，1832 年只有两个老的承保人的儿子在劳合社餐厅内当服务员，似乎还与这个昔日的海上保险业务大本营有点联系。有一些幸存在世的老承保人创立了一项基金为过去承保人的遗孀、子女提供生活费用。这个时期，整个英国海上保险业经历的磨难达到了顶峰。1841 年，大律师邓肯在议会上仗义执言：1824 年以前的承保作法有许多可取之处，并要求议会逐步恢复已尽消亡的这项业务，要求减免对承保人所收重税。邓肯话语一出，萨德兰海上保险股份有限公司主席汤普逊冒着被撤职的危险，将自己在公司股份重新注入名存实亡的劳合社，成为第一个旧时代恢复业务的承保人。他的继承者前英国波尔地区议员罗宾逊成了第二个吃螃蟹者，罗宾逊（George Richard Robinson）在 1828 年劳合社危难之时被任命为主席，负责重新整理、召集承保人，恢复了许多过去好的做法。仅在 1841 年以后二十年时间里，英国海上保险业就重新恢复了已有的财富和声望，政府又颁布了对承保人减税新法令。但令罗宾逊心碎的是，劳合社所在大楼早在 1838 年便被一场大火焚毁了。从 1838 年到新大楼建成的 1844 年这段时间，劳合社暂时在当时英国著名的<u>南海公司所在的办公大楼（South Sea House）</u>里经营。

劳合社皇家保险交易所被大火焚毁以后不久，1842 年 1 月 17 日，阿尔伯特亲王主持了重建新大厦的典礼，整座大厦 1844 年全部建成，被称为：<u>新劳合社皇家交易所（New Royal Exchange in Cornhill. Sadly）</u>，当时共有 1450 人参加落成庆典，贵宾都是非常声名卓著的实业家。大厦为意大利式恢宏建筑，建有高大罗马门廊，门柱上雕满了精美的塑像，大厦的主要部分保险人交易大厅内设施美轮美奂。

值得一提的是，交易所内的保险人为英国繁荣做出了极大贡献。1850 年英国流行自由主义风格，但保险人却表现出了繁荣时期的居安思危、戒奢以俭、自我约束风度。虽然保险人是自由形式组成的，然而有实力的保险人帮助弱小的承保人已形成习惯，尤其是 1846 年英国限制谷物进口法令被废除以后，业务量剧增。保险人自觉地将有雄厚资金的一方编成现役承保人，当时共有 185 人。实力相对较弱但又有意投资保险的编为非现役承保人，共有 621 人。由现役承保人主持业务。由于现役承保人逐年增加，他们将不履行赔款，无力支付赔款，破产的保险人列入表格定期公布，每年开除一部分。因而建立了正直的商业标准，每个承保人由此将会知道处理自己所承担风险的重要性。他们在 1851 年张榜提出，假如保险人破产或与被保险人有争端，将被停止做业务。1870 年、1872 年两次向议会提出整顿保险领域并颁布有关条例使投机者无空隙钻入自由结合的保险业。为了应对保险人破产，他们还提出了保险人特定经济担保政策，因为他们知道良好的社会信誉是公众支持保险业的基石。为了得到保险信息，交易所内保险人向英国乃至世界各地派出了通信代理 30 名。这个数字超过了"泰晤士日报"海外记者人数，这些人深入城乡僻壤、不毛之地，运用十分原始的交通工具越过许多蛮荒地带，受尽了千辛万苦，为交易所内保险人提供信息。由于信息处理得当，1875 年，保险人及时联合一些船东向议会提出了"商业航运法"，并于当年被通过，此法主要旨在防止船东用不适航的船舶或过分超载引发危险。

1871 年，英国议会专门通过了一个法案（the First Lloyd's Act），批准劳合社成为一个法定的保险社团组织，劳合社通过向政府注册取得了法人资格，但劳合社的成员只能限于经营海上保险业务（直至 1911 年，英国议会取消了这个限制，批准劳合社成员可以经营包括水险在内的一切保险业务）。这是劳合社首部法规，为劳合社奠定了坚实的法律基础。基本原则如下：一是劳合社由成员和非成员组成；二是非承保成员不能在劳合社以自己的名义或向他人施加压力为其承保；三是所有业务必须也只能在劳合社承保大厅进行；四是承保成员不能直接或间接在伦敦城承保，除非符合某些规定；五是劳合社成员不能以非劳合社成员的名义开立账户。还规定劳合社成员如果有欺诈、犯罪，或破产、无支付能力等情形，不能继续成为劳合社成员。这个法案的颁布，意味着任何人，不是经过确认的劳合社承保组织成员，如果随便在劳合社的保险单上签字，都是非法的。

在这一时期，需要特别提到的一个劳合社发展历史上的重要人物就是现代劳合社之父卡斯伯特·希斯（Cuthbert Heath, 1859~1939 年），此处是为了与前述的劳合社之父"恩格斯汀"相区别，我们称希斯是"现代劳合社之父"。他创造了第一张盗窃险保单，第一次对地震、飓风造成的损失进行保险，甚至在第一次世界大战中还曾经对飞艇攻击进行保险。

希斯于 18 岁加入劳合社，21 岁就已经成为一个承保人了。1882 年，希斯在 36 岁时接手其父的保险联合会，首次尝试承保火灾以后的企业利润损失保险，若干年以后联合会的保费增加了一倍以上，使其它正统的保险公司惊愕不已。他还以自己是劳合社承保人的特殊地位，首次接受保险联合会的分保业务，当然，这种做法是不符合劳合社的规定，事情泄露出来以后，还引起过死硬顽固的老承保人的厌恶，但希斯的做法的确使得承保人的保费增加，利润增加。

1883 年，伦敦有一个叫查理·皮斯的惯窃，大肆在城里活动，市民人人自危并自发地组织了治安维持会。报纸上称，1883 年是一个"偷窃旺季"，但希斯灵机一动以 5% 左右的费率接受市民的"偷窃险"投保。还有一个叫豪朋的钻石商人，担心他的雇员偷窃他库存的钻石，便与希斯商谈投保"钻石偷窃险"，希斯很快便接纳了，随后该商人四处游说其他钻石商人，使希斯成了伦敦乃至全英钻石商人的保险经纪人。

为适应业务发展的需要，希斯还专门设计了"钻石一切险"保单，将偷窃、外来原因导致损坏等风险放在一张保单内，很受钻石商人的欢迎。此时的希斯在劳合社内主要承保非水险业务，水险业务只不过是一个应付门面的装设。1897 年，劳合社的特别委员会曾警告他，要认真对待规定的水险业务，但他置之不理。原因是他已无法从非水险业务中摆脱出来，而且新加入劳合社的承保人明显非常喜欢希斯在非水险上的做法，纷纷开创非水险业务领域，老承保人也渐渐认同他的做法。20 世纪初，由于非水险业务剧增需要特别专业知识处理承保业务，因此，在劳合社内还出现了"承保代理人"。它是由代理人获取保险业务并编制保单，以书面形式告知劳合社的承保人，并由承保人在代理人的书面形式下具名表示自己愿意承担代理人所称的业务。在此同时，承保人可以对业务提出建议。此后，由于非水险业务在劳合社内的开创和发展，原先只代表承保人自己所提供的资金已远远满足不了业务的需要。因此，一些承保人自发的组合成"辛迪加"承保组织，大量吸收社会上的资金使其流入劳合社。这样，他们就有了足够的资金承保更新颖更具有挑战性的保险项目，这一开创截至 20 世纪 80 年代为止，使致劳合社内共有 400 个辛迪加组织，参与全球保险业务年保费收入达 75 亿英镑，并一跃成为世界上处理各种风险的中心。抚今追昔，这一切功绩的都可归于卡斯伯特·希斯。他是"预见到现代社会中商业保险巨大潜力的第一人",历史学家称希斯为"现代劳合社之父"堪属当之无愧。

在已经远去的18、19世纪——劳合社经历的两个百年的历史当中,英国海上保险业经过了荣耀、衰退、磨难、再次复兴的历程,劳合社也在这样的历史大潮中起落沉浮。其之所以没有沉沦下去,关键还是在于劳合社当中涌现出了一大批自始至终与英国海上保险业共命运的风云人物,永远被记载在了英国保险历史乃至世界保险史册当中。他们是:我们在第一个百年中提到的"劳合社之父"——约翰·朱利斯·恩格斯汀(1735~1823年);《劳埃德航运周刊》的创办者——托马斯·吉姆森。此外,还有法兰西斯·巴林[1]布鲁克·华生;[2]理查德·桑顿;[3]内森·迈尔·罗斯切尔[4];拯救劳合社于危难之际的萨德兰海上保险股份有限公司主席——汤普逊;1828年被任命为劳合社主席的罗宾逊(George Richard Robinson);再有就是上文刚刚提到的"现代劳合社之父"——卡斯伯特·希斯(Cuthbert Heath,1859~1939年)。卡斯伯特·希斯是一个承上启下的伟大历史人物,他在劳合社工作的时间正好处于19世纪末20世纪初的这段新旧历史的交替时期。

三、劳合社保险交易所发展的第三个百年:1900年~2000年

1902年,一个特殊的承保人伯纳德(Burnard)承保业务的失败,导致了劳合社历史上一个公共丑闻的产生。为了预防类似事件的再次发生,希斯和

---

〔1〕 法兰西斯·巴林(1740~1810年)就是1994年被英国人里森因期货投机而整垮的巴林银行创始人。他承保了上百万海上保险业务,1830年估计其遗产可达700万英镑。他是一个牧师的儿子,耳朵有些聋,曾担任过国会议员,1792年~1793年成为东印度公司主席,他被描写为欧洲第一商人。

〔2〕 布鲁克·华生(1735~1807年)是英格兰银行董事长,随后当选为伦敦市长。他6岁时成为孤儿并被别人打瘸一条腿,成年以后从军并成为伦敦市议员并涉足于海上保险业,成为海上保险业支撑者并在1772年成为劳合社主席。同时,也是1803年由劳合社发起设立的"劳合社爱国者基金"的第一任主席。

〔3〕 理查德·桑顿(1776~1865年)是一个不易控制的富有的商人。年轻时屡次驾船冲破法国海军禁区在与法国人贸易中获利极丰。在1812年他提前三天知道拿破仑在莫斯科战败并在皇家交易所抛售股票获利20万英镑,在劳合社他自称有能力支付300万英镑赔款,在90岁临终以前,留下了400万英镑财产。

〔4〕 内森·迈尔·罗斯切尔(1773~1855年)毕生致力于英国海上保险业并将收益在1845年出资500万英镑成立"联合不列颠及海外火灾、生命保险公司"。他出生于一个犹太教士当马夫的家庭,父亲早年只希望把他培养成一个犹太放债人,但罗斯切尔经营放债业务只有5年,就成了一个有20万英镑富商。他以探听消息出名很早就利用信鸽和快艇跑消息。1824年他成为皇家交易所一个经济支柱,当然也是英国海上保险业支柱。

伯尔顿（Sidney Boulton）召集了一次特别委员会会议，形成了创建审计的计划。1908 年，经过长时间的讨论，对成员账户的审计终于推出。第一次，承销商必须提交他们的账目进行审计，并可被认证为资本充足的证明。现在保单持有人对劳合社的承保人能满足他们的索赔的能力非常满意。

1903 年，希斯选择时机授权斯多德（Alfred Schroder）在阿姆斯特丹以他的名义签发保单——这在劳合社历史上还是第一次。到 20 世纪 30 年代，希斯已经有了一个国际合同部门，这个部门在印度、新西兰、比利时、丹麦和挪威都派驻了代理人。1930 年，希斯把库伯（John Cope）派往上海、加尔各答、亚历山大和雅典；在某些情况下，第一代理人可从伦敦直接到访这些地方。最终，劳合社可以接受来自全球二百多个国家和地区的业务。从而使得劳合社更加国际化。

1905 年，劳合社的保险业务进一步扩展，产生了基于风险定价的保险业务。劳合社的传统业务是海上保险，到 1905 年，劳合社已经被允许经营非海上保险业务。这就使基于风险定价保险业务的开展成了可能，承保人希斯和海德（Christopher Head）开始收集有关墨西哥湾飓风的各种数据，进行详细研究，并根据他们发现的风险确定确切的风险水平。他们对地震做了同样的风险调查和评估——希斯研究地震的书仍然可以在劳合社的收藏中找到。希斯是严谨的，继续汇集大量他认为系属承保的任何关键风险信息。早在 1904 年劳合社的辛迪加就开始做汽车的综合保险业务。在那时候，基本上是每匹汽车马力每年交 1 英镑的保费。当时汽车修理在英国很普及，汽车已被强制维修。汽车市场的保险人采用了一种引人注目的在劳合社保单下的另一种名字如劳合社红星保单、科伦汽车保单等等。这样使得驾驶员能够比较容易地辨认自己需要购买的保单。随着汽车工业的进一步发展和保险的规范化，劳合社内的承保人能够在特别舒适的劳合社大厅签署英国汽车市场上的保单。但意想不到的是，飞机和卫星保险的发展又给劳合社注入了新的血液。1911 年开始了飞机保险，1965 年开始了卫星保险。并且，在 20 世纪 20、30 年代开始承保著名电影明星、戏剧明星和运动明星的身体和器官的保险，甚至是动物的死亡保险。

20 世纪初，伦敦和美国的保险市场已经很大程度地结合在一起了。至 20 世纪 70 年代，双方之间业务的交流，反而使美国这个新兴的保险市场，营业额超过了伦敦市场的一倍。劳合社的名声在美国深入人心，还是因为劳合社很快地理赔了一件美国人的大灾难。

1906 年 4 月 18 日凌晨 5 点 22 分零 2 秒，地球突然开始摇动，仅仅 48 秒旧金山就遭到了毁灭性地震。地震后开始奇怪的寂静，金属裂口开始喷出火焰，自来水管爆裂喷出水龙，灾难现场不忍目睹。随后市民开始大逃亡，当地市民利用所有交通工具，撤离旧金山。初步估计死亡 1800 人，财产损失 3 亿美元。华尔街金融家称这是美国历史上最大的灾难，更因为房子倒塌以后不能再收集起什么残值（这些残值都被大火烧毁了）；另一方面，建筑物倒塌以后，附近建筑的所有者不能向保险公司索赔，为此提出索赔比例极小。当地报纸为此发出呼吁：要求保险人一定要伸出他们慈善的双手救援旧金山。一些美国保险公司已经理赔了，伦敦劳合社的承保人也没有计较保险单后可以免除责任的小批注，一个月以后就赔偿了保单项下的损失。由此，劳合社建立了自己巨大的影响，满足了旧金山的索赔，又为劳合社在美国保险市场建立了无比威信。1936 年，劳合社主席到访美国，美国政府通过立法保护劳合社的名称权。为了满足美国市场的索赔，劳合社建立了 10 亿美元的基金。这些款项大部分是现金和购买了美国证券。从此以后，劳合社进入美国人的英语词汇。

1906 年旧金山地震后，希斯提出了一种新的安排，称为额外损失再保险。针对风险巨大的保险业务，通过再保险分担承保人们的风险投资组合的一部分，以便能够更加平等地分担责任，这对保险公司和索赔人来说都是有好处的。超额损失再保险提供了一种分配再保险人之间风险的新方法，现在市场上广泛使用。

1911 年，《劳合社法案》（The Lloyd's Act）颁布。《劳合社法案》详细规定了劳合社的目标，包括促进其成员的利益以及收集和传播信息。

1914 年、1939 年，劳合社同样也经历了两次世界大战，并且为战争中的祖国做出了巨大贡献。至今，在劳合社的图书馆中还保留着一本记载两次世界大战中劳合社死亡人员名单的书。来自劳合社的 2485 名男子在第一次世界大战中服役。劳合社对战争的贡献不仅来自其劳动力，同时还有大量捐款。而且，在极其困难的情况下，劳合社业务仍然正常经营。

1923 年，哈里森（Harrison）事件和中央基金的创立。今天的劳合社在财政上是健全的，但除此之外，保单持有人还有一个额外的安全保证，即如果承保人或集团失败并且无法偿付其索赔时，还有一个中央基金做后盾。中央基金的想法是在承保人哈里森（Stanley Harrison）承担一个复杂的汽车/信用系列保险业务，造成了超过 36 万英镑的债务之后提出的。他向主席斯特格（Raymond Sturge）坦白地承认了自己的过失，呼吁召开会议，告诉承保人们，如果哈里森的债务没有全额支付，劳合社的名声"永远不会在我们的一生中恢复"。劳合社历史上第一次出现了互惠原则，联合成员一致同意支付与保费收入成比例的债务。这是一个"勇敢的结论"。基金会于 4 年后正式创建。中央基金是最后的举措基金。如果一个成员没有足够的资产来支付个人的索赔，其就会发挥作用，在这种情况下，并由劳合社理事会酌情决定，中央基金的资产可以分配以支付该成员的负债。

1928 年，劳合社搬进了位于<u>伦敦利德贺街 12 号 （12 Leadenhall Street)</u>的由她第一次拥有完全所有权的办公大楼。后来，由于业务的扩展，1958 年，劳合社又搬入了其位于<u>伦敦莱姆大街（Lime Street)</u>的第二栋新大楼，这也使劳合社第一次在莱姆大街拥有了属于自己的大楼。

1965 年，劳合社的业务进一步国际化，首次引进外国成员。其实，富有远见的希斯在战前就曾提出过吸收美国和法国承保人。劳合社的眼光也开始注意到南美地区面临的风险，如阿根廷–乌拉圭边境的巨型萨尔托水电站大坝（Salto Grande），以及巴西和巴拉圭边境的伊泰普水坝。

1973 年，劳合社历史上第一名女经纪人——阿奇贝尔德（Liliana Archibald)。她从新西兰大学历史讲师职业转入她继父的信用保险经纪公司，专门从事出口信用保险。在她的职业生涯中，她来到英国为亚当兄弟工作，担任海外客户的应急责任专家。她在 1970 年成了经理。当时，劳合社决定接受女性作为承保人的签名。阿奇贝尔德申请于 1973 年被接受。她告诉《劳埃德航运周刊》记者："我没有打破障碍，障碍是被劳合社的成员以非常迷人的方式打破了的。"

1977 年，一个叫赛西（Frederick Sasse）的承保人在 762 号辛迪加承保组织中损失了 2100 万英镑，面临破产。辛迪加承保组织中 110 名成员认为控制措施不到位。1978 年，成员大会同意指定一个工作小组来审查自律，由费舍尔（Sir Henry Fisher）担任主席。在 1982 年，一项旨在加强控制的法案获得皇家特许。第一届的劳合社管理委员会当选。这一措施使得劳合社更加自律。

1982 年 7 月英国国会通过了《1982 年劳合社法》。根据该法改组了劳合社管理委员会，组成人员中增加了 8 位劳合社外部成员，新任命了代表公众利益的 4 位人员。《1982 年劳合社法》加强了劳合社管理委员会的权力。《1982 年劳合社法》还提出了最重要的改革——将劳合社经纪人与承保人的利益分离。1987 年尼尔报告发表。报告的主要建议是让更多的非劳合社成员参加劳合社管理委员会，加强公众对劳合社内部管理的监督。英国国会依此报告，对《1982 年劳合社法》进行了修改，成了《1987 年劳合社法》。

1984 年 11 月 16 日，劳合社大楼里的钟声敲响了两下，告示了举世震惊的世界航天事业中的伟大创举：劳合社出资雇请美国宇航局的"发现"号航天飞机把两颗失去控制的帕拉帕 B-2 号卫星和韦斯塔 6 号卫星"捕捉"回地球。[1] 这一伟大的历史事件足可以与前文提到的打捞"卢廷"轮的事件相媲美，甚至有过之而无不及。

1985 年，劳合社的眼光投向了东方，皮特·米勒（Peter Miller）成为第一位访问中国的劳合社主席，随访的还有很多劳合社的经纪人，随后，劳合社就在中国开展了早期的核电站的再保险业务。

1986 年，在 1958 年建成的旧大楼的对面，劳合社的新大楼开始投入使用，劳合社的新大厦位于伦敦莱姆大街 1 号（One Lime Street）。由法国著名的理查德罗杰斯建筑事务所（Richard Rogers Partnership）设计，一个传统与现代完美结合的、新的顶尖风格的建筑，显示了劳合社过去是做什么的，并且展示了她的未来发展方向是什么。

1988 年，劳合社三百年研究基金会（Lloyds Tercentenary Research Foundation）成立，基金会的成立标志着对劳合社成立三百年的纪念。自成立以来，劳合社三百年研究基金会资助超过 300 万英镑，并通过提供博士后奖学金和

---

〔1〕 这两颗卫星原来是由英国劳合社保险集团承保的。1984 年初，航天飞机"挑战者号"在太空将卫星朝同步轨道施放时，因卫星尾部的自助火箭发动机突然熄火，以致卫星未能进入预定轨道，成了毫无用处的两个废物。为此，劳合社保险集团支付了 1.8 亿美元的赔款。赔款付出以后，劳合社并没有就此了事。他们算了一笔账，制造两颗新的通信导航卫星大约需要 7000 万美元，耗时 30 个月。如果收回"失落"的两颗卫星，估计费用为 6000 万美元，耗时最多 18 个月。经过反复研究协商，劳合社同意花费 500 万美元给美国休斯公司研究制造航天飞机上回收卫星的设备，同意花费 500 万美元给美国宇航局，作为发射卫星与训练宇航员的费用。经过几个月的周密设计，一场惊心动魄的"追捕"卫星的战斗打响了。1984 年 11 月 8 日，"发现"号航天犯机顺利升空，并逐渐调整轨道高度向卫星靠拢经过 4 天的追踪，利用航天飞机上的机械臂，轻松地将第一颗卫星抓住，带回舱内固定在床架上接着又花了两天时间，如法炮制，"捕捉"了第二颗卫星。11 月 16 日，航天员顺利地将两颗"逃走"的卫星带回了地面，创造了世界卫星发射史上的奇迹。劳合社为表彰两名宇航员，向他们颁发了银质勋章。修复后的"帕拉帕"B-2 号卫星于 1987 年 3 月 25 日重新发射成功。

企业奖学金推动工程、科学、医学、商业和环境领域进行了超过一百年的学术研究。今天，劳合社三百年研究基金会通过支持保险相关问题的研究计划，继续为顶尖学术研究提供资金。此外，通过与美英弗尔布莱特委员会的合作，劳合社三百年研究基金会为英国学者或专业人士提供奖学金，在美国开展有关保险的研究。为了推出劳合社三百年研究基金会，劳合社管理委员会（the Council of Lloyds）从协会的中央基金提供 100 万英镑，劳合社慈善信托基金会（Lloyds Charities Trust）捐赠 5 万英镑。市场上的公司也对基金做出了贡献，投资收入用于做慈善捐赠。

20 世纪 80 年代和 90 年代，劳合社进入面临一系列问题的历史上最动荡和创伤的时代，丑闻和欺诈不断。由于 20 世纪 70 年代和 80 年代没有发生过天灾人祸的巨灾事件，因此伦敦市场超赔分保没有发生巨灾赔款，因而获得了巨额利润回报，致使伦敦市场超赔分保人激剧增加。但是一部分分保人在没有足够考虑自己的承保能力的情况下，就承保了巨额风险，当 1987～1992 一连串的巨灾事件发生时，那些过低估计风险程度或没有买足再保险的承保集团，深受其苦。

劳合社早就知道，如果提供某些类型的保险是非常危险的。同样，失败的承保人们明白，作为劳合社的承销商，他们承担了他们承担的风险的无限责任——这意味着把他们所有的一切置于风险之中。但是突然间，美国法院对石棉、环境污染和健康危害索赔（有些可追溯到 40 年或更久）作出了意想不到的大型法律裁决，造成了失败的承保人们的巨大损失。许多失败的承保人们都遭受了严重的财政损失，不幸的是，有些人面临破产。1987 年至 1989 年，一系列巨大的石油、风力和火灾索赔（包括失去北海石油钻井平台 Piper Alpha）进入劳合社，市场所面临的金融挑战更加复杂，成本在几十亿。

1993 年，罗兰德（David Rowland）被任命为劳合社第一个全日制薪酬委员会主席，开始进行全面改革以挽救劳合社于危难崩溃。为了解决"长尾巴"责任遗留下来的问题，他领导 1995 年成立的艾奎泰斯公司（Equitas），实际上是一家再保公司，需要筹集上亿英镑的资金，将各承保集团 1992 年以及 1992 年以前的责任保障全部买断。这是将 1993 年之前所有业务通过再保险转让的专用路径，成本超过 210 亿美元。许多经纪人有损失，但劳合社已经得到挽救。

1994 年，劳合社开始引进公司成员。在 1994 年前劳合社的承保人都是个人会员，他们是以个人名义对劳合社保险单项下的承保责任单独负责，其责任绝对无限，会员之间没有相互牵连的关系。劳合社从成员中选出委员会，劳合社委员会在接受新会员入会之前，除了必须由劳合社会员推荐之外，还要对他们的身份及财务偿付能力进行严格审查。如劳合社要求每一会员具有一定的资产实力，并将其经营费用的一部分（一般为 25%）提供给该社作为保证金，会员还须将其全部财产作为其履行承保责任的担保金。另外，每一承保人还将其每年的承保账册交呈劳合社特别审计机构，已证实其担保资金是否足以应付他所承担的风险责任。

1994 年以后，劳合社允许公司资本进入该市场，出现了公司会员。劳合社的承保人按承保险种组成不同规模的组合，即承保辛迪加。承保代理人代表一个组合来接受业务，确定费率。这种组合并非合股关系，每个承保人各自承担的风险责任互不影响，没有连带关系。劳合社的承保代理人代表辛迪加不与保险客户即被保险人直接打交道，而只接受保险经纪人提供的业务。经纪人在接受客户的保险要求以后，准备好一些投保单，保险经纪人持投保单寻找到一个合适的辛迪加，并由该辛迪加的承保代理人确定费率，认定自己承保的份额，然后签字。保险经纪人在拿着投保单找同一辛迪加内的其他会员承保剩下的份额。如果投保单上的风险未"分"完，他还可以与其他辛迪加联系，直到全部保险金额被完全承保。经查验核对，投保单换成正式保险单，劳合社盖章签字，保险手续至此全部完成。1994 年，第一家公司成员开始承保——其承保能力为 15.95 亿英镑。

劳合社历来规定每个社员要对其承保的业务承担无限的赔偿责任，但由于劳合社近年累计亏损 80 亿英镑，现已改为有限的赔偿责任。劳合社对保险业的发展，特别是对海上保险和再保险作出的杰出贡献是世界公认的。目前，劳合社成员的承保业务大体分为四大类，即水险、非水险、航空和汽车保险。

1997 年，劳合社的重建与复兴处理方案（Lloyds Reconstruction and Renewal Settlement proposals）被 95% 的会员接受，成了劳合社历史上最困难的时期的结束。新型的劳合社为公司法人成员提供更自由的空间和更自由的规则，准许公司法人成员合作和管理代理的合作，容许保险公司得到管理代理并且在劳合社建立承保子公司；建立一个新的劳合社中央基金，将目前 1 亿英镑的基金增至 2 亿英镑的基金以此满足 3 年的承保需要；进一步将 5 亿美元的劳合社美国中央基金进行转换。艾奎泰斯公司的美国责任险也由在美国的基金提供保障。此外，由劳合社、伦敦承保人协会、伦敦保险与再保市场协会和经纪人共同开发的伦敦保险市场电脑网络系统正发挥着积极的作用。电脑技术的使用，加速了信息的交流与传递。

1998 年 1 月 21 日，政府宣布劳合社将在原来自律的基础上，将受到新金融服务管理局的监督，自 2001 年 11 月 30 日午夜起生效。

四、劳合社保险交易所发展进入第四个百年：2000 年到现在

劳合社进入了新世纪、新千年，这注定又是一个充满机遇与挑战的新时代。

2000 年 11 月 28 日，劳合社北京代表处开幕典礼举行。这是劳合社第一次在没有自己营业机构的国家设立代表处，表明了劳合社对正在逐渐成为世界重要的保险和再保险中心的中国保险市场的重视。

2001 年，劳合社主席的战略集团（CSG）成立，旨在寻找更多的方法，将劳合社变成一个现代化、充满活力的市场，吸引资本提供者和保单持有人。CSG 着手解决一些根本和分支的挑战：巨大的市场损失、集团的表现不透明、过时的经营结构之间的明显差异使投资者难以比较劳合社与同行。

2002 年 9 月 12 日，劳合社召开特别大会。建议包括设立一个特许经营局，以设定和维持整个市场的承保和风险管理标准，从三年会计制度转移到更传统的年度报告，结束新成员加入无限责任。

2002 年 11 月，彼得·勒文爵士（Lord Peter Levene）当选为劳合社主席。作为首位担任角色的外部人士，他的选举是一个意向声明——新的、重生的劳合社是一个开放的、商业驱动的市场，寻求通过工业与业内最好的同行竞争。

2003 年，现实灾难场景模拟工具的建立。特许经营委员会成立后，任命托尔（Rolf Tolle）为劳合社第一个特许经营业绩总监。托尔开发了一系列信息工具来衡量劳合社的绩效，并确定整个保险市场的趋势。制定了最低限度的承保标准，并引入了一些新的风险管理程序。这些创新之一是创建现实灾难场景（RDS），在这种情况下，需要集团在一系列重大灾难（如日本地震，美国飓风或恐怖主义行为）的情况下模拟其预期损失，以确保他们不承保太重大的单一事件。

2007 年，"合同确定性"制度的实施。"合同确定性"的实施结束了市场

的"现在的交易，后来详细"的文化，保险人市场档案存放处从处理保费和索赔的过程中有效地创建了一个电子文件柜。计划进一步的创新，使市场在未来几年更便宜、更容易做生意。

2007年，劳合社决定将上海作为其中国境内再保险公司的落户地。这是劳合社在全球开设的首个分公司。经营重点依然是它的优势业务：船舶、卫星、火灾、航空等再保业务以及顾问业务。中国较多卫星、航空等领域的保单基本都通过劳合社分保到国际市场上去。劳合社主席列文爵士介绍，劳合社在中国将坚持五项战略指导原则：长期和战略性的投资，传授专业经验和技术，承保追求财务健康而非市场份额，让所有保单持有人都充分享受到劳合社安全链的保障，发展保险经纪人。劳合社还将最先进的电子交易平台引入中国。这个平台能让劳合社中国的再保险业务承保人与伦敦的承保人以电子化方式交换信息，为中国的保险经纪人和分出公司提供更加快速的服务。此外，劳合社设立在上海的公司将充分利用"伦敦市场的保险人市场资源"。这是一种电子文件存储系统，能够让赔款和保费的处理既快速、高效，又无需耗费纸张。

2008年，劳合社法案修订。劳合社法案的历史性修正案对市场管理方式的元素进行了现代化，并取消了对劳合社组织其事务的不必要限制。这些包括消除了必须通过劳合社经纪人提出风险的要求，并终止阻止经纪人拥有管理代理人的规则。

2012年，"2025愿景"推出。2012年5月，英国首相戴维·卡梅伦访问劳合社，帮助推出"2025愿景"——一个全新的战略，以进一步发展，使劳合社抓住世界经济发展的机会。

"2025年愿景"的核心是需要劳合社的规模大于今天，使其能够瞄准发展中国家和发达经济体来增加利润。目的是确保劳合社成为全球专业保险和再保险中心。劳合社的计划通过以下方式实现：①根据发达市场的经济增长增加发达市场的保费收入，争取更大的发展中市场的增长。②鼓励更多样化的资本基础，争取高增长经济体的更多贡献。③支持一个真正的国际承销社区。④保留经纪市场，充分利用我们的经纪人一直努力实现的专业国际网络。⑤在主要海外市场拥有少量强大的海外枢纽。

当然，实现这一愿景的大部分工作将落在劳合社当前的市场承保人、经纪人和管理代理人身上，他们有能力和信心使劳合社在新市场上成长，最终控制计划的成功。但是公司将尽一切努力来帮助他们——无论是通过市场开发支持、改进后台流程，还是通过吸引更多高绩效和多样化的专业人士在市场上工作。

纵观劳合社三百多年的发展历史，我们不得不佩服和感谢她对人类做出的巨大贡献，几乎每一次的人类大灾难发生后，都有劳合社慷慨解囊的义举：1799 年"卢廷"轮沉船事件，劳合社以货物推定全损赔付了 120 万英镑的损失；1906 年 4 月 18 日旧金山大地震，劳合社很快就赔偿了保单项下的所有损失：超过 5000 万美元（相当于现在的 10 亿美元）；1912 年 4 月 14 日泰坦尼克号沉船事件，劳合社赔付 100 万英镑（相当于现在的 9500 万英镑）；2011 年 911 恐怖袭击事件，劳合社赔付数十亿美元；2011 年 3 月 11 日，日本福岛大地震引起的大海啸，劳合社在 48 小时之内赔付 66 亿日元等等。笔者相信：保险不仅可以帮助人类抵御灾难；而且，足够强大的保险行业还可以改变人类历史，也许未来共产主义美好社会的某些元素，正在孕育其中！

［该论文发表在《西山金融法律评论》（第 4 辑）法律出版社 2017 年版］